U0941173

复杂环境下盾构下穿运营隧道综合技术

陈湘生　李兴高　著

中国铁道出版社

2011年·北京

内容简介

本书针对深圳市复杂的地层环境、复杂的周边环境(地上和地下)以及建设各方力量摊薄的情况,结合小曲线半径盾构隧道下穿小曲线半径既有运营隧道的难题,阐述了业主主导下的多次技术方案研究和决策,既有线现状调查,工程地质补勘,施工技术和工艺参数选取方式(渣土改良、掘进参数选取和优化、注浆工艺设计等),专项施工预案编写,关键数据全过程的监测监控,下穿前对方案参数在特定土层的敏感性进行的推进预演,对每项风险源的应急预案制定,每项工作的人员组织分工和各项工作的流程及关联等。

本书可供隧道设计、施工、科研领域的人员使用。

图书在版编目(CIP)数据

复杂环境下盾构下穿运营隧道综合技术/陈湘生,李兴高著
北京:中国铁道出版社,2011.3
ISBN 978-7-113-12556-1

Ⅰ.①复… Ⅱ.①陈… ②李… Ⅲ.①隧道工程—盾构(隧道)—工程技术 Ⅳ.①U455.43

中国版本图书馆 CIP 数据核字(2011)第 020965 号

书　　名: 复杂环境下盾构下穿运营隧道综合技术
作　　者: 陈湘生　李兴高

策划编辑: 徐　艳
责任编辑: 徐　艳　　　　**电话:** 51873193
封面设计: 崔　欣
责任校对: 焦桂荣
责任印制: 李　佳

出版发行: 中国铁道出版社(100054,北京市宣武区右安门西街 8 号)
网　　址: http://www.tdpress.com
印　　刷: 北京盛通印刷股份有限公司
版　　次: 2011 年 3 月第 1 版　2011 年 3 月第 1 次印刷
开　　本: 880 mm×1 230 mm　1/16　印张:19　字数:630 千
书　　号: ISBN 978-7-113-12556-1
定　　价: 80.00 元

前　言

深圳经过 30 年的发展，已经建成初具规模的现代化城市，综合经济实力居全国大城市前列。预计全市 2010 年人口总数接近 1450 万，生产总值 9500 亿元。到 2010 年底，全市路上行驶的汽车已超过 190 万辆，城市路网的交通承载力已经逼近极限，高峰时段城市中心区主干道公交运营速度已经降到 10 km/h 以下。城市公交运力的现状已经严重落后于城市总体持续发展的需求。国内外解决大都市交通拥挤的实践证明：在深圳市区近一半为山地的条件下，大力发展公交尤其是作为骨干的轨道交通事业，让市民出行更为方便和舒适，才是实现城市资源、环境和人口之间和谐发展，解决深圳未来交通的出路所在。

1998 年 5 月中华人民共和国国家计划委员会（现称"中华人民共和国国家发展和改革委员会"）批准"深港罗湖、皇岗/落马洲口岸旅客过境轨道接驳工程"项目立项，并更名为"深圳地铁一期工程"，拉开了深圳城市轨道交通建设的序幕。目前深圳规划的轨道交通线路共 16 条，总长约 587 km。深圳地铁一期工程主要包括 1 号线（罗宝线）东段和 4 号（龙华线）线南段，于 2004 年 12 月 28 日开始运营。2006 年、2007 年开工建设的二期工程，标志着深圳轨道交通进入网络建设开始期，在建线路 5 条，即 2 号（蛇口线）、3 号（龙岗线）、5 号（环中线）号线和 1 号、4 号线延长段，总长 156.2 km。同时在建的还有广深港客运专线和厦深铁路深圳段。这其中，5 号线分别与 1 号、2 号、3 号、4 号、6 号、7 号、10 号、15 号、16 号线及穗莞深城际线、广深港城际线、东部城际线等轨道交通线路相交，并与 1 号线形成首个环线，必将充分发挥轨道交通网络效应，大大提高疏运能力。

在深圳有限地域空间环境里的轨道交通建设成网过程中，为方便线路之间的交叉换乘，必然会遇到新建盾构隧道穿越既有运营隧道的问题，这些问题直接关系到既有轨道交通线的正常运营，新建盾构隧道工程的施工安全、工期和工程造价。作为高速发展的新兴现代化都市，深圳不同时期城市建筑物的结构和基础千差万别，地下管网错综复杂，使得轨道交通建设的周边环境十分复杂。特别是深圳地处沿海，工程地质和水文地质条件环境更加复杂。在这种环境中新建隧道穿越既有隧道的施工，对深圳市轨道交通的快速发展提出了考验和挑战。由于岩土工程的地域性，其他地方的地铁施工经验只能借鉴，因此，仅靠技术部门或设计单位、仅靠施工乙方和工程监理，都不可能安全可靠地解决所有问题，必须通过全方位、系统性的综合手段来解决。

在成为经济特区的 30 年间，深圳从边陲小镇发展成人口过千万的现代化都市，各个阶段的市政设施、建（构）筑物集复杂多样。各类建筑物的基础千姿百态：桩基、箱基、条形基础、筏基、复合基础、天然基础等。各类建筑的上部结构也是形式多样：钢结构、混凝土结构、钢筋混凝土结构、砖混结构等。市政管网（供电、通信、燃气、给排水等）错综复杂，管网结构、质量、标准和敷设方式在不同建设阶段区别较大，相应档案资料也不尽完善甚至缺失。在城市中心区，地表建筑密集，高楼林立，河道纵横，地下管网密布，有的还是不知名管网等，形成了复杂的建筑环境。

和单一地层（岩石、淤泥、黏土、流砂（软土类））不同，深圳的工程地质和水文地质条件十分复杂。地层的构成主要是花岗岩风化残积土地层、岩石、淤泥、砂、回填杂土（石），或这些地层的混合体等。其分布特点是上软下硬花岗岩风化残积土地层，或者上部是软岩、下部是硬岩，或者是软硬交错（任意方向上），或者是软硬互层，或者是回填岩石杂土混合体，甚至还有沉积年代不同和风化程度不同的地层等。地层中往往有海水侵蚀，而且地下水位随潮汐变化而变化，有些地层对地下水非常敏感，稍微扰动就会崩解甚至液化。这些构成了深圳独特的工程地质和水文地质环境——复杂地层环境。

过去 30 年深圳城市发展主要集中在原来的特区内，呈带状分布。在特区内带状地域上集中了深圳的主要高层建筑物。而这些高层建筑物多数是桩基础。地铁线路在下面敷设小曲线半径的情况较多，且常常是在这些部位会出现盾构下穿既有运营隧道的工程问题。这又是隧道下穿既有线时遇到的复杂线路环境。

另一方面，由于全国 20 多个城市同时在建设地铁，同一个城市往往又有多条线路同时在施工，使得设计、施工、监理、科研咨询、盾构设备加工和售后服务、业主管理等多方面的力量全面摊薄。造成了盾构制造和服务、设计和施工技术力量、监理和业主管理很难全面到位的困难局面。

在深圳这种复杂地层环境、复杂周边环境（地上和地下）和建设各方力量摊薄的情况下，小曲线半径隧道下穿小曲线半径既有运营隧道成为深圳轨道交通二期建设的关键难题。无论哪一方(技术和管理)不到位，都将会酿成重大事故。针对这些特点和难点，依据近 30 年地下工程科研、设计、施工和管理的经验、教训和思考，第一作者在工程一开始就提出了"以业主为主导制定和实施下穿安全风险管理综合措施"，以避免各方技术和管理力量摊薄带来的设计、施组和现场实施脱节甚至不能落实而出现事故的局面。

盾构下穿运营隧道工程建设中大多不具备实施地面加固的条件，这无疑大大增加了工程安全控制的难度。如上所述，地铁盾构隧道主要穿越上软下硬花岗岩风化残积土地层，这种地层既有黏性土的特点(黏聚力值较高)，又有砂土的特点(内摩擦角较大)。残积土颗粒成分的不均匀分布，直接决定了盾构施工技术应用的复杂性。同时，城市轨道交通建设中上述各种条件的交互作用，形成了复杂环境条件下盾构下穿运营隧道的工程难题。盾构下穿运营隧道工程涉及既有线的正常运营和新建隧道的施工安全，安全控制等级高，若出现事故，社会影响面大。而且在穿越工程的安全控制过程中，涉及单位、部门较多，需要地铁建设单位、运营单位、新建隧道设计、施工和监理等单位的密切配合，仅技术层面是无法确保工程安全的，必须形成一整套完善的业主主导的综合控制措施(管理先于技术，管理和技术并重)。

本书不涉及盾构设备介绍和技术原理等，主要介绍业主主导下的多次技术方案研究和决策，既有线现状调查，工程地质补勘，施工技术和工艺参数选取方式(土渣改良、掘进参数选取和优化、注浆工艺设计等)，专项施工预案编写，关键数据全过程的监测监控(信息化施工)，下穿前对方案参数在特定土层的敏感性进行的试验推进预演，对应每项风险源的应急预案制定，以及每项工作的人员组织分工和各项工作的流程及关联等。每次穿越施工都成立了以第一作者(业主)为现场工作领导小组组长、施工企业负责人为副组长，统一现场决策的设计、施工、监理、监测、科研、应急抢险的全套班子，实现了全过程每个细节的跟踪记录及各项监测数据采集(和掘进控制在同一房间)的及时应用。先后完成了 2 号下穿 1 号线、2 号线下穿 4 号线和广深铁路下等 8 次穿越工程，所有下穿全部安全通过，工后沉降控制在设计要求范围内。通过这些复杂环境下的隧道下穿运营隧道和铁路，形成了以业主为主导的独特下穿综合措施，同时培养了一批技术和管理团队。

为及时总结经验和教训，给深圳市轨道交通持续发展提供有力的技术支持和技术储备，特选取 2 号线东延线燕大区间和大东区间下穿 1 号线典型穿越工程，组织编写了本书。深圳市轨道交通 2 号线燕大区间盾构始发井—大剧院站区段以 20°～23°的夹角下穿运营中的地铁 1 号线，重叠区域超过 70 m，盾构下穿施工距离长，1 号、2 号线结构轮廓最小净距约 2 m，新线和既有线皆位于 350 m 半径的小曲线上。对于大东区间，新线与既有线之间的夹角约为 55°，既有线位于 350 m 半径的小曲线上，且为叠线隧道，新线和既有线之间的距离仅为 1.7 m。两处工程下穿范围内皆为上软下硬的风化花岗岩地层，工程安全控制难度大、风险高。两处穿越工程的承包商——中铁二局深圳地铁 2 号线 2225—2 标项目经理部和广东水电二局深圳地铁 2 号线 2226 标项目经理部，在工程建设中精心准备、精心组织、精心施工，确保了工程的安全、顺利和快速实施。

在穿越施工过程中，深圳市轨道办李筱毅副主任和蒋群峰处长等，深圳市地铁集团公司黄瑞董事长、林茂德总经理、肖民总工程师等，施工单位中铁二局和广东水电二局的领导，分别到现场检查和指导工作。深圳市地铁集团公司 2 号线建设分公司作为业主方(副经理黄力平，业主代表李林、胡浩、包长春等)管理本项工程。两处穿越工程的地表变形第三方监测单位皆为长勘院深圳分院；既有线洞内全站仪自动化监测单位分别为深圳市政院和广州重工院；既有线洞内静力水准自动化监测和两处穿越工程的科研单位为北京交通大学。监理单位为铁四院(湖北)工程监理咨询有限公司。设计单位为铁二院。参加值班的还有深圳市地铁集团总工办、安质部、地保办、设计部、运管办和运营分公司等。地铁公司技术委员会和有关专家全面审查了穿越工程专项方案。本书作者陈湘生博士(工程建设和项目的主要负责人)、李兴高博士(科研负责人)特别感谢黄力平高级工程师、刘世杰副总工程师、林世友副总工程师、刘树亚博士、郑爱元博士、郭帅副主任、黎忠文部长等，以及参建各方在技术、监测监控、安全控制及工程管理等方面的主要贡献。两处下穿运营隧道工程的成功实施是业主主导下各参建方群策群力的结果，是集体智慧的结晶。基于所有参建方的工作，两位作者对业主主导下复杂环境中盾构下穿运营隧道的技术、管理和实施等综合措施进行了系统分析、归纳和总结，并结合工程心得体会，完成了此书。在本书完成过程中得到了北京交通大学袁大军教授的支持和指导，在此一并表示感谢。

由于作者水平所限，书中难免存在不足和疏漏之处，恳请读者批评指正。

作者
2011 年 1 月

目　录

1 概　述

1.1 工程背景

深圳市轨道交通线网大规模建设过程中不可避免地会遇到线路之间的交叉、换乘现象，以及新建线路在既有线路附近施工诱发的一系列新问题，其中包括车站及区间隧道相互穿越的工程问题。2 号线东延线大东区间下穿地铁 1 号线国老区间，净距约 2 m；2 号线东延线燕大区间下穿地铁 1 号线科大区间，净距约 3 m。新建盾构隧道施工不可避免地要对既有 1 号线结构和运营产生影响，带来一系列问题。这些问题直接关系到既有轨道交通线的正常运营、新建盾构隧道工程的施工安全、工期和工程造价，对于深圳市轨道交通的快速发展提出了考验和挑战，必须尽快加以解决。另一方面，地铁 1 号线位于深圳市最为重要的交通走廊上，是目前深圳市大多数居民出行最为重要的交通工具之一，在城市公共交通中正在发挥着骨干作用。深圳地铁 1 号线的安全及正常运营重要性不言而喻，不容许出半点差错，这就对新建盾构隧道施工提出了严格的工程控制要求，亟需有效、实用、系统的控制既有线变形的整套成熟技术，以指导在已建线路附近进行的新建盾构隧道施工。因而，亟需对深圳市地铁 2 号线大东区间和燕大区间盾构隧道施工下穿越既有 1 号线工程控制系统开展深入研究。

盾构隧道下穿越既有地铁线路问题涉及到既有线的正常运营和新建隧道的施工安全，安全等级控制要求较高，社会影响面较大。而且在穿越工程的安全控制过程中，牵扯单位较多，需要地铁运营部门、新建隧道设计、施工和监理等单位的密切配合，必须形成一整套完善的技术体系和管理流程。同时，从技术的角度出发，已经建成并正在运营中的地铁隧道对变形的要求极其严格，这与目前工程界如何有效预测和控制隧道变形的现状形成了一对矛盾。尤其是对于下穿既有线施工，既有线变形控制难度大，工程安全风险高，而且是在保证上部既有线正常运营的情况下实施下穿施工，涉及的不确定性影响因素较多，必须深入开展深圳地铁 2 号线大东区间和燕大区间盾构隧道施工下穿越既有 1 号线工程的系统风险评估，以确保穿越工程的安全可靠和经济合理。

为确保工程系统控制的安全可靠和经济合理，从狭义方面来讲，必须同时做好管理和技术两方面的工作。离开了完善的技术体系，仅谈工程管理，则工程系统控制为无源之水；离开了工程管理，仅谈技术，则工程系统控制为无本之木。在实践中，二者不可偏废，缺一不可，交织相互作用，共同构成了盾构近距离穿越既有线施工安全控制的综合配套技术体系。

对于盾构施工穿越既有线工程管理来讲，必须同时作好人员的组织计划和设备的维修保养，必须作好材料供应和物质运输，必须作好各项控制技术的落实。这方面的关键是建立健全各项规章制度建设，通过制度建议，形成穿越施工的高效组织体系，一方面可保障正常情况作业流程的顺利实施，另一方面，在紧急情况下，可以调动相关方面，甚至是全社会的力量投入到穿越工程的安全控制之中。

盾构施工穿越既有线工程系统从技术方面来讲，主要包括三方面的内容：第一是既有线结构体系；第二是盾构施工体系；第三为措施体系。既有线结构体系中主要包括隧道结构和轨道结构两方面内容。穿越施工过程中既有要保证隧道结构不产生较大变形，又要确保轨道结构的平顺性，不能危及行车安全。盾构施工体系主要又由三部分组成，即施工环境（主要是地质环境）、盾构机和人。由于两处穿越工程的施工单位和人员已经确定，在穿越施工过程中应主要加强安全风险意识，严格过程质量控制。地质环境是盾构隧道的载体，是穿越工程的基础条件，其对赋存状况对穿越工程实施的影响不言而喻。盾构机是隧道施工过程中的唯一工具，是人发挥主观能动性，克服地质环境，实施成功穿越的凭借。事实上，地质环境的复杂性几乎无法让人随时随地地了解盾构机前面的实际特点和状态，特别是上述两处穿越工程所采用的盾构机又不是根据此两处盾构区间的地质特点“量身定做”，也就更无法保证盾构机具备百分之百的适应性。措施体系中的内容可进一步细分为三个方面的内容，即应急措施、地面加固措施和监控量测。其中，监控量测又包括施工监测和既有线监控量测两方面的内容，而对于地面加固措施，由于本书涉及的两处穿越工程不具备实施地面加固的场地条件，对此也不再作进一步的分析。

1.2 工 程 概 况

1.2.1 大东区间穿越工程概况

大东区间隧道位于深南路底下，总长约 1 651 m，线间距 12.24～25.35 m，轨面埋深 19.252～36.118 m，在里程 ZDK32＋457.708～463.592、YDK32＋466.674～472.37 下穿既有地铁 1 号线国老区间（单洞叠线结构），平面夹角约 55°，如图 1.1 所示。采用一台海瑞克和一台维尔特土压平衡盾构机掘进，从大剧院站始发，由西往东掘进，最后在东门站西端头吊出，按右线在前、左线随后的顺序施工，区间中部约 550 m为矿山法隧道，盾构拼装管片通过。左线、右线地层条件及与 1 号线的相对位置关系分别如图 1.2、图 1.3 和图 1.4 所示。

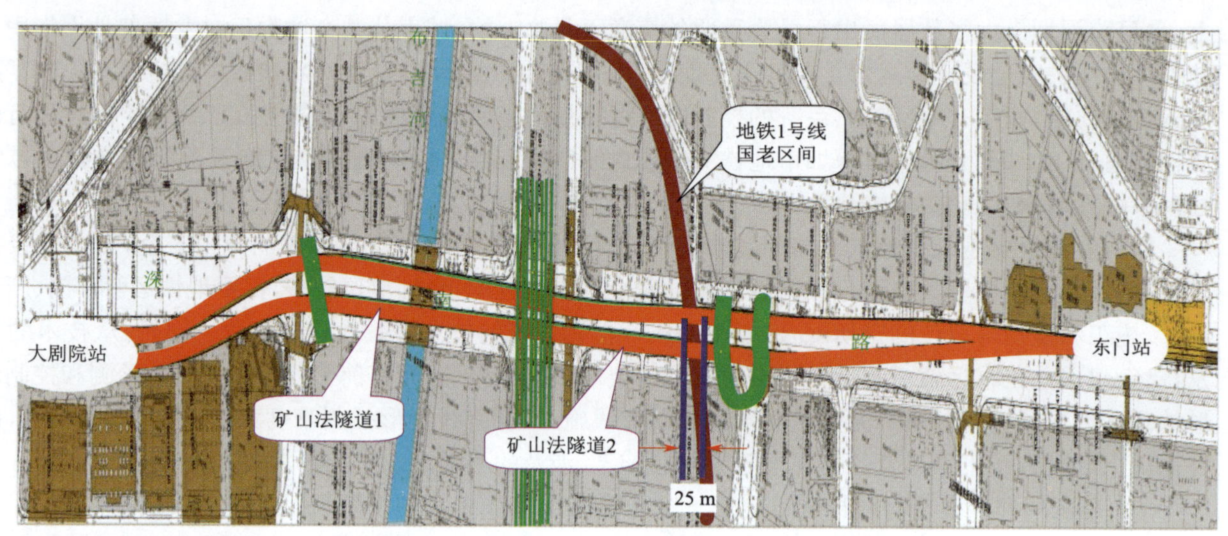

图 1.1　大东区间下穿地铁 1 号线国老区间平面图

左线地质条件：盾构隧道全断面为＜21－3＞中风化花岗片麻岩和＜9－4＞微风化花岗岩，岩石抗压强度高，洞顶覆盖＜21－3＞岩层约 0.15～0.5 m，岩面线以上为＜9－2－1＞和＜21－2－1＞强风化岩地层，均具有遇水易软化、强度低的特点。1 号线与 2 号线隧道净距 1.78 m，1 号线隧道底地质条件为＜21－2－1＞地层。

右线地质条件：地铁 1 号线与人民南天桥隧道全断面为＜21－3＞中风化花岗片麻岩和＜9－4＞微风化花岗岩，洞顶覆盖＜21－3＞岩层 2.8 m 以上。1 号线与 2 号线右线隧道的最小净距为 2.76 m，1 号线与 2 号线左线隧道的最小净距为 1.78 m，1 号线隧道底地质条件为＜21－3＞地层。

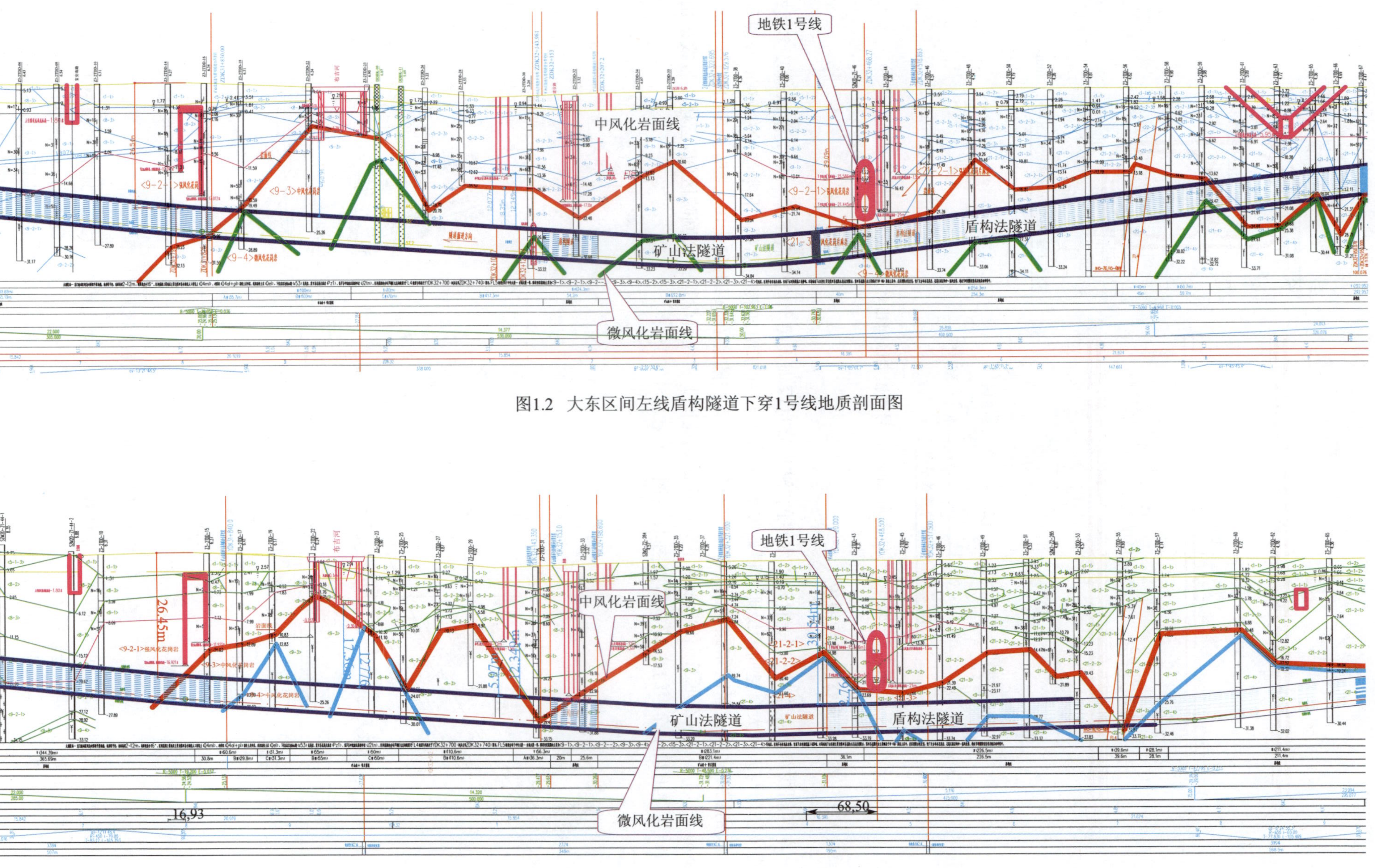

图1.2 大东区间左线盾构隧道下穿1号线地质剖面图

图1.3 大东区间右线盾构隧道下穿1号线地质剖面(单位:m)

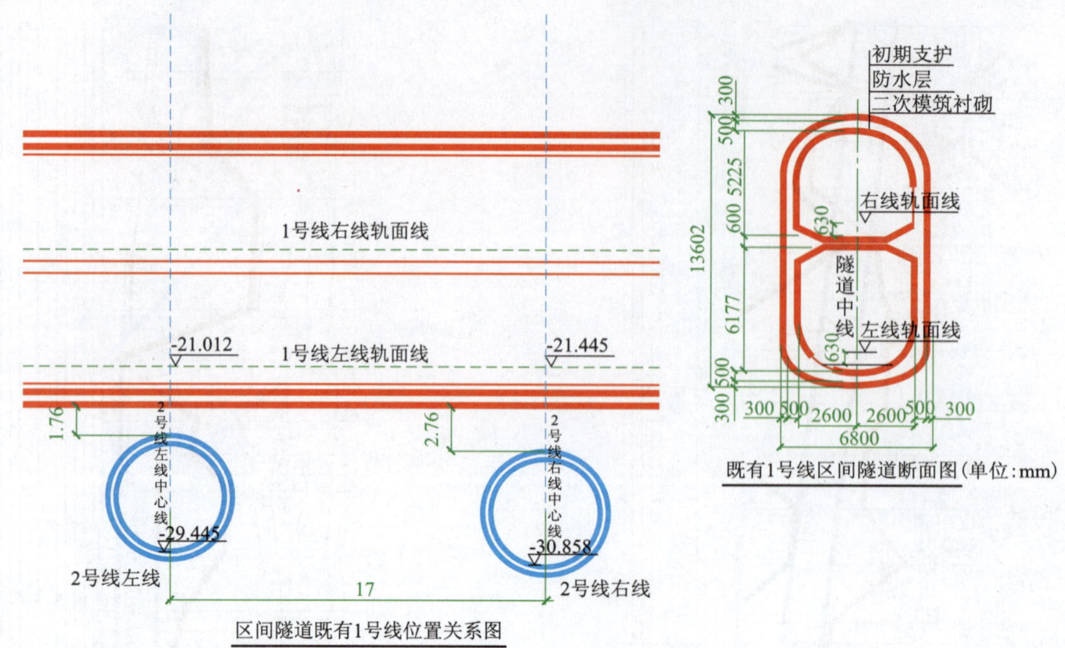

图 1.4　既有 1 号线大东区间与 2 号线国老区间相对位置关系剖面图

1.2.2　燕大区间穿越工程概况

本区间线路从燕南站往东前行，以水平的“S”形绕过深圳人民大会堂后下穿一机关游泳池及多层车库，在荔枝公园与人民大会堂间的绿地上设始发井，对应左线往东南向转向荔湖，下穿红岭中路、1 号线科学馆站—大剧院站区间及深南东路，往东到达大剧院站。盾构隧道在 YDK31＋084.567～YDK31＋155.052、ZDK31＋124.004～ZDK31＋197.848 下穿已建深圳地铁 1 号线科学馆—大剧院区间，已建 1 号线矿山法隧道与盾构隧道最小净距约 2.074 m，如图 1.5、图 1.6 和图 1.7 所示。

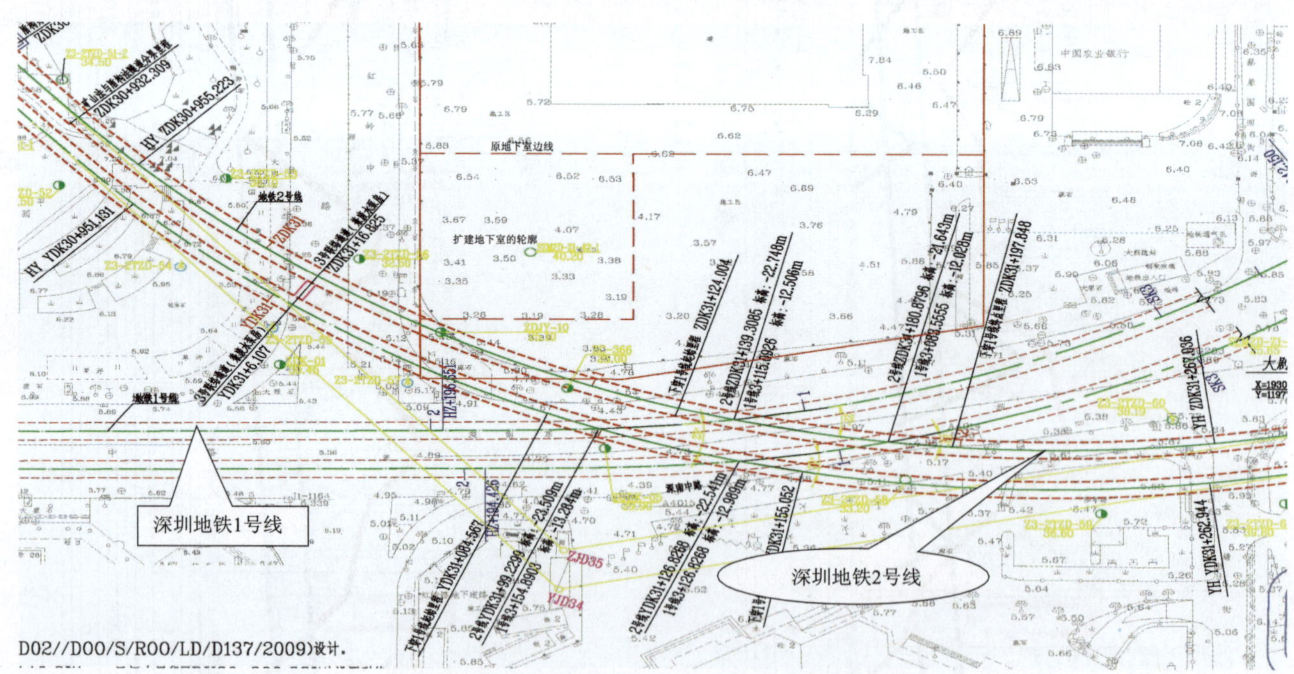

图 1.5　燕大区间下穿地铁 1 号线科大区间平面图

燕南站—大剧院站区间为冲洪积平原地貌，地形较平坦，地面高程 2～12 m，地面坡度小于 5°。区间范围上覆地层主要为第四系全新统人工填筑土(Q_{4ml})、冲洪积黏性土及砂层(Q_{4al+pl})、残积黏性土层(Q_{el})，下伏基岩为燕山期(γ_{53})花岗岩。区间范围内地表水发育，荔枝公园内的人工湖(荔湖)为段内较大的地表水体。荔湖原为老河道穿越地段，经人工改造后形成常年水体，水深 2～3m。区间范围地下水主要有第四系孔隙水、基岩裂隙水。本区间隧道下穿 1 号线段洞身地层主要为＜9－2－1＞土状强风化花岗岩；与 1 号线所夹地层主要为＜8－3＞硬塑状砾(砂)质黏性土及＜9－1＞全风化花岗岩。1 号线隧道底部标高－12. 02～－13. 28 m，2 号线隧道顶部标高－16. 58 m～－16. 68 m。2 号线埋深 20. 6 m，穿越地层为全、强、中等及微风化花岗岩层，地层代号分别为＜9－1＞、＜9－2－1＞、＜9－2－2＞、＜9－3＞、＜9－4＞。

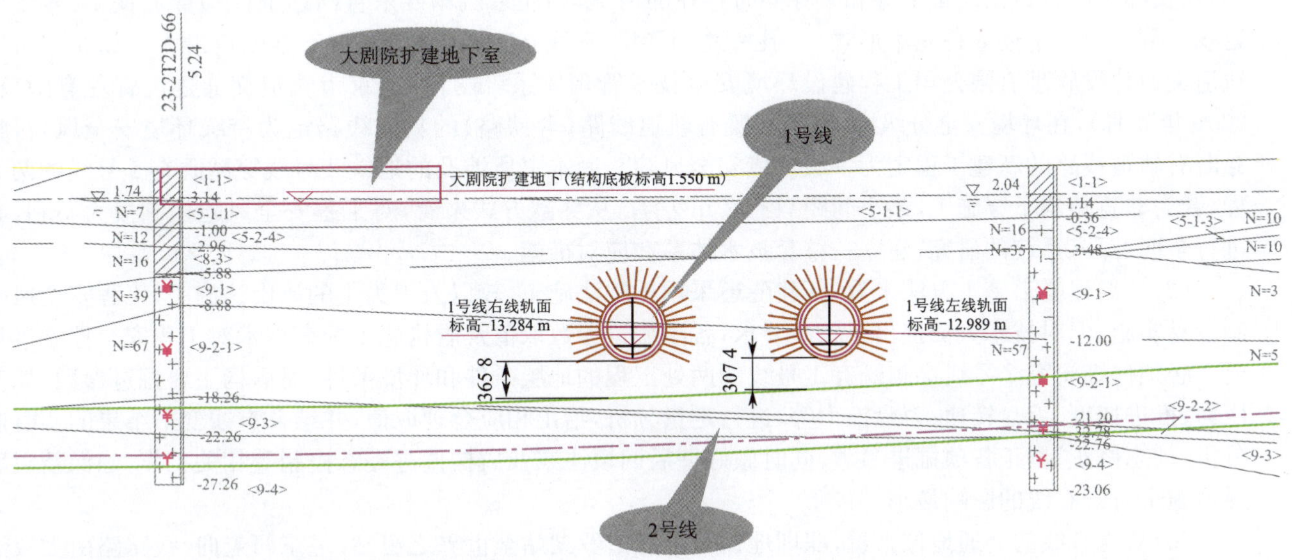

图 1. 6 燕大区间下穿 1 号线段右线地质纵剖面(单位:mm)

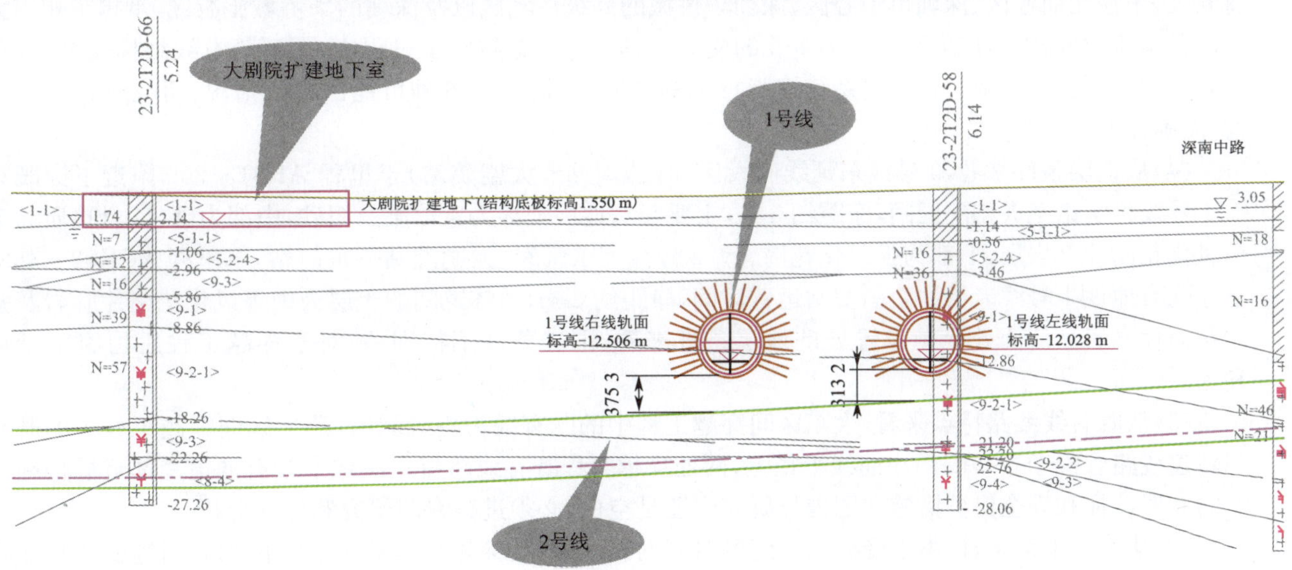

图 1. 7 燕大区间下穿 1 号线段左线地质纵剖面(单位:mm)

根据已掌握的深圳市轨道交通 2 号线工程燕南站—大剧院站区间隧道以及地铁 1 号线区间隧道工程资料推算出，2 号线工程左线穿越地铁 1 号线左线里程为 SK3＋107～SK3＋133，右线里程为 SK3＋70～SK3＋105。2 号线工程右线穿越地铁 1 号线左线里程为 SK3＋136～SK3＋167，右线里程为 SK3＋112～SK3＋140。新线与既有线交点里程见表 1. 1。

表 1. 1 燕大区间与科大区间交点里程

线路	交点里程	交点轨面标高(m)	线路	交点里程	交点轨面标高(m)
地铁 1 号线(右线)	3＋115. 0926	－12. 506	地铁 1 号线(右线)	3＋154. 8903	－13. 284
地铁 2 号线(左线)	ZDK31＋139. 3085	－22. 748	地铁 2 号线(右线)	YDK31＋99. 2299	－23. 509
地铁 1 号线(左线)	3＋083. 5555	－12. 028	地铁 1 号线(左线)	3＋126. 8268	－12. 989
地铁 2 号线(左线)	ZDK31＋180. 8796	－21. 643	地铁 2 号线(右线)	YDK31＋126. 8268	－22. 541

1.3 穿越工程特点

(1)从穿越方式来看,隧道施工穿越既有轨道交通线施工,主要存在上穿、下侧和侧穿 3 种基本形式。当然,在实际工程中也出现了上穿和下穿同时存在的情况,如北京机场线东直门站上(下)穿城铁 13 号线后折返线工程。对于上述 3 种基本形式,一般来说,下穿既有线施工风险最大,施工难度也最大。如北京市轨道轨道交通建设管理有限公司工程建设环境安全技术管理体系(试行)(北京市轨道交通建设管理有限公司,2005 年 6 月),在环境安全分级中,将下穿既有轨道线路(含铁路)的新建线路定为特级环境安全风险,将上穿既有轨道线路的新建工程定为一级环境安全风险。而本书所涉及的地铁 2 号线穿越既有 1 号线的两处工程,皆为非直角斜下穿施工,最小间距只有 2 m 左右,从穿越方式来看,对工程安全风险控制极为不利,必须进行全面、深入系统的研究,建立一整套技术体系和应对措施。

(2)从新建隧道施工方法来看,新建隧道采用盾构法施工,较以人工为主的矿山法施工,工程安全风险控制较易实施,但对技术人员提出了较高要求,各项掘进参数取值及盾构施工配套技术对工程安全控制极为重要。必须仔细研究 2 号线穿越既有 1 号线的两处工程的地层条件和环境条件,对盾构主要掘进参数,如土仓压力、推进速度、刀盘转速、刀盘推力等,进行定量分析,给出相应合理取值,并结合有线变形结果的实时监测分析,动态修正、调正各项掘进参数,同时做好壁后回填注浆及盾构掘进姿态控制等相关工作,确保新建盾构隧道施工对既有线的影响最小。

(3)从既有线的交通地位来看,深圳地铁 1 号线由罗湖站至世界之窗站,呈东西走向,线路路由大致沿人民南路及深南大道布置,位于深圳市最主要的交通走廊上,连接了深圳市的东门商业区、蔡屋围一带的中央商务区、华强北商业区、深圳市中心区、深圳华侨城的高级住宅区以及深圳的华侨城旅游区,承担了相当大部分通勤客流,是深圳市广大居民最为重要的交通工具之一。穿越施工过程中,保证既有线结构安全、线路安全和正常运营至为重要。在研究系统控制技术的同时,还需要对各种可能出现的情况,研究完备的应急预案,以确保万无一失。

(4)从地层条件来看,2 号线东延线燕大区间(燕南站—大剧院站)于里程 AK31+200 附近下穿既有地铁 1 号线科学馆至大剧院区间,净距约 3 m,主要影响地层上部为素填土及粗砂,中部为砾(砂、粉)质黏土及全风化花岗片麻岩层,下部为强风化花岗岩。2 号线大东区间(大剧院站—东门站)于里程 YCK32+468.29 下穿既有地铁 1 号线老街站至国贸站运营区间,净距约 2 m,两隧道间的土层为中等风化花岗片麻岩及强风化花岗片麻岩。从两处穿越位置处的地层条件来看,围岩条件不特别差,对于穿越工程盾构施工还是有利的。

(5)从既有线线路特点来看,大东区间穿越工程中的既有线为叠线隧道,燕大区间穿越工程中的既有线和新建线路皆位于 350 m 的小曲线半径上,两处穿越工程既有线路特点决定了既有隧道受邻近盾构施工影响的变形特征和安全保护措施在国内外研究中还是空白,必须进行专门研究和深入分析。

(6)从工程工期来看,由于受盾构机到场时间的制约,两处穿越工程的工期安排和时间进度还是比较紧张的,工期紧,任务重。在保证各项控制技术安全、可靠、适用的同时,应尽可能实施快速穿越,将对 1 号线的影响特别是社会影响控制到最小、最低。

1.4 穿越工程综合配套措施体系

通过对地铁新线盾构施工穿越既有线工程系统构成的分析、穿越工程基本情况和特点的介绍,可以构建以下盾构隧道接近施工综合配套措施体系,如图 1.8 所示。

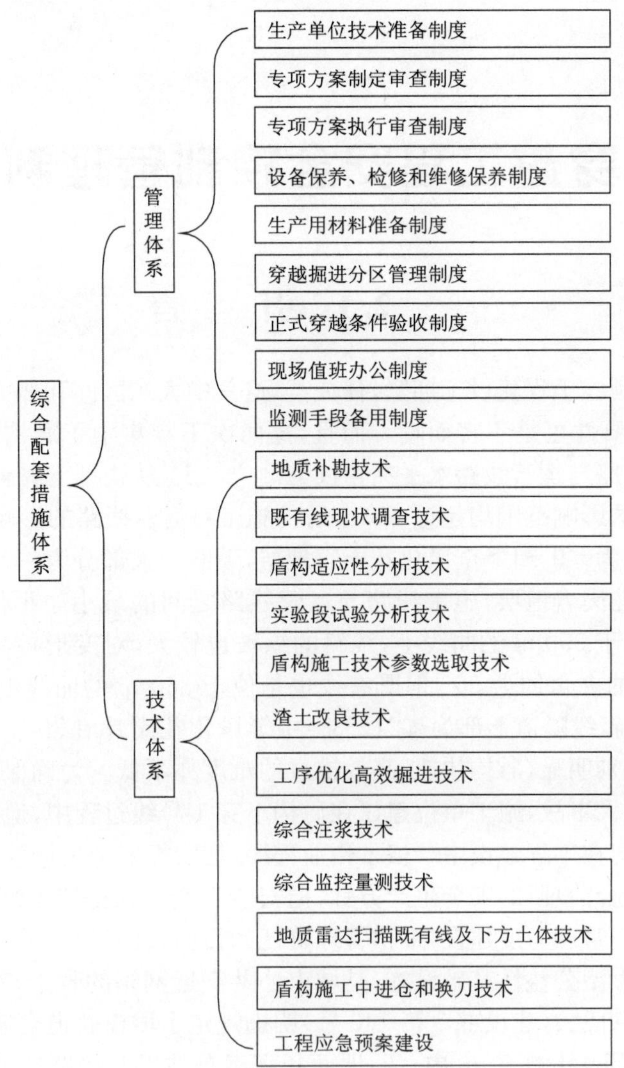

图 1.8 盾构隧道接近施工综合配套措施体系

2　穿越工程安全控制管理制度建设

2.1 引　　言

深圳地铁2号线东延线工程建设工期紧，任务重，这其中大东区间和燕大区间能否安全、顺利、如期完成1号线的穿越施工，其重要性更是不言而喻。而且，这两次下穿集中了盾构施工的诸多难点，施工风险大。以燕大区间为例，施工线路与运营线路水平夹角仅为20°～23°，从线型上属斜交下穿，下穿距离长，地铁2号线左右线对地铁1号线的影响范围均超过70 m，盾构施工对运营线路的影响周期长。新建线路位于350 m的曲线上，隧道洞身上部为＜9－1＞全风化花岗岩地层，下断面大部分为＜9－2－1＞强风化花岗岩地层，局部存在＜9－3＞中风化花岗岩地层，施工线路与运营线路之间的最小净距仅约为2 m，盾构掘进控制难度大。同时，运营线路亦位于350 m的曲线上，线路的纵坡也较大，对变形控制要求较高。而对于大东区间，虽然新线与既有线之间的夹角约为55°，但既有线也是位于350 m的曲线上，且为叠线隧道，新线和既有线之间的距离仅为1.7 m，新线隧道上部为＜21－3＞中等风化花岗片麻岩，下部为＜9－3＞中等风化花岗岩地层，上软下硬的特征特别明显，盾构快速、高效推进的难度亦不低。为确保地铁1号线运营安全，杜绝出现列车倾覆、人员伤亡等重大事故，施工单位建议在盾构下穿1号线过程中，地铁1号线停止运营。为此，深圳地铁大东区间和燕大区间在工程建设中严格了作业程序，切实把安全生产放在各项工作的首位，认真遵循了“安全第一，预防为主，综合治理”的安全生产方针，把安全生产放在坚持不懈、重在治理的突出位置上，为此加大了工程控制安全生产管理力度建设，细化管理责任和目标，确实保障了两次穿越工程的成功实施。

城市轨道交通作为大型公益性基础设施，是城市公共交通网络的骨干，其运营安全的重要性不言而喻。《城市轨道交通运营管理办法》(建设部令第140号)明确规定了城市轨道交通应当在以下范围设置控制保护区：(1)地下车站与隧道周边外侧50 m内；(2)地面和高架车站以及线路轨道外边线外侧30 m内；(3)出入口、通风亭、变电站等建筑物、构筑物外边线外侧10 m内。在城市轨道交通控制保护区内进行相关施工作业时，作业单位应当制定安全防护方案，在征得运营单位同意后，依法办理有关行政许可手续，并特别指出，上述作业穿过地铁下方时，安全防护方案还应当经专家审查论证。《上海市地铁沿线建筑施工保护地铁技术管理暂行规定》明确规定，在上海市人民政府(93)37号令地铁保护区域内(隧道中心线两侧各30 m、车站中心线两侧各50 m)进行加载和卸载的建筑施工活动，必需慎重地采取可靠的技术措施对各种建筑活动引起的地铁结构设施的移动，控制到允许的限度内，以确保地铁安全运行。有关工程设计方案、对地铁影响的预测分析、施工组织设计、施工监测设计、监理大纲需报地铁总公司，经技术复核后予以批复，方可实施。

中华人民共和国住房和城乡建设部2009年5月13日印发的建质〔2009〕87号《危险性较大的分部分项工程安全管理办法》，明确规定，为加强对危险性较大的分部分项工程安全管理，施工单位应当在危险性较大的分部分项工程施工前编制专项方案，并对专项方案编制应当包括的内容作了规定。对于超过一定规模的危险性较大的分部分项工程，施工单位应当组织专家对专项方案进行论证。专项方案经论证后需作重大修改的，施工单位应当按照论证报告修改，并重新组织专家进行论证。施工单位应当严格按照专项方案组织施工，不得擅自修改、调整专项方案。如因设计、结构、外部环境等因素发生变化确需修改的，修改后的专项方案应当重新审核。专项方案实施前，编制人员或项目技术负责人应当向现场管理人员和作业人员进行安全技术交底。建设单位在申请领取施工许可证或办理安全监督手续时，应当提供危险性较大的分部分项工程清单和安全管理措施。施工单位、监理单位应当建立危险性较大的分部分项工程安全管理制度。显然，大东和燕大区间穿越工程属于危险性较大的分部分项工程，应该按照严格按照上述规定执行，建立健全各项安全生产管理制度。

为贯彻“安全第一，预防为主，综合治理”方针，加强盾构下穿轨道交通既有线等危险地段施工管理，切实做好盾构施工事前专项方案评审和事中信息化施工各项工作，落实全方位、全过程安全意外防范工作，提高盾构施工安全生产管理水平，深圳市轨道交通建设办公室文件深轨办〔2010〕28号文《关于盾构下穿既有线等危险地段施工准备工作的意见》明确规定：

(1)提前调查施工环境。在盾构下穿轨道交通既有线等危险地段时，必须做好地质补勘和物探工作，全面调查沿线盾构施工环境，并形成书面调查资料，包括但不限于盾构施工平面图、纵断面图和横向剖面图。

(2)专家评审施工方案。根据盾构施工环境调查结果，并与既有线运营公司等权属单位充分协商后，制定针对性专项施工方案，组织专家评审，根据专家评审意见修改完善，形成科学合理、切实可行、保证安全的专项施工方案。

(3)模拟试定掘进参数。有条件的地段，选取 20 m 与下穿单位地质情况相似地段做好模拟段，以确定盾构进入危险地段范围内初始掘进参数及其与监测数据之间的基本经验，包括确定下穿施工时刀盘转速、土仓压力、千斤顶推力、出土量、同步注浆压力和注浆量、二次注浆压力及注浆量，以此作好盾构施工详细策划，列明特殊地段中每一环掘进时间表。

(4)实行第三方监测。下穿重叠部分为危险区，危险区外侧各 6 m 范围为风险区，风险区外各 20 m 范围为预警区。针对下穿区域制定第三方自动监测方案，根据国家规范和既有线运营公司等权属单位企业标准，确定沉降、位移等监测项目、监测频率、监测方法和监测变形预警值、报警值及控制值。有关各方提前协商做好第三方监测布点工作，并确定监测初始值。

(5)设置信息化施工值班室。现场设置危险地段盾构信息化施工值班室，由各责任单位制定专人(包括姓名、职务、电话、邮箱等联系方式)24 h 全天候轮流值班，值班室配备电脑、投影仪、电话、对讲机等办公用品，创造现场办公条件，加强第三方监测与盾构操作之间联系，加强信息化施工管理。

(6)编制应急救援预案。做好危险地段盾构施工安全风险评价工作，针对可能发生的重大安全风险，由各方共同编制安全应急救援工作，确定由各方代表组成的应急指挥领导小组，成立现场应急工作小组，配备各类应急抢险物资，并于正式下穿施工前 3 天逐一检查落实。

对于本书涉及的两处穿越工程，参照上述意见通知和《中华人民共和国安全生产法》、《中华人民共和国突发事件应对法》、《中华人民共和国建筑法》、《建设工程安全生产管理条例》、《安全生产许可证条例》、《工程建设重大事故报告和调查程序规定》、《建设工程重大质量安全事故应急预案》和《国务院关于进一步加强安全生产工作的决定》及其他有关法律、法规、规章，结合本工程的实际情况，在做好日常人员、设备、材料、运输等各项安全管理工作的同时，本工程建立健全了相应各项安全生产管理制度和安全措施，建立了风险控制的专项方案，组织制定了生产安全事故应急救援预案，规范了安全生产事故灾难的应急管理和应急响应程序，建立了应急救援体系，依法规范应急救援工作，确保了应急预案的科学性、权威性和可操作性。

2.2 安全控制管理制度建设

2.2.1 生产单位技术准备制度

2.2.1.1 技术准备组织机构

所谓生产单位技术准备制度，就是在穿越工程进行前，生产单位应组织本部门相关技术人员进行技术分组，开展浆液配比试验、渣土改良试验，在本标段或其他标段选择与穿越位置处相近的区段进行掘进试验，从而为穿越工程作好技术储备。

例如，为确保燕大区间穿越工程顺利实施，专门成立了圳地铁 2225－2 标燕大区间下穿地铁 1 号线工作小组组织机构，下设掘进技术组、资源保障组、应急协调组，并对各组技术人员进行了分工，并建立了下穿 1 号线工作小组的例会制度，工作小组成员每 3 天举行一次碰头会，各专项小组应每天自行举行一次碰头会，对相关工作进行及时的汇总、反馈与梳理。各技术小组的具体工作安排如下：

1. 掘进技术分组：工作重点是进行下穿 1 号线前期试验段地层沉降分析、盾构各项技术参数的分析整理及注浆浆液配比试验工作，并负责盾构带压换刀相关方案编制及试验工作。为保证盾构安全顺利下穿 1 号线，根本问题是解决土体沉降与坍塌，而解决土体沉降与坍塌的根本在于土仓管理与注浆管理。因此在技术工作准备的过程中需要重点研究土仓压力控制、渣土性状改良、土仓气压管理及同步注浆配比、同步注浆压力、同步注浆添加剂、同步注浆量等相关技术参数的设定，并结合地表监测与深层土体监测进行科学、系统的沉降分析，优化比选出下穿 1 号线的一系列施工参数设定方式。

2. 资源保障分组：目前的工作重点是将 S240 盾构及 S463 盾构在下穿 1 号线期间可能使用的各种刀具、配件、应急物资、监控系统及渣土改良系统尽快落实到位，并负责盾构带压换刀的相关设备准备工作。

3. 应急协调分组：目前的工作重点是与政府、业主及其他相关部门取得联系，确认总体应急预案的制定及实施情况；确认与运营单位、第三方监测单位及其他相关部门的具体协调工作办法；确认下穿 1 号线的具体时间及 1 号线限速(或停)运营、缩短运营时间的相关细则；确认对突发事件的处理方式、处理制度及相关机制。

2.2.1.2　技术准备工作安排内容

通过在线路中线上埋设地表沉降观测点及土体深层位移监测仪器，掌握盾构推进过程地表及地中土体变形的监测，总结出相应规律，为穿越过程中盾构掘进参数的取值作好技术准备。

1. 地表沉降监测

(1)工作内容

在线路中线上每隔 5 m 埋设一地表监测点，每隔 20 m 布置一监测断面(监测点埋设时需破除地表地砖、混凝土、沥青路面等，将钢筋打入土层)。每天对监测点进行 2 次监测，并注明每次监测时的盾构掘进里程、土仓压力分布、土仓状态、出土量及出土状态、同步注浆量及同步注浆压力等相关参数。

(2)记录方式

待盾尾通过一段距离、监测点沉降稳定后，绘制该测点在盾构到达之前、通过当中、沉降稳定之后的位移曲线图，并注明盾构通过监测点里程前后的推进参数，如表 2.1 和图 2.1 所示。

(3)试验目的

通过分析盾构通过前后地表变形监测数据的变化规律，研究盾构推进的土仓压力分布、土仓状态、出土量、渣土性状、同步注浆量及同步注浆压力等对土体沉降的影响规律；研究盾尾脱出后土体沉降趋于稳定所需的时间等。通过试验研究，比选出较为适宜的推进参数配置。待负环拆除完毕后，采用这些参数继续推进，进一步观察监测结果，再对推进参数进行优化，直至监测结果达到预计目的，确定出下穿 1 号线盾构推进参数参考值。

表 2.1　地表监测分析样表

监测点里程	YDK31＋287									
日期	初始值	5.8	5.12	5.13	5.14	5.15 pm	5.16 pm	5.17 pm	5.18 pm	5.19 pm	5.20
相对高程	5 807.8	5 808.5	5 806.9	5 806.6	5 804.7	5 803.6	5 798.6	5 793.6	5 791.5	5 791.5	5 791.3
相对沉降量(mm)	0	0.3	−1.6	−0.3	−1.93	−0.24	−5.03	−2.82	−0.93	0.05	−0.17
累计沉降量(mm)	0	0.7	−0.9	−1.2	−3.13	−4.18	−9.21	−14.18	−16.36	−16.31	−16.48
切口里程	调试	调试	299.3	291.11	288.1	282.08	280.63	271.63	262.57	253.58	241.58
切口距测点距离(m)	—		12.3	4.11	1.1	−4.92	−6.37	−15.37	−24.43	−33.42	−45.42
土仓压力(bar)	—		1.00	1.10	0.90	1.30	0.90	1.00	1.30	1.10	1.30
注浆量(m^3)	—		8	6	6	5.8	6	6	6	6	6
注浆压力(bar)	—		1.0	2.2	2.3	2.4	3.0	3.5	3.2	2.3	2.7

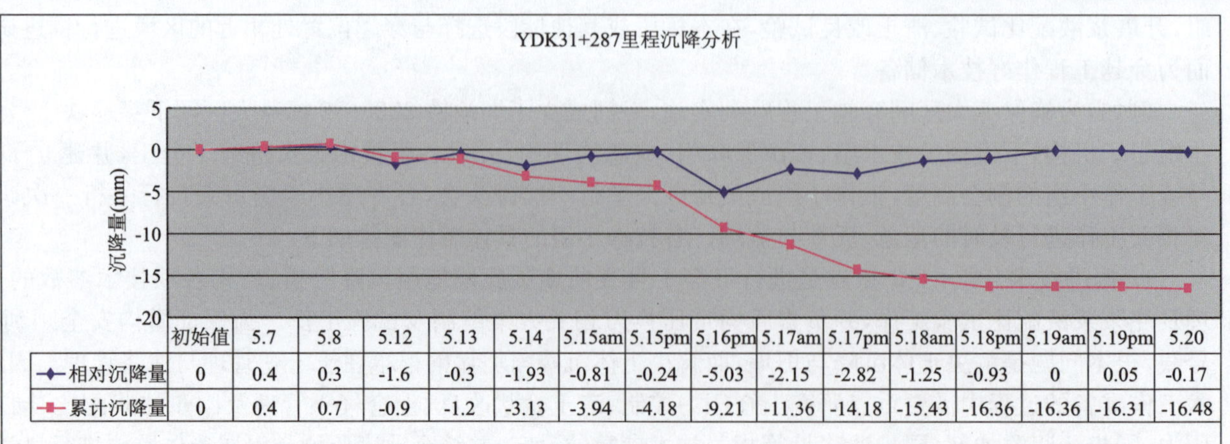

图 2.1　测点沉降变化曲线

2. 同步注浆浆液配合比

(1)工作内容

尝试多种砂浆配合比(咨询其他项目、委托试验单位),经地面试验初步比选出几组可泵性、黏稠度、早强性、泌水性都比较理想的配比,待负环拆除之后在施工现场实地试验。在实际推进过程中分析在地层类似、注浆压力及注浆量相同的情况下不同配比对地表沉降的影响,并根据监测数据对配比进行再次调整,拟定出最优配比。

(2)记录方式

填写各种配比浆液的拌和时间、可泵性、初凝时间、泌水率、达到强度时间等相关数据,并制成如下所示的表 2.2 和图 2.2。

表 2.2 同步注浆浆液配比

材料名称	规格	配合比(kg/m³)	质量比例	拌和时间	可泵性	初凝时间	泌水率	达到强度时间
水泥	32.5R	250	18.0%	5.17/13:10	较好	6 h	8.3%	10 h
砂	细砂	550	39.6%					
粉煤灰	Ⅲ级	150	10.8%					
膨润土	钙基	40	2.9%					
水	—	400	28.8%					

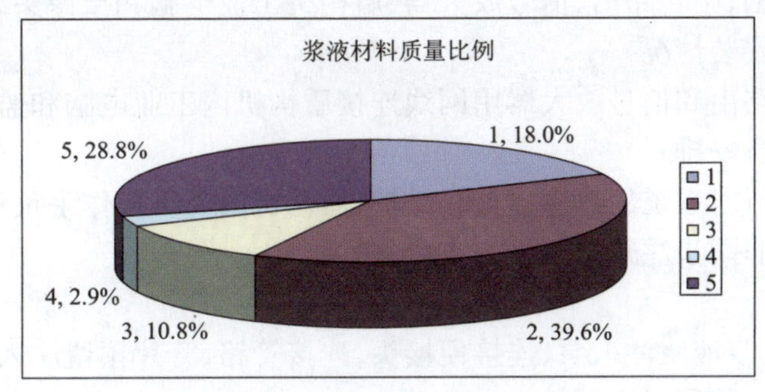

图 2.2 同步注浆浆液质量比例

3. 燕大区间左线盾构 63 环处带压开仓工作准备

左线盾构在到达 1 号线之前就将进入上软下硬区域,为确保顺利下穿拟在硬岩突起最高的 63 环开仓检查刀具。根据地质补勘资料,该处隧道拱顶以上全部为土状强风化花岗岩,常压开仓可能性不大,经研究分析认为带压开仓为最合理的方式。因此在左线到达 63 环之前需要完成带压开仓所需的施工方案、设备完善、人员准备、应急措施准备等。带压换刀工作由专人负责跟踪。

4. 设备保障技术准备

目前的工作重点是对以前既定方案中的设备改造部分进行逐步落实,并对部分系统调试试用,对改装设备的可靠性和有效性作出评估,根据结果尽快作出调整。

(1)高分子聚合物加注系统

1)设备组成

主要由起动高压注射泵、加粗输送管路、可计量容纳装置、末端高压控制球阀和雾化喷嘴组成。

2)安装方式及其现安装情况

泵体安装在中体的人行平台上,由加长管路连接到安装在承压墙上的雾化喷嘴上面。

现除计量容纳装置没有安装,其他都已经安装到位。但前期为了防止喷嘴被堵采取间断性注射液压油的方式来维持畅通。

3)操作方式

采用人工辅助加注方式,具体操作步骤如下:

①打开由前体连接到注入泵的空气开关,泵体开始工作;

②泵体由于压力值达到上限值停止工后,等待操作手指令;

③操作手下达指令后打开高压球阀进行加注；

④待注入制定体积聚合物后，直接关闭高压球阀。

4)人员安排

由两名工人持对讲机在中体开关高压球阀，操作手在操作室内根据推进下达指令。

(2)膨润土加注系统

1)设备组成

由中板膨润土发酵池、循环用膨润土泵、膨润土运输箱、膨润土转运泵、新采购柱塞泵、改装流量计和原机器自带膨润土系统组成。

2)安装方式及其现安装情况

柱塞泵安装于原来膨润土位置将其替原泵，在2号拖车位置加入流量计配合原始管路使用；发酵池已经修好，待混合泵安装到位后即可投入使用；膨润土转运箱由前期出土用小土箱改装；膨润土转运泵安装于2号拖车。

现考虑到前期推进时候需要大量水的加入，暂未改动原系统，准备在穿越之前进行改装。

3)操作方式及人员安排

由操作手进行加注时机和用量的选择，土木技术员对加注量进行统计和反馈。

(3)实时监控系统

1)设备组成

主要由地面监控电脑、中转路由、信号放大器、盾构机工业电脑和摄像头组成。

2)安装方式及其现安装情况

由地面监控电脑经路由和信号放大器用网线连接盾构机内工业电脑和监控摄像头。

3)操作方式及其人员安排

当班机电值班员进行对系统的总体连接和维护，盾构机内当班操作手负责盾构机段进行配合连接。

(4)浆液注入系统(非同步注浆)

1)设备组成

主要由加长注浆管、双液浆注入泵、连接便接头、连接管路、管片预留注入口和盾体径向开口组成。

2)安装方式及其现安装情况

设备已经采购和加工完毕，并在地面作了试机。在进入前调整期内在盾构机内进行安装。

3)操作方式及其人员安排

当班土木技术员进行组织注浆工序安排，有当班跟机维修对注浆系统进行安装和过程中的维修。

2.2.1.3　试验段掘进情况及总结

燕大区间右线自55环起进入与下穿1号线区域十分相似的上软下硬地层，按照施工专项方案先期进行了试验段掘进的相关工作。

1. 同步注浆配比优化

如图2.3所示，在试验段掘进过程中，进行了系统同步注浆配比比选，共试配了近20种不同浆液配比，通过记录其可泵性、稠度、初凝时间、终凝强度、泌水率等相关参数，结合实际施工的沉降情况逐一筛选，已确定下穿1号线采用的浆液配比，如图2.4和表2.3所示。

图　2.3

图 2.3　同步注浆配比试验

表 2.3　同步注浆浆液试验总结的配比

材料名称	规格	配合比(kg/m³)	质量比例	拌和时间	可泵性	初凝时间	泌水率	达到强度时间
水泥	42.5R	192	12.2%	5.26/11:00	较好	6 h	2.6%	10 h
砂	细砂	420	26.6%					
粉煤灰	Ⅱ级	375	23.9%					
膨润土	钙基	100	5.3%					
水	—	500	31.9%					

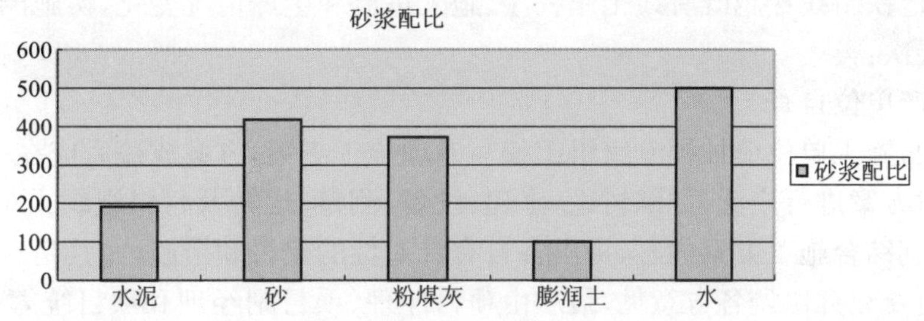

图 2.4　同步注浆优化得到的砂浆配比

2. 渣土改良

下穿期间采用完全土压平衡模式进行掘进，在试验段掘进过程中采用膨润土泥浆(表 2.4)进行渣土改良和土仓管理。经过大量的试验和改进，已经在膨润土泥浆配比、泥浆加注设备、泥浆保压掘进管理模式等取得较大突破。目前该推进模式在上软下硬地质条件中的应用已比较成熟，掘进参数、土仓状况、出土量、地表沉降量均稳定可控。

表 2.4　膨润土泥浆配比

材料名称	质量比例	配合比	黏度	稠度(mm)
钠基膨润土	100	16.6%	12′56″	140
泥浆用水	400	66.4%		
羧甲基纤维素钠	2	0.3%		
增稠剂用水	100	16.6%		

3. 沉降分析

将每个地表监测点作为单独的沉降分析对象，结合盾构与各监测点的位置关系和掘进参数进行统计，并绘制沉降曲线图，分析盾构刀盘到达监测点位、盾体通过监测点位、盾尾脱离监测点位及不同掘进参数情况下的沉降情况。根据数据分析对掘进参数进行调整优化，再结合调整后的监测情况不断对施工参数进行修正。目前已根据沉降分析基本确定下穿 1 号线应采用的掘进参数，见表 2.5，采用这些参数，盾构掘进最大程度地限制了盾构工前和工后的沉降。

表 2.5　验段掘进参数总结

序号	项目	参数	备　注
1	土仓压力(1#)	推进时 1.6～1.8 bar 停机时 1.8～2.0 bar	满仓土压平衡模式，土仓压力起伏不得大于±0.2 bar，通过稳定出土控制
2	刀盘工作压力上限	180 bar	
3	刀盘转速	1.5～1.8 r/min	
4	有效推力	≤500 t	

续上表

序号	项目	参数	备　注
5	盾构姿态水平偏差	±30 mm	
6	盾构姿态垂直偏差	±30 mm	
7	每环姿态纠偏量	≤10 mm	即使姿态不好亦需严格控制
8	推进速度	10～15 mm/min	尽量保持平稳
9	每环出土量	≤65 m^3	根据进尺量随时监控
10	同步注浆量	8～9 m^3/环	
11	同步注压力	3.0～3.5 bar	
12	膨润土泥浆注入量	6～8 m^3/环	

2.2.2　专项方案制定审查制度

穿越施工前，生产单位应对既有线的现状情况进行详细调查，根据调查结果并结合自身情况（主要包括生产进度现状、盾构机性能特点和人员配备等），制定详细可行的生产计划，对穿越施工涉及的人员、设备及工期安排等精心筹划，精心组织，对人员安排、盾构机和其他设备配备、物资供应、应急救援、掘进参数取值和重大技术问题应对措施等逐项落实，以做到切实可行，最终形成内容完整、数据翔实的施工方案。施工方案完成后，还要依据地铁新线穿越既有线工作程序、施工进展和生产情况变化，实施严格的方案审查制度，大致可分为以下 4 个层次：

第一层次：生产单位自查

对于穿越工程，施工单位应抽掉专家组织编写专项施工方案，方案成稿后应在本单位更大范围内组织相关专业技术人员对方案进行广泛、详细讨论，土建、设备、测量、运转及材料组织人员应结合自身专业情况和工作岗位单位，分别结合施工方案内容，提出各自有针对性的建议和措施，尤其是对于设备维护、人员组织和班组交接等问题更要充分协调各方意见，最后由项目经理、项目副经理和项目统筹考虑，进一步落实和完善施工方案，从人员、设备和制度建设方面确保施工方案的安全可靠、技术合理和经济可行。方案在现场施工单位通过后，一般还要提前请其上级主管部门在更广范围内对专项施工方案进行补充和完善。

第二层次：聘请外部专家审查

生产单位自查将方案完善后，还要聘请 3～5 位外部专家（主要是深圳市轨道交通建设专家库中的专家），召开地铁新线穿越既有线施工方案审查会，对于穿越施工方案涉及的技术难题进行深入剖析，对施工方案的可操作性和完备性进行全面认证，最后形成专家意见，作为生产单位进行修改、补充和完善的参考和依据。

第三层次：地铁公司技术委员会审查

生产单位依据专家意见，将施工方案进一步补充、修改和完善后还要提交到地铁公司技术委员会进行审查。地铁公司技术委员会将组织土建组和经济组的委员，主要由常任委员和非常任委员组成，在听取相关方案汇报后参会委员发表意见并填写“委员评审意见书”，最后形成会议纪要。针对施工方案，为确保顺利实施，技术委员会提出相应要求和建议，尤其对既有线监控量测、既有线限速运营和应急抢险等涉及安全敏感问题，提出了相应要求。

在听取 2 号线建设分公司“2 号线东延线 2226 标大东区间盾构法下穿地铁 1 号线国老区间专项施工方案”汇报后，经委员一致同意后，会议纪要如下：

2 号线东延线 2226 标大东区间盾构下穿运营 1 号线国老区间，下穿交角 55°。1 号线国老区间为矿山法上下重叠隧道。2 号线左线距重叠隧道 1.78 m，右线距重叠隧道 2.76 m，左右线间距 17 m。2 号线左线位于中风化花岗岩地层中，隧道顶部位于强风化与中风化交界处；右线位于中风化和微风化地层中。施工单位针对下穿情况制订了专项施工方案，对掘进模式、掘进速度、同步注浆进行了分析，监测方案采用 3 号线下穿 1 号线采用的全站仪“测量机器人”方案。施工单位在笔架山水厂区段设置了试验段。施工方案已由 2 号线建设分公司组织了多次讨论。技术委员会经讨论，认为方案基本可行。为确保方案能顺利实施，提出如下要求：

(1)盾构在中风化、微风化花岗岩地层中快速、匀速、连续推进，是下穿工程顺利进行的关键因素之一。承包商应在下穿前确保刀具配置和刀具使用状态能够满足切削花岗岩地层的要求，确保盾构机设备设施性能处于良好状态。为此，承包商在下穿前适当位置应对盾构机进行全面检查维修，评估盾构机的性能。2号线建设分公司应安排监理组织下穿前盾构机状态的条件验收。

(2)真实稳定的监测数据是信息化施工的重要基础。承包商应提前布设监测点，提早调试，确保仪器设备性能稳定，数据真实可靠。应以运营隧道洞宽为基数，调整监测断面间距。下穿施工期间应确保每半小时报告一次运营隧道关键监测点监测数据。

(3)监测控制值按照安保区工程控制标准执行。应考虑两条隧道的累加影响和下穿通过后的后期沉降，将变形控制值在各个施工阶段合理分配。

(4)由于本次下穿工程所处地层岩石破碎，施工单位应高度重视二次注浆。二次注浆应尽早进行，并作好多次注浆的准备。

(5)为了减少运营列车振动对下穿施工的影响，同意采用限速措施。具体的限速速度和恢复正常速度所需条件由建设分公司与运营分公司事先协商确定，在实施过程中建议根据监测数据灵活调整列车速度值。

(6)施工应急预案应补充盾构设备故障及洞内可能出现的紧急情况预案，做好相应的应急措施。市级的交通应急处置方案由2号线建设分公司将下穿方案报市轨道办后，由市轨道办安排制定。

(7)由于地下工程具有不确定性，承包商应切实按照专项方案组织施工，按照应急预案进行事前准备，在实施过程中动态调整方案，并承担承包合同规定的义务和工程风险。

在听取2号线建设分公司"2号线东延线2225－2标燕大区间下穿地铁1号线大科区间专项施工方案"汇报后，经地铁公司技术委员会委员一致同意后，形成纪要如下：

2号线东延线2225－2标燕大区间盾构隧道下穿运营的1号线大科区间，下穿交角20°～23°，下穿距离投影长超过70 m。2号线所处地层为上软下硬的复合地层，隧道顶部为全风化花岗岩，下部为强风化、中风化地层，局部为微风化地层，岩石完整性较好。盾构隧道与运营隧道最小间距为3.016 m。根据地质条件和两隧道相对位置，下穿工程对既有运营隧道的行车影响可能较大。承包商和2号线建设分公司已对施工方案组织了多次讨论，并提出1号线在下穿期间1号线停止运营的要求。技术委员会经讨论，认为在调线调坡、人工破岩、地面加固、运营隧道洞内加固目前已不具备条件的情况下，承包商的专项施工方案已经考虑地比较全面，但方案的实施效果仍存在不确定性。为确保方案能顺利实施，技术委员会提出如下要求与建议：

(1)盾构在上软下硬地层匀速、连续推进，合理控制土仓压力和出土量，是下穿工程顺利进行的关键因素之一。承包商应在下穿前确保刀具配置和刀具使用状态能够满足切削花岗岩地层和残积层要求，确保盾构机设备设施性处于良好状态。为此，承包商在下穿前适当位置应对盾构机进行全面检查维修，评估盾构的性能。2号线建设分公司应安排监理组织下穿前盾构状态的条件验收。在下穿施工过程中，也应作好盾构机检查维修的准备，准备工作应包括检查时间、地点、对地层控制措施、备品备件等内容。

(2)真实稳定的监测数据是信息化施工的重要基础。承包商应提前布设监测点，提早调试，确保仪器设备性能稳定，数据真实可靠。应以运营隧道洞宽为基数，调整监测断面间距。下穿施工期间应确保每半小时报告一次运营隧道关键监测点监测数据。

(3)监测控制值按照安保区工程控制标准执行。应考虑两条隧道的累加影响和下穿通过后的后期沉降，将变形控制值在各个施工阶段合理分配。

(4)由于本次下穿工程的里程较长，且存在左右线与下穿前后的累加影响叠加效应，为了尽可能减少沉降，施工单位应高度重视二次注浆。二次注浆应尽早进行，并作好多次注浆的准备。

(5)施工应急预案应补充遇到孤石、换刀、超挖、盾构设备故障及洞内可能出现的其他紧急情况预案。深圳市市级的交通应急处置方案由2号线建设分公司将下穿方案报市轨道办后，由市轨道办安排制定。

(6)施工方案中采取了多项措施，承包商应在下穿施工前进行系统地演练，验证各项措施的可实施性，并根据演练结果完善方案。

(7)2号线建设分公司应组织承包商，以1号线不停运为目标，深化、细化下穿施工方案和应急预案。若研究后仍需要运营隧道停运，则应提出停运和恢复运营时的现场条件，明确停运时盾构推进位置的运营隧道变形标准，预估停运时间；制定恢复运营时的盾构位置、二次注浆方案、变形数据和限速等条件。2号线建设分公司应牵头将下穿施工专项方案和停运要求专题向公司和市轨道办报告。

(8)由于地下工程具有不确定性，承包商切实按照专项方案组织施工，按照应急预案进行事前准备，在实施过程中动态调整方案。

第四层次:穿越施工期间方案调整审查制度

随着穿越施工的进行、地层的不断揭露以及工程施工中暴露出来的技术难题,有必要相应调整施工方案。生产单位在征得监理和业主同意的情况下,在监理的组织下,聘请地铁公司内部和外部专家及生产涉及的相关单位,如地铁运营部门和测量单位等,对调整方案再次审查。与会专家除对方案本身提出补充、修改和完善建议外,还可结合工程实际情况,对工程需要但方案未涉及的问题,也可提出措施和建议。综合相关措施和建议,最后形成专家意见,以作为方案调整、补充、完善和执行的重要参考和依据。

例如,2010 年 7 月 1 日,由于燕大区间右线盾构推进困难,停机检查。在 2010 年 7 月 2 日 15 时 30 分,在第三次带压进仓检查时,发现刀盘正上方有一个约 5 m^3 的空腔,在空腔范围内还有一个直径约 0.3 m,高约 3 m 的圆孔,并有土体不时从切口位置掉下。发现上述异常情况后,进仓人员立即撤离土仓,关闭仓门。事后于 18:00 在现场值班室召开了紧急会议,决定在于 2010 年 7 月 3 日上午 10:30 时召开专家咨询会。与会专家在听取施工情况汇报和掘进遇困情况和需要解决的问题后,认为地铁 2 号线燕大区间盾构下穿 1 号线,下穿范围存在长达 70 m 的上软下硬地层,穿越段最小曲线半径 350 m,易造成地层坍塌、结泥饼、喷涌等,对 1 号线沉降控制和保护十分不利,施工风险高、难度大。为确保下穿 1 号线安全顺利进行,围绕泥饼处理和下步掘进主要建议如下:(1)鉴于目前盾构情况,为保证盾构掘进顺利和确保穿越 1 号线安全,建议进仓处理泥饼,进行刀盘刀具及泡沫水路注入孔的检查。(2)开仓方法建议采用填仓加固的方式,进行常压开仓,并细化填充加固方案。(3)下一步掘进采取土压平衡模式掘进,重视渣土改良,严格控制出土量。(4)在下穿 1 号线过程中,保证盾构机数据传输实时监控,结合监测数据决定掘进参数。(5)当掘进过程中如掘进参数异常,及时进行刀具检查。

为全面落实信息化施工及确保新建地铁隧道安全和既有线安全运营的需要,深圳地铁隧道穿越既有线施工实施了全方位、多层次的方案审查制度,统一协调 2 号线建设分公司、监理单位、地铁公司安质部、地铁公司总工办,地铁公司运管办以及地铁运营分公司,各就岗位,各司其责,既协作又分工,充分发挥集体力量,保证了地铁新线穿越既有线施工的安全。并在深圳市轨道办的指导和监督大,调动社会力量,参与应急救援发挥了积极作用,对确保地铁新线穿越既有线的成功实施做了很好地铺垫。

2.2.3 专项方案执行审查制度

所谓方案实施审定制度,即对修改、补充、完善的专项施工方案即将付诸实施前期,由建议单位或建设单位委托监理,就方案实施涉及的人员、设备和材料及其他准备工作,进一步落实,确保方案的贯彻执行,是对专家意见落实情况的审查,同时也是方案实施前的最后“查缺补漏”,重在强调方案的执行和落实。同时,在方案实施过程中因条件变化,方案调整后再次实施时,出需要建议单位或建设单位委托监理,组织对方案继续实施的审查确定。

例如,2010 年 6 月 4 日对大东区间穿越施工方案进行了审查,形成结论如下:

(1)认为划分的预警区、风险区及危险区合理,即:自 674 环→660 环共 14 环为预警区,自 661 环→664 环共 4 环为施工风险区,自 665 环→676 环共 12 环(正式下穿段)为施工危险区,自 677 环→680 环共 4 环为施工风险区,自 681 环→694 环共 14 环为预警区。五区共 47 环,均顺利完成掘进后,即完成下穿任务。计划开始掘进的时间为 6 月 9 日,完成时间为 6 月 15 日。盾构机按照连续、快速、稳步向前掘进的方案穿越上述区域。

(2)盾构机刀盘进入预警区后,开始进行自动化及地面监测,其监测频率:

1)预警区:自动化监测及地面监测每天一次,监测数据存在异常变化时,各监测单位应及时加密监测频率并上报。

2)风险区及危险区:在下穿段范围重点位置布设的监测点,需每半个小时上报一次监测数据,上报数据由各单位值班人员签字确认,并向相关人员进行信息反馈,由监理负责实施。地面监测频率不少于每天 4 次。

3)1 号线洞内人工监测:在进入风险区及危险区段,要求每日人工复核洞内重点位置监测点,测点尽可能的与自动化点重合,便于监测数据的对比与分析。

(3)2010 年 6 月 7 日(下周一)晚,相关单位对监测布点及初始值的采集情况进行检查,掘进进入预警区前还需协调一次检查监测点及监测仪器的情况。

(4)下穿 1 号线的自动化监测点及地面监测点的初始值,各方签认认可后上报,并需附上布点平面图。

(5)准确预测一次下穿各区具体的开始和结束时间并上报,以便在下穿期间采取限速等的处置措施。

(6)信息传递：

1)书面上报方式：自动化监测信息在下穿风险区及危险区期间，每半个小时上报一份书面重点区域监测数据，每2个小时报一次洞内所有监测点的书面数据，由现场各单位值班值班人员签字确认。

2)手机信息发送方式：有监测单位发送到值班监理，经分析整理后再发送至各单位主要领导，主要包括下穿重点位置监测的点数，本阶段最大变化值、累计最大变化值，是否处于稳定状态等。

(7)设备检修和物资储备

1)在下穿前需对设备状态进行仔细的检查的维护，并在现场配备易损配件，出现故障时能及时修复。

2)应急物资的储备，要严格按照应急预案进行准备，下一步对现场准备的应急物资进行核查，需对重要物资的堆放位置进行拍照，形成整册资料，未达到计划储备数量的物资需尽快完善。

(8)根据现场进度，拟定下穿前的条件验收工作，重点再次核查穿越工作落实情况。

盾构施工穿越既有线是一项复杂的系统工程，为始终把既有线的状态控制在掌握之中，对工程穿越的准备、启动、再启动和下一步工作规划等内容制定了明确的审定制度。这项制度的实行，既可以动态调整工程执行计划，又可以随时调动参建各方力量，乃至全社会力量参与到工程的安全控制之中来。

2.2.4 设备保养、检修和维修保养制度

盾构法是一种作业程序高度自动化的施工方法，对各种设备的依赖性大，在整个作业施工程序中，除盾构机及后配套设备外，还涉及到龙门吊、叉车、搅拌站、充电机及其他电气设备和辅助设备。设备工作性能测试、检修和维护保护对盾构法作业流程的顺利、高效运转至关重要。因此，下穿施工之前就制定详细的盾构机及后配套设备下穿1号线检查保养细则、检修方案及穿越过程中的日常维修、养护制度，确保了下穿1号线施工的安全、快速进行。

2.2.4.1 盾构机及后配套设备下穿1号线检查保养细则

1. 总则

为了更好地保证设备在下穿1号线时运行良好，特制定该设备定人定机保养细则，其中各设备由相应的操作手及维修保养人员负责，根据维修保养表每班必需进行检查和保养，并详细记录。设备出现故障时应及时上报。

2. 盾构机保养细则

(1)盾尾：清除管片底下残留的泥浆、杂质、石头和金属零件，保证尾刷情况良好；清扫喂料机底部泥沙，保护喂料机油缸及油管不被拉扯破坏。

(2)油脂泵装置：通过压力表，检查脂润滑泵是否能够正常输出油脂；检查维护单元的空气润滑油位。

(3)气体维护单元：定时(根据空压机运行时间)排除过滤器和储气罐中的积水，根据需要添加或更换分离器中的润滑油。

(4)旋转节密封：检查泄露仓是否有泄露的润滑油，如果有则正常，如果没有则手动添加黄油。

(5)主轴承：检查齿轮油油位，如果液位过低添加齿轮油。

(6)皮带输送机整机：检查冲洗管能否正常冲洗皮带、所有滚轮能否正常旋转；检查刮板和边缘导板的磨损和裂缝，确定刮板能够清理皮带及与皮带完全接触，当皮带机运转时一定要开动皮带机后面的喷水装置；清理所有在皮带下的泥浆和附在滚筒上的泥浆。

(7)出土闸门：检查橡胶挡土板是否有松动或者裂缝，如有损坏及时更换。

(8)拼装机：检查并清扫前后行走轨道和轮子，缺少润滑时涂抹上黄油；检查拼装机传力链没有受到损坏，在没有进行拼装管片的时候进行维护，保证拼装机行走在横梁上，行走轮能够自由走动；注意检查拼装机各个系统的漏油情况，清洁所有的阀组，对漏油的阀组进行维修更换，对于晃动的阀组进行固定。

(9)空压机：检查冷却水压力和各个部件是否正常，听声音是否有异响；检查油温、电流大小、排气压力是否正常，检查皮带运行情况，若有损坏立即更换。

(10)注浆系统：检查搅拌轴承是否有裂纹；如果停机时间超过1 h，注浆泵必须清理，浆液槽必须清理；检查浆液罐内是否有过多的浆液凝固在内壁上；检查是否有浆液从搅拌轴外流出，每班必须润滑搅拌轴，确保其润滑良好不漏浆。

(11)液压系统：检查油位高度，需要时添加；擦干净泵、阀，随时检查阀组等是否有漏油情况，如果发现有

漏油，尽快修理；检查轴承的噪声、温度和密封，需要时更换。

(12)内循环水系统：注意储水器水位，水位不足时，及时补水；清洗过滤器。

(13)泡沫系统：保证泡沫储存箱内的泡沫剂量，禁止泡沫泵空转；随时检查泡沫管的通堵情况，检查流量计、各种传感器运行情况，如有损坏及时处理。

(14)管片吊机：检查行走横梁上部是否有泥浆，有则清洗干净；在吊机运转过程中，随时检查电缆卷盘是否有不规则运转，在不用时清理电机上的泥污，检查手柄按钮是否失效。

(15)电气系统：检查电箱防水防尘密封条是否损坏；检查线路胶皮是否损坏，接头是否松动，确保电线不被拉扯挤压等；检查各种电磁阀及电气设备防水措施，损坏的元件立即更换。

(16)润滑：根据润滑黄油注射点注射润滑黄油。

(17)清洁：整机保持干净整洁，无明显泥污油污。

3. 电瓶车保养细则

(1)每次换电瓶时，检查机车行走减速箱的齿轮油位是否正常。

(2)每次换电瓶时，电机传动轴螺栓的黄油嘴必须添加黄油，电瓶车驱动轮轴承每班都需要注射黄油进行润滑。

(3)每次更换电瓶时，检查电机各处螺栓是否松动，各插销是否完好，清理电机外表面灰尘、污垢。

(4)检查各车之间连接插销是否有弯曲、磨损，如果有立即自行更换。

(5)电机车里外保持清洁，电瓶上遮土彩条布必须完全覆盖电瓶。

(6)检查电瓶车内外、电瓶上部是否放置任何杂物或机料。

(7)检查车内灭火器保持在能够使用状态。

(8)检查橡胶支撑弹簧磨损情况，如有异常情况立即上报技术人员并检修，检查闸瓦间隙，控制在 3～6 mm 范围内。

(9)如果电瓶车预计停车时间超过 1 h，必须关闭电源并放防溜铁鞋。

(10)每班中途，空压机放水 3 次或以上，或有必要时也应检查整车制动情况，检查机车有无异常响声或气味。

(11)交接班时，检查整车及各汽缸的销子、闸瓦、汽缸是否有松动，检查是否有气管漏气，检查各车辆间的连接板、插销及其连接情况，检查电瓶电压，检查机车及空压机是否运转正常。

4. 龙门吊保养细则

(1)检查钢丝绳表面是否有磨损、钢丝绳润滑是否正常，清除钢丝绳上面的杂质。

(2)检查吊钩组是否磨损、是否出现裂纹和变形。检查滑槽是否有磨损情况，轮沿是否卡住。

(3)检查小车各行走系统、轴承、齿轮联轴器、滑轮等润滑情况，每 3 天注射一次黄油，都由白班来注射。

(4)检查龙门吊的轨道、电缆是否正常，龙门吊外观是否有损伤、扭曲变形或零部件丢失。

(5)检查小车液压油、齿轮油位，油平面必须保持在最低位置刻度之上。

(6)检查大小车行走、刹车是否正常，制动器及其他操纵系统的活动销轴是否机油润滑。

(7)检查联轴器的润滑、密封情况以及是否有轴向位移等松动现象。

(8)检查大、小车轮的磨损情况，检查大车轨道是否倾斜，压板是否有松动。

(9)检查高度、行程限位器是否完好有效，检查各种电气设备是否运转正常，冷却风扇是否运转正常。

5. 搅拌站保养细则

(1)检查空压机是否有漏气、是否有积水，泵头里是否有机油。

(2)检查所有黄油嘴部位润滑情况。

(3)检查配电箱是否密封和干燥。

(4)检查运输料斗行走轮子是否有阻挡物，是否磨损。

(5)检查螺旋输送机是否正常旋转，减速箱润滑是否良好。

(6)检查机器运转时是否有异响。

(7)检查钢丝绳表面是否有磨损、钢丝绳润滑是否正常，清除钢丝绳上面的杂质。

(8)检查行程限位器是否完好有效，检查各种电气设备是否运转正常。

6. 充电机保养细则

(1)检查充电室内部清洁状况，是否有杂物灰尘。

(2)检查充电机面板上按钮工作是否正常。

(3)检查充电机及蓄电池电线(缆)所有接头是否松动。

(4)检查所有电气设备元件清洁状况。

(5)检查是否有漏电短路现象发生。

(6)检查充电机及蓄电池是否有异响、冒烟、异味等情况。

(7)检查充电机及蓄电池是否有异常发热现象发生。

(8)检查接触器触头是否有烧伤现象。

(9)检查充电过程中电流读数是否正常。

(10)检查充电过程中电压读数是否正常。

(11)检查万能转换开关工作是否正常。

(12)检查散热风机清洁状况,避免阻塞。

(13)检查电瓶箱的进出水孔是否堵塞。

7. 叉车保养细则

(1)检查气缸压力或真空度。

(2)每班都需要注射黄油进行润滑。

(3)检查与调整气门间隙。

(4)检查节温器工作是否正常。

(5)检查多路换向阀、升降油缸、倾斜油缸、转向油缸及齿轮泵工作是否正常。

(6)检查变速器的换挡工作是否正常。

(7)检查与调整手、脚制动器的制动片与制动鼓的间隙。

(8)更换油底壳内机油,检查曲轴箱通风接管是否完好,清洗机油滤清器和柴油滤清器滤芯。

(9)检查发电机及起动电机安装是否牢固,与接线头是否清洁牢固,检查碳刷和整流子有无磨损。

(10)检查风扇皮带松紧程度。

(11)检查车轮安装是否牢固,轮胎气压是否附合要求,并清除胎面嵌入的杂物。

(12)由于进行保养工作而拆散零部件,当重新装配后要进行叉车路试。

1)制动性能应无跑偏和蛇行。在陡坡上,手制动拉紧后,能可靠停车。

2)倾听发动机在加速、减速、重载或空载等情况下运转,有无不正常声响。

3)路试一段里程后,应检查制动器、变速器、前桥壳、齿轮泵处有无过热。

4)货叉架升降速度是否正常,有无颤抖。

(13)检查柴油箱油进口过滤网有否堵塞破损,并清洗或更换滤网。

8. 电工巡查细则

(1)工地附近高压线防护:按防护方案进行防护并做到严密、安全可靠

(2)接地与接零保护系统:工作接地、重复接地、保护零线正确、牢固可靠;重复接地不少于3处。工作接地电阻不大于4Ω,重复接地电阻不大于10Ω。保护零线引出正确,并单独敷设不做他用,采用绿/黄双色线其截面与工作零线截面相同是相线的1/2。

(3)配电箱和开关箱:总配电箱中应在电源隔离开关的负载侧装置漏电保护器,并灵敏可靠。

(4)分配电箱:负荷设置正确并与开关箱距离不大于30 m。开关箱(一机一闸一漏一箱)漏电保护装置在设备负载侧,灵敏可靠,并距离设备不大于3 m。固定电箱安装位置正确,高度在1.3～1.5 m。移动电箱安装高度在0.6～1.5 m。电箱底进出线不混乱,箱内无杂物,有门有锁,有预防措施。闸具齐全完好。

(5)现场照明:现场照明回路有漏电保护器,并灵敏可靠。灯具金属外壳已作接零保护。室内灯具安装高度大于2.4 m,低于2.4 m使用安全电压供电。手持照明灯具使用36 V以下照明。

(6)配电线路:电线无老化、破皮,有线路过道保护,并在电杆上用横担固定,绝缘子分档架设。架空线路架在专用电杆上,严禁架在树木、脚手架上。架空线路符合规范要求并已使用五芯电缆架设或埋地并符合要求。

(7)电器装置:闸具、熔断器参数与设备容量箱匹配,没有用其他金属丝代替熔断丝。

(8)变配电装置:露天变压器设置符合要求,配电间符合规范要求,并有可靠安全的防护措施,及正确悬挂警告标志,门应朝外开,有锁。变配电室内不得堆放杂物,并设有消防器材。发电机组及其配电室内严禁

存放贮油桶，发电机设有短路、负荷保护。

9. 机电部定期检查项目

(1)盾构机检查项目

①检查循环水工作是否正常，循环水电机是否过热。

②检查油脂泵工作是否正常。

③检查空压机运行是否正常，有无异响、异味、过热。

④检查液压油箱油位是否在刻度以内，温度是否过热。

⑤检查各马达和泵噪声、发热是否正常。

⑥检查管片吊机行走是否平稳，限位装置是否可靠。

⑦检查螺旋机出土闸门开关是否正常。

⑧检查拼装机运行是否正常，抓举头工作是否正常。

⑨检查盾体内外是否有异响。

(2)电瓶车检查项目

①检查各车之间连接插销是否有弯曲、磨损。

②检查闸瓦间隙情况，是否有抱死情况。

③检查空压机运行情况和刹车系统气路，是否有漏气情况。

④检查车轮注射黄油情况。

⑤检查车内灭火器是否在可用状态。

(3)龙门吊检查项目

①检查大车轨道是否变形、倾斜，刹车及锁轨器是否正常。

②检查龙门吊电缆卷盘是否工作正常，电缆是否卷曲。

③检查龙门吊大车限位器，刹车是否工作正常。

④检查吊钩限位器是否工作正常。

⑤检查吊钩防脱钩装置是否正常。

⑥检查龙门吊钢丝绳卷筒刹车是否工作正常。

⑦检查钢丝绳表面是否有磨损，钢丝绳润滑是否正常。

(4)内燃机叉车检查项目

①检查各黄油润滑点润滑情况。

②检查水箱冷却液位，检查电解液液位。

③检查制动液量和发动机油量。

④检查各仪表感应器、保险丝及各种开关，必要时进行调整。

⑤检查货架、车架有无变形，拆洗滚轮，各附件固定是否可靠。

⑥检查各操作手柄运行情况，检查电气系统有无故障。

⑦检查手制动机件的连接紧固情况，调整手制动杆和脚制动踏板。

(5)配电箱检查项目

①检查箱内是否无杂物、有门有锁、有防雨措施。

②检查电箱底进出线是否整齐，接线是否符合规范。

③检查各种电气设备、闸具等是否齐全完好。

④检查开关箱是否一机一闸一漏一箱。

⑤检查漏电保护器是否起作用，动作是否灵敏可靠。

2.2.4.2　盾构机及后配套设备下穿1号线前检修方案

1. 编制目的

S_240盾构机准备进行下穿1号线的施工。为保证S_240盾构机能正常运转，维持设备的原有性能，提高工作效率，将从6月开始对盾构机进行检修，特编制此方案。

2. 编制依据

根据S_240盾构机在始发阶段的运转情况、设备故障出现的情况、盾构机的完好标准、各种检验检测报

告及标准,以及海瑞克对 S_240 盾构机的评估报告,形成本次方案。盾构机运行期间状态监测情况如下:

(1)S_240 盾构机在始发阶段进行掘进,在设备运行期间,从油样化验报告可以看出,主轴承齿轮油的黏度、各种合金元素尤其是铁元素和水分的含量均无任何异常变化,表明主轴承齿轮副没有异常磨损,主轴承密封没有失效,可以继续使用。同时,对液压油的连续监测及设备结束掘进时对各系统提取油样检测分析,各系统油质完全正常,证明设备液压系统各组件运行正常。

(2)通过换刀看出盾构机的刀盘均结构完好,无异常变形。

(3)壳体均无可见的变形,钢板有轻微磨损。

(4)螺旋机进出口闸门和前后伸缩动作正常,紧急关闭功能正常,驱动系统的液压泵、马达运转和温升正常,各传感器、控制阀工作正常。

(5)液压系统组件正常,刀盘驱动系统、推进系统及管片安装系统的各液压泵、马达、阀、推进千斤顶等依然可以正常工作。

(6)尾刷止浆效果良好。

(7)皮带滚筒等运行正常。

(8)电气系统一直运行正常,未出现大的问题。

(9)管片拼装机、喂料机、管片吊机、管片拼装机所有功能及部件基本完好,只需要进行清洁及更换部分阀组和接线端子和电缆即可完全恢复。喂料机所有功能都正常,控制面板功能较好。

(10)同步注浆系统:对同步注浆系统注浆机的控制阀门、活塞、活塞缸进行检查,没有发现异常磨损,同时掘进完成时各部件功能正常。

(11)推进系统:各部件功能正常,仅需作少量的维护保养即可全面恢复。

(12)整机结构部件:前体结构部件完好,中体结构部件完好,后续拖车结构部件完好,经过焊缝探伤检测,未发现有焊缝裂纹和其他焊接缺陷,只需作清洁和防锈处理即可。

(13)电气及控制部分:电气部分只需更换少量的电磁阀插头及电磁阀插头用电缆即可,所有控制系统功能正常。

(14)SLS-T-APD 自动导向系统:自动导向系统功能完好,但仍然会将 ELS(激光靶)送到 VMT 公司进行检测维护及调整,激光经纬仪(TCA)已经送到莱卡检修中心进行检测及维护保养。

3. 盾构机检修计划

(1)人闸检修

根据图纸检查带压换刀设备个部件运行使用情况,检查人闸门有无变形,对变形部位进行校正。对人闸系统的压力表、气压调节装置、照明、加热器、记录仪、电话等进行全面的检修更换,安装好并进行测试,检查压力表测试数据是否准确,空气调节装置调节是否灵敏可靠,密封是否完好,保证人闸系统能够带压作业。

(2)前体检修

①对主轴承和主驱动马达进行检测,结合油样检测结果,诊断主轴承状况,再进行下一步工作。

②对刀盘油脂管路进行清通,对分配阀进行检测并清洗。

③清洗齿轮油热交换器,检查齿轮油泵电机的绝缘和接线盒的清洁干燥。

④清洗检查土压传感器,对土压传感器进行维护,对已损坏的土压传感器进行更换。

(3)中体检修

①将所有油缸进行检查,并根据检查的结果确定进行全面的检修、维护、更换油缸密封的工作。清油缸撑靴,补装弹簧及 PVC 板。检查油管,更换破损部分。安装好油缸后进行调整,对每组油缸进行准确的定位。

②清洁推进阀组表面,并对其进行冲洗、检测、检修、保养。更换损坏油管。

(4)盾尾检修

①清理盾尾所有注浆管并疏通 2、3 号注浆管,然后作防锈处理。

②更换损坏注浆压力传感器。

(5)螺旋输送机检修

①螺旋机齿轮箱工作正常,更换新的齿轮油和液压油。拆除球轴承,检修油脂润滑管路,保证油脂管路畅通,并加注新的黄油。

②检查出土闸门滑板，对闸门密封损坏的进行更换。

③清理疏通螺旋输送机上的所有泡沫注入管路及膨润土管路，更换损坏球阀。

(6)拼装机、喂料机、管片吊机检修

①检查抓举头六个方向的自由旋转状况，检查油缸的密封，以及对阀组进行清理固定，做好安全防护工作。

②更换管片吊机行走、提升电机刹车片，重新安装校核限位器及防撞橡胶块。

③对管片输送机变形进行校正，更换大车轮的胶套，更换导向轮的轴承，更换全部PVC板。加焊管片运输油缸座子，并做好防护措施。

④重新加工喂料机K块运输座。

(7)液压系统检修

①根据最后一次油样检测结果，判断液压油指标是否正常。拆解主油泵，检测油泵压力与流量，检查电机轴承润滑情况，更换损坏轴承，对电机进行保养，作绝缘检测。

②准备所有油管的接头密封，拆卸时密封管路。检查更换损坏油管。

③检查动作频率高的换向阀等液压元件，对损坏的进行更换。

(8)压缩空气系统检修

①对空压机进行全面的清洁，更换空滤、油滤、油水分离器，检修污水分离装置传感器及电磁线圈。检查并储备部分配件。更换压缩机油。

②对空气管路进行清洗检测，检查阀门及开关是否完好，气压调节装置是否有效，管路是否存在泄漏，并进行检修保养。

③检查所有的气动元件并对气动元件润滑设备加油保养。

(9)循环水系统检修

①更换水过滤器滤网，清洗热交换器及清除水垢，清洁所有管道并做好防锈工作。

②检查内循环电机绝缘和轴承，更换机械密封，校核联轴器同心度并进行调整。

③检查所有的压力表和温度计，对损坏的进行更换。

④用清洗剂清洗内循环系统，保证热交换顺畅。

⑤检查管路上的球阀，更换损坏部分。

(10)电气系统检修

①变压器油样送检。清洁接头和外表。

②检查、清洁、干燥主配电柜、主控室及分配电柜所有元件，包括接触器触点、线圈、熔断器，更换损坏部分。检查接线是否牢固，做好电缆防护工作。

③检查所有接线盒接线端子是否松动。

④对动力电缆和控制电缆进行检查，更换破损电缆。

⑤恢复所有电话等通讯设施。

⑥检查盾构机上的所有照明，对灯具进行清洁、检查、更换。

⑦工业电脑不能进行数据远距离传输需要检修。

⑧盾构机高压电缆卷盘滑环及尼绒棒需要重新接线，并作好耐压试验。

(11)皮带输送机检修

①检查输送带，检查所有的皮带滚筒及皮带架子，如果存在滚筒损坏，需更换损坏滚筒。皮带机出土口皮带刮板更换。

②驱动轮、张紧轮重新硫化上胶。

③更换皮带机减速箱齿轮油。

④对皮带桥支架检查变形，对变形部位进行校正，对磨损严重的支架进行补焊或者更换。

⑤更换全部皮带的接土口的所有胶皮以及重新改装出土口挡板。

(12)泡沫及油脂系统检修

①检查原装泡沫泵、清洗泡沫发生器及管路，检测所有的流量计及电动开关，进行检修更换。对所有的压力传感器进行检测，对损坏的进行更换。

②泡沫液体传感器更换。

③盾尾油脂泵限位器、安全阀、压力表需要更换，修复圆盘密封。

(13)注浆系统检修

①检修注浆泵，检查更换损坏主活塞、换向活塞，检修阀组。

②清洗全部管路，清除管路里存留的混凝土，更换磨损严重管路，对管接头卡箍进行清洁润滑处理。

③检查砂浆罐及膨润土罐轴密封和轴承磨损情况，对损坏的轴承和密封进行更换。检查轴的情况，磨损的进行加工处理，疏通清洗密封油脂管路。安装后加注新的油脂。

④对注浆传感器进行检查维护。

⑤对砂浆罐搅拌及膨润土罐搅拌齿轮箱加注齿轮油。

(14)通风系统检修

检查拖车与拖车之间的风筒软接头是否有损坏，风筒固定架子是否有变形或掉落，对变形的架子进行校正以及重新换上新的固定架子。

(15)VMT 导向系统检修

检查清洁 VMT 系统控制箱及导向元件，请测量组校核参数。

4. 后配套设备检修计划

(1)电瓶车机车检修

①检查各轴承的盖及放油堵处是否有漏油及渗油现象，若有的话需要更换油封。

②检查变速箱，将变速箱中的油放尽，清理干净齿轮箱，重新加新油。

③检查联轴器花键套内密封圈是否损坏，如果损坏需要更换密封圈。连轴器和花键注满油脂。

④检查、紧固机车结构部分各紧固件。

⑤检查橡胶弹簧有无异常，检查轮对与轴、轮心与轮箍有无松弛，轮缘踏面有无擦伤或剥离现象，检查轮箍踏面磨损量，若直径小于 780 mm 时需要更换。

⑥加注车轴轴箱润滑脂。

⑦检查制动系统制动汽缸的密封性检查，若有漏气必须更换密封。

⑧检查刹车片、连接销、刹车调整螺母，对磨损超标或者损坏的配件进行更换，调整闸瓦调整间隙在 3～6 mm 之内。

⑨检查刹车气管，对损坏、漏气的进行更换。

⑩检查手动刹车系统手轮、丝杠、拉杆等部件是否传力是否有效，各部件是否完好。检查轴承是否完好，加注润滑油脂。

⑪检查主回路三相交流异步牵引电机的绝缘性能，并进行清洁、干燥处理。对直流断路器、制动电阻、变流器等电气元件进行清洁、干燥、防潮处理，检测其功能。

⑫对所有电气元件进行清洁、干燥。检查控制线路是否完好，对老化、破损的电缆进行更换。

⑬检查机车的电气控制、照明、信号、机车速度检测和显示等。

⑭检查变频器和编码器工作状况。

⑮检查蓄电池组比重，加补蒸馏水，对电瓶进行补充电，清理维护蓄电池的连接器。

(2)渣土车检修

①检查维护轮子的减震弹簧，对损坏的弹簧进行更换。

②检查轮轴轴承，更换损坏的轴承，并加注润滑油。

③检查行走轮，检查轮缘磨损是否超限。对超限的进行更换。

④检查刹车片，对磨损超标的刹车片进行更换。

⑤检查刹车气缸，保证气缸的密封性能完好，更换损坏、老化的刹车气管。

(3)管片车检修

①检查轮子的减振弹簧，对损坏的弹簧进行更换。

②检查轮轴轴承，更换损坏的轴承，并加注润滑油。

③检查行走轮，检查轮缘磨损是否超限。对超限的进行更换。

④检查 PVC 板是否磨损或掉落，磨损严重的更换 PVC 板。

⑤检查钢结构是否变形，若有变形的进行校正。

(4)浆液车检修

①检查轮子的减振弹簧，对损坏的弹簧进行更换。

②检查轮轴轴承，更换损坏的轴承，并加注润滑油。

③检查行走轮，检查轮缘磨损是否超限。对超限的进行更换。

④清理搅拌罐，检查维护叶片。

⑤检查搅拌轴端的轴承，更换损坏的轴承，更换密封盘根。

⑥检查搅拌电机底座，减速箱磨损情况，并对链条进行润滑。

⑦浆液搅拌罐链条需要更换，浆液车轮对有两对需要更换。

(5)龙门吊检修

①检查龙门吊大小车轮及卷筒轴承座的轴承、吊钩滑轮和其他部分的滚动轴承润滑情况，检查油嘴和油管的畅通，对有问题的轴承进行更换。

②制动器及其他操纵系统的活动销用缝纫机油进行润滑，减速器拆开检查齿轮和轴承，并加注满润滑油。

③检查钢丝绳的磨损量，对磨损超标的进行更换并加注润滑。

④检查滑轮和绳槽磨损情况，轮缘是否有崩裂等情况。

⑤检查齿轮联轴器润滑、密封以及是否有轴向位移等松动现象。

⑥全面检查车轮轮面和轴承，当车轮轮缘磨损超过其厚度的 30%或轮缘部分崩裂时，应更换车轮。检查两个主动车轮的工作直径磨损程度。

⑦检查制动器、起升机构。检查时应注意以下各项：铰接关节处是否有卡住现象；制动器的构件运动是否灵活；调整螺母是否紧固；自动调整间距的滚子是否被油腻堵塞；液压推动器是否正常；液压油是否足量，有无漏油和渗油现象；电缆绝缘是否良好；推动器的工作行程是否合理，确保制动器有效；制动瓦是否正确地靠在制动轮上；摩擦表面的状态是否完好，有无油污，并进行清洗。

⑧检查翻土吊钩液压系统油位，阀组是否工作正常，损坏的电磁阀进行更换。

⑨检查主结构是否有扭曲或者变形的情况。

⑩检查电气设备，如电阻器、控制屏上的接触器、制动器等的清洁，进行性能测试。

⑪检查电动机的转子滑环与电机刷接触是否良好，及磨损等情况，进行维护调整。检查电机的绝缘情况，进行清洁、干燥。

⑫检查凸轮控制器、接触器等触头有否烧毛现象，如有，应即使更换或用砂皮磨平。

⑬检查制动器引入电线的绝缘是否良好。

⑭清除小车滑线柜上的铁锈和污物，保持导电部分接触良好。

⑮对所有的电控柜、开关箱进行全面的清洁维护，检查各元件的功能。

⑯对所有的电机进行清洁，检查电机的绝缘，对接线端子进行检查维护，对电机进行清洁、防潮处理。

(6)小型机具检修

①对电动工具、气动工具、电焊机、切割机等小型机具按照说明书进行维护保养。

②对所有电机进行绝缘性检测，检测转子及轴承转动情况。

③对所有水泵、砂浆泵等泵头进行检查，磨损严重的更换，调整电机和泵头的同轴度，检查水泵的密封绝缘性。

④其他机具检查安全防护装置是否损坏遗失。

⑤修理手动葫芦，清洁检修工具并作防锈处理。

2.2.5 生产用材料准备制度

盾构法作业大量设备系统中存在着一些易损件，这些易损件一旦发生损坏时，就需要及时更换，否则就会影响到盾构法作业流程，危及下穿施工安全。因此，在下穿 1 号线之间就要备足易损件，作好材料供应。另外，在整个下穿施工过程上，出现险情时，应急抢险工作需用到大量设备，这些设备也应该提前准备好，放置到可靠的地点，并保证处于工作状态。对于上述材料和设备，建设单位组织或委托监理单位组织检查、验收，保证材料和设备的品质、数量和放置。例如，燕大区间过 1 号线易损配件准备清单见表 2.6。

表 2.6 过 1 号线易损配件准备清单

序 号	名 称	规 格	单 位	数 量	存放位置
1	泡沫系统流量计		个	2	始发井配件集装箱
2	泡沫系统空气流量电动开关		个	2	始发井配件集装箱
3	泡沫系统液体流量电动开关		个	2	始发井配件集装箱
4	管片吊机刹车总成		套	1	始发井配件集装箱
5	管片吊机刹车整流模块		套	2	始发井配件集装箱
6	空气流量计		个	1	始发井配件集装箱
7	电喇叭		个	2	始发井配件集装箱
8	压力表	0～400 bar	个	4	始发井配件集装箱
9	压力表	0～60 bar	个	2	始发井配件集装箱
10	数字测量模块		个	4	始发井配件集装箱
11	压力传感器	0～400 bar	个	2	始发井配件集装箱
12	压力传感器	0～40 bar	个	2	始发井配件集装箱
13	压力传感器	0～10 bar	个	2	始发井配件集装箱
14	油脂泵换向阀线圈		个	1	始发井配件集装箱
15	盾尾油脂泵换向阀线圈		个	1	始发井配件集装箱
16	气动开关		个	3	始发井配件集装箱
17	马达温度传感器		个	1	始发井配件集装箱
18	拼装机 W. E. ST 模块		个	2	始发井配件集装箱
19	注浆 W. E. ST 模块		个	2	始发井配件集装箱
20	推进 W. E. ST 模块		个	2	始发井配件集装箱
21	电磁阀插头		个	4	始发井配件集装箱
22	315 kW 电机接触器		个	2	始发井配件集装箱
23	24 芯屏蔽线		根	1	始发井配件集装箱
24	管片吊机电缆卷盘电缆		条	2	始发井配件集装箱
25	接触器、小继电器	多种型号	个	4	始发井配件集装箱
26	接触器辅助触点		个	4	始发井配件集装箱
27	注浆系统脉冲计数器	50 mm 长	个	2	始发井配件集装箱
28	交流接触器	单线圈	个	2	始发井配件集装箱
29	交流接触器	双线圈	个	4	始发井配件集装箱
30	油脂泵总成		套	1	始发井配件集装箱
31	泡沫泵转子、定子		套	1	始发井配件集装箱
32	泡沫泵电机		个	1	始发井配件集装箱
33	千斤顶阀组方向控制阀		个	2	始发井配件集装箱
34	拼装机抓举系统减压阀		个	2	始发井配件集装箱
35	刀盘驱动换向控制阀		个	2	始发井配件集装箱
36	推进阀组电流调节阀		个	1	始发井配件集装箱
37	推进油缸换向阀		个	1	始发井配件集装箱
38	螺旋机出土闸门方向控制阀		个	1	始发井配件集装箱
39	喂料机行走油缸控制阀		个	1	始发井配件集装箱
40	拼装机行走液控互锁阀		个	1	始发井配件集装箱
41	泡沫系统单向阀		个	1	始发井配件集装箱
42	泡沫水压传感器		个	1	始发井配件集装箱
43	泡沫出口压力传感器		个	1	始发井配件集装箱
44	土压力传感器		个	1	始发井配件集装箱

续上表

序　号	名　称	规　格	单　位	数　量	存放位置
45	泡沫系统液位传感器		个	1	始发井配件集装箱
46	高浓度注浆泵活塞杆		套	1	始发井配件集装箱
47	高浓度注浆泵阀座垫圈		套	1	始发井配件集装箱
48	高浓度注浆泵阀座		套	1	始发井配件集装箱
49	高浓度注浆泵密封件		个	1	始发井配件集装箱
50	膨润土泵压盖填料		个	1	始发井配件集装箱
51	膨润土泵防磨保护套		个	1	始发井配件集装箱
52	双轨梁控制手柄按钮		个	2	始发井配件集装箱
53	控制室按钮(红色)		个	4	始发井配件集装箱
54	控制室按钮(黄色)		个	4	始发井配件集装箱
55	控制室按钮(绿色)		个	4	始发井配件集装箱
56	空压机滤芯	ALUP	套	1	始发井配件集装箱
57	空压机皮带	ALUP	套	1	始发井配件集装箱
58	空压机油	ALUP	桶	1	始发井配件集装箱
59	膨润土液位传感器		个	1	始发井配件集装箱
60	拼装头		个	6	始发井配件集装箱
61	泡沫泵转子		个	2	始发井配件集装箱
62	泡沫泵定子		个	2	始发井配件集装箱
63	管片吊机起升限位		套	2	始发井配件集装箱
64	拼装机遥控器电池		个	2	始发井配件集装箱
65	拼装机遥控器		套	1	始发井配件集装箱
66	电磁阀接头		套	2	始发井配件集装箱
67	拼装机天线		根	2	始发井配件集装箱
68	注浆传感器插头线		根	2	始发井配件集装箱
69	防水摄像头		个	1	始发井配件集装箱
70	防水电话		个	2	始发井配件集装箱
71	龙门吊行走限位器		个	1	始发井配件集装箱
72	电瓶车变频器		个	1	始发井配件集装箱
73	电瓶车连接气管		根	5	始发井配件集装箱
74	电瓶车连接气管		根	5	始发井配件集装箱
75	EQ140 继动阀		个	2	始发井配件集装箱
76	EQ145 快排阀		个	2	始发井配件集装箱
77	电瓶车警示灯		个	1	始发井配件集装箱
78	刹车气缸		个	4	始发井配件集装箱
79	齿轮油滤芯		套	1	始发井配件集装箱
80	推进千斤顶滤芯		套	1	始发井配件集装箱
81	螺旋机滤芯		套	1	始发井配件集装箱
82	油箱吸油滤芯		套	1	始发井配件集装箱
83	先导油泵滤芯		套	1	始发井配件集装箱
84	注浆泵滤芯		套	1	始发井配件集装箱
85	拼装机滤芯		套	1	始发井配件集装箱
86	刀盘滤芯		套	1	始发井配件集装箱
87	循环油泵滤芯		套	1	始发井配件集装箱

2.2.6　穿越掘进分区管理制度

为加强穿越工程中的过程控制，实施差别化管理，并为正式穿越施工提供可靠的各项技术参数，对穿越工程实施穿越掘进分区管理制度。下穿重叠部分为危险区，危险区外侧各 6 m 范围为风险区，风险区外各 20 m 范围为预警区。在预警区和风险区，主要结合地层变形监测结果，继续优化和完善各项控制技术参数，如盾构掘进参数、渣土改良泡沫参数及注浆配比参数等，落实人员岗位职责、材料和物质储备，为正式穿越打下良好基础。在预警区仅需要对地表沉降进行监测，而在风险区就需要对既有线实行自动化监测，监测频率大致为 1 次/4 h。在穿越区，加大自动化监测频率，大致为 1 次/0.5 h。在掘进管理上，在穿越区，尽量做到满仓掘进，更为严格地控制出土量。

1. 大东区间穿越国老区间工程分区

结合相关工程经验，并考虑到本工程的特点，分区设置如下：

(1)右线分区：自 647 环→660 环共 14 环为预警区，自 661 环→664 环共 4 环为施工风险区，自 665 环→676 环共 12 环(正式下穿段)为施工危险区，自 677 环→680 环共 4 环为施工风险区，自 681 环→694 环共 14 环为预警区。五区共 47 环，均顺利完成掘进后，即完成下穿任务。

(2)左线分区：自 640 环→653 环共 14 环为预警区，自 654 环→657 环共 4 环为施工风险区，自 658 环→669 环共 12 环(正式下穿段)为施工危险区，自 670 环→673 环共 4 环为施工风险区，自 674 环→687 环共 14 环为预警区。五区共 47 环，均顺利完成掘进后，即完成下穿任务。

大东区间穿越工程左、右线的分区如图 2.5 所示。

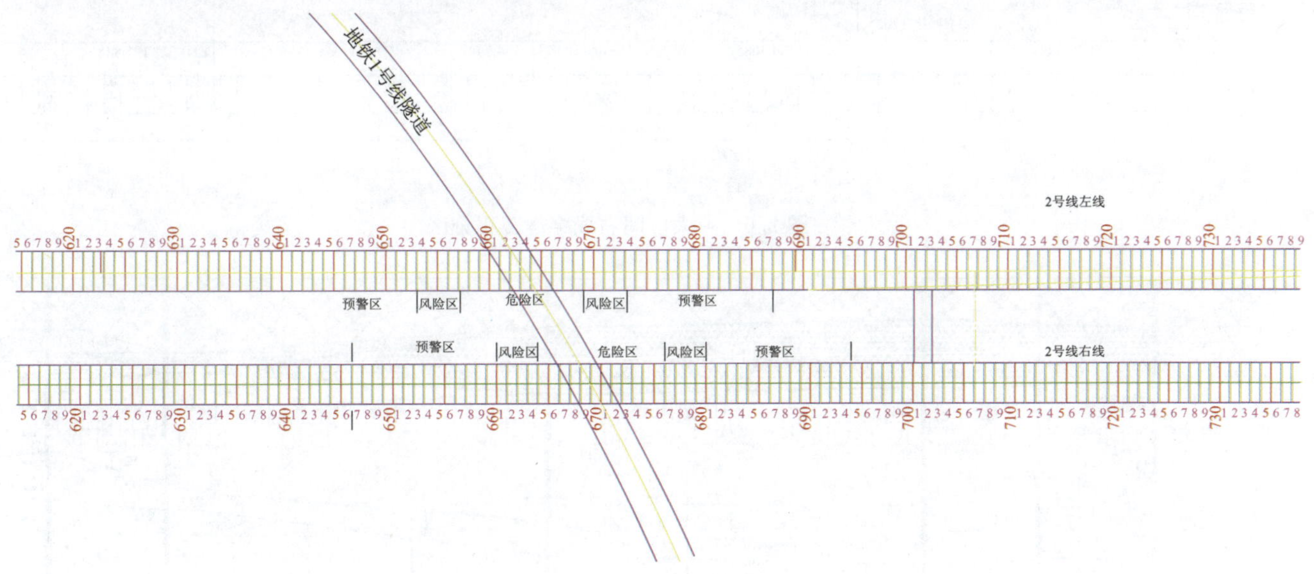

图 2.5　大东区间穿越工程分区

2. 燕大区间穿越大简直区间工程分区

结合深圳市轨道办要求及相关经验，并考虑到本工程的特点，分区设置如下：

将下穿地铁 1 号线范围划分为试验段、穿越段、保护段 3 个区段，对每个区段进行有针对性的施工组织、资源配置、技术措施，确保盾构安全通过风险范围。

(1)下穿地铁 1 号线试验段

试验段为盾构机刀盘到达下穿地铁 1 号线起始里程前 50 m 处～盾构机刀盘到达下穿地铁 1 号线起始里程点前 6 m。具体划分情况如下：

左线 ZDK31＋247.848～ZDK31＋197.848，为左线下穿地铁 1 号线试验段，该段长度为 50 m。

右线 YDK31＋205.052～YDK31＋155.052，为右线下穿地铁 1 号线试验段，该段长度为 50 m。

(2)下穿地铁 1 号线穿越段

穿越段为盾构机刀盘进入下穿地铁 1 号线起始里程点前 6 m～盾构机盾尾脱出下穿地铁 1 号线终止里程点后 6 m。具体划分情况如下：

左线 ZDK31＋124.004～ZDK31＋197.848，为左线下穿地铁 1 号线穿越段，该段长度为 70.485 m。该区段 2 号线与 1 号线的竖向最小净距离位 3.092 m。

右线 YDK31＋084.567～YDK31＋155.052，为右线下穿地铁 1 号线穿越段，该段长度为 73.844 m。该区段 2 号线与 1 号线的竖向最小净距离 3.016 m。

(3)下穿地铁 1 号线保护段

保护段为盾构机盾尾脱出下穿地铁 1 号线终止里程点后 6 m～盾构机盾尾到达下穿地铁 1 号线终止里程以外 50 m 处。具体划分情况如下：

左线 ZDK31＋74.004～ZDK31＋124.004，为左线下穿地铁 1 号线保护段，该段长度为 50 m。

右线 YDK31＋034.567～YDK31＋084.567，为左线下穿地铁 1 号线保护段，该段长度为 50 m。

左右线的分区见图 2.6 和图 2.7。

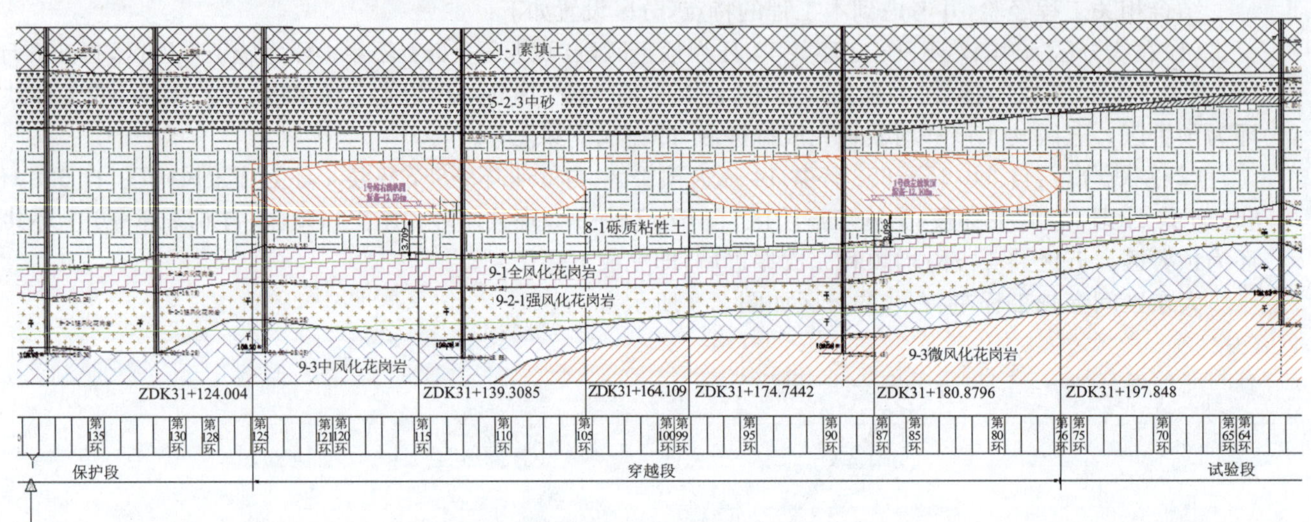

图 2.6　燕大区间右线穿越工程分区

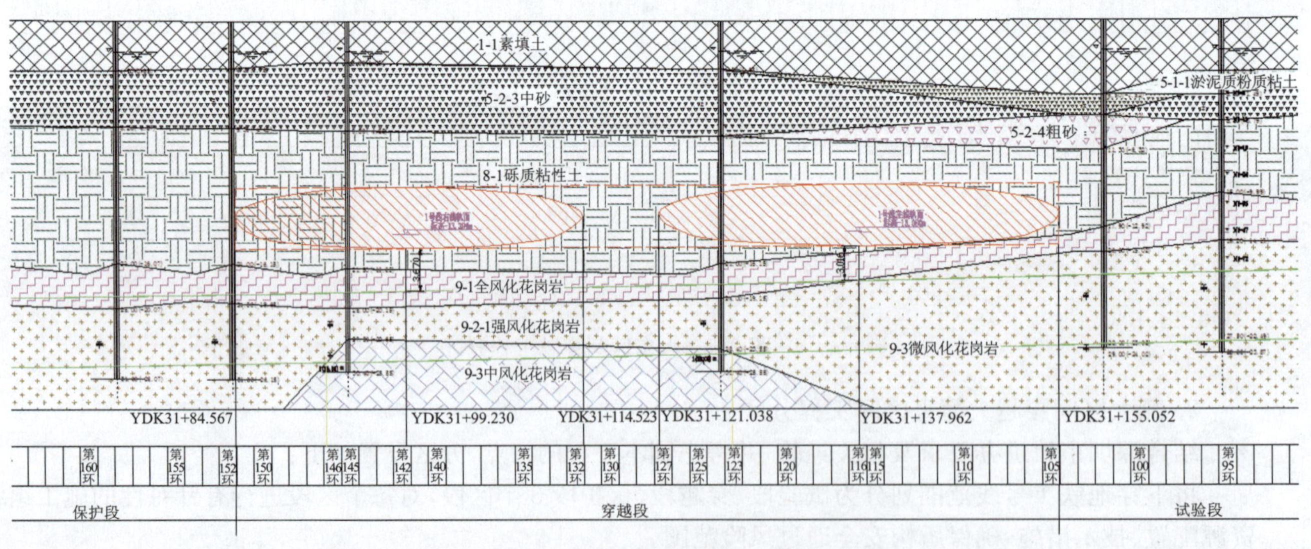

图 2.7　燕大区间左线穿越工程分区

2.2.7　正式穿越条件验收制度

所谓条件验收，就在宣布正式穿越之前，再次对方案修改、人员安排、材料储备和设备检修情况进行最后确认，以保证各项准备工作万无一失。同时，通过条件验收，也对既有线现状进行确认，以便为以后责任划分提供基础数据。这其中有 3 项主要工作：(1)完成消项表；(2)既有线洞内自动化监测初始值确认；(3)既有线洞内裂缝情况三方确认。需要说明的是，这些条件准许正式穿越启动的必要条件，而非充分条件。通过这些条件的验收，不仅确认下穿施工的方案、人员、材料和设备是否进入临战状态，为在穿越施工进行中真实掌握既有线的状态打下基础，也为以后可能出来的责任纠纷作了前期标定。表 2.7 为深圳地铁危险地段盾构施工现场应急准备检查表。另外，大东区间和燕大区间穿越工程都进行了监测初始值和洞内裂缝现状的四方(建设单位、监理、生产单位、运营部门)确认工作。表 2.8 为大科区间左线穿越工程自动化监测初始值原始数据。

表 2.7　深圳地铁危险地段盾构施工现场应急准备检查表

施工标段：　　　　　　　　检查日期：

序号	检查项目	检查内容	责任单位	规定完成时间	是否完成	备注
1	地质勘探和环境调查	地质详勘和补勘报告(物探报告)				
		重大危险源辨识登记及管理预案				
2	盾构施工方案	专项施工方案(工法论证)				
		施工方案专家评审意见				
		建设主管部门审查备案				
		水务主管部门审查备案				
		地面、河道、建筑物预加固措施				
		遇险时隧道二次补浆方案				
3	施工准备及实施策划	质量安全技术交底				
		设备检修及配件准备				
		材料(管片及浆液)验收及倒运方案				
		模拟段试验及盾构参数确定				
		盾构掘进详细策划(附图)				
4	监测方案	施工及第三方监测方案与各项初始值确定				
		预警机制及报警值、控制值指标确定				
		监测数据发布指导信息化施工方案				
5	应急抢险准备工作	应急抢险领导小组名单(附手机号码)				
		隧道内和地面建筑物注浆加固材料、设备、连接管线和有关转运机械				
		居民应急疏散方案(安置地点、疏散线路、责任人)				
6	全天候值班安排	汇总各责任单位 24 小时值班人员(姓名、职务、电话、邮箱等联系方式)				

表 2.8　大科区间穿越工程自动化监测左线初始值原始数据(2010.8.7 采集)

序号	测点号	北坐标 X(m)	东坐标 Y(m)	高程 H(m)	序号	测点号	北坐标 X(m)	东坐标 Y(m)	高程 H(m)
1	左 1－2	175.202	－17.934	－3.684	13	左 4－5	151.55	－8.927	－1.775
2	左 2－1	165.033	－16.365	－3.542	14	左 4－6	151.6	－9.314	－3.012
3	左 2－2	165.555	－14.873	－3.45	15	左 4－7	151.196	－10.792	－3.089
4	左 3－1	155.442	－13.59	－3.298	16	左 5－1	145.971	－10.336	－3.018
5	左 3－2	155.231	－14.344	－3.286	17	左 5－2	145.566	－11.86	－3.048
6	左 3－4	156.182	－13.513	1.325	18	左 5－3	145.399	－12.381	－1.998
7	左 3－5	156.486	－10.302	－2.147	19	左 5－4	145.921	－11.052	1.518
8	左 3－6	156.37	－10.583	－3.135	20	左 5－5	146.573	－7.88	－2.399
9	左 3－7	156.041	－12.096	－3.221	21	左 5－7	146.327	－8.799	－2.953
10	左 4－2	150.633	－13.149	－3.146	22	左 6－1	140.999	－10.018	－2.952
11	左 4－3	150.573	－13.712	－1.956	23	左 6－2	140.828	－11.276	－1.973
12	左 4－4	151.315	－10.196	1.318	24	左 6－3	142.277	－6.671	－1.591

续上表

序号	测点号	北坐标 X(m)	东坐标 Y(m)	高程 H(m)	序号	测点号	北坐标 X(m)	东坐标 Y(m)	高程 H(m)
25	左 6－4	141.626	－7.643	－2.85	31	左 8－3	127.037	－3.617	－1.558
26	左 7－1	135.967	－8.916	－2.811	32	左 8－4	126.894	－4.689	－2.485
27	左 7－2	135.668	－10.084	－2.039	33	左 9－1	116.968	－4.797	－2.326
28	左 7－3	136.731	－5.594	－2.016	34	左 9－2	117.539	－6.701	－1.702
29	左 8－1	126.378	－7.039	－2.577	35	左 9－3	117.505	－1.982	－1.232
30	左 8－2	126.18	－8.314	－1.467	36	左 9－4	117.055	－3.772	－2.265

2.2.8　现场值班办公制度

所谓现场值班制度，就在施工现场，成立穿越工程相关单位、部门联合值班办公室。通过现场值班，使各相关单位可以方便、快捷地掌握既有线的变形状况和新建隧道的生产情况，以便对既有线的安全状况作出迅速判断。一旦生产出现不利情况，既有线的状态有所改变时，可迅速集合相关部门人员进行分析、讨论并作出相应对策。这一制度是对既有线安全控制工作的有力保障，也是新建隧道信息化施工的重要手段。

穿越工程相关单位和部门组成联合办公小组，在施工现场值班，及时将监测信息和施工进展反馈到各相关单位。跨部门联合值班人员包括：地铁运营分公司领导联系人、现场联系人和抢修人员（工建车间人员）、地铁集团总部（总工办、安质部和运管办）值班人员、设计单位值班人员、监理单位值班人员、2 号线建设分公司业主代表值班人员、既有线变形自动化监测单位值班人员、地表沉降第三方监测单位人员、施工单位值班人员、科研单位人员。同时，各相关单位负责人和主要技术人员联系人名单及联系方式和负责工作制成相应表格并上墙。

在值班室，通过各种监视器，可随时了解现场出渣情况、掘进参数变化和既有线变形情况，能及时通过办公室电话与施工现场和外部进行沟通，及时将信息传达各级管理部门，保证信息传递的畅通和快捷。图 2.8 为现场值班相关照片。

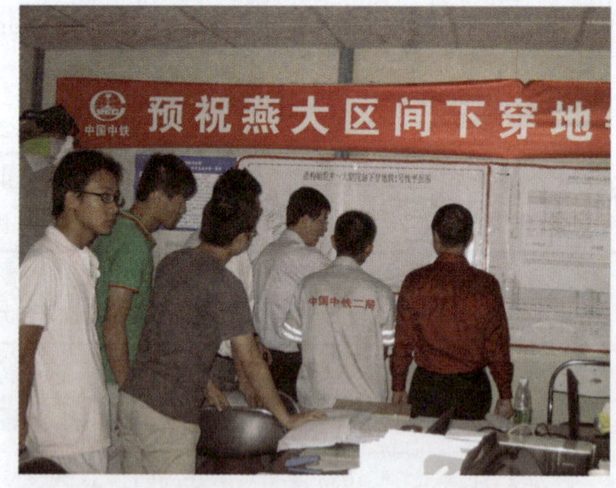

图　2.8

图 2.8 大东区间和燕大区间穿越工程现场值班照片

2.2.9 监测手段备用制度

由于传统监测技术在高密度的行车区间内无法实施，且不能满足对大量数据进行采集、分析、及时准确反馈的要求，必须采用远程自动监测系统对既有线结构和轨道变形进行 24 h 实时监测，真正发挥监控量测为盾构穿越施工保架护航作用。考虑到本工程的特点和重要性，必须采用人工监测和自动化监测相结合的方案。

从监测技术发展来看，自动化监测主要有 2 种方案。

(1)测量机器人自动监测

徕卡 TCA 系列自动化全站仪，又称“测量机器人”，主要由莱卡全站仪与自动监测软件配套组成，可自动扫描布设在被测结构上的棱镜(标靶)进行监测，数据实时传输与监控用网卡内部局域网连接互联网传递。

徕卡 TCA 系列自动化全站仪，见图 2.9，又称“测量机器人”，该仪器精度高、性能稳定，其内置自动目标识别系统，可以自动搜索目标、精确照准目标、跟踪目标、自动测量、自动记录数据，在几秒内完成一目标点的观测，像机器人一样对多个目标作持续和重复观测，并具有计算机远程控制等优异的性能。采用徕卡 Geomos 软件系统进行变形监测，可以实现无人值守及自动进行监测预报，即实现变形监测全自动化。它不仅便捷、准确，而且可以减少传统意义上形变观测中的人为观测误差及资料整编分析中的可能造成的数据差错。

将 TCA 自动化全站仪安置在隧道侧壁的强制对中托盘架上，现场通过变压稳压设备对其进行不间断供电，保证对其本身的长效供电电池充电，全站仪数据通过 CDMA 模块传输到数据中心(办公室)，同时将监测指令传输到采集设备(全站仪)，实现远程自动的变形监测。自动监测系统的基本组成(单线)见图 2.10。

图 2.9 TCA2003 全站仪

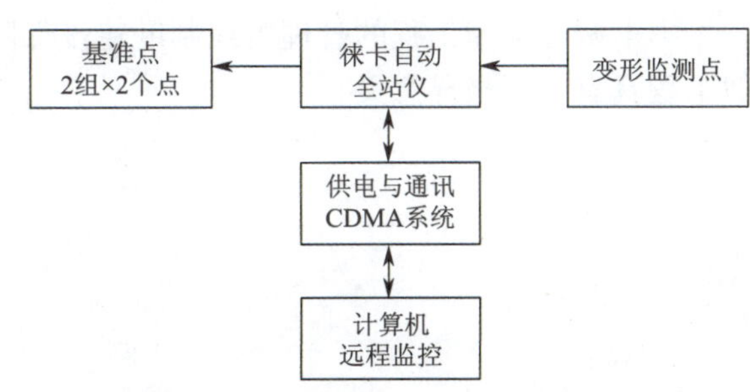

图 2.10 全站仪自动监测系统组成

(2)静力水准自动监测系统

自动化监测数据采集系统由电容感应式静力水准仪、数据采集单元模块、监控主机、DAMS－IV 数据采集软件构成，系统自动采集数据。自动化监测系统见图 2.11。

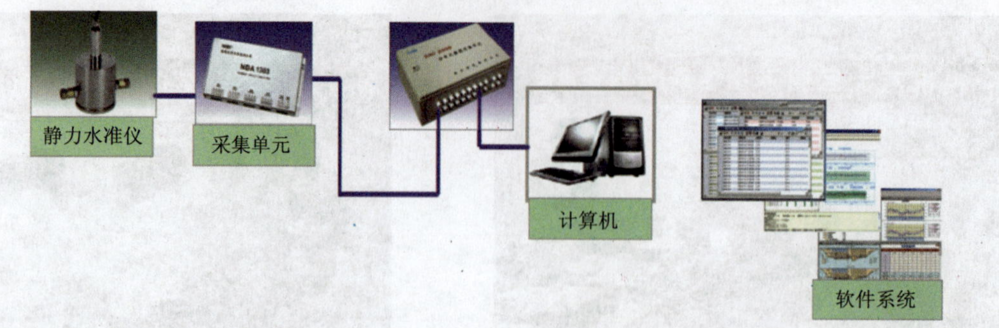

图 2.11　静力水准自动化监测系统图

考虑到自动化监测在实施中，有可能出现信号中断、仪器故障等意外情况，且白天由于列车运营，不可能实现迅速检修，自动化监测监测系统必须有所备用，同时两种测量系统测得数据也可以互为验证。在本书涉及的 2 处穿越，都采用了上述 2 种自动化监测系统，其中静力水准测量系统作为备用测量手段。在大东区间正式下穿的 4 天值班中，现场布置的测量机器人自动监测系统有 2 天发生了故障，这时静力水准测量系统就发挥了主导作用。在燕大区间穿越中，值班后期，测量机器人自动监测系统也曾发生类似故障，此时现场就以静力水准系统测得数据作为判断既有线安全和指导新建隧道施工的依据，为工程安全生产保驾护航发挥了重要作用。同时，也说明了既有线自动化监测系统备用制度的必要性。

2.3　结　　语

通过两处穿越工程的实施，更加印证了"管理高于技术"的结论，各项组织管理制度的建设是穿越工程得以安全、顺利、快速实施的保证。

隧道施工穿越既有地铁线路问题涉及既有线的正常运营和新建隧道的施工安全，影响面较大，重要性不言而喻。而且在穿越工程的安全控制过程中，牵扯单位较多，需要地铁运营部门、新建隧道设计、施工和监理等单位的密切配合，必须形成一整套完善的安全生产技术管理体系和流程。盾构隧道穿越既有地铁线工程，安全生产管理制度建设为重中之重。

两处工程的成功穿越，各项组织管理制度建设功不可没。生产单位技术准备制度是穿越工程成功实施的起点，借此构建起盾构施工穿越既有线工程的总体技术框架；专项方案制定审查和执行审查制度可邀请相关单位技术力量和社会力量参与到穿越工程的技术深化之中，拓宽了技术应用的视野；设备保养、检修和维修保养制度是成功实施盾构穿越工程的基础，是连续、顺利成功实施穿越既有线的保证；生产材料准备制度确保了生产所需材料的物资供应，保证了穿越施工的有序进行；穿越工程掘进分区管理制度深化了盾构掘进管理，突出强调了既有线的安全控制；正式穿越条件验收制度确保了穿越工程实施的人、材、物的组织、计划和安排，保证了技术方案各项技术内容的落实；现场值班办公制度充分调动相关单位技术力量服务于安全生产，真正体现了"安全生产，预防第一"的方针；监测手段备用制度确保了盾构穿越施工的信息畅通，保证了始终掌握既有线的变形状态。

本书两处穿越工程的管理组织制度建设保障了新建隧道施工穿越既有地铁线路工程的顺利实施，对类似工程具有普遍指导意义。

3　穿越工程专项方案

3.1　引　　言

根据中华人民共和国住房和城乡建设部二OO九年五月十三日印发的建质〔2009〕87号《危险性较大的分部分项工程安全管理办法》的通知，为加强对危险性较大的分部分项工程安全管理，施工单位应当在危险性较大的分部分项工程施工前编制专项方案，并对专项方案编制应当包括的内容作了规定。通知指出，专项方案编制应当包括以下内容：(1)工程概况：危险性较大的分部分项工程概况、施工平面布置、施工要求和技术保证条件；(2)编制依据：相关法律、法规、规范性文件、标准、规范及图纸(国标图集)、施工组织设计等；(3)施工计划：包括施工进度计划、材料与设备计划；(4)施工工艺技术：技术参数、工艺流程、施工方法、检查验收等。(5)施工安全保证措施：组织保障、技术措施、应急预案、监测监控等。(6)劳动力计划：专职安全生产管理人员、特种作业人员等；(7)计算书及相关图纸。

按照上述通知，并依据国家其他相关规定及深圳市政府其他要求，并结合本程具体特点，制定了专项方案，主要由专项施工方案、洞内自动化监测方案和施工应急预案3部分组成。下文以大东区间穿越工程为例加以说明。

3.2　专项施工方案

3.2.1　编制依据

(1)大剧院站—东门站平纵断面施工图(2/2/D29/S/J28/WOO/YT/D2000/A)。

(2)构管片构造及配筋图(2/2/D29/S/J28/WOO/YT/D300/A)。

(3)《地下铁道工程施工及验收规范》(GB 50299—1999)。

(4)《盾构法法隧道施工与验收规范》(GB 50446—2008)。

(5)《地下防水工程质量验收规范》(GB 50208—2002)。

(6)《地下铁道、轻轨交通交通工程测量规范》(GB 50308—1999)。

(7)《工程测量规范》(GB 50026—93)。

(8)《建筑变形测量规范》(JGJ/T 8—97)。

(9)《国家一、二等水准测量规范》(GB 12897)。

(10)《深圳地铁2号线东延线土建2226标招标文件》(2/2/D29/D/J28/WD0/YT/D001/A)。

(11)《深圳地铁2号线东延线大剧院站—东门南站区间详勘阶段岩土工程勘察报告》(2008年4月)。

(12)《深圳地铁2号线东延线工程土建2226标段大剧院站—东门南站区间土建工程地质补勘项目岩土工程勘察报告》(2009年1月)。

(13)地铁1号线管理单位相关技术要求。

(14)海瑞克盾构设备相关技术要求。

(15)国家、部委、地方现行有关技术规范、标准、规定等。

3.2.2　工程概况

深圳地铁2号线东延线工程土建2226标大剧院站—东门站区间位于深南东路底下，线路呈东西走向，设计起止里程为(Z)YDK31+464.81～(Z)YDK33+116.162，右线全长1 651.429 m，左线全长1 651.428 m。隧道最大平曲线半径为3 000 m，最小平曲线半径为450 m，线间距12.24～25.35 m，轨面埋深约19.252～36.118 m，隧道最大纵坡为26.808‰，最小纵坡为2‰。

本工程左线、右线分别采用维尔特和海瑞克土压平衡盾构机掘进，盾构从大剧院站始发，由西往东掘进，最后在东门站西端头吊出，按右线在前、左线随后的顺序施工。盾构掘进断面 ϕ6 280 mm，拼装管片外径 ϕ6 000 mm、内径 ϕ5 400 mm。

深圳地铁 1 号线是深圳市主要公共交通工具，列车运行频率高，人流量大，营运时间每天 6:00 至23:00。盾构下穿地铁 1 号线国贸站—老街站区间地处深南东路，为繁华商业地段，周边建筑物密集，人流量大。盾构下穿地铁 1 号线的基本情况见表 3.1、图 3.1、图 3.2。

表 3.1　盾构下穿地铁 1 号线国贸站—老街站区间情况汇总表

名称	2 号线下穿起止里程(环数)	1 号线结构类型及规模	2 号线隧道埋深(m)	位置关系
地铁 1 号线国贸站—老街站区间	ZDK32＋441～ZDK32＋481 (左线 660～666 环) (右线 666～673 环)	单洞双层圆拱直墙复合式衬砌结构，高 13.602 m，宽 6.8 m。初期支护为 C20 早强喷，厚 300 mm。二次衬砌模筑 C25 钢筋混凝土	埋深 27.3 m	地铁 2 号线与地铁 1 号线夹角约 55°，隧道轨面埋深左线 34 m、右线 35.4 m，与 1 号线净距分别 1.78 m 和 2.76 m，地面为深南东路，见图 3.2

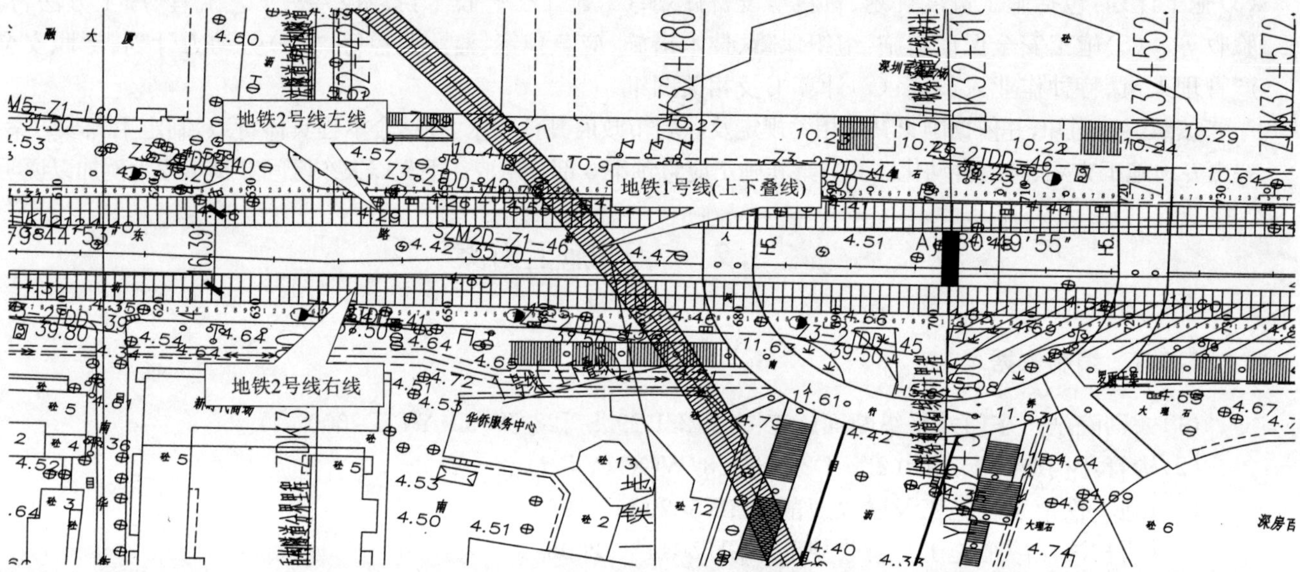

图 3.1　地铁 2 号线下穿 1 号线平面图

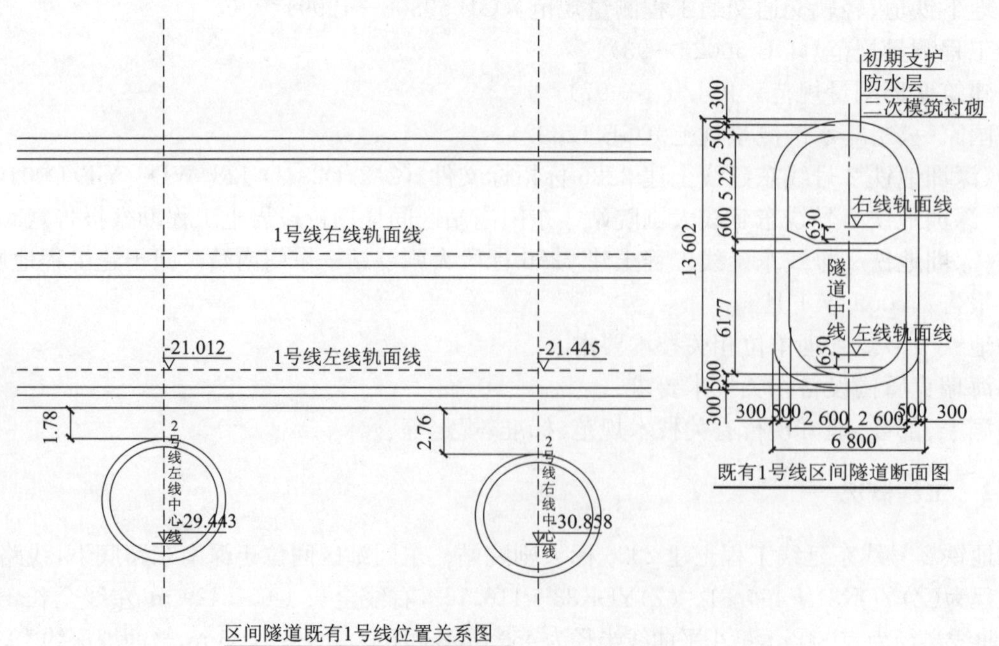

图 3.2　地铁 2 号线下穿 1 号线剖面图(单位：mm)

下穿段周边环境条件：地铁 2 号线位于深南东路正下方（深南路宽约 36 m），与 1 号线平面相交夹角 55°，1 号线东侧为人民南人行天桥（距桥桩最短水平距离 14.1 m）；深南路北侧建筑物有深圳百货广场（距左线交叉点最短距离 20 m），南侧为华侨服务中心（距右线交叉点最短距离 21 m）；深南路两侧人行道底下分布有密集的电信、煤气、供水、排水、电力、通讯等管线，埋深约 1.5 m。

根椐对地铁 1 号线竣工资料，1 号线初支结构没有侵入 2 号线隧道内，设计提出下穿处理措施是加强监测，不需处理。

3.2.3 工程施工目标

质量目标：本标段全部达到国家、省、市质量标准，工程质量一次合格率达到 100%，下穿地铁 1 号线的变形控制在允许的范围内。

安全施工目标：(1)无因工死亡事故、年重伤率不大于万分之五；(2)设备安装重伤及以上事故；(3)无触电、物体打击、高空坠落事故；(4)无重大机电设备事故、重大交通事故及火灾事故；(5)无因施工导致地表沉陷及建筑物变形及由此导致的交通、通讯中断，漏水、漏气等重大事故；(6)无 10 人以上集体中毒事件。

工期目标：按照预定的时间内通过地铁 1 号线。

3.2.4 下穿工程地质条件分析

盾构下穿地铁 1 号线从地面至区间隧道底地质分层见表 3.2。

表 3.2 盾构下穿地铁 1 号线地质分层特性表（地面至隧道底）

分层代号	岩土层名称	左线平均层厚(m)	右线平均层厚(m)	地质特点
<1－1>、<1－2>	素填土、填石	3.8	4.5	主要由黏性土混少量砾砂和碎石夹砂组成，表层多为路面混凝土
<5－1>	淤泥、淤泥质黏土	3.3	3.6	软塑状为主，局部流塑状或可塑状，含粉砂及有机质
<5－2－3>	中砂	3.1	2.9	饱和，稍密至中密，分选性一般，由长石、石英组成，含少量黏粒或夹薄层粉质黏土透镜体，含细砂、粗砂
<8－2>	砾(砂)质黏性土(可塑)	1.1	/	干强度中等，韧性强，夹有石英颗粒，此类残积层为砾(砂)质黏性土，弱透水性
<8－3>	砾(砂)质黏性土(硬塑)	6.4	/	砂感较重，局部夹少许岩屑，光滑，干强度中等，韧性强，高岭土状砂(砾)成分为石英，弱透水性
<21－1>	全风化花岗片麻岩	2.8	5.7	岩芯呈坚硬土状，手捻具砂感，局部夹强风化岩块。长石含量较高，风化成高岭土。遇水可呈糊状，在动水作用下易软化、崩解，弱透水性
<21－2－1>	土状强风化花岗片麻岩	2.0	5.8	原岩结构清晰可见，风化剧烈，裂隙发育，岩芯呈坚硬土状。不均匀夹有风化残余角砾或岩块，主要矿物成分为石英、黏土、云母等。长石含量较高，风化成高岭土。遇水可呈糊状，在动水作用下易软化、崩解，弱透水性
<21－2－2>	角砾状强风化花岗片麻岩	/	5.1	原岩结构清晰可见，风化剧烈，裂隙极发育，隙面铁锰质渲染，岩芯多呈碎块、角砾状，少量呈柱状，敲击易碎，风化不均匀，中等透水性
<9－2－1>	土状强风化花岗岩	7.4	/	原岩结构清晰可见，风化剧烈，裂隙发育，岩芯呈坚硬土状，局部夹强风化碎块或角砾，手可折断。长石含量较高，风化成高岭土。遇水可呈糊状，在动水作用下易软化、崩解。中等透水性
<9－3>	中等风化花岗岩	4.5	9.2	岩质较硬，主要矿物成分为石英、长石、黏土等，粗粒结构为主，局部为细粒结构，块状构造，节理裂隙发育，节理面锈染严重，隙间可见次生黏土矿物，抗压强度 26.8～46.7 MPa
<9－4>	微风化花岗岩	1.8	9.2	主要矿物成分为石英、长石、云母等，粗粒结构，块状构造，局部节理裂隙较发育，部分节理面有铁质渲染或有绿泥石化现象，岩石致密、坚硬，岩芯多呈短柱状或块状。抗压强度 38.8～66.2 MPa

续上表

分层代号	岩土层名称	左线平均层厚(m)	右线平均层厚(m)	地质特点
＜21－3＞	中等风化花岗片麻岩	/	8.8	片麻构造，块状构造，致密，节理裂隙发育，隙面多有铁锰质渲染或绿泥石化现象，部分裂隙有黏土矿物充填，局部岩体具碎裂化现象，岩质较坚硬，岩芯多呈块状或短柱状，中等透水性。抗压强度 22.0～50.7 MPa
＜21－4＞	微风化花岗片麻岩	/	1.0	片麻状结构，块状构造，致密，节理裂隙较发育，部分详勘阶段钻孔揭示微风化岩体中有一组近似垂直裂隙发育，裂隙面多有铁锰质渲染或黏土矿物充填，岩质坚硬，弱透水性，抗压强度 51.1 MPa

左线地质条件分析：左线盾构隧道下穿地铁 1 号线前后 30 m 范围内全断面为＜21－3＞中风化花岗片麻岩、＜9－4＞微风化花岗岩地层，在 1 号线正下方盾构隧道下半洞为＜9－4＞微风化花岗岩，洞顶覆盖＜21－3＞岩层很薄，厚约 0.15 m，其上为＜9－2－1＞和＜21－2－1＞强风化地层，均具有遇水易软化、崩解，强度急剧降低的特点，扰动后变成流砂状或糊状，自稳时间极短，容易坍塌。地铁 1 号线坐落在＜9－2－1＞地层上，与 2 号线净距只有 1.78 m，如图 3.3 所示。

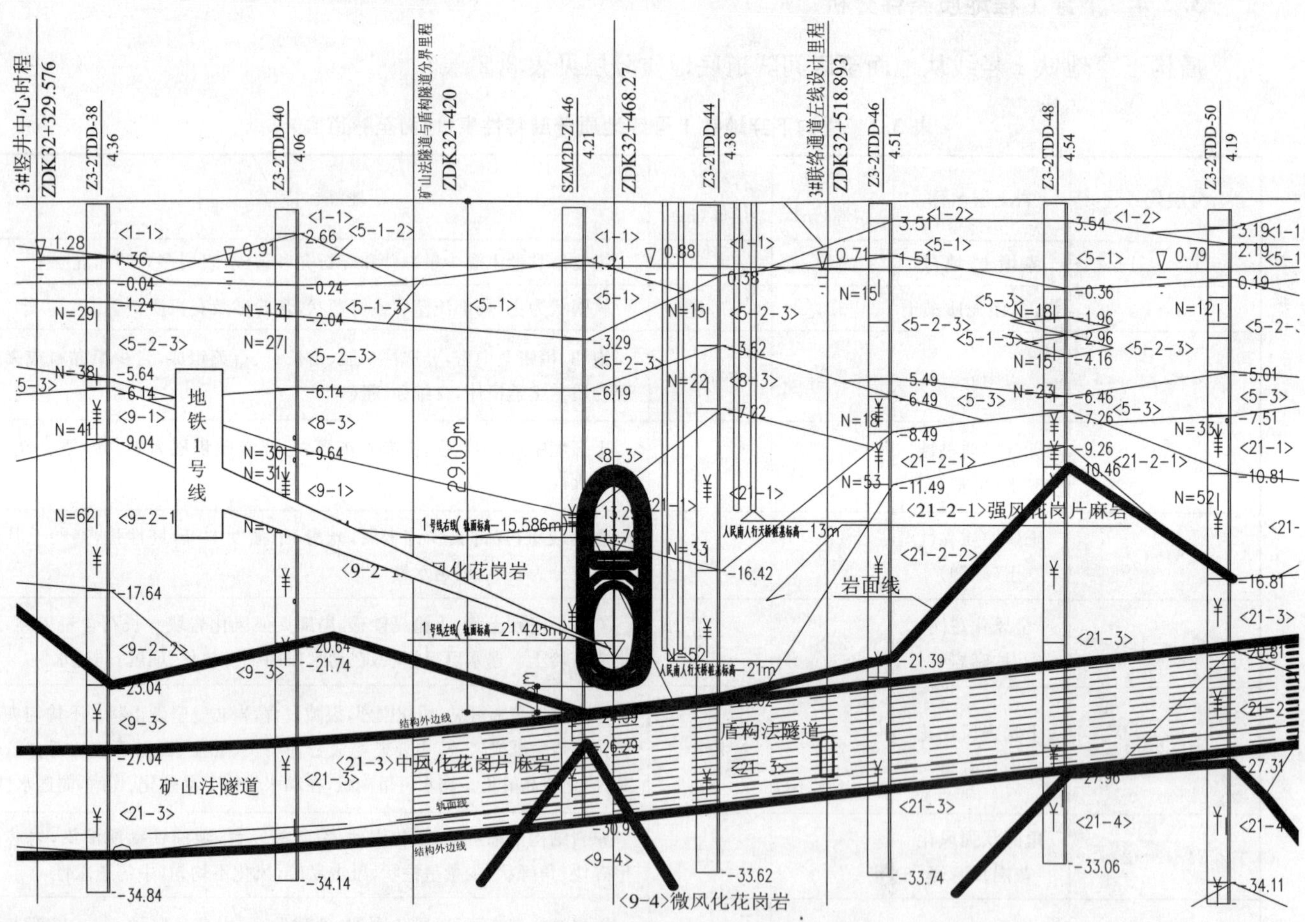

图 3.3　左线下穿地铁 1 号线地质剖面图

盾构施工时要控制好掘进工艺和参数，既能有效地破碎高强度、完整性较好的＜21－3＞、＜9－4＞硬岩层，又能减小对上部＜9－2－1＞地层的扰动以及地下水的流失，防止上部土体坍塌引起地铁 1 号线隧道下沉。

右线地质条件分析：右线盾构隧道下穿地铁 1 号线前后 30 m 范围内全断面为＜21－4＞微风化花岗片麻岩和＜21－3＞中风化花岗片麻岩地层，洞顶覆盖＜21－3＞岩层厚度约 2.8 m，地铁 1 号线坐落在＜21－3＞地层上，与 2 号线净距为 2.76 m，如图 3.4 所示。

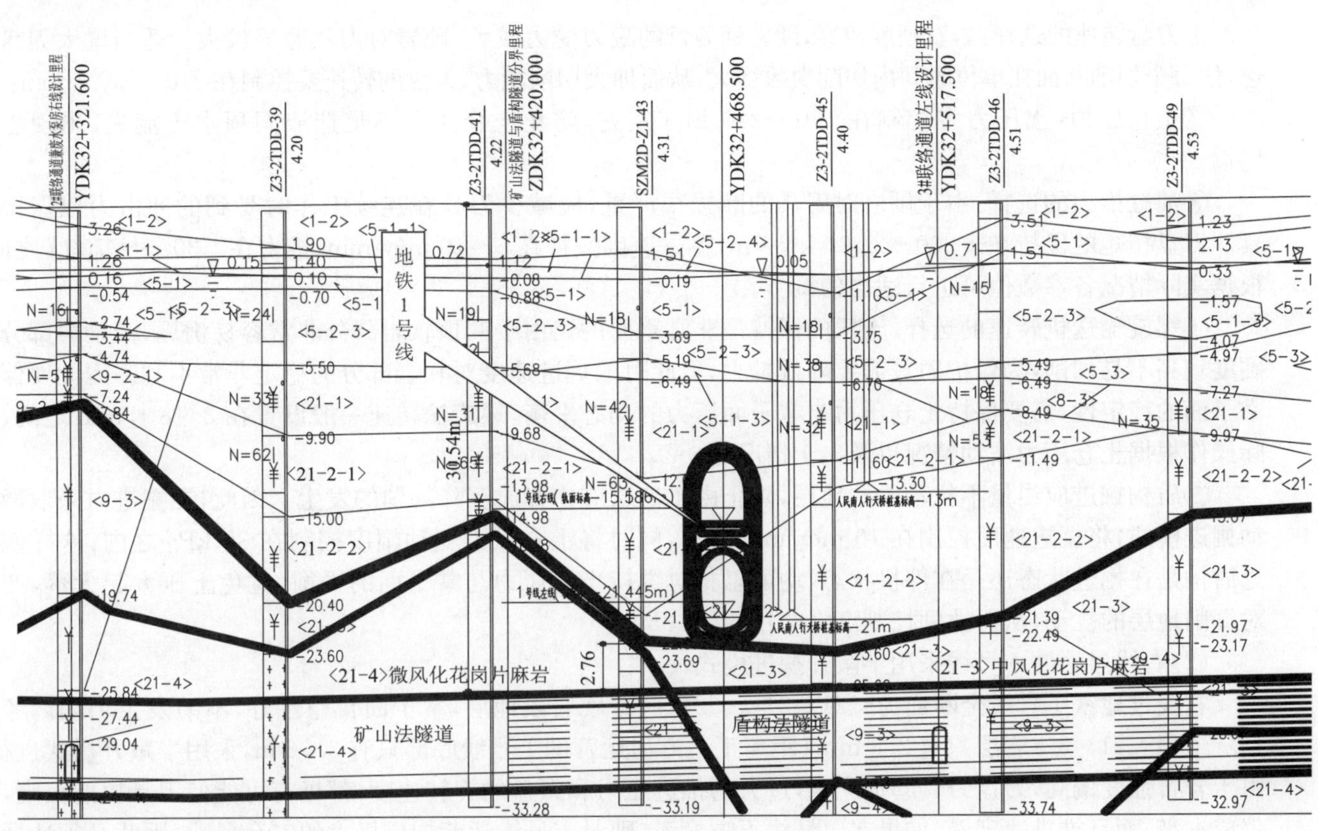

图 3.4　右线下穿地铁 1 号线地质剖面图

相比左线，右线盾构地质条件较好，但盾构施工时同样控制好掘进工艺和参数，减小对地铁 1 号线隧道底部地层的扰动以及地下水流失。

盾构隧道过地铁 1 号线前后 30 m 范围内地下水位高程为 2.5 m 左右。

3.2.5　盾构施工方法、措施

根据地铁 1 号线工程结构特点及与 2 号线隧道位置关系、下穿地质条件等因素，结合海瑞克、维尔特盾构设备特点，不同的工况条件下采取不同的掘进方法措施如下。

1. 连续、快速、匀速下穿 1 号线

采取连续、快速、匀速通过掘进措施，减少盾构机在 1 号线下方停滞时间，及早对管片背后空隙进行注浆充填，让管片尽快支撑地层，同时注浆阻止地层失水，因而可缩短隧道上方地层后期沉降持续发展时间，保证地铁 1 号线的安全。

为保证盾构能连续、快速、匀速通过，做好盾构施工组织管理工作，做好掘进、拼装、注浆、运输等各工序的衔接以及盾构队作业班的交接工作，尽量减少人为停机时间。在掘进过程中，各关键岗位(盾构司机、管片拼装工、电瓶车司机、龙门吊司机)选用有丰富施工经验的人员，定岗定人。在施工过程中加强对机械设备的维修保养，尽量保证不因机械故障而停机，保证盾构机连续掘进。掘进前对掘进参数进行严格按照技术交底进行，施工过程中严禁擅自改变，确保盾构机匀速向前掘进，减少对土体扰动。

2. 掘进模式及参数

(1)左线下穿地铁 1 号线采用土压平衡、微扰动掘进模式

左线下穿地铁 1 号线虽然全断面为<21－3>、<21－4>硬岩层，自稳性好，但隧道洞顶硬岩石层非常薄，上部的<9－2－1>和<21－2－1>地层自稳性差，容易坍塌，与盾构在上软下硬地层掘进类似，特别是与 1 号线净距只有 1.78 m，掘进时尽量避免过大扰动洞顶上部地层，因此在下穿地铁 1 号线前后 30 m 范围内采用土压平衡、微扰动掘进模式。

土压平衡模式掘进时，是将刀具切削下来的土充满腔室，然后利用土仓内泥土压与作业面的土压和水压相抗衡，与此同时，用螺旋式输送机排土机构，进行与盾构推进量相应的排土作业，掘进过程中，始终维持开挖土量与排土量的平衡，以保持正面土体稳定，并防止地下水土的流失而引起地表过大的沉降。

①刀盘转速的选择：岩石硬度较高，硬岩处刀盘的滚刀受力较大，硬岩对刀具磨损较大。适当增大刀盘转速，使每个切削断面在单位时间内切削次数增大，从而加大切削能力，刀盘的转速要控制在 2.0～3.0 r/min。

②土仓压力：土压力宜控制在 180～220 kPa 左右，防止土仓压力不足造成洞顶水土流失，出现土体坍塌。

③油缸推力的选择：由于硬岩对刀具的磨损很严重，应减少刀具在连续工作时受到的冲击力以保护刀具。刀盘扭矩的保持在 1 800～2 200 kN·m，掘进速度操持在 6～10 mm/min，推力在 1 300～1 700 t 之间，根据实际情况各参数值可进行适当的调节。

④螺旋输送机转速的选择：土压的保持是非常重要的。由于洞顶软岩部分非常容易坍塌，而硬岩部分因硬度较高不易切削，为保护刀具需要降低推力，但此时的掘进速度对软岩部分的稳定非常不利。因此要保证掌子面的稳定性，需要保持土仓压力与掌子面压力的动态平衡，螺旋输转速一般设置在 3～8 r/min 之间，实际操作根据土仓压力波动情况以及出土情况定。

⑤盾构掘进应尽量不扰动原始地层，防止由于地层应力释放沉降问题的发生。因此，在掘进时采取微扰动掘进模式，将掘进速度控制在 10 mm/min 之内，同时将土仓压力变动幅度控制在 30 kPa 之内，这样使无论盾构是在掘进状态还是在停机状态，均可以相对维持土仓压力与掌子面的平衡，避免土压大起大落，产生对掘削地层的扰动，从而达到控制沉降的目的。

(2)右线过地铁 1 号线采用半敞开掘进模式

右线过地铁 1 号线全断面为＜21－3＞、＜21－4＞硬岩段地层，掌子面自稳性好，不易发生坍塌。考虑到隧道顶＜21－3＞岩层只有 2.8 m，且距离正上方为运营的 1 号线底部只有 2.76 m，采用半敞开模式进行。由于岩石强度偏高，刀盘刀具磨损严重，过大的推进压力和刀盘的旋转速度，都极有可能使刀具提前报废，不仅成本高，而且推进速度慢，如果在 1 号线下方换刀，则对 1 号线运营构成极大的安全风险，因此必须选择合理的掘进参数。

①刀盘转速的选择：硬岩中由于整个断面的岩石硬度较高，盾构掘进中滚压破岩时刀具受到的压力较大。为确保刀具在瞬时受到的冲击力不超过安全荷载 25 t，不宜采用太大的刀盘转动速度掘进，应将刀盘转速控制在 1.5～1.7 r/min。

②土仓压力的选择：硬岩中掌子面自稳性较好，可保持较低土压进行掘进。上部土压可保持在 0.05～0.1 MPa，下部土压保持在 0.15～0.2 MPa，土压仓内渣土约有 2/3 左右。若地层含水量大时，上部土压适当提高 0.03～0.05 MPa，将地层水与开挖仓隔离，降低掌子面渗透水量，从而降低地层水流失，控制地表沉降。

③油缸推力的选择：硬岩掘进时以盘形滚刀为主进行破岩，刀具滚动产生冲击压碎和剪切碾碎的作用，达到破碎岩石的目的。一般情况下，推力是滚压破碎中主要的参数，决定了扭矩以及其他参数。刀盘转速在 1.5～1.7 r/min 时，每转一圈刀具贯入量为 3～5 mm，掘进速度在 4～6 mm/min 之间。扭矩一般控制在 1 700～2 000 kN·m。油缸推力在 1 400～1 700 t 间调节。

④螺旋输送机转速的选择：在硬岩掘进中，掘进速度慢且土仓内渣土量少，螺旋输送机转速的调节对掘进速度的调节作用不太明显，主要用来调节土仓压力。螺旋输送机转速在 6～10 r/min 间进行调节。

(3)渣土改良

刀盘前方注入泡沫进行渣土改良。泡沫溶液的组成：泡沫添加剂 3%～5%，水 97%～95%。泡沫组成：90%～95%压缩空气和 5%～10%泡沫溶液混合而成。泡沫的注入量按开挖方量计算：400 mL/m^3～600 mL/m^3，注入率 100 mL/min～150 mL/min。

盾构遇软弱地层或地下水较大时，拟在刀盘选取 2 个注入孔注入高分子材料，注入孔配置为：1 个注入孔加水，2 个注入孔加入高分子材料，另外 2 个注入孔加泡沫剂。另外在螺旋输送机前端增加 TAC 注入口，利用 3%～5%浓度 TAC 对砂土的吸水性能在螺旋输送机内形成土塞效应，防止刀盘前方 TAC 改良效果不佳的情况下发生“喷涌”的危险，TAC 高分子材料注入率 40 mL/min～80 mL/min。

3. 设置两处试验段

试验段一：右线下穿笔架山水桥，225～245 环，试验段长 31.5 m(也作为下穿广深铁路桥的试验段)。

试验段二：左、右线下穿广深铁路桥，460～485 环，试验段长 37.5 m。

盾构下穿笔架山水桥及广深铁路桥与下穿 1 号线有类似的地质条件，计划 2010 年 3 月上旬和 4 月上旬盾构下穿上述两处试验段，按全断面硬岩采用半敞开模式、上软下硬地层采用土压平衡、微扰动掘进模式，按上述掘进参数进行施工。试验段完成后，分析掘进参数与桥梁变形和土体沉降的关系，查找规律，选取适当的下穿地铁 1 号线掘进参数，并应用于下穿 1 号线前 50～15 m 盾构掘进，根据实际掘进及地表沉降情况，对下穿 1 号线参数作最后调整。

4. 盾构刀具选择及换刀

盾构下穿地铁 1 号线是在全断面硬岩＜9－3＞、＜9－4＞、＜21－3＞、＜21－4＞地层掘进，刀盘安装滚刀破岩，原理是利用滚刀挤压、冲击、剪切碾碎作用达到破碎岩石的目的，再用刮刀辅助切削岩石，因此，刀具质量好坏直接影响掘进施工。本工程硬岩平均抗压强度在 30～60 MPa 之间，个别地段岩石强度最大为 123 MPa，岩质较脆，块状构造，RQD 指标 26.5%～53.9%。项目部在选购刀上采取如下措施：工程技术人员联合供货厂家技术部门，针对本工程的硬岩特性，进行刀具改进技术研究，生产适合本工程地质盾构施工的刀具。主要具有如下特点：①高硬度、高韧性，能切入岩石表面，具有破碎岩石强度 150 MPa 以上的能力，且不容易崩裂；②高耐磨性，延长使用周期，减小换刀停机次数对掘进的影响。

根据刀具的磨损情况，有计划地更换刀具，选择在盾构通过地铁 1 号线前更换新刀具，避免在 1 号线隧道的正下方更换刀具。根据地质资料，拟定在里程 ZDK32＋450 处(左线 651 环、右线 657 环)进行刀具检查和换刀，此处距离 1 号线隧道约 15 m，地质条件较好，左、右线全断面为＜9－3＞、＜9－4＞硬岩层，且洞顶＜9－3＞层厚度有 2.0 m 以上，可以打开土仓直接进行换刀。如实际地质条件较差，地层不稳定，则采取带压进仓换刀。由于带压换刀难度大，危险性大，受地层的影响比较大，将根据实际地层情况，选定相对地质条件较好的部位进行带压换刀，对不符合带压换刀条件而又必须进行换刀的情况，必须采取有效地层加固措施(如注浆等)满足带压换刀条件后才能实施带压换刀作业，实施前制定详细的《带压换刀作业指导书》，盾构施工前做好相关的人员、设备及技术等准备工作。

5. 严格控制出土量

原则：保持精确出渣计量，确保出土不超量。由于盾构机的特殊构造，使其无法观察掌子面的情况，只能通过出渣量的大小来推算掌子面的情况，出渣量过大，掌子面就有出现了坍塌，所以必须控制好出渣量。根据计算，实际每环出渣量为 70 m^3 左右(虚方)，用电机车渣土计量为每环 4.5 斗左右。现场实际计量时，出土量控制可采用掘进 300 mm 出渣 1 渣斗车控制，如出土量超标，会使上层土体沉降、塌陷，导致地铁 1 号线下沉、开裂和地面塌陷。在下穿施工过程中，项目部将对出渣量控制进行专门技术交底，并作为一项制度来落实，严格进行控制。

6. 注浆控制措施

在盾构施工中，当管片脱离盾尾后，在围岩与管片之间会形成一道宽度为 115～140 mm 的环形空隙。为了尽快填充环形间隙，使管片尽早支撑地层，防止地层变形过大而危及 1 号线安全，须要同步进行注浆。本工程盾构过地铁 1 号线将采用每环同步进行壁后注浆，作用有三：一是保证管片在短时间内稳定。二是保证管片壁后与隧道围岩之间短时间内凝固并充填密实，堵住后面来水，预防盾构后面来水涌入刀盘前方造成“喷涌”的可能，造成出土量无法控制，因为往往在发生“喷涌”时出土量是无法得到准确计量的。三是保证盾构过后的后期沉降。注浆压力取值 0.25～0.5 MPa。注浆要做到“掘进、注浆同步，不注浆、不掘进”，通过控制同步注浆压力和注浆量(每环注浆量 5.0 m^3 左右)双重标准来确定注浆时间，具体注浆参数需通过试验段地面沉降情况进行确定。

由于浆液凝结收缩以及同步注浆不足的情况下，管片壁后还可能存在一定的空隙，同步注浆结束 24 h 后进行二次补偿注浆。二次注浆采用双液浆(水泥：水：水玻璃＝1：0.8：0.5，水玻璃的掺入量根据需要胶凝时间现场试验确定)，注浆压力控制在 0.5 MPa 左右，保证管片与围岩之间充填密实。

在下穿 1 号线前，对注浆设备(包括备用注浆泵)和搅拌站作全面维修保养，作好充足的材料准备，保证注浆能快速、连续进行。

7. 预防“喷涌”措施

盾构在掘进过程中经常也会遇到“喷涌”问题，造成出土量无法控制，出土量超过理论计算量。出土超量会导致地面坍塌事故的发生，所以需采取措施预防掘进过程中“喷涌”问题的发生。采取措施主要有：

(1)选择合适配比的渣土改良添加剂，将传统的泡沫改良改注入高分子材料进行改良，减小泡沫改良由于气压存在“假土压”效应，增加渣土的和易性和止水性。

(2)通过双液注浆方式填充密实管片围岩之间孔隙，堵住盾尾来水预防“喷涌”。

(3)通过注入管路转换，在螺旋机前端增加一条注入管路，注入原液高分子材料，高分子材料大量吸收渣土中水分后由液状渣土转变为塑性渣土，形成土塞效应，预防“喷涌”问题的发生，达到加快掘进进度快速通过不良地层的目的。

(4)必要时，启动盾构保压泵渣系统保压出渣。

8. 掘进前盾构机的检查措施

盾构机在距离地铁1号线15 m时，将停止掘进，对所有设备进行彻底的检查和维修(刀具、注浆系统、尾刷等)，特别是土压计的检定，以确保盾构机以良好的状态顺利穿过地铁1号线。

(1)盾构机同步注浆系统、发泡系统维修

1)对盾构同步注浆管路进行清理，保证4条注浆管均可用。

2)对注浆泵进行维修，保证2台泵均可用。对注浆压力传感器进行维修，保证每个注浆压力显示均正确。

3)对发泡管路进行清通，特别是进入刀盘前的发泡剂管。对发泡系统进行调试，确保可用。

(2)土压平衡系统以及数据传输系统

为了指导盾构掘进，土压力的显示必须正确，掘进数据必须可以传输到地面监控室，以便地面值班经理指挥隧道内施工。所以必须做好如下工作：

1)清理土压力传感器，检查传感器的连线，确保土压力在面板显示正确；

2)维修隧道与地面数据传输系统，检查线路并调试，保证可用。

(3)盾构油脂注入系统

为了确保盾尾注浆时不漏浆或少漏浆，必须对盾构油脂注入系统进行检查维修，检查油脂泵、油脂管路，确保油脂管路畅通，调整油脂注入压力，确保油脂注入量。

(4)隧道内排水排污系统

为了防止由于隧道掘进时喷涌而影响掘进，必须对隧道内排水排系统进行全面的清理检查，并准备足够的排水排污泵。

9. 1号线自动化监测、限速运行措施

项目部委托第三方单位对号线实施自动化监测，加强对隧道结构和轨道变形监测，以指导施工。在盾构下穿1号线前，向地铁公司运营部申请施工期间交叉段列车行驶速度不超过20 km/h，以保证行车安全。

3.2.6　施工安排、进度计划

1. 下穿段施工范围确定

以左、右线交叉点前15 m和后21 m为盾构下穿施工段，段长36 m，左线起止里程(环数)：ZDK32＋441.9～ZDK32＋477.9，654环～677环；右线起止里程(环数)：YDK32＋451.8～YDK32＋486.8，660环～681环。盾构进入下穿段严格按预定方案实施。

2. 每天掘进速度计算

按照盾构掘进速率6～10 mm/min计算，每环掘进时间3.6 h，管片拼装时间0.6 h，辅助时间0.6 h，每循环需时间3.6＋0.6＋0.6＝4.8 h，每天可掘进24/4.8＝5环。

3. 工期计划

下穿既有线施工计划见表3.3。

表3.3　下穿地铁1号线施工进度计划

	环号	下穿起止日期	天数	备注
右线	654环～677环	2010.5.18～2010.5.22	5天	24 h连续掘进
左线	660环～683环	2010.6.18～2010.6.22	5天	24 h连续掘进

3.2.7 安全、质量、施工保证措施

1. 安全保证措施

(1)项目经理部成立以项目经理为首主管盾构副经理、副总工程师为副组长的安全领导小组，组织领导安全施工管理工作，项目经理部设安质部，施工班组设专职安检员、兼职安检员，分别实施检查任务，同时认真接受外部监督。

(2)地表沉降监测随施工进度进行，并将各沉降点沉降值存入计算机监测管理系统汇总成沉降变化曲线、沉降速度变化曲线，绘制报表，根据报表结果指导施工。

(3)对既有1号线构筑物的情况进行认真分析论证，对可能造成较大影响的因素采取一定的对策，确保地表隆降在警戒值范围内。

(4)一旦地表隆降超过警戒值，及时进行注浆保护。

(5)施工现场内临时用电的安装和维修必须由专人负责完成，非电工不准拆装电气设备。

(6)严格执行电气安装、维修技术规程，认真贯彻施工现场临时用电安全技术规范。

(7)严格执行盾构机安全操作规程。

(8)管片安装过程中，举起的管片下严禁有人作业。

(9)电瓶车运行前后连接必须确认车闸正常，严禁带病运行。

(10)施工前准备好应急施工机械、物资。

2. 质量保证措施

(1)项目经理部成立质量领导小组，项目经理任组长，副经理、总工、副总工程师任副组长，成员由质量、施工、技术、物资等部门负责人及各作业班长组成，组织创优管理工作。

(2)测量基准点要严格保护，避免撞击、毁坏。在施工期间，要定期复核基准点是否发生位移。

(3)采取信息反馈的施工方法对盾构推进进行质量控制，在盾构推进过程中进行跟踪沉降观测，并将所测沉降数据及时反馈，为调整下一阶段的施工参数提供依据。

(4)及时调整开挖速度，控制好通过各地层的盾构机姿态。

(5)掘进时，严格控制盾构机的姿态，尽可能地减少每次纠偏的幅度，并使其不超过盾构直径的0.4%。

(6)严格控制管片生产质量，管片吊装时，轻吊慢放，防止止水带脱落，防止将管片上的止水带预留槽碰伤。接缝按设计要求粘贴止水带，管片螺栓接头设置止水垫圈，管片预留合适的嵌缝沟槽，同步注浆选用合适材料与配比，并精心施工。

3. 文明施工保证措施

(1)项目部建立文明施工、环境保护管理体系，进行文明施工、环境保护管理。

(2)现场必须按照文明施工的标准和具体要求组织施工，采取分班组包干、责任到人的办法，使文明施工现场管理工作形成天天有人抓、事事有人抓、一抓到底的机制。

(3)施工现场周围要保持环境卫生，不准乱倒垃圾、渣土，不准扔废弃物，不准乱排污水；现场使用砂浆等流体材料或水泥等施工材料，要随用随清，车辆进料要随进随清扫；车辆清运渣土、垃圾等，必须采用围护措施，严密遮盖，不得到处遗洒、飞扬；车辆不乱停乱摆，车轮不带污物泥土出场地。

(4)施工现场建立严格的成品保护措施和制度，不得对建筑成品污损。

(5)现场施工的人员必须下班坚持“五不走”，即设备不擦洗干净不走，余料不堆放整齐不走，工具不清点归位不走，原始记录不记录好不走，场面不打扫干净不走。

(6)施工现场要贯彻全过程文明施工，随时清理现场垃圾及拆除材料，各种剩余材料、构件等物资都要及时运走处理，真正做到工完场清，搞好场容场貌。

3.3 既有线洞内全站仪自动化监测系统实施方案

3.3.1 监测范围及内容

地铁2号线盾构施工影响范围内的地铁1号线国贸—老街站区间下行线隧道。监测内容为隧道结构及

底板的三维变形。

3.3.2 监测方案编制依据

(1)《城市轨道交通工程测量规范》(GB 50308—2008)。

(2)《地下铁道、轻轨交通岩土工程勘察规范》(GB 50307—1999)。

(3)《建筑变形测量规程》(JGJ 8—2007)。

(4)《工程测量规范》(GB 50026—2007)。

(5)《国家一、二等水准测量规范》(GB 12897—2006)。

(6)国家其他测量规范、强制性标准。

3.3.3 监测仪器设备及监测精度

以徕卡全站仪 TCA2003(精度:0.5″,1 mm+1 ppm)为采集设备,配合相应的通讯及后处理软件,以实现自动化监测。

3.3.4 监测周期及频率

(1)监测周期贯穿整个 2 号线下穿 1 号线影响期间,暂定为 4 个半月时间,监测终止时间按照实测情况而定,实测数据稳定后可停止监测。

(2)一般情况下 1 次/4 h。

(3)盾构左右线下穿 1 号线期间,重点监测盾构上方三个断面(1 次/0.5 h),其余断面 1 次/2 h。当重要断面变化较大时,依次增加重要监测断面。

3.3.5 监测项目警戒值

监测项目警戒值以地铁运营部门的批准的数据为准,具体内容见表 3.4。

表 3.4 结构变形控制指标(单位:mm)

项目	预警值	报警值	控制值
道床平顺度	2.0 mm/10 m	3.2 mm/10 m	4.0 mm/10 m
左右轨道差异沉降	2.0 mm	3.2 mm	4.0 mm
三角坑	2.0 mm/18 m	3.2 mm/18 m	4.0 mm/18 m
结构绝对变形量	10.0 mm	16.0 mm	20.0 mm
隧道相对变形量	1/5 000	1/3 125	1/2 500

3.3.6 监测项目实施方案

1. 自动化监测系统的基本组成(单线)

自动化监测系统基本组成如图 3.5 所示。

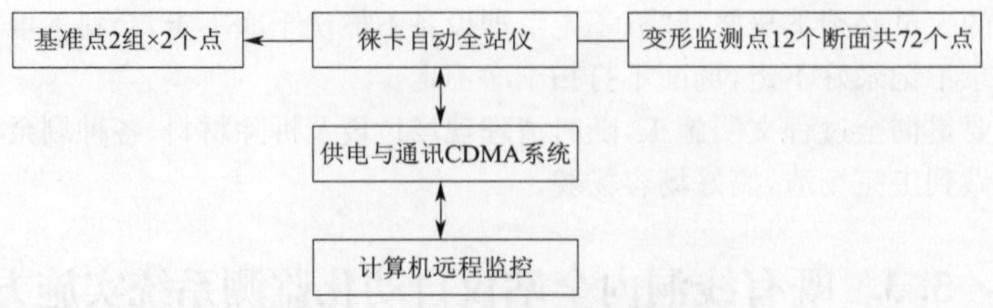

图 3.5 自动化监测系统基本组成

为实现本项目监测的自动化,工作基点站应设在隧道侧壁,同时设置 4 个校核点以校核工作基点。安装于基点站的 TCA 2003 全站仪与监测系统机房建立通讯联系,由机房控制全站仪对校核点和变形点按一定的顺序进行逐点扫描、记录、计算及自校，并将测量结果发送至机房入库存储或并进行整编分析。

对影响区间的位移量可以以影响区域以外的隧道本身为基准，监测数据只反映影响区域相对基准点的位移量，根据误差传播理论的计算在 100 m 以内使用 1″，1 mm+1 ppm 的全站仪，观测精度可以保证在 1 mm以内。当测站和观测点固定（或强制对中）时，可以较高精度地反映监测点的变形。

该种方法可以同时测量水平及高程变化，即测量各点三维坐标的变化量。

2. 使用仪器

本方案拟采用徕卡 TCA2003 全站仪和配套的硬软件实现对地铁隧道形变的自动监测。徕卡 TCA 系列自动化全站仪，又称“测量机器人”，该仪器精度高、性能稳定，其内置自动目标识别系统，可以自动搜索目标、精确照准目标、跟踪目标、自动测量、自动记录数据，在几秒内完成一目标点的观测，像机器人一样对多个目标作持续和重复观测，并具有计算机远程控制等优异的性能。采用徕卡 Geomos 软件系统进行变形监测，可以实现无人值守及自动进行监测预报，即实现变形监测全自动化。它不仅便捷、准确，而且可以减少传统意义上形变观测中的人为观测误差及资料整编分析中的可能造成的数据差错。

3. 工作基站及校核点设置

为使各点误差均匀并使全站仪容易自动寻找目标，工作基站布设于监测范围中部，校核点布设在远离施工影响范围以外，最外观测断面以外 30 m 左右的隧道中，先制作全站仪托架，托架安装在隧道侧壁，离道床距离 1.2 m 左右，以便全站仪容易自动寻找目标。

4. 监测使用的平面、高程基准点

监测基准点根据实际情况选用，尽量利用基坑施工影响范围外、地铁 1 号线隧道内的铺轨控制基标。

5. 隧道监测断面布置及监测断面内监测点布置

(1)在盾构施工影响范围内的地铁 1 号线国贸—老街站区间右线隧道内按断面（同左线）各布设 2 个沉降点，采用人工监测，如图 3.6 所示。

(2)在左线隧道内各布设 12 个变形监测断面（含 1 号线伸缩缝两边各布设一条断面），DM3～DM8 断面间距约 5 m，其他断面间距 10 m，最后一个断面间距 15 m。每个断面布设 5 个监测点，即在轨道附近的道床上布设 2 个沉降监测点，中腰位置布设 2 个水平位移监测点，隧道拱顶布设 1 个拱顶沉降监测点。DM3～DM8 在一般断面上增加 2 个监测点，具体见图 3.7。各观测点用连接件配小规格反射棱镜，用膨胀螺丝及云石胶锚固于监测位置的侧壁及道床的混凝土中，棱镜反射面指向工作基点，各观测点位的布设见图 3.6。

6. 监测方法

本次监测拟采用徕卡 Geomos 软件进行自动变形监测，该系统由瑞士 Leica 公司开发用于自动型 TCA 系列的全站仪的自动监测，具有自动控制及变形数据分析功能，是目前该方面最先进的系统。该系统将自动完成测量周期、实时评价测量成果、实时显示变形趋势等智能化的功能合为一体，是进行自动变形监测的理想系统。

该系统具有以下特点与优点：

(1)在无人值守的情况下，可以实现全天 24 h 自动监测。列车运行时，系统也可以自动进行监测，克服了传统测量方法的不足，节约了大量的人力，为地铁提供了实时的安全运营保障。

(2)建立高精度的基准点，采用实时差分式测量方案，可以最大限度地消除或减弱多种误差因素，大幅度地提高测量结果的精度。变形监测点位三维精度小于 1 mm。

(3)简化了气象等附加设备，为系统在计算机控制下实现全自动、高可靠的变形监测创造了有利条件。

(4)实时进行数据处理、数据分析、报表输出及提供图形等。

(5)远程监控，自动报警。

(6)在短时间内同时求得被测点位的三维坐标，可根据设计方案的要求作全方位的预报。

将 TCA 自动化全站仪安置在隧道侧壁的强制对中托盘架上，现场通过变压稳压设备对其进行不间断供电，保证对其本身的长效供电电池充电，全站仪数据通过 CDMA 模块传输到数据中心（办公室），同时将监测指令传输到采集设备（全站仪）。实现远程自动的变形监测。

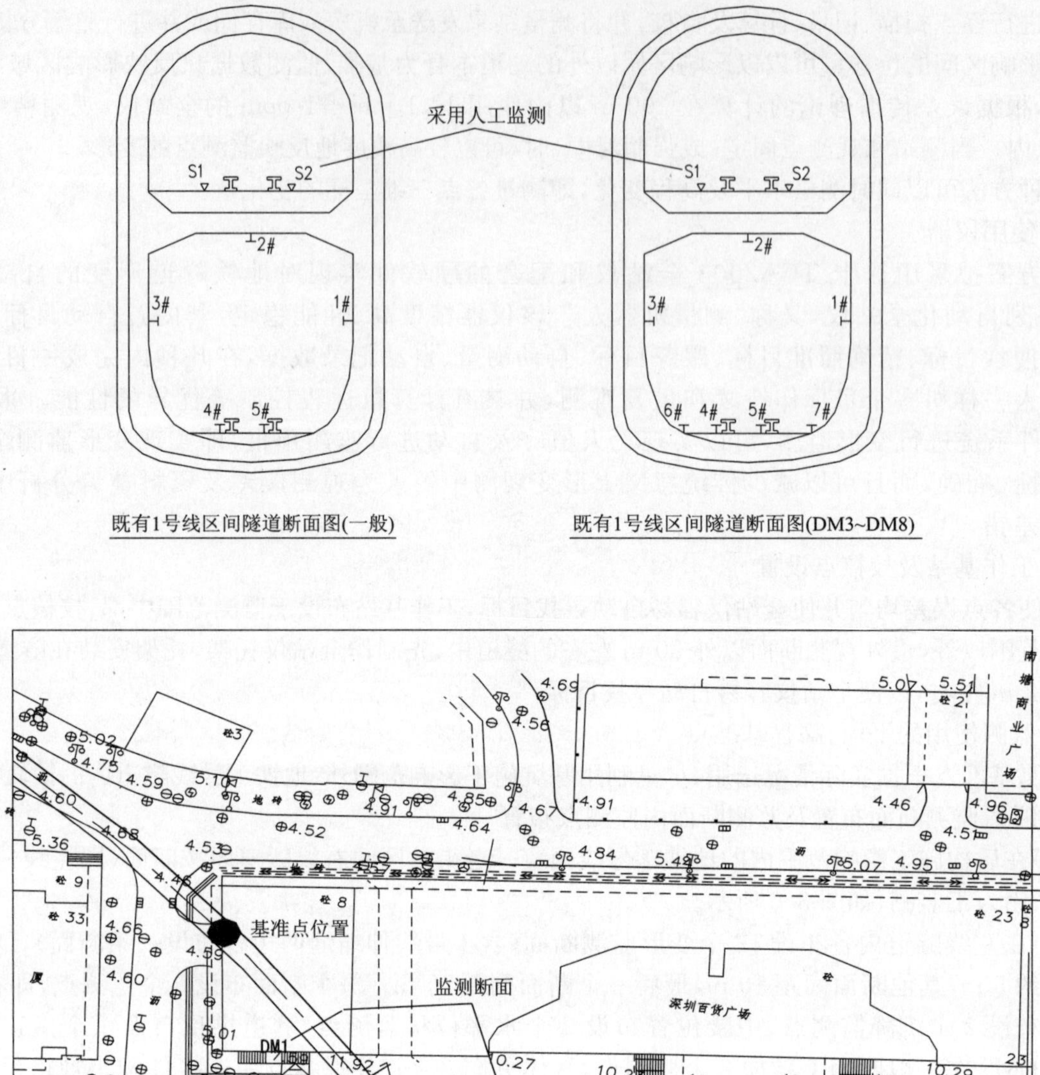

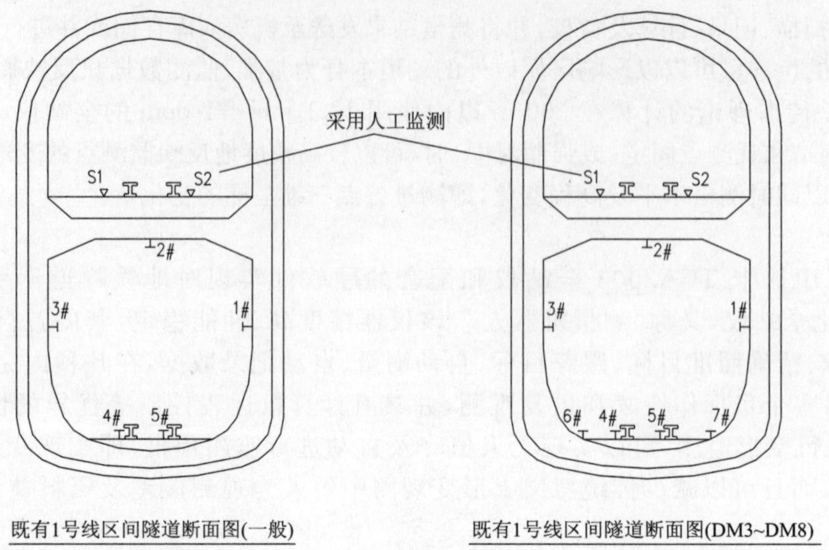

基准点位置
监测断面
DM1
DM2
DM3
DM4
DM5
DM6
DM7
DM8
DM9
DM10
DM11
DM12
观测仪器位置
伸缩缝
地铁1号线
基准点位置
深圳百货广场
新时代商场
中旅大厦
深房百货
人民南人行天桥
南塘商业广场

图 3.6 自动化监测系统监测断面及监测断面内监测点布置

3.3.7　信息化监测及成果反馈

1. 监测信息化

实现监测过程的信息化，建立顺畅、快捷的信息反馈渠道，及时、准确地测定各监测项目的变化量及变化速率，及时反馈获取的与施工过程有关的监测信息，供设计、施工及有关工程技术人员决策使用，才能最终实现信息化施工。为实现顺畅、快捷地反馈监测信息的目的，如果处理计算过程中发现监测数值过大，达到警戒值，那么迅速通知各方，停止施工，由业主、专家组、设计等决定采取措施，直到可以施工为止。

如果监测数值过大，达到了控制值，那么立即紧急通知各方，停止施工，并启动业主相关的抢险预案，监测单位并积极配合业主抢险，直到措施得当，危险解除，可以施工为止。监测信息反馈流程如 3.7 图所示。

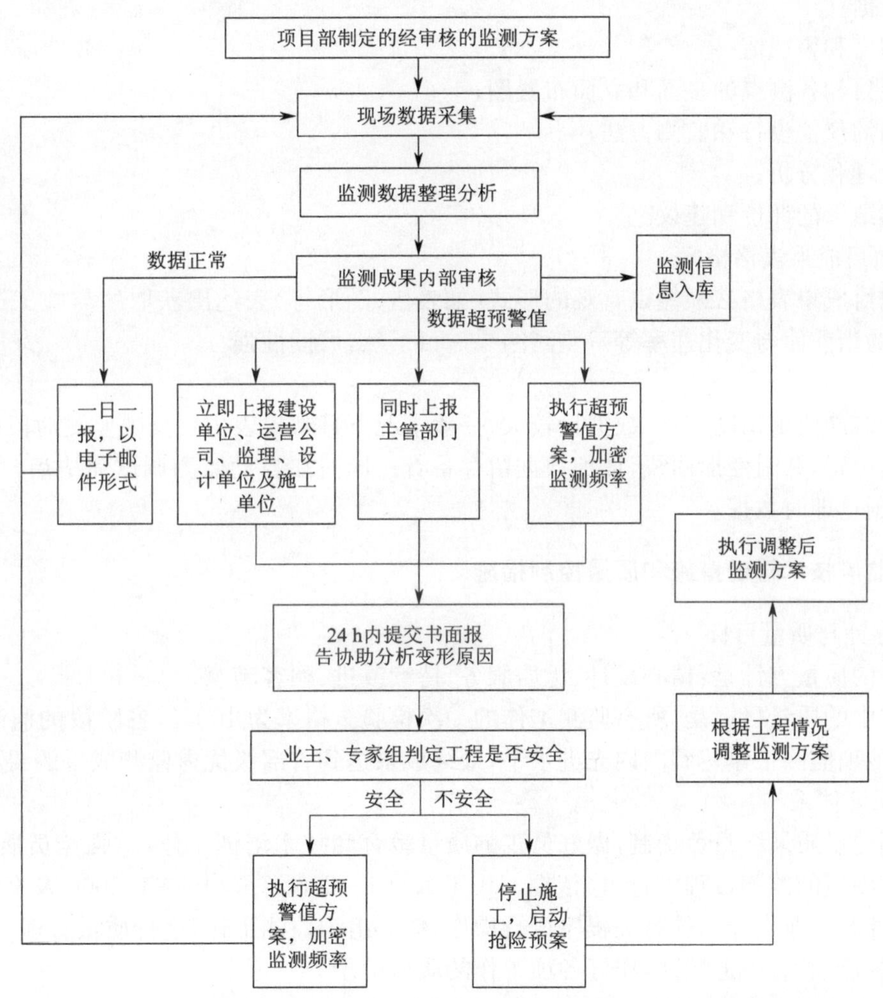

图 3.7　自动化监测信息反馈流程

2. 监测成果报告

对于现场采集到的各项监测数据，首先需利用统计模型进行粗差探测检验，确认不含粗差后再进行整体平差计算及测量精度统计，采用科学、合理的数据处理方法对监测成果进行整理分析，最终形成监测成果报告。

监测成果报告中应包含技术说明、监测时间、使用仪器、依据规范、监测方案及所达到精度，列出监测值、累计值、变形率、变形差值、变形曲线，并根据规范及监测情况提出结论性意见。监测成果以电子版形式报送土建部业主、运营总部相关人员以及现场驻地监理，一日一报。书面形式监测报告分为中间报表(按周或月汇总)及最终总结报告，分别报送给建设单位、运营公司、监理、设计单位及施工单位。所有监测报告均盖有“计量认证”(即 CMA)章。

以上测量成果资料一式 5 份。

(1)监测成果日常报表的内容

日常报表的内容由以下几方面组成:

①概述,内容包括工程进度概况和本次监测内容时间等。

②监测主要结果,给出各项目监测结果的最大值,判别是否达到警戒值。

③分析、评价及建议。对监测结果作出分析、评价,提出建议意见。

④提供以下图表:监测点点位布置平面图;监测成果表;监测项目变化速度、时间、监测项目变化量曲线图;等沉降曲线图(适合于沉降监测项目);变形收敛图(适合于位移监测项目)。

(2)监测总报告的内容

工程结束时应提交完整的监测报告,监测报告是监测工作的回顾和总结,主要包括如下几部分内容:

①工程概况;

②监测依据;

③监测精度和警戒值;

④监测项目和各测点的平面和立面布置图;

⑤所采用的仪器设备和监测方法;

⑥数据处理和分析;

⑦对监测结果的评价和建议。

3. 监测项目成果表格格式

各监测项目成果表格必须能以直观的形式(如表格、图形等)表达出获取的与施工过程有关的监测信息(如被测指标的当前值与变化速率等),监测结果一目了然,可读性强。

4. 其他

既有线路监测要求精度较高,数据量较大,一般情况下日常报表主要反映监测时段内变形的最大值和平均值及所在的位置,并附变形曲线,详细数据留存备查。同时在自动监测调试完毕后,争取外部可通过网上访问服务器,浏览即时数据。

3.3.8 监测技术管理措施和质量控制措施

1. 质量方针与质量目标

在本标段的质量方针是:精心设计、优质服务、持续改进、顾客满意。

在本工程中的质量目标是:所有监测工作的一次检验全格率为100%,各阶段的监测成果满足相关部门的需要,力争该项监测工作达到国内先进水平,最终成果达到省部级优秀监测成果的要求。

2. 质量保证体系

贯彻工程建设质量终身负责制,做好员工的质量教育和技术培训工作,增强全员质量意识,提高服务质量。在实施该项目的监测过程中,严格依据GB/T 19001—2000—ISO 9001:2000及CMA计量认证的质量手册、程序文件及作业指导书的有关程序进行操作,精心组织监测工作,进行质量管理,每一工序按照监测程序进行自检、复检,并有可追溯性,作好各项工作的质量记录。

保证本工程项目负责人、技术负责人、专业负责人、骨干监测技术人员到位,持证上岗,满足岗位条件要求。仪器、设备、工具到位,保证100%监视和监测设备在校准、鉴定的有效期内运行。成立QC小组,对监测实行全体成员、全过程的控制。实行工程监测项目技术质量责任制及监测文件逐级审批制度。

3. 监测作业的监察制度

设立专职质监员(由有经验的技术人员担任),质监员长驻工地,由项目负责人、技术负责人及质监员等组成质监小组,对监测质量进行控制。项目负责人、技术负责人经常到工地对监测质量进行抽查,召开质量分析会,发现问题及时解决,及时整改。建立质量奖惩制度,奖优罚差,对造成事故的责任人处以重罚。

4. 质量监控及项目完工质量验收制度

质量监控贯穿于施工全过程,由技术负责人负责领导,质监员和组长负责各环节的具体监控工作,每天汇总、通报质量和进度情况,每两天一次例会,每周进行一次小结。经组内检查后,监测原始记录、次报表须经质检组责任人签署质量评定意见。重要监测成果及阶段性成果须由院总工程师、技术组长进行三级审查验收后才能提交业主。

外业数据采集资料的可靠性和室内资料分析结论的科学性，是评价监测工程成果报告是否达到工程目的的唯一标准。

实行工程监测项目技术质量责任制及监测文件逐级审批制度。

5. 科学的资料管理制度

(1)加强工序管理

①资料交接传递必须有完善的手续，双方签字确认。

②各分项作业的原始资料须严格按现场采集作业要求，纸质记录要求填写完备，不得随意涂改，电子数据及时交接备份。无论任何情况，严禁编造原始数据。

③内业整理：拟定内业资料整理工作计划。图表格式规范化、数据准确、结论准确、文字通顺，符合规程要求。提交成果要求数据准确、结果可靠。严禁偏离规范而随意编写。

在全面系统整理和深入分析外业资料的基础上，认真编写监测报告。对重大问题应提交处主任组织汇审。

报告必须按规范要求编写，不得随便拼凑报告内容。

由分院主任工程师填写内业整理"中间检查单"并存档，作为检查工序控制质量的依据。

(2)成品校审

①成品校审是质量管理的重要环节，校审工作要严格执行《勘察设计技术审核制度》、《设计质量评级办法》，认真填写"监测设计成品质量检查登记单"和"工程监测质量评定表"。

②校审工作由主任工程师负责。

③校审工作要从严从细，对报告问题应与工程负责人协商，校后成品不得出现原则性、技术性的差错，应真实地反映实际监测对象的变形情况。

④工程监测报告采取分院、院两级管理，组、分院、院三级审核制。未按程序审核或未按最后审定意见改正的岩土工程监测报告不得出版外发，并且编审执行者必须亲笔签名。

6. 技术交底制度

在安排每个工点项目时，项目负责人必须组织招开项目部技术交底会，详细地介绍分析业主及设计方的要求、现场施工条件、经济技术条件和工期要求，提出作业目标及作业计划。

项目技术负责人必须详细分析该工程的性质和特点、业主及设计提出的技术资料和要求、基本的工程地质条件及相应的技术难点及重点、技术上的各个注意事项，提出现场作业及检测作业的技术要求。

7. 质量保证措施

自动化监测的质量关键是技术方案和硬件的质量，本次采用的监测系统是具有国际先进水平的解决方案，是能够做到的最好方案。观测过程中如果出现问题，将尽快解决，极其特殊情况下，可以临时采用人工方法代替采集短时期的数据，待问题解决后恢复自动化监测，使数据连续。

隧道内的施工安全是本项目的重点，将严格按照营运部门的要求，对作业员工进行培训，文明施工，避免出现施工中的人员设备受损，避免侵入设备限界，避免对隧道结构和隧道设施造成破坏。

3.3.9　投入的仪器设备清单

监测投入的仪器设备清单详见表3.5。

表3.5　仪器设备清单

序号	仪器、设备名称	数量	规格型号	主要工作性能指标
1	TCA2003全站仪	1	徕卡TCA2003	0.5″,1 mm+1 ppm
2	供电系统	1		
3	无线数据通讯模块	1	徕卡	
4	Geomos监测软件	1	徕卡	
5	监测点及基准点棱镜	72	徕卡小棱镜	
6	仪器设备托架	5		
7	强制对中盘	5		

3.4 既有线洞内静力水准自动化监测系统辅助方案

考虑到在穿越既有线施工过程中，全站仪自动化监测系统可能出现故障，影响到工程的安全控制和正常进展，因此在既有关键断面的关键点位，又同时布设了静力水准自动化监测系统，这样，在既有线洞内同时布设了两套自动化监测系统。一方面，两套系统的数据可以互相印证，以确保自动化监测数据的准确和可靠；另一方面，若全站仪自动化监测系统出现故障时，则还有辅助自动化监测系统的数据可以采用，不至于在穿越施工进行的关键时期，出现监测数据信息的空白，确保在整个穿越施工进行过程中始终掌握着既有线的变形状态，而防止因监测数据缺失出现的重大安全隐患。在本次穿越工程 5 天的现场值班中，全站仪自动化监测系统有 2 个晚上出现了采集不到数据的情况，就采用静力水准自动化监测系统监测的数据指导穿越工程的持续进行。静力水准自动化监测系统的测点布置见图 3.8。由本系统测点较少，系统自动采集数据的时间间距可控制在 10 min 之内。

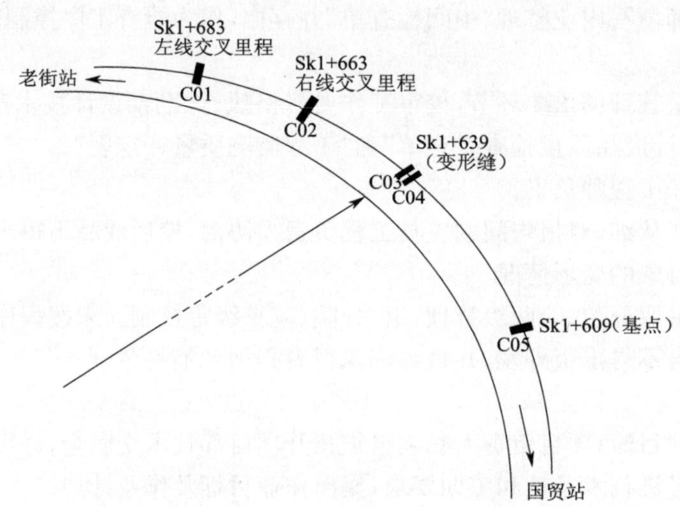

图 3.8 静力水准自动化监测系统测点布置

3.5 人工监测实施方案

为对比和检验自动化监测系统数据的准确可靠和更加全面地掌握既有线的变形状况，每天列车停运后施工单位和运营部门都派人进洞对既有线隧道结构变形进行量测。为确保列车运营的安全，每天列车停运后，运营部门都派专业人员对轨道静态几何行为现状进行量测，对隧道结构裂缝发展状况进行检查。另外，为控制地表出现较大变形，防止地层坍塌等危险情况的发生，施工单位每天都派人进行地表变形监测，并在穿越工程进行的关键时期，加密监测。各种人工监测的测点布置见图 3.9、图 3.10 和图 3.11。运营部门与施工单位的隧道结构变形测点都布置在道床，在平面上大致采用与自动化监测一致的监测断面，断面之间的间距只有 5 m和10 m两种情况，距离大者为 10 m，距离小者为5 m。轨道静态几何行为测点布置在穿越中心左右两侧的 21[#]、22[#]、23[#] 和 24[#] 钢轨上，每根钢轨上布置 8 个测点。

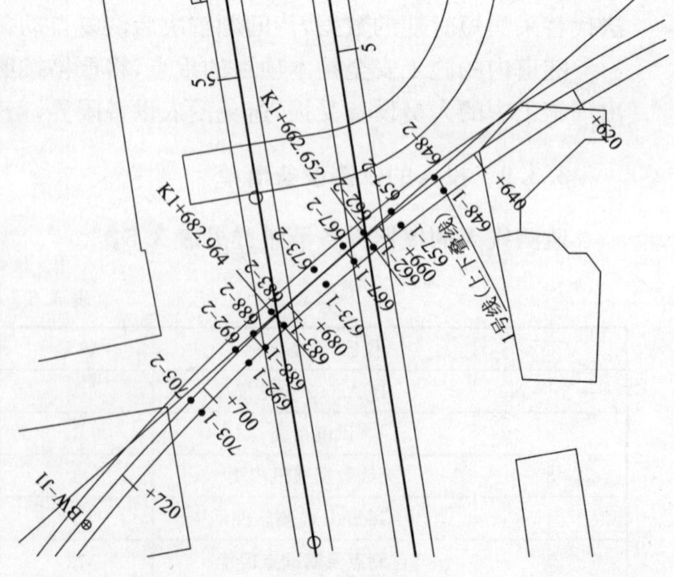

图 3.9 施工单位在 1 号线（上行线）隧道内布置的沉降监测点

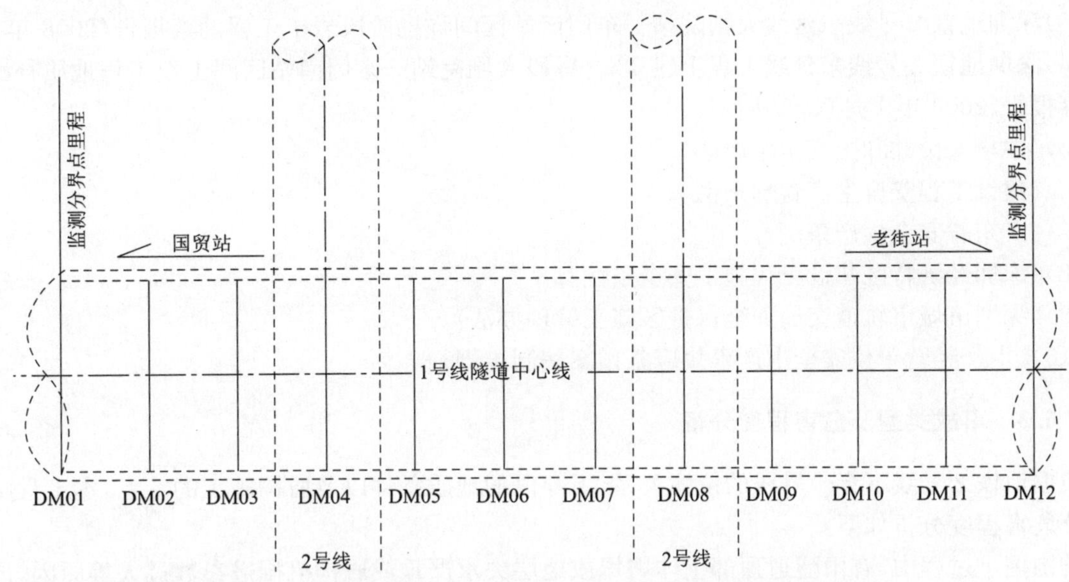

图 3.10 运营部门在 1 号线(上行线)隧道内布置的沉降监测点

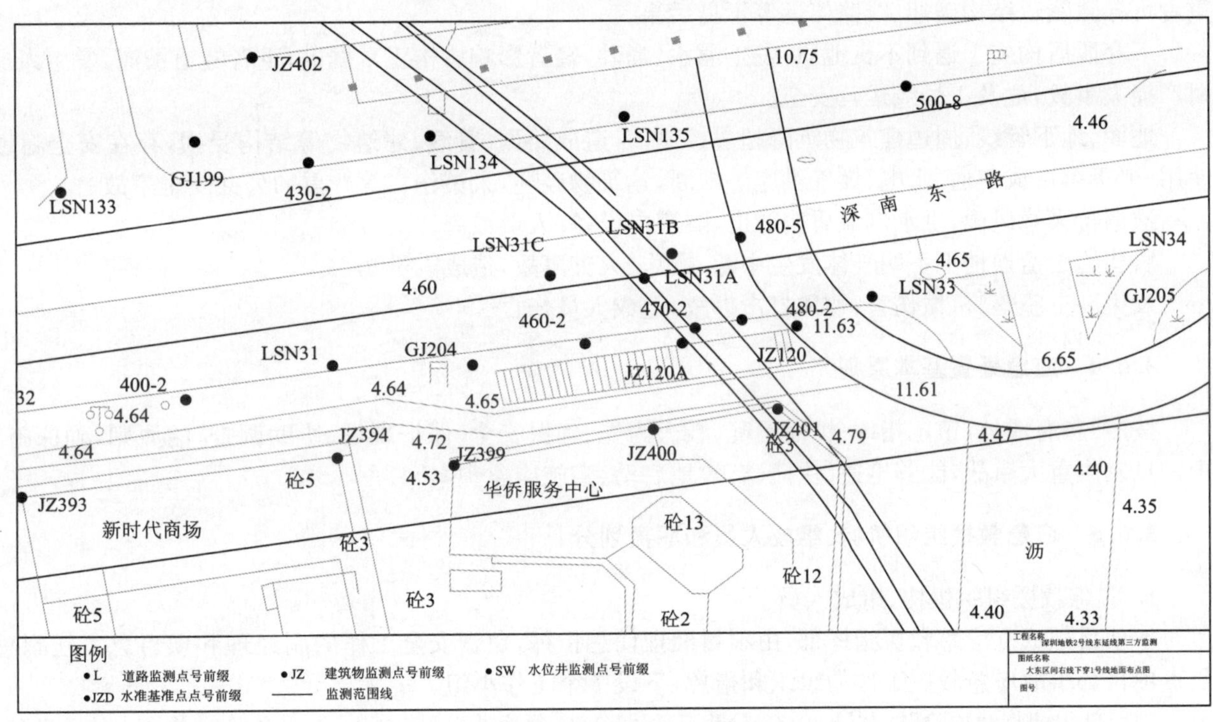

图 3.11 大东区间穿越工程地表沉降监测点布置

3.6 施工应急预案

3.6.1 编制目的

在地铁 2 号线大东区间盾构隧道下穿地铁 1 号线国老区间施工期间，为贯彻落实“安全第一、预防为主、综合治理”的方针，规范应急管理工作，提高应对风险和防范事故的能力，保证施工人员安全健康和公众生命安全，最大限度地减少财产损失、环境损害和社会影响，编制此应急预案。

3.6.2 编制依据

(1)大剧院站—东门站平纵断面施工图(2/2/D29/S/J28/WOO/YT/D2000/A)。

(2)深圳地铁 2 号线土建 2226 标招标文件(2/2/D29/D/J28/WDO/YT/D001/A)。

(3)深圳地铁 2 号线东延线大剧院站—东门南站区间详勘阶段岩土工程勘察报告(2008 年 4 月)。

(4)深圳地铁 2 号线东延线工程土建 2226 标段大剧院站—东门南站区间土建工程地质补勘项目岩土工程勘察报告(2009 年 1 月)。

(5)《中华人民共和国安全生产法》。

(6)《建设工程安全生产管理条例》。

(7)《广东省安全生产条例》。

(8)《深圳经济特区建设工程施工安全条例》。

(9)《深圳市城市轨道交通安全保护区施工管理办法》。

(10)《生产经营单位安全生产事故应急预案编制导则》。

3.6.3　事故类型及危害程度分析

根据地铁 2 号线下穿 1 号线的位置关系、下穿段的地质条件以及盾构施工的特点，本工程施工安全事故类型及危害程度分析如下：

盾构掘进过程中，有雨隧道顶部土体坍塌或地层失水严重或盾构机掘进参数过大等原因，造成地铁 1 号线变形超过《深圳市城市轨道交通安全保护区施工管理办法》确定的控制值，由此影响 1 号线的安全运营，严重者可导致隧道结构破坏、线路停运等不良后果。

下穿段盾构施工遇到不良地质，发生涌水、涌砂，轻者影响盾构正常掘进，重者隧道被淹，发生人员伤亡、财产损失事故，危及 1 号线运营安全。

地面、地下管线、周边建筑物沉降超过控制值，造成路面、管线、建筑物等结构受损，存在安全隐患，影响使用，严重可造成交通、水电、煤气供应等中断，建筑物破坏，人员伤亡等严重的公共安全事故。

遭遇特大暴风雨，洪水倒灌盾构隧道，隧道内设备、人员被淹。

盾构施工遭遇地下不明气体发生中毒、爆炸、火灾事故，造成人员伤亡。

发生高空坠落、机械伤害、物体打击事故，造成人员伤亡。

3.6.4　应急处置基本原则

按照“胸有成竹、镇定指挥、忙而不乱、救人为先、确保安全、保护现场、协助调查”的原则，确保施工过程中一旦发生重大事故，能够迅速、快捷、有效地启动、实施应急预案。

3.6.5　应急救援组织机构、组成人员和职责划分

1. 应急救援组织机构、组成人员

本项目部成立应急救援指挥部，由项目经理任总指挥，负责安全工作的副经理和项目总工任副总指挥，负责项目部事故应急救援工作的组织和指挥，下设 7 个工作小组。

项目部组建临时抢险队，共计 60 人，分为 5 个小分队，每个小分队 12 人，发现危险时首先由抢险队组织进行抢险，需要较多人员时可由各工区及时进行汇集。对抢险队和项目部所有人员均进行针对性的应急知识培训。

2. 职责划分

(1)应急总指挥原则

①分析紧急状态确定相应报警级别，根据相关危险类型、潜在后果、现有资源控制紧急情况的行动类型；

②指挥、协调应急响应行动；

③与项目外应急响应人员、部门、组织和机构进行联络；

④直接监察应急操作人员行动；

⑤最大限度地保证现场人员和救援人员及相关人员的安全；

⑥应急响应组织的启动；

⑦应急评估，确定升高或降低应急报警级别；

⑧向上级部门及领导通报事故情况，决定请求外部援助；

⑨决定应急撤离，决定事故现场外影响区域的安全性。

(2)应急副总指挥职责

①协助应急总指挥组织和指挥应急操作任务；

②向应急总指挥提出采取的减缓事故后果行动的应急响应对策和建议；

③保持与事故现场各应急救援工作小组组长的直接联系；

④协调、组织和获取应急所需的其他资源、设备以支援现场的应急操作；

⑤组织相关技术和管理人员对施工厂区、生产过程各危险源进行风险评估；

⑥协调后勤方面以支援应急响应组织。

(3)通信联络组职责

①确保与项目经理和外部联系畅通、内外信息反馈迅速；

②确保通讯设施和设备处于良好状态；

③负责应急过程的记录与整理及对外联络。

(4)技术指导组职责

①提出抢险及避免事故扩大的临时应急方案和措施；

②指导实施应急方案和措施；

③修补实施中的应急方案和措施；

④绘制事故平面图，标明重点部位，向外部救援机构提供准确的抢险救援信息资料。

(5)现场安全保卫组职责

①设置事故现场警戒线、岗，维持工地内抢险救护工作正常运行。

②保持抢险救援通道的畅通，引导抢险救援人员及车辆的进入。

③协助交警部门疏导交通。

④抢险救援结束后，封闭事故现场直到收到明确解除指令。

⑤负责进行岗前安全教育培训、工作中日常安全检查及事故分析，严格安全操作程序，督促检查安全防护品的佩戴和使用、安全设施的设置和使用；做好职业健康安全管理工作，并保存各种记录，保证其畅通、有序、有效运行；负责安全考核制度的实施。

(6)抢险抢修组职责

①实施抢险抢修的应急方案和措施，并不断加以改进；

②寻找受害者并转移至安全区域；

③在事故由可能扩大进行抢险抢修或救援时，高度注意避免意外伤害；

④抢险抢修或救援结束后，直接报告项目经理并对结果进行复查和评估。

(7)物资供应组职责

①保障系统内各组人员必须的防护、救护用品及生活物资的供给；

②提供合格的抢险抢修或救援的物资及设备。

(8)善后工作组职责

负责事故现场清理、统计工作、人员安抚、总结等工作。

(9)事故调查组职责

负责事故的调查、取证、分析，编写事故调查报告。

3.6.6　报警、通信联络方式

项目部在调度室设立统一的 24 h 有效的应急报警电话，一旦发现紧急情况，要立即使用所有通讯手段通知调度室，由调度室上报应急指挥部领导，指挥部向全项目部发布救援指令，同时及时向上级有关部门通报事故情况。

项目部应急救援机构相关人员和社会救援报警电话在工程现场值班室上墙。

3.6.7　应急预案启动条件、程序

3.6.7.1　应急预案启动条件

1. 地铁 1 号线变形监测数据显示容许偏差达到或接近控制指标值

(1)运营线路轨道静态尺寸容许偏差值：轨道竖向变形±4 mm；两轨道横向高差＜4 mm；水平及三角坑高低差＜4 mm/10 m；轨距$^{+6}_{-2}$ mm。

(2)隧道结构安全控制指标

①隧道结构绝对沉降量及水平位移量≤20 mm(包括各种加载和卸载最终位移量);

②隧道纵向变形曲线的曲率半径 $R \geqslant 15\ 000$ m,隧道的相对变曲≤1/2 500;

③地下水位下降幅度宜≤5.0 m(最终须以建筑物沉降的变形值来控制)。

2. 地表、地下管线、周边建(构)筑物沉降监测数据显示容许偏差达到或接近控制指标值

(1)地表、地下管线沉降量≤30 mm,隆起值≤10 mm;

(2)建筑物不均匀沉降不大于中华人民共和国国家标准《建筑地基基础设计规范》(GB 50007—2002)中的规定。

3. 出现超标准暴雨

达到或超过五年一遇暴雨频率,出现场内积水倒灌隧道。

4. 隧道内出现涌水、涌砂、不明气体、高空坠落、物体打击、触电、火灾等突发事故。

3.6.7.2 *应急预案启动程序*

施工过程中施工现场或驻地发生无法预料的需要紧急抢救处理的危险时,应迅速逐级上报,次序为现场、调度室、应急救援指挥部领导小组、上级主管部门。由抢修组收集、记录、整理紧急情况信息并向指挥部及时传递,由总指挥或副总指挥主持紧急情况处理会议,协调、派遣和统一指挥所有车辆、设备、人员、物资等实施紧急抢救和向上级汇报。应急事故处理流程见图 3.12。

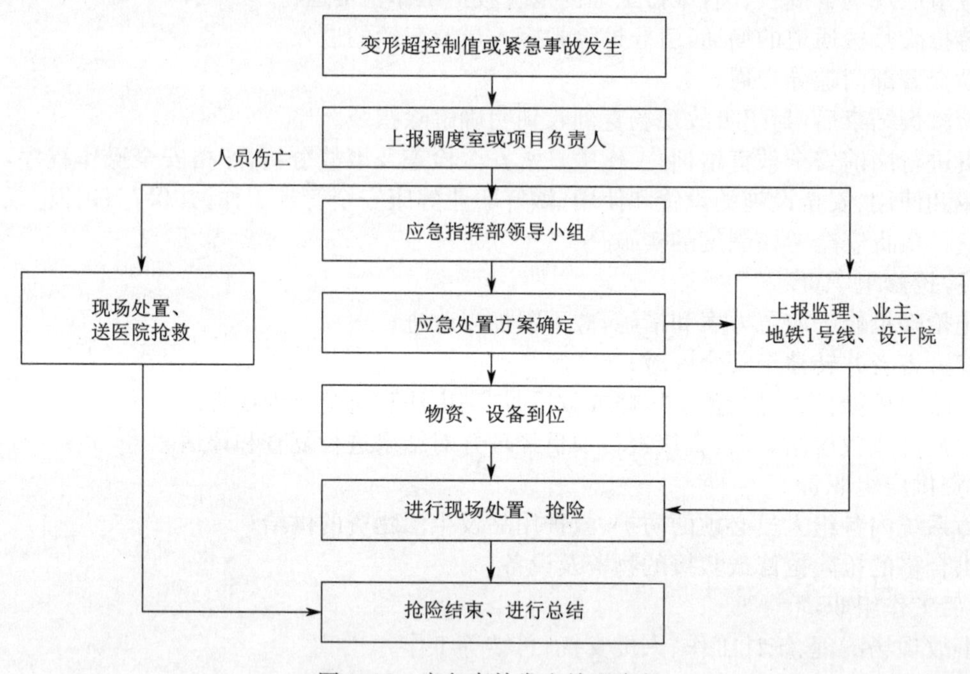

图 3.12 应急事故发生处理流程

3.6.8 现场应急处置方案

1. 地铁 1 号线变形超控制值应急处置方案

(1)首先确保地铁 1 号线安全运营,保证人民生命财产不受损失

立即停止盾构隧道掘进,并保持土仓压力,有效控制 1 号线隧道继续下沉,在沉降还没控制、沉降原因还没分析清楚、沉降控制措施没有到位的条件下,严禁继续掘进。立即将地铁 1 号线变形超标情况上报地铁集团运营部,及时采取轨道调整、补修或限速的措施,保障人民群众生命财产不受损失。立即会同业主、监理、设计及运营部及有关专家根据现场实际情况和监测情况研究决定实施下一步最有效的应急处置方案。

(2)盾构施工

①沉降过大主要是由于土仓压力偏小或水土流失严重、多出土等原因造成,根据 1 号线自动化监测情况及时调整掘进参数,适当增加土压力,严格控制每环出土量与理论计算相符,严禁多出土,尽量减少对围岩的扰动。出现隆起现象则是由于推力和土仓压力过大造成,适当减小掘进参数。

②掘进过程中向土仓内注入泡沫剂、膨润土、TAC高分子材料等提高渣土的流动性和止水性。

③地下水多的情况，同步注浆浆液采用双液浆，保证注浆量，使管片与围岩之间的空隙填充密实，注浆压力控制在0.3～0.5 MPa。

④盾构通过1号线后，如出现后期沉降继续增加情况，及时通过管片注浆进行二次注浆，采用双液浆，灌浆压力0.3～0.5 MPa。

(3)地面措施

①从地面地铁1号线隧洞的两侧垂直钻孔进对土体损失地层进行注浆回填，越早越好，防止沉降进一步扩大。

②对已出现地陷部位采取填砂灌水泥浆密实或回填低标号混凝土的方法。

③因地层失水产生沉降，采取施工回灌井方法进行补水。

2. 地面、路面沉降超限应急处理方案

(1)对出现险情的地段和车道立即通知交警、城管、街道等部门，同时对该地段进行警戒，防止行人和车辆进入。

(2)针对地陷部位的范围、深度，采取填砂灌水、回灌低标混凝土、钻孔注浆等方法加固，并恢复原状。

(3)因地层失水产生沉降，采取施工回灌井方法进行补水。

3. 地下管线沉降超限应急处置方案

(1)对于管线破裂出现自来水、煤气等泄露时，立即封闭、隔离事故现场，防止出现爆炸、火灾等衍生事故，通知地下管线管理单位进行抢修。对伤亡人员，立即将病人送医院抢救。

(2)地下管线埋深1.5 m左右，管线沉降一般因地层沉降产生，最有效办法是挖除管线上部土体(卸重)，恢复管线原状，对管线基底进行加固，再分层回填压实。

(3)对由于水土流失严重造成管线底部出现空洞的情况，采取从地面打孔注水泥浆或水泥砂浆进行回填加固。

4. 周边建筑物变形超限应急处理方案

(1)疏散建筑物内所有人员到安全地方，对建筑物周边不安全范围实行警戒，防止人员进入。

(2)对主体结构采取临时支顶和对地基采用注浆加固等临时应急措施，防止建筑物沉降继续扩大。

(3)请相关部门和专家对房屋安全性进行鉴定，研究下一步的处理措施。

5. 超标准暴雨应急处理方案

(1)汛期施工期间建立正常的天气预报接收制度，与气象部门建立业务咨询关系，由专职安全工程师负责，每日向生产部门、应急指挥部报告。掌握台风、洪水情况，及时调整施工计划。

(2)采用砂袋和彩条布在盾构吊装井、吊土井、通风井堆砌挡土墙，防止雨水大量倒灌盾构隧道。

(3)左、右线隧道洞口位置各安装3台22 kW的泥浆泵抽排隧道内积水，做好电气设备防淹工作。

(4)观测下穿段地下水位的变化情况，及时调盾构掘进参数，保证1号线的安全运营。

6. 盾构机喷涌应急处置方案

(1)出现喷涌事故时，盾构机操作手立即关闭螺旋机出土口，保持仓内土压平衡，防止涌水涌砂继续扩大。

(2)掘进过程中向土仓内注入泡沫剂、膨润土等提高渣土的流动性和止水性。

(3)对涌喷严重的地段，在螺旋输送机出口栓接保压泵渣装置保压出渣。

(4)上述措施难以控制时，停止盾构掘进，从地面对不良底层进行注浆加固。

7. 人员高处坠落

(1)高处坠落事故发生后，对现场进行警戒，立即把人员撤离到安全地带。

(2)初步检查伤病员，进行现场急救和监护，采取有效的止血、防止休克、包扎伤口、防止感染、止痛等措施。

(3)呼叫救护车，现场继续施救，坚持到救护人员到达现场接替为止。

8. 发生火灾

(1)要立即拨打火警电话119求助，对现场进行警戒。

(2)立即组织义务消防队员扑救。

(3)根据铺火灾的需要,立即采取切断电源、隔离和转移可燃物资等措施,控制火势。

(4)立即组织疏散人员和物资,抢救伤员。

(5)在武警消防队员到达之前,组织人力疏通路障,保证人员、物资疏散通畅,车辆进出畅通无阻。

9. 发生触电事故

(1)发生触电事故后,对现场场地进行警戒,由专业人员立即切断电源。亦可使用现场得到的绝缘材料等器材使触电人员脱离带电体。

(2)将伤员立即脱离危险地区,组织人员进行抢救。

(3)若发现触电者呼吸或心跳停止,则将伤员仰卧在平地上或地板上立即进行人工呼吸或同时进行体外心脏按压。

(4)拨打120向当地急救中心取得联系,应详细说明事故地点、严重程度、联系电话,并派人道路接应。

10. 发生机械伤害事故

(1)若发现机械伤害事故,对现场进行警戒,先查看受伤人员的伤情,立即采取止血措施,防止大量失血后难于救治。

(2)拨打120向当地急救中心取得联系,应详细说明事故地点、严重程度、联系电话,并派人道路接应。

11. 发生中毒事故

(1)把人员撤离到安全地带。

(2)初步检查伤病员,进行现场急救和监护。

(3)呼叫救护车,现场继续施救,坚持到救护人员到达现场接替为止。

3.6.9 应急救援保障

1. 应急救援组织机构通信和信息保障

为保证应急工作相关联人员通信联系及时、顺畅,本工程施工共设置3种有效的通信联络方式,分别为中国移动通讯方式、内部有线电话通讯方式、无线对讲机联络方式。施工期间,以前两种通讯方式为主,第3种通讯方式作为备用,定期派人维护通讯系统,确保有效运行。

2. 应急队伍保障

(1)成立一支基本人数60人的应急救援队伍,分为洞内抢险、地面抢险、消防、医疗、安保5个小分队,如果事故规模较大,项目部全部施工人员参加。

(2)计划在下穿地铁1号线前,于2010年3月、5月中旬,分两期对项目部全体施工人员进行应急救援知识培训,让每个员工知道紧急情况下要干什么和怎么干。

3. 应急物资装备保障

应急物资清单见表3.6。

表3.6　应急物资清单

设备、材料名称	单位	数量	存放地点	设备状况
交通车	辆	2	大剧院站	完好
40m软梯	套	6	仓库	完好
移动电话	台	120	个人持有	完好
无线对讲机	台	20	现场	完好
编织袋	个	5 000	仓库	完好
安全绳	条	6	仓库	完好
安全带	套	20	仓库	完好
雨衣	套	120	仓库	完好
水鞋	双	120	仓库	完好
14×14枕木	根	300	现场	完好
砂料	m^3	400	土料场	完好

续上表

设备、材料名称	单位	数量	存放地点	设备状况
3PN 立泵	台	8	隧道洞口	完好
砂石泵	台	2	现场	完好
斗车	台	20	现场	完好
Pc200 挖掘机	台	2	现场	完好
45 t 龙门吊	台	1	大剧院站	完好
30 t 汽车吊	台	1	大剧院站	完好
200 kW 发电机	台	2	现场	完好
水泥	t	50	大剧院站	完好
100 型地址钻机	台	1	2＃竖井	完好
BW150 注浆泵	台	2	2＃竖井	完好
水玻璃	kg	1 000	大剧院站	
铁铲	把	50	仓库	完好
手提式灭火器	个	100	分布施工现场	完好
砂袋	个	2 000	大剧院站盾构井口	
扩音喇叭	个	5	仓库	完好
交通警戒隔离栏	个(宽 2 m)	30	仓库	完好
手电筒	个	20	仓库	完好
皮管	m	500	仓库	完好

3.6.10　应急预案演练计划

为了在出现险情时处理迅速，不至于手忙脚乱，项目部对预设险情进行实地演练，使项目部所有人员均参与其中，并填写应急演练记录表，记录演练内容、人员分工、方案、处理程序等。

应急演练计划先于盾构下穿 1 号线施工前 1～2 月进行。

3.7　小　　结

专项方案的制定和完善是穿越工程安全、高效和快速实施的有效保证。通过专项方案前期规划和组织，明确了人员职责，保证了穿越施工过程中材料供应和设备维护。通过穿越施工中专项方案的动态调整，全面落实了信息化施工的思想，使技术得以升华，措施更加有效，保证了既有线的安全和新建隧道的施工安全。

专项方案制定的重大意义还在于，便于形成高效、统一的安全管理组织体系，必要时可以充分调动相关社会力量参与到工程应急抢险和救援的工作中来，使工程安全控制的落实得到有效保障，真正体现了“安全生产、预防为主”的方针。

4　地质补勘技术

4.1　引　　言

工程实践表明，隧道开挖所揭示的围岩条件与勘探设计资料不相吻合的情况时有发生，甚至因此发生涌泥、涌水等突发性灾害而措手不及，给工程的安全、进度、投资造成直接的影响。为了避免或尽量减少突发性事故的发生以及使设计参数符合实际的围岩条件，必须在盾构掘进过程中进行地质资料核实和地质补勘工作。在深圳地区，地质的不均匀性和变异性尤为明显。由于地质体的不均质性及隧道工程对于不良地质环境的敏感性，哪怕是某一局部的不良地质条件(如拱顶局部遇含水砂层等)，也可能酿成隧道坍方的大事故。对于穿越工程，如果地质条件不明确，所引起的不仅是新建隧道的施工安全问题，更为严重的是危及既有线隧道的运营安全。

按照中华人民共和国国家标准《地下铁道、轻轨交通岩土工程勘察规范》(GB 50307—1999)，地下铁道、轻轨交通岩土工程勘察工作阶段应分为可行性研究阶段、初步勘察阶段、详细勘察阶段及施工中的岩土工程勘察工作。各勘察阶段所提供的工程地质及水文地质资料必须满足相应设计阶段所需要的设计参数和有关技术资料，并对工程环境进行预测、评价。

初步勘察阶段应初步查明控制线路方案的不良地质，特殊地质的性质、特征、范围，并应初步提出对不良地质的治理措施。初步勘察阶段的勘探工作应符合下列规定：(1)在隧道一侧或两侧宜交叉布点，当需要在隧道范围内钻孔时应回填封孔。勘探点间距宜为 100～200 m，并可根据地质条件复杂程度及设计需要确定。(2)取试验样品和进行原位测试的孔不宜少于勘探孔总数的 2/3。(3)控制性勘探孔深度：在松散地层中，应在隧道结构底板下不宜小于 20 cm；在微风化及中等风化岩石地层中孔深应钻入底板以下 3～5 m；在强风化带、全风化带中深度可根据地质条件、设计和施工的要求而定。

表 4.1　勘探孔间距(m)

类别	区间	车站
简单场地	100～50	80～40
中等复杂场地	50～30	40～25
复杂场地	<30	<25

详细勘察阶段应根据初步设计鉴定意见，详细查明沿线的工程地质及水文地质条件。详细勘察阶段勘探点的数量、勘探孔深度应符合下列要求：(1)勘察孔间距可按表 4.1 确定；(2)基岩地区控制性勘探钻孔在微风化带应钻入 3～5 m，但每个区间必须有进入基底下 1～3 m 的钻孔。在中等风化带应进入基底下 3～5 m。

施工中的岩土工程勘察工作宜包括下列内容：(1)验证勘察资料的准确性，根据实际情况及时调整勘察报告中提供的技术参数；(2)解决施工中遇到的工程地质及水文地质问题。

通过以上论述可以看出，从现有规范要求来看，初勘和详勘阶段的勘探工作远不能满足穿越的要求，必要加强施工阶段的地质补勘工作。

虽然地质超前技术目前已发展到较高水平，采用地质雷达、超前钻孔、地质测绘、地层 CT 成像等综合技术和方法进行过成功的地质预报，但是在普遍推广应用中，仍存在一定的难度，如地质雷达检测、地质超前钻孔、地质测绘、地层 CT 成像的实施以及检测结果的解释、推断等，均要求具备相当水平的专业地质人员承担，还要占据隧道施工作业的循环时间。因此，对于穿越工程地质情况的掌握，还是要依靠施工阶段的地质补勘工作来完成。

施工阶段的地质补勘主要是弥补勘探阶段因受地物限制而招致探孔远离线路或间距过大的缺陷。从深圳地区“上软下硬”地层掘进的实践来看，实施长距离的穿越既有线工程，必须考虑地层对刀具的磨损和实际工作中换刀的可能，穿越工程影响范围内的探孔间距达到 10～15 m 的要求，且在地质急变地点布置有探孔，以提高地质勘探资料的准确性。

对于本书涉及的两处穿越工程，准确的工程地质及水文地质资料对隧道施工具有指导意义，并已引起业主、建设单位的极大重视，已将地质补勘工作列入招标文件的技术条款中，要求承包商单独列项计算费用，编制技术方案，以确保项目的实施。在工程实施中，建议单位和施工监理单位督促、跟踪承包商配足仪器设备和专业人员，完成了地质补勘工作，并协助分析、判断、预报结果，对于变化了的地质条件，及时组织有关各方，确认变更，调整工序安排和支护参数，使其符合实际情况，达到信息化施工、安全施工的目标。

4.2　大东区间穿越工程地质补勘

4.2.1　钻孔布置

深圳地铁2号线东延线大剧院—东门南区间隧道位于深南路底下，总长约1 651 m，线间距12.24～25.35 m，左右线穿越1号线里程分别为ZDK32＋457.708～463.592、YDK32＋466.674～472.37，左线轨面高程为－29.433，右线轨面高程－30.858。1号线国老区间为单洞叠线结构。由于是在上软下硬地层下穿既有叠线隧道，且既有线与新线之间距离特别近，工程风险控制难度大。针对在初勘阶段和详勘阶段尤其对于穿越部位钻孔数量的不足，在施工阶段又进行了较为详细的补勘工作，力求尽可能全面、深入地掌握穿越工程位置处的地质情况。各阶段勘探钻孔数量、钻孔深度、勘探情况和水文条件见表4.2，穿越位置处相邻钻孔之间的距离见表4.3。从而可见，受地面环境条件的限制，钻孔分布已经较为密集。各阶段布置的位于工程穿越部位的勘察钻孔见图4.1～图4.3。

表4.2　勘探钻孔情况

序号	钻孔编号	勘探点类型	钻探深度(m)	地面高程(m)	地下水位				钻孔类型
					稳定水位埋深(m)	稳定水位高程(m)	初见水位埋深(m)	初见水位高程(m)	
1	DDBK－01	鉴别孔	27	5.05	3	2.06	2.8	2.25	补勘钻孔
2	DDBK－02	技术孔	40	5.97	3.1	2.87	3.4	2.57	补勘钻孔
3	DDBK－05	鉴别孔	28.9	5.63	3.1	2.52	2.7	2.92	补勘钻孔
4	DDBK－06	技术孔	31.3	6.56	3.9	2.66	3.4	3.16	补勘钻孔
5	DDBK－07	技术孔	31.56	6.45	2.3	4.15	2.7	3.75	补勘钻孔
6	DDBK－08	技术孔	34	6.1	4.6	1.5	3.7	2.4	补勘钻孔
7	DDBK－09	技术孔	33.67	6.08	3.56	2.52			补勘钻孔
8	DDBK－10	技术孔	33.5	5.91	4.6	1.31	3.2	2.71	补勘钻孔
9	DDBK－11	技术孔	34.23	5.69	1.8	3.89	4.6	1.09	补勘钻孔
10	DDBK－12	技术孔	33.9	5.52	4.5	1.02	3.2	2.32	补勘钻孔
11	DDBK－13	技术孔	33.7	5.03	1.9	3.13	3.2	1.83	补勘钻孔
12	DDBK－14	技术孔	33.2	4.29	3.9	0.39	3.4	0.89	补勘钻孔
13	DDBK－15	鉴别孔	33.79	4.19	1.6	2.59	2.9	1.29	补勘钻孔
14	DDBK－16	鉴别孔	33.7	4.41	4.3	0.11	1.8	2.61	补勘钻孔
15	DDBK－18	技术孔	37.7	4.39	5	－0.61	4	0.39	补勘钻孔
16	DDBK－19	技术孔	35.6	4.45	4.8	－0.35	3.7	0.75	补勘钻孔
17	DDBK－20	技术孔	36.4	4.45	4	0.45	4.5	－0.05	补勘钻孔
18	DDBK－21	技术孔	37	4.29	4.7	－0.41			补勘钻孔
19	DDBK－22	技术孔	37.15	4.53	2	2.52	3.5	1.02	补勘钻孔
20	DDBK－23	技术孔	38.1	4.42	4	0.42	3.9	0.52	补勘钻孔
21	DDBK－24	鉴别孔	37.1	4.59	2.7	1.89	2.5	2.09	补勘钻孔
22	DDBK－25	技术孔	37.8	4.46	4.3	0.16	4.1	0.35	补勘钻孔
23	DDBK－26	鉴别孔	36.9	4.74	4.5	0.24	2	2.74	补勘钻孔
24	DDBK－27	鉴别孔	35.9	4.54	4.1	0.44	3.9	0.64	补勘钻孔
25	DDBK－28	鉴别孔	36.6	4.82	3.5	1.31	3	1.81	补勘钻孔
26	DDBK－29	鉴别孔	34	4.74	2.3	2.44	2.5	2.24	补勘钻孔
27	DDBK－30	技术孔	36.1	4.81	3.1	1.71	2.6	2.21	补勘钻孔
28	DDBK－31	技术孔	30.4	4.7	2.4	2.3	2.9	1.8	补勘钻孔
29	DDBK－32	技术孔	36	4.66	6.7	－2.04	4.6	0.06	补勘钻孔

续上表

序号	钻孔编号	勘探点类型	钻探深度(m)	地面高程(m)	地下水位				钻孔类型
					稳定水位埋深(m)	稳定水位高程(m)	初见水位埋深(m)	初见水位高程(m)	
30	DDBK－33	技术孔	28.9	4.71	2.9	1.81	3.1	1.61	补勘钻孔
31	DDBK－34	鉴别孔	35.1	4.72	3.2	1.52	2.9	1.83	补勘钻孔
32	DDBK－35	鉴别孔	29.79	4.95	2.3	2.65	2.8	2.15	补勘钻孔
33	DDBK－36	技术孔	24.5	4.66	2.3	2.36	2.8	1.86	补勘钻孔
34	DDBK－37	鉴别孔	22.2	4.65	3.6	1.05	3.3	1.35	补勘钻孔
35	DDBK－38	技术孔	20.4	4.83	1.6	3.23	2.1	2.73	补勘钻孔
36	DDBK－39	技术孔	29.4	5.05	2.1	2.95	3.1	1.95	补勘钻孔
37	DDBK－40	鉴别孔	21.5	5.39	1.8	3.59			补勘钻孔
1	DDBK－S09	技术孔	33.67	6.08	2.5	3.58			抽水试验钻孔
2	DDBK－S21	技术孔	37	4.29	3.6	0.69			抽水试验钻孔
3	DDBK－S33	技术孔	28.9	4.71	2.28	2.43			抽水试验钻孔
1	SZM2D－Z1－44－1	利用孔	48.30	8.35	未测得				工可钻孔
2	SZM2D－Z1－44－2	利用孔	40.00	6.88	未测得				工可钻孔
3	SZM2D－Z1－46	利用孔	35.20	4.21	3.6	0.61			工可钻孔
4	Z3－2TDD－01	技术孔	36.50	6.80	2.8	4.0			详勘钻孔
5	Z3－2TDD－03	鉴别孔	36.20	6.59	2.8	3.79			详勘钻孔
6	Z3－2TDD－05	技术孔	36.90	6.40					详勘钻孔
7	Z3－2TDD－06	鉴别孔	37.60	6.43					详勘钻孔
8	Z3－2TDD－10	鉴别孔	34.20	6.31					详勘钻孔
9	Z3－2TDD－14	控制孔	38.40	6.27	4.5	1.77			详勘钻孔
10	Z3－2TDD－15	技术孔	32.30	6.37	3.2	3.17			详勘钻孔
11	Z3－2TDD－16	控制孔	37.60	6.34	4	2.34			详勘钻孔
12	Z3－2TDD－19	技术孔	33.00	6.17	3.6	2.57			详勘钻孔
13	Z3－2TDD－22	技术孔	31.50	6.24	3.3	2.94			详勘钻孔
14	Z3－2TDD－31	技术孔	36.40	3.25	4.2	－0.95			详勘钻孔
15	Z3－2TDD－32	鉴别孔	34.00	3.32	3	0.32			详勘钻孔
16	Z3－2TDD－33	控制孔	35.20	3.32	2.7	0.62			详勘钻孔
17	Z3－2TDD－34	技术孔	37.30	4.07	3.05	1.02			详勘钻孔
18	Z3－2TDD－35	鉴别孔	37.40	4.20	3.3	0.89			详勘钻孔
19	Z3－2TDD－37	技术孔	40.00	4.26	3.2	1.06			详勘钻孔
20	Z3－2TDD－38	鉴别孔	39.20	4.36	3.08	1.28			详勘钻孔
21	Z3－2TDD－40	技术孔	38.20	4.06	3.15	0.91			详勘钻孔
22	Z3－2TDD－43	技术孔	37.50	4.31	3.2	1.11			详勘钻孔
23	Z3－2TDD－44	鉴别孔	38.00	4.38	3.5	0.88			详勘钻孔
24	Z3－2TDD－48	鉴别孔	37.60	4.54	3.2	1.34			详勘钻孔
25	Z3－2TDD－50	控制孔	39.50	4.19	3.4	0.79			详勘钻孔
26	Z3－2TDD－52	技术孔	37.50	4.26	3.2	1.06			详勘钻孔
27	Z3－2TDD－53	控制孔	39.50	4.57	3.2	1.37			详勘钻孔
28	Z3－2TDD－54	鉴别孔	42.50	4.81	3.2	1.61			详勘钻孔
29	Z3－2TDD－55	技术孔	40.30	4.69	3.2	1.49			详勘钻孔
30	Z3－2TDD－57	技术孔	37.20	4.74	2.5	2.24			详勘钻孔

续上表

序号	钻孔编号	勘探点类型	钻探深度(m)	地面高程(m)	地下水位				钻孔类型
					稳定水位埋深(m)	稳定水位高程(m)	初见水位埋深(m)	初见水位高程(m)	
31	Z3－2TDD－58	鉴别孔	37.20	4.98	3.4	1.58			详勘钻孔
32	Z3－2TDD－59	控制孔	37.80	5.08	3.1	1.98			详勘钻孔
33	Z3－2TDD－60	技术孔	36.10	4.72	3.2	1.52			详勘钻孔
34	Z3－2TDD－62	鉴别孔	36.80	4.78	3.2	1.58			详勘钻孔
35	Z3－2TDD－63	技术孔	35.80	4.72	3	1.72			详勘钻孔
36	Z3－2TDD－65	技术孔	34.80	4.36	3.5	0.86			详勘钻孔
37	Z3－2TDD－67	控制孔	34.30	4.47	3.3	1.17			详勘钻孔
38	Z3－2TDD－69	技术孔	32.10	4.87	2.8	2.07			详勘钻孔
39	Z3－2TDD－70	控制孔	34.70	5.16	3.1	2.06			详勘钻孔

表 4.3　相邻钻孔之间距离

位置	编号	X 坐标(m)	Y 坐标(m)	ΔX 坐标(m)	ΔY 坐标(m)
左线	DDBK－24	19 497.878	120 846.106	14.942	45.654
	Z3－2TDD－43	19 512.82	120 891.76		
	Z3－2TDD－43	19 512.82	120 891.76	6.435	37.16
	DDBK－26	19 506.385	120 928.92		
右线	Z3－2TDD－40	19 532.11	120 827.79	8.688	41.104
	DDBK－27	19 540.798	120 868.894		
	DDBK－27	19 540.798	120 868.894	3.828	28.406
	SZM2D－Z1－46	19 536.57	120 897.30		
	SZM2D－Z1－46	19 536.57	120 897.30	10.76	30.66
	Z3－2TDD－44	19 547.33	120 927.96		
	Z3－2TDD－44	19 547.33	120 927.96	8.164	33.857
	DDBK－29	19 555.494	120 961.817		

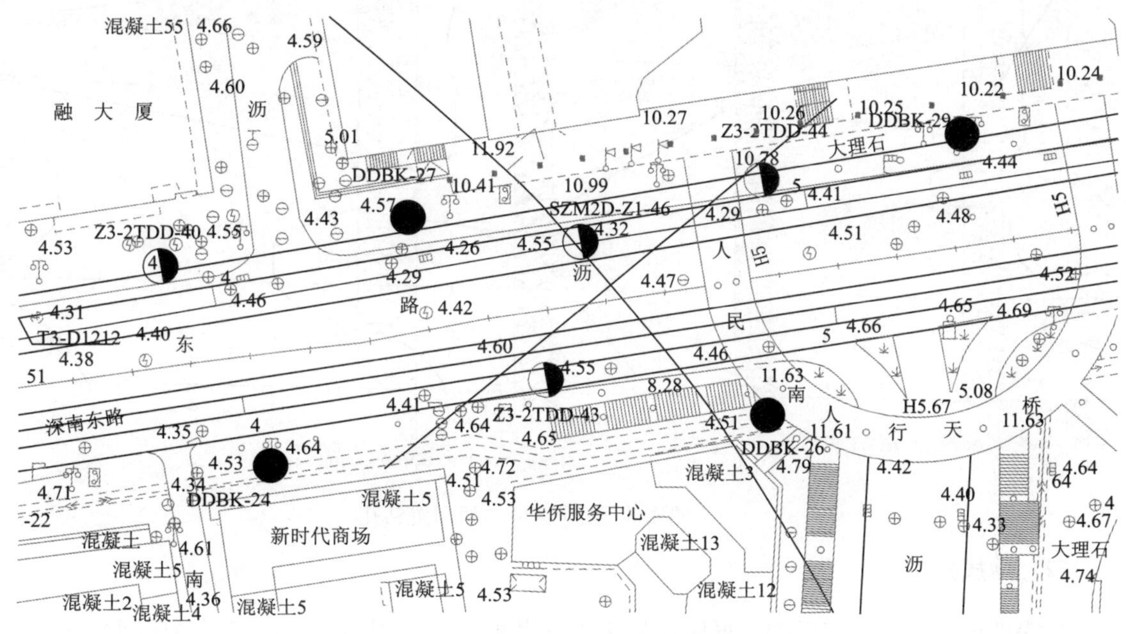

图 4.1　大东区间穿越部位勘察钻孔布置

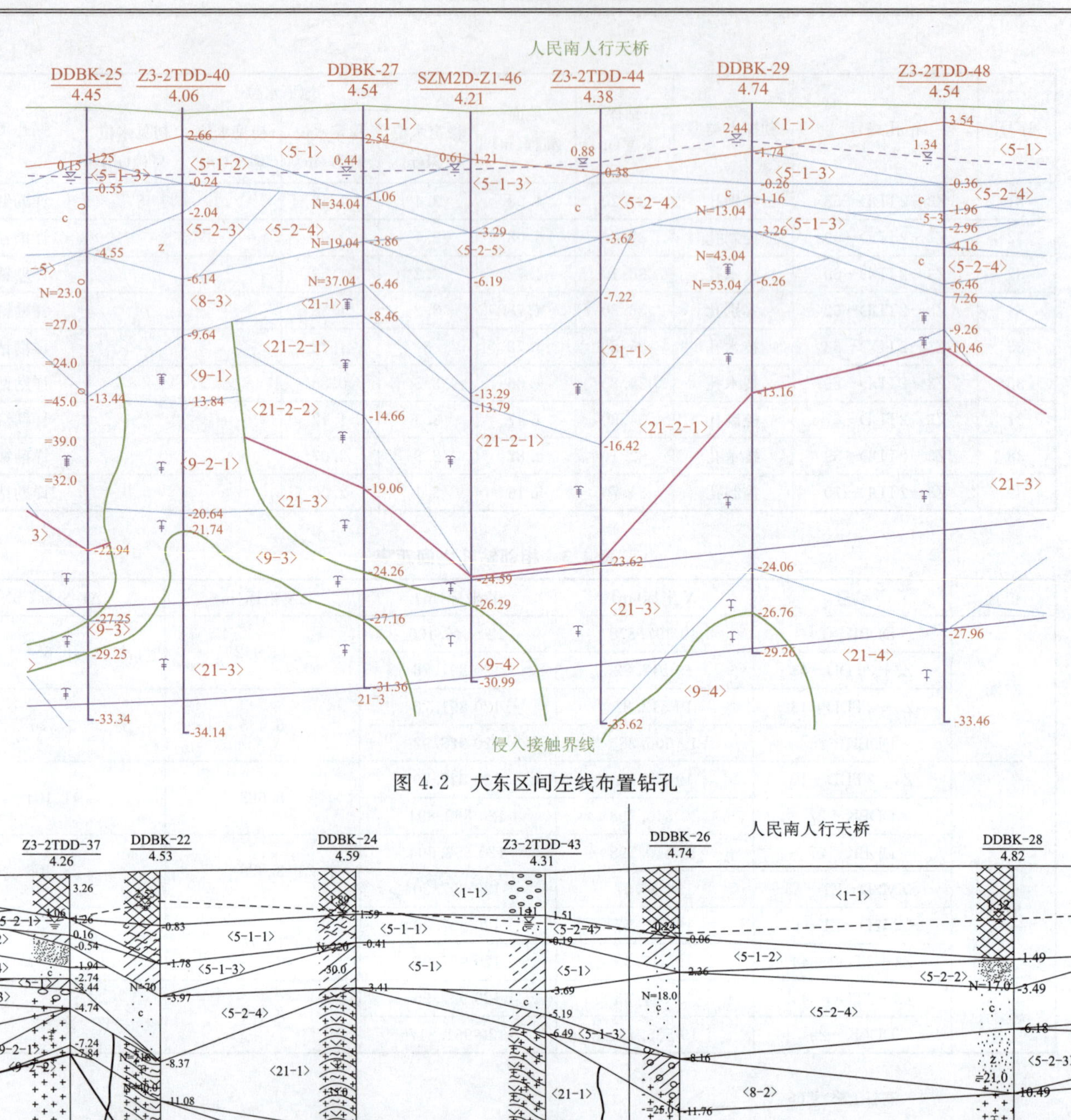

图 4.2　大东区间左线布置钻孔

图 4.3　大东区间右线布置钻孔

4.2.2　地质分析

根据《深圳地铁 2 号线东延线详勘阶段岩土工程勘察报告大剧院站—东门南站区间》(下称详勘报告)和《大剧院站—东门站盾构区间土建工程地质补勘项目岩土工程勘察报告》可知隧道洞身的主要围岩类别。区间右线隧道围岩综合分级见表 4.4。由表可知，右线隧道隧底为中等、微风化花岗片麻岩，围岩分级Ⅳ；边墙为中等、微风化花岗片麻岩，围岩分级Ⅳ；拱顶为中等风化花岗片麻岩围岩分级Ⅳ。总体看来，区间右线整个开挖面上岩层较为均一。区间左线隧道围岩综合分级见表 4.5。由表可知，左线隧道隧底为微风化花岗片麻岩，围岩分级Ⅲ；边墙为强、中等风化花岗片麻岩，围岩分级Ⅴ；拱顶为中等风化花岗片麻岩，围岩分级Ⅴ。

从地质情况来看，左线施工存在着“上软下硬”的情况，且距离较右线又小些(1.78 m＜2.76 m)，风险较大。先开挖右线，后开挖左线，可获取经验，适当规避风险。

表 4.4　区间右线隧道围岩综合分级一览表

工程名称	里　程	长度(m)	岩土围岩分级						综合分级
			隧底		边墙		拱顶		
			岩土特征	围岩分级	岩土特征	围岩分级	岩土特征	围岩分级	
大剧院站—东门站区间	YCK31＋469.5～YCK31＋737.1	267.6	强风化花岗岩	Ⅴ	全及强风化花岗岩	Ⅴ	全及强风化花岗岩、残积土	Ⅴ	Ⅴ
	YCK31＋737.1～YCK31＋788.2	51.1	中等风化花岗岩	Ⅲ	强及中等风化花岗岩	Ⅳ	强风化花岗岩	Ⅳ	Ⅳ
	YCK31＋788.2～YCK31＋841.3	53.1	中等、微风化花岗岩	Ⅲ	中等、微风化花岗岩	Ⅲ	中等风化花岗岩	Ⅲ	Ⅲ
	YCK31＋841.3～YCK31＋919.2	77.9	微风化花岗岩	Ⅱ	微风化花岗岩	Ⅱ	微风化花岗岩	Ⅱ	Ⅱ
	YCK31＋919.2～YCK32＋111.4	192.2	中等、微风化花岗岩	Ⅲ	中等、微风化花岗岩	Ⅲ	中等风化花岗岩	Ⅲ	Ⅲ
	YCK32＋111.4～YCK32＋266.3	154.9	中等风化花岗岩、花岗片麻岩	Ⅳ	中等风化花岗岩、花岗片麻岩	Ⅳ	强、中等风化花岗岩、花岗片麻岩	Ⅳ	Ⅳ
	YCK32＋266.3～YCK32＋304.3	38	微风化花岗岩	Ⅱ	中等、微风化花岗岩	Ⅲ	中等、微风化花岗岩	Ⅲ	Ⅲ
	YCK32＋304.3～YCK32＋510.5	206.2	中等、微风化花岗片麻岩	Ⅳ	中等、微风化花岗片麻岩	Ⅳ	中等风化花岗片麻岩	Ⅳ	Ⅳ
	YCK32＋510.5～YCK32＋552.5	42	中等风化花岗岩	Ⅲ	中等风化花岗岩	Ⅲ	中等风化花岗岩	Ⅲ	Ⅲ
	YCK32＋552.5～YCK32＋803	250.5	中等、微风化花岗片麻岩、构造角砾岩	Ⅳ	中等、微风化花岗片麻岩、构造角砾岩	Ⅳ	中等风化花岗岩及花岗片麻岩、构造角砾岩	Ⅳ	Ⅳ
	YCK32＋803～YCK32＋969.7	166.7	微风化花岗片麻岩	Ⅲ	微风化花岗片麻岩	Ⅲ	微风化花岗片麻岩	Ⅲ	Ⅲ
	YCK32＋969.7～YCK33＋77.7	108	中等及微风化花岗岩	Ⅲ	中等化花岗岩、凝灰质砂岩	Ⅳ	强及中等化花岗岩、凝灰质砂岩	Ⅳ	Ⅳ
	YCK33＋77.7～YCK33＋110.8	23.1	中等风化凝灰质粉砂岩	Ⅳ	强风化凝灰质粉砂岩	Ⅵ	强风化凝灰质粉砂岩	Ⅳ	Ⅵ

表 4.5　区间右线隧道围岩综合分级一览表

工程名称	里　程	长度(m)	岩土围岩分级						综合分级
			隧底		边墙		拱顶		
			岩土特征	围岩分级	岩土特征	围岩分级	岩土特征	围岩分级	
大剧院站—东门站区间	ZCK31＋469.5～ZCK31＋856	386.5	强、中等风化花岗岩	Ⅴ	全、强、中等及微风化花岗岩	Ⅴ	全及强风化花岗岩	Ⅴ	Ⅴ
	ZCK31＋856～ZCK31＋966.3	110.3	中等、微风化花岗岩	Ⅲ	中等、微风化花岗岩	Ⅲ	中等、微风化花岗岩	Ⅲ	Ⅲ

续上表

工程名称	里　程	长度(m)	岩土围岩分级						综合分级
			隧底		边墙		拱顶		
			岩土特征	围岩分级	岩土特征	围岩分级	岩土特征	围岩分级	
大剧院站—东门站区间	ZCK31＋966.3～ZCK32＋24.1	57.8	微风化花岗岩	Ⅱ	微风化花岗岩	Ⅱ	微风化花岗岩	Ⅱ	Ⅱ
	ZCK32＋24.1～ZCK32＋313.4	289.3	中等、微风化花岗岩	Ⅲ	中等、微风化花岗岩	Ⅲ	中等、微风化花岗岩	Ⅲ	Ⅲ
	ZCK32＋313.4～ZCK32＋582.7	269.3	中等及微风化花岗片麻岩、中等风化花岗岩	Ⅳ	中等及微风化花岗片麻岩、中等风化花岗岩	Ⅳ	中等及微风化花岗片麻岩、中等风化花岗岩	Ⅳ	Ⅳ
	ZCK32＋313.4～ZCK32＋629.3	315.9	微风化花岗片麻岩	Ⅲ	强、中等风化花岗片麻岩	Ⅴ	中等风化花岗片麻岩	Ⅳ	Ⅴ
	ZCK32＋629.3～ZCK32＋800	270.7	中等风化花岗片麻岩、微风化花岗岩、中等风化构造角砾岩	Ⅳ	中等风化花岗片麻岩、微风化花岗岩、中等风化构造角砾岩	Ⅳ	中等风化花岗片麻岩、微风化花岗岩、中等风化构造角砾岩	Ⅳ	Ⅳ
	ZCK32＋800～ZCK33＋110.8	310.8	强、中等及微风化花岗片麻岩、中等风化花岗岩、强、中等及微风化凝灰质砂岩	Ⅴ	硬塑状残积土、全、强、中等花岗片麻岩、花岗岩及凝灰质砂岩、微风化花岗片麻岩及凝灰质砂岩	Ⅴ	硬塑状残积土、全风化花岗岩、花岗片麻岩及凝灰质砂岩、土状强风化花岗片麻岩	Ⅴ	Ⅴ

从以上论述可知，新建隧道洞身主要涉及的围岩为中等、微风化花岗片麻岩和强、中等风化花岗片麻岩。根据工程详勘报告，岩石抗压强度试验结果如下：中等风化花岗岩天然抗压强度范围值为35.63～38.16 MPa，饱和抗压强度范围值为18.9～31.7 MPa；微风化花岗岩天然抗压强度范围值为43.72～61.99 MPa，饱和抗压强度范围值为31.8～53.19 MPa；中等风化花岗片麻岩天然抗压强度最大值为27.77 MPa，饱和抗压强度最大值为21.40 MPa；微风化花岗片麻岩天然抗压强度最大值为35.36 MPa，饱和抗压强度范围值为26.99～28.59 MPa。根据工程补勘报告，大部分岩石的天然抗压强度试验值如下：中等风化花岗岩，范围值：26.8～46.7 MPa，范围值的平均值：34.5 MPa；微风化花岗岩，范围值：38.8～66.2 MPa，范围值的平均值：51.8 MPa；试样极端高值：123.9 MPa；中等风化花岗片麻岩，范围值：22.0～50.7 MPa，范围值的平均值：31.9 MPa；试样极端高值：123.1 MPa；微风化花岗片麻岩，51.1 MPa。

另外，根据补勘情况岩石试验情况(表4.6)，异常坚硬岩块出现在以下4个样品：DDBK-20-Y2、22-Y2，受花岗岩侵入影响，中等风化花岗片麻岩中出现极端坚硬岩块，天然抗压强度分别为123.1 MPa、88.7 MPa；DDBK-08-Y4、08-Y5，微风化花岗岩岩体中存在极端坚硬的岩块，天然抗压强度分别为123.9 MPa、80.3 MPa。

表4.6　岩石试验汇总

孔号－岩样编号	采样深度(m)	天然抗压强度试验值(MPa)		岩土分层	特殊情况描述	取样位置
		试验单值	试验平均值			
DDBK－06－Y1	23.4～23.7	20.6 28.6	24.6	微风化花岗岩	试样有裂隙，不参与统计	右线隧道上方
DDBK－06－Y2	25.7～26.0	17.2 25.7	21.4	微风化花岗岩	试样有裂隙，不参与统计	右线隧道内
DDBK－06－Y3	29.6～29.9	53	53	微风化花岗岩		右线隧道内
DDBK－07－Y1	24.5～24.8	29.4	29.4	中等风化花岗岩		左线隧道上方

续上表

孔号—岩样编号	采样深度(m)	天然抗压强度试验值(MPa)		岩土分层	特殊情况描述	取样位置
		试验单值	试验平均值			
DDBK—07—Y2	25.7～26.0	57.3 35.7 47.0	46.6	微风化 花岗岩		左线隧道内
DDBK—07—Y3	31～31.56	53.5	53.5	微风化 花岗岩		左线隧道内
DDBK—08—Y1	20.2～20.4	46.7	46.7	中等风化 花岗岩		右线隧道上方
DDBK—08—Y2	23.2～22.6	35.9 37.1	36.5	中等风化 花岗岩		右线隧道上方
DDBK—08—Y3	30.4～30.6	47.2	47.2	微风化 花岗岩		右线隧道内
DDBK—08—Y4	31.0～31.2	123.9	123.9	微风化 花岗岩	试样属于异常坚硬的岩块	右线隧道内
DDBK—08—Y5	32.0～32.5	50.6 80.3 38.9	56.6	微风化 花岗岩	第二块试样属于异常坚硬的岩块。编写报告的该样品平均值采用44.8MPa	右线隧道内
DDBK—09—Y1	27.6～28.0	56.8	56.8	微风化 花岗岩		左线隧道上方
DDBK—09—Y2	26.5～26.8	62.6 34.3	46.6	微风化 花岗岩		右线隧道内
DDBK—09—Y3	31.6～31.8	48.9 66.1	57.5	微风化 花岗岩		左线隧道内
DDBK—10—Y1	29.0～30.0	38.8 21.1		微风化 花岗岩	第二块试样有裂隙,不参与统计	右线隧道内
DDBK—10—Y2	33.1～33.5	6.6 66.2		微风化 花岗岩	第一块试样内部裂隙特别发育,不参与统计	右线隧道内
DDBK—11—Y1	25.3～25.7	53.9 35.2	44.5	微风化 花岗岩		左线隧道上方
DDBK—11—Y2	28.4～28.8	36.6 70.6	53.6	微风化 花岗岩		左线隧道内
DDBK—11—Y3	33.1～33.4	35.4 79.0	57.2	微风化 花岗岩		左线隧道内
DDBK—12—Y1	25.5～25.7	46.7	46.7	微风化 花岗岩		右线隧道上方
DDBK—12—Y2	29.6～30.0	54.1 61.2	57.6	微风化 花岗岩		右线隧道内
DDBK—12—Y3	33.1～33.3	56.7	56.7	微风化 花岗岩		右线隧道下方
DDBK—14—Y1	24.5～24.7	26.8		中等风化 花岗岩		右线隧道上方
DDBK—19—Y1	30.0～30.6	13.5		中等风化 花岗岩	试样裂隙发育,不参与统计	左线隧道上方

续上表

孔号－岩样编号	采样深度(m)	天然抗压强度试验值(MPa)		岩土分层	特殊情况描述	取样位置
		试验单值	试验平均值			
DDBK－20－Y1	29.7～30.0	33.0		中等风化花岗岩		右线隧道上方
DDBK－20－Y2	34.4～34.8	123.1		中等风化花岗片麻岩	受花岗岩侵入影响，在中等风化岩中形成坚硬岩块	右线隧道内
DDBK－21－Y1	31.3～31.5	5.17	5.17	中风化花岗岩	试样内部裂隙特别发育，不参与统计	左线隧道内
DDBK－21－Y3	36.2～36.4	19.3		微风化花岗岩	试样内部裂隙特别发育，不参与统计	左线隧道内
DDBK－22－Y1	29.2～29.4	50.7		中等风化花岗片麻岩		右线隧道上方
DDBK－22－Y2	31.7～31.9	88.7		中等风化花岗片麻岩	受花岗岩侵入影响，在中等风化岩中形成坚硬岩块	右线隧道内
DDBK－22－Y3	33.4～33.6	32.9		中等风化花岗片麻岩		右线隧道内
DDBK－23－Y1	30.4～30.6	51.1	51.1	微风化花岗片麻岩		左线隧道上方
DDBK－30－Y2	35.9～36.1	31.2	31.2	中等风化花岗片麻岩		左线隧道下方
DDBK－31－Y2	29.2～29.6	1.77	1.77	中等风化花岗片麻岩	试样内部裂隙特别发育，不参与统计	左线隧道内
DDBK－32－Y1	34.8～35.0	22.0	22.0	中等风化花岗片麻岩		右线隧道内
DDBK－33－Y1	22.2～22.5	22.6	22.6	中等风化花岗片麻岩		左线隧道内
DDBK－33－Y2	28.3～28.5	9.4		中等风化花岗片麻岩	试样内部裂隙特别发育，不参与统计	左线隧道下方

根据补勘报告岩石质量指标统计结果(表4.7)，本区间中等风化、微风化花岗岩，中等风化、微风化花岗片麻岩的节理、裂隙较多，平均值一般小于50%，个别最大值为80%。特别是从穿越部位的勘察钻孔DDBK－26(RQD为30%)DDBK－27(RQD为30%)Z3－2TDD－43(RQD为15%)来看，节理、裂隙更为发育，利于盾构刀具破岩和渣土改良。

表4.7 岩石质量指标统计汇总

岩土分层	详勘报告			补充勘察报告		
	孔号	RQD值(%)	里程	孔号	RQD值(%)	里程
中等风化花岗岩	Z3－2TDD－46	10	ZCK32＋532	DDBK－06	10	YCK31＋845
	Z3－2TDD－66	50	ZCK32＋935	DDBK－07	70	ZCK31＋865
	Z3－2TDD－15	50	YCK31＋824	DDBK－08	30	YCK31＋977
	Z3－2TDD－22	40	ZCK31＋926	DDBK－09	10	ZCK31＋944
	Z3－2TDD－30	85	ZCK32＋142	DDBK－11	30	ZCK32＋017
	Z3－2TDD－32	40	ZCK32＋187	DDBK－12	10	YCK32＋024
	Z3－2TDD－34	40	ZCK32＋284	DDBK－13	30	ZCK32＋046
	Z3－2TDD－58	50	ZCK32＋766	DDBK－14	50	YCK32＋076

续上表

岩土分层	详勘报告			补充勘察报告		
	孔号	RQD值(%)	里程	孔号	RQD值(%)	里程
中等风化花岗岩				DDBK－15	50	ZCK32＋077
				DDBK－18	55	YCK32＋189
				DDBK－19	30	ZCK32＋192
				DDBK－20	30	YCK32＋250
				DDBK－21	20	ZCK32＋274
				DDBK－25	5	ZCK32＋368
				DDBK－26	30	YCK32＋486
				DDBK－27	30	ZCK32＋434
				DDBK－33	30	ZCK32＋738
				DDBK－38	30	ZCK33＋077
	平均	45.6		平均	30.6	
微风化花岗岩	SZM2－Z2－283	70	ZCK31＋990	DDBK－06	60	YCK31＋845
	Z3－2TDD－17	60	YCK31＋855	DDBK－07	80	ZCK31＋865
	Z3－2TDD－18	50	ZCK31＋860	DDBK－08	50	YCK31＋977
	Z3－2TDD－23	70	YCK31＋983	DDBK－09	60	ZCK31＋944
	Z3－2TDD－25	40	YCK32＋013	DDBK－10	60	YCK31＋995
	Z3－2TDD－26	40	ZCK32＋040	DDBK－11	50	ZCK32＋017
	Z3－2TDD－29	30	YCK32＋079	DDBK－12	40	YCK32＋024
	Z3－2TDD－45	5	YCK32＋493	DDBK－21	70	ZCK32＋274
	Z3－2TDD－49	50	YCK32＋575	DDBK－23	15	ZCK32＋331
	Z3－2TDD－19	30	YCK31＋887			
	Z3－2TDD－30	70	ZCK32＋142			
	Z3－2TDD－34	55	ZCK32＋284			
	Z3－2TDD－35	60	YCK32＋280			
	Z3－2TDD－37	35	YCK32＋324			
	Z3－2TDD－59	40	ZCK32＋799			
	平均	47.0		平均	53.9	
中等风化花岗片麻岩	Z3－2TDD－51	35	YCK32＋616	DDBK－20	20	YCK32＋250
	Z3－2TDD－61	40	ZCK32＋840	DDBK－22	50	YCK32＋349
	Z3－2TDD－40	30	ZCK32＋390	DDBK－24	20	YCK32＋403
	Z3－2TDD－52	70	ZCK32＋650	DDBK－25	5	ZCK32＋368
	Z3－2TDD－54	70	ZCK32＋687	DDBK－26	30	YCK32＋486
	Z3－2TDD－55	50	YCK32＋707	DDBK－28	20	YCK32＋576
	Z3－2TDD－58	55	ZCK32＋766	DDBK－30	30	YCK32＋641
	Z3－2TDD－59	40	ZCK32＋799	DDBK－31	30	ZCK32＋675
				DDBK－32	10	ZCK32＋738
				DDBK－33	50	ZCK32＋738
	平均	48.8		平均	26.5	
微风化花岗片麻岩	Z3－2TDD－39	60	YCK32＋370	DDBK－023	30	ZCK32＋331
	Z3－2TDD－41	30	YCK32＋416	DDBK－029	30	ZCK32＋528
	Z3－2TDD－51	10	YCK32＋616			
	Z3－2TDD－61	40	ZCK32＋840			

续上表

岩土分层	详勘报告			补充勘察报告		
	孔号	RQD 值(%)	里程	孔号	RQD 值(%)	里程
微风化花岗片麻岩	Z3－2TDD－68	10	YCK32＋992			
	Z3－2TDD－37	60	YCK32＋324			
	Z3－2TDD－43	15	YCK32＋450			
	Z3－2TDD－48	30	ZCK32＋574			
	Z3－2TDD－50	50	ZCK32＋612			
	Z3－2TDD－53	80	YCK32＋665			
	Z3－2TDD－55	50	YCK32＋665			
	Z3－2TDD－57	60	YCK32＋748			
	Z3－2TDD－58	60	ZCK32＋766			
	Z3－2TDD－59	60	ZCK32＋799			
	Z3－2TDD－60	30	YCK32＋820			
	Z3－2TDD－62	10	YCK32＋854			
	Z3－2TDD－63	5	ZCK32＋875			
	Z3－2TDD－65	70	YCK32＋909			
	Z3－2TDD－67	10	YCK32＋955			
	平均	38.9		平均	30.0	
中等风化凝灰质粉砂岩	Z3－2TDD－70	5	YCK33＋097			
微风化凝灰质粉砂岩	Z3－2TDD－70	5	YCK33＋097			

总体看来，本区间盾构穿越了坚硬的岩层，会对刀具、刀盘磨损较大，同时本区间岩石质量指标比较低，则有利于盾构破岩。在盾构施工中，应综合考虑这两种因素影响。

4.3 燕大区间穿越工程地质条件

4.3.1 钻孔布置

本区间线路从燕南站往东前行，以水平的“S”形绕过深圳人民大会堂后下穿一机关游泳池及多层车库，在荔枝公园与人民大会堂间的绿地上(左线里程约 ZDK30＋845.896～ZDK30＋902.309)设始发井，对应左线往东南向转向荔湖，下穿红岭中路、一号线科学馆站—大剧院站区间及深南东路，往东到达大剧院站。最小平面曲线半径为 350 m，线间距 10～15.0 m，隧道轨面埋深约 10～32 m。区间左线起点里程为 ZDK29＋702.025，终点里程为 ZDK31＋312.16，短链 8.413 m，区间长度 1 601.722 m；右线起点里程为 ZDK29＋705.025，终点里程为 YDK31＋312.16，区间长度 1 606.349 m。区间隧道在左线里程(ZDK31＋124.004～ZDK31＋197.848)，右线里程 YDK31＋084.56～YDK31＋155.052 地段隧道下穿地铁 1 号线，线路净距约 3 m。由于是在“上软下硬”地层中长距离下穿既有运营隧道，工程风险控制难度大。针对在初勘阶段和详勘阶段对于穿越部位钻孔数量不足的情况，在施工阶段又进行了较为详细的补勘和二次补勘工作，力求尽可能全面、深入地掌握穿越工程位置处的地质情况。燕大区间左线详勘钻孔布置见图 4.4，燕大区间右线详勘钻孔布置图 4.5，燕大区间两次补勘地质探孔布置见图 4.6。深圳地铁 2 号线东延线详勘部分岩芯照片见图 4.7～图 4.16。燕大区间穿越工程第一次补勘和第二次地质补勘钻孔情况分别见表 4.8 和表 4.9。从而可见，虽然受地面环境条件的限制，钻孔分布已经较为密集。经过初勘、详勘和补勘 3 个阶段的勘探工作，对穿越处位置处的地层已经基本掌握，为正式穿越打下了良好基础。

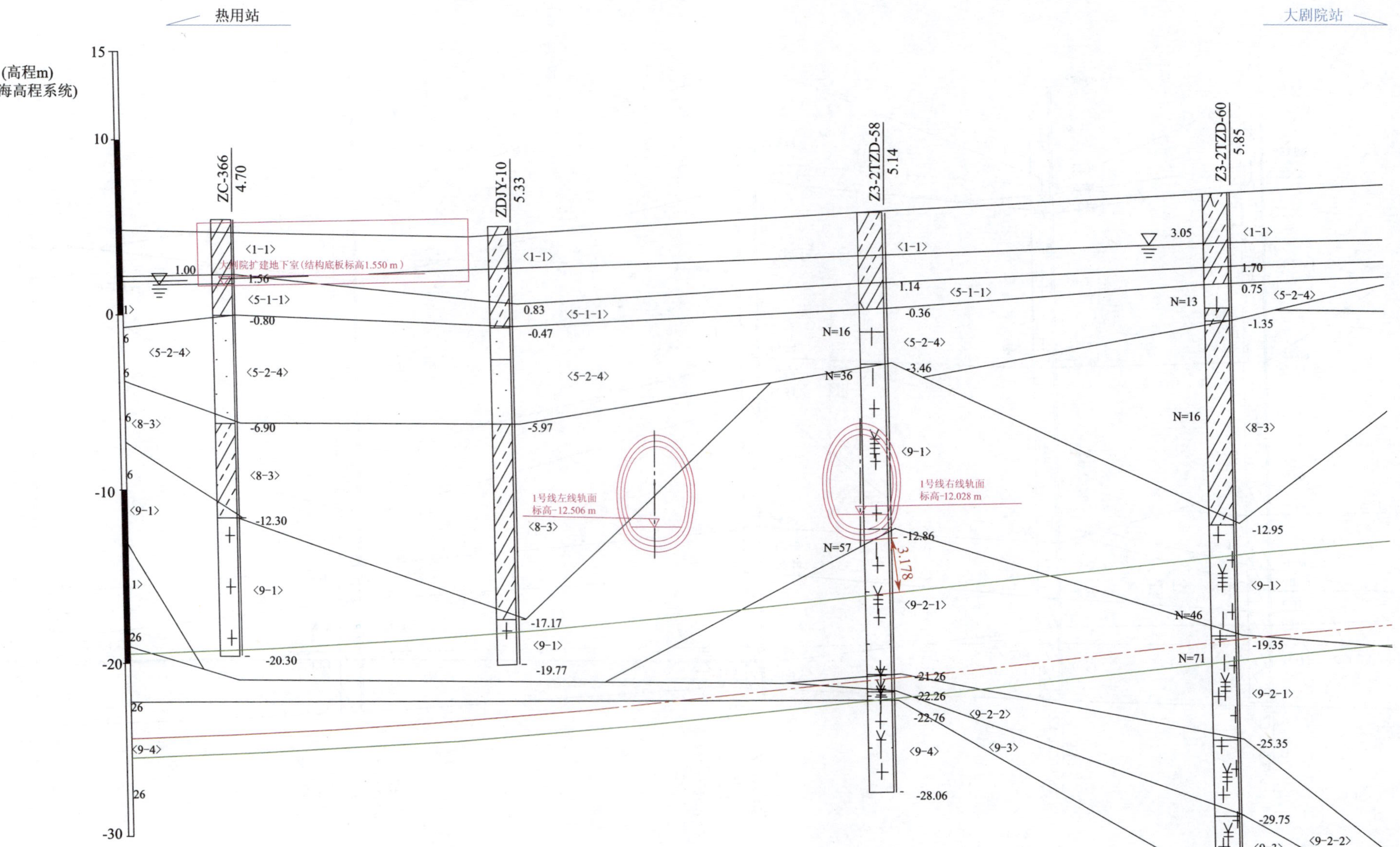

图4.4　燕大区间左线详勘钻孔

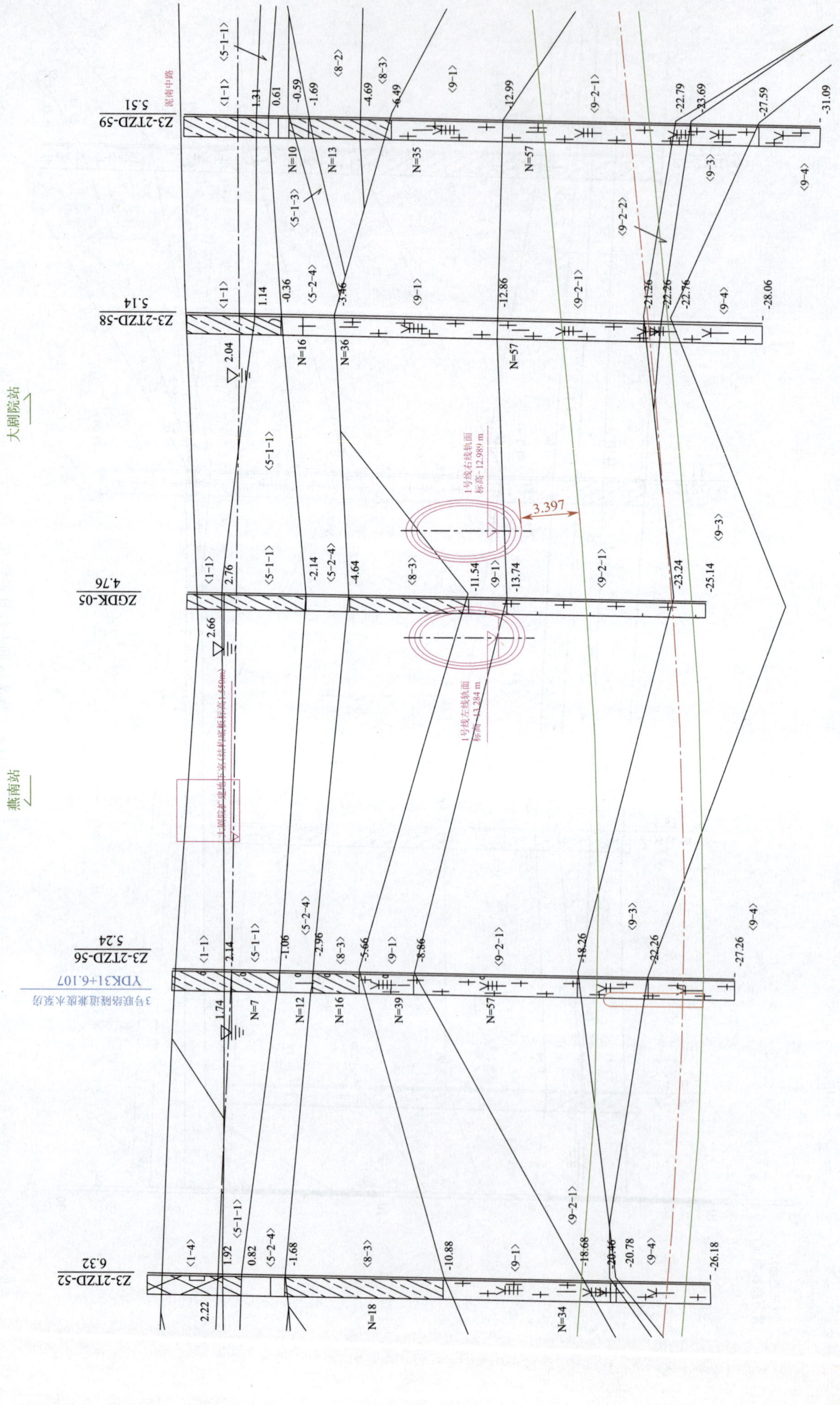

图4.5 燕大区间右线详勘钻孔

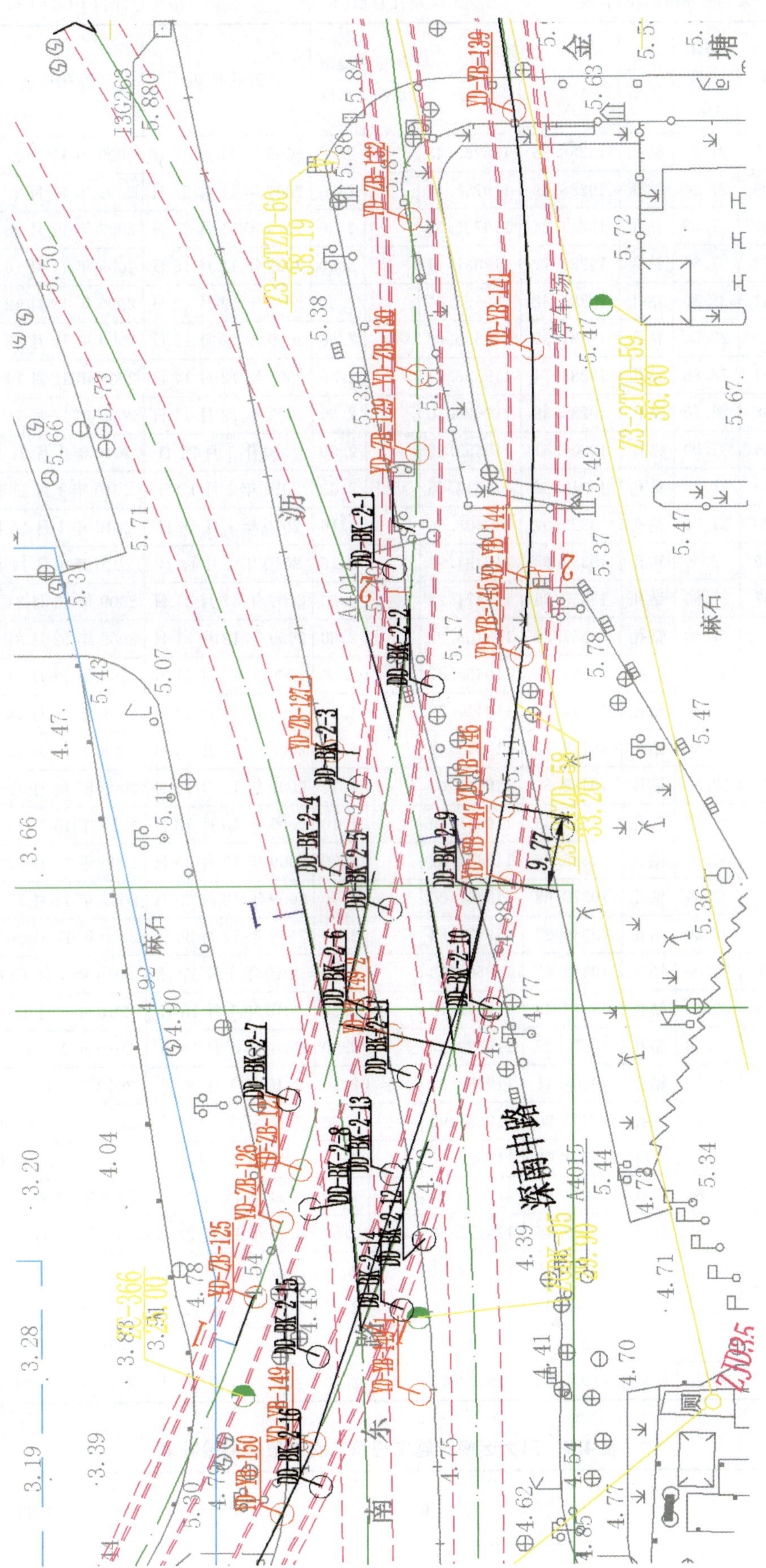

图4.6 燕大区间两次补勘地质探孔布置

表 4.8　第一次补勘钻孔一览表

工程名称:盾构井—大剧院站区间左、右线　　钻孔总数:34 个　　钻孔总深:1 011.64 m

钻孔编号	孔口标高(m)	钻孔深度(m)	钻孔类型	坐标		初见水位	稳定水位	开孔日期	终孔日期	土样个数	岩样个数	标贯个数
				X	Y							
YD—YB—137	6.12	27.21	钻孔	19288.36	119765.45		2.50	2009 年 11 月 27 日	2009 年 11 月 27 日	0	0	0
YD—YB—138	6.03	27.24	钻孔	19286.49	119755.67		2.50	2009 年 11 月 27 日	2009 年 11 月 27 日	0	0	0
YD—YB—139	5.62	27.59	钻孔	19283.24	119726.62		2.50	2009 年 11 月 28 日	2009 年 11 月 28 日	0	0	0
YD—YB—141	5.58	27.80	钻孔	19280.77	119691.41		2.50	2009 年 11 月 16 日	2009 年 11 月 16 日	0	0	0
YD—YB—144	5.21	28.50	钻孔	19280.62	119665.61		2.50	2009 年 12 月 12 日	2009 年 12 月 12 日	0	0	0
YD—YB—145	5.39	28.50	钻孔	19281.39	119655.62		2.50	2009 年 12 月 13 日	2009 年 12 月 13 日	0	0	0
YD—YB—146	5.01	28.88	钻孔	19283.74	119636.07		2.50	2009 年 12 月 14 日	2009 年 12 月 14 日	0	0	7
YD—YB—147	4.98	28.50	钻孔	19285.38	119626.30		2.50	2009 年 12 月 14 日	2009 年 12 月 14 日	0	0	0
YD—YB—149	4.85	31.00	钻孔	19306.51	119553.82		2.50	2010 年 1 月 21 日	2010 年 1 月 21 日	0	0	0
YD—YB—150	4.93	31.00	钻孔	19310.38	119544.06		2.60	2010 年 1 月 17 日	2010 年 1 月 17 日	0	0	0
YD—YB—153	5.28	31.50	钻孔	19329.07	119508.66		2.16	2010 年 1 月 16 日	2010 年 1 月 16 日	0	2	0
YD—YB—154	5.36	32.00	钻孔	19339.68	119491.90		2.16	2010 年 1 月 14 日	2010 年 1 月 14 日	0	1	0
YD—YB—156	5.57	31.60	钻孔	19350.36	119471.28		2.60	2009 年 12 月 31 日	2009 年 12 月 31 日	0	1	0
YD—YB—157	5.58	31.40	钻孔	19357.28	119468.02		2.60	2009 年 12 月 31 日	2009 年 12 月 31 日	0	1	0
YD—YB—158	6.13	32.00	钻孔	19367.52	119455.87		2.50	2009 年 12 月 31 日	2009 年 12 月 31 日	0	0	0
YD—YB—162	5.80	30.50	钻孔	19414.77	119417.29		1.20	2009 年 10 月 13 日	2009 年 10 月 14 日	0	0	0
YD—YB—163	5.81	30.50	钻孔	19418.73	119414.49		1.10	2009 年 10 月 13 日	2009 年 10 月 13 日	0	0	0
YD—ZB—110	5.80	30.50	钻孔	19432.52	119415.03		1.10	2009 年 10 月 12 日	2009 年 10 月 12 日	0	0	0
YD—ZB—111	5.85	30.50	钻孔	19428.53	119418.15		1.10	2009 年 10 月 12 日	2009 年 10 月 13 日	0	0	0
YD—ZB—115	6.54	32.10	钻孔	19385.93	119452.02		2.70	2009 年 12 月 29 日	2009 年 12 月 29 日	0	0	0
YD—ZB—116	5.56	32.30	钻孔	19372.68	119467.30		2.70	2009 年 12 月 29 日	2009 年 12 月 29 日	0	0	0
YD—ZB—117	5.54	32.20	钻孔	19369.27	119471.54		2.60	2009 年 12 月 30 日	2009 年 12 月 30 日	0	0	0
YD—ZB—120	5.29	28.00	钻孔	19343.57	119508.70		2.50	2010 年 1 月 17 日	2010 年 1 月 17 日	0	1	0
YD—ZB—125	4.74	30.10	钻孔	19313.48	119572.78		2.50	2010 年 1 月 18 日	2010 年 1 月 18 日	0	1	0
YD—ZB—126	4.75	30.00	钻孔	19310.27	119582.37		2.50	2010 年 1 月 19 日	2010 年 1 月 19 日	0	0	0
YD—ZB—127	4.75	30.00	钻孔	19308.16	119589.22		2.50	2010 年 1 月 20 日	2010 年 1 月 20 日	0	1	0
YD—ZB—129	5.42	28.26	钻孔	19297.80	119681.92		1.90	2009 年 12 月 6 日	2009 年 12 月 7 日	1	0	0
YD—ZB—130	5.53	28.26	钻孔	19293.72	119692.07		2.50	2009 年 12 月 4 日	2009 年 12 月 5 日	0	0	0
YD—ZB—132	5.87	27.80	钻孔	19298.61	119712.03		1.80	2009 年 11 月 16 日	2009 年 11 月 16 日	2	0	5
YD—ZB—135	6.01	27.30	钻孔	19299.46	119752.30		2.50	2009 年 11 月 27 日	2009 年 11 月 27 日	0	0	0
YD—ZB—136	6.06	27.60	钻孔	19297.65	119762.81		2.50	2009 年 11 月 27 日	2009 年 11 月 27 日	0	0	0
YD—YB—149—1	4.85	30.40	钻孔	19293.83	119560.11		2.50	2010 年 1 月 22 日	2010 年 1 月 22 日	0	1	0
YD—YB—149—2	4.85	30.40	钻孔	19297.14	119606.67		2.50	2010 年 1 月 23 日	2010 年 1 月 23 日	0	1	0
YD—ZB—127—1	4.75	30.20	钻孔	19304.05	119643.47		2.50	2010 年 1 月 24 日	2010 年 1 月 24 日	0	1	0

表 4.9　燕大区间穿越工程第二次地质补勘验孔表

孔号	坐　标		设计钻孔深度(m)	实际钻孔深度(m)	岩土分界线埋深(m)	岩芯 RQD 值
	X	Y				
DD—BK—2—1	19296.5165	119666.8166	30	30.0	25.0	0
DD—BK—2—3	19300.7965	119638.9148	30	30.0	28.0	0

续上表

孔号	坐　标		设计钻孔深度(m)	实际钻孔深度(m)	岩土分界线埋深(m)	岩芯 RQD 值
	X	Y				
DD—BK—2—4	19303.0346	119627.5966	30	30.0	28.0	0
DD—BK—2—5	19297.2054	119622.8039	30	30.0	28.0	0
DD—BK—2—6	19299.9148	119610.1221	30	30.0	30.0	0
DD—BK—2—7	19309.5755	119591.9962	30	30.0	26.0	5%
DD—BK—2—8	19306.9291	119583.9873	30	30.0	25.0	0
DD—BK—2—9	19287.2980	119625.2604	30	放弃		
DD—BK—2—10	19285.3074	119613.8117	30	30.0	24.0	6%
DD—BK—2—11	19294.9771	119601.1387	30	30.0	22.0	0
DD—BK—2—12	19296.3214	119581.6645	30	30.0	25.0	0
DD—BK—2—13	19297.1123	119588.5755	30	30.0	24.0	0
DD—BK—2—14	19294.9839	119569.9911	30	30.5	28.0	0
DD—BK—2—15	19306.0500	119559.9260	30	30.0	28.5	0
DD—BK—2—16	19305.7410	119548.1137	30	30.0	30.0	0

图 4.7　深圳地铁 2 号线东延线详勘岩芯照片(钻孔编号 YD—YB 144)

图 4.8　深圳地铁 2 号线东延线详勘岩芯照片(钻孔编号 YD—YB 145)

图 4.9　深圳地铁 2 号线东延线详勘岩芯照片(钻孔编号 YD—YB 146)

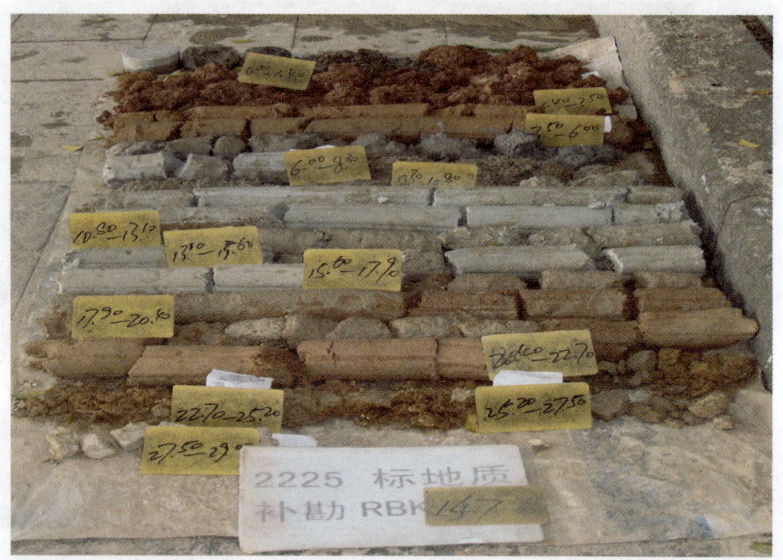

图 4.10　深圳地铁 2 号线东延线详勘岩芯照片(钻孔编号 YD—YB 147)

图 4.11　深圳地铁 2 号线东延线详勘岩芯照片(钻孔编号 YD—YB 149—1)

图 4.12　深圳地铁 2 号线东延线详勘岩芯照片(钻孔编号 YD—YB 149—2)

图 4.13　深圳地铁 2 号线东延线详勘岩芯照片(钻孔编号 YD—ZB 127)

图 4.14　深圳地铁 2 号线东延线详勘岩芯照片(钻孔编号 YD—ZB 127—1)

图 4.15　深圳地铁 2 号线东延线详勘岩芯照片(钻孔编号 YD－ZB 129)

图 4.16　深圳地铁 2 号线东延线详勘岩芯照片(钻孔编号 YD－ZB 130)

4.3.2　地质分析

根据《深圳市地铁 2 号线东延线工程详勘阶段燕南站—大剧院站区间岩土工程勘察报告》(下称详勘报告)和本区间内的盾构井—大剧院站之间地段的《地质补勘报告》可知：

(1)本区间地层在垂直剖面上，自上而下为人工素填土，冲洪积砂层及黏性土层，残积层，基岩，全、强风化及中等风化层。左线隧道和右线隧道围岩分级分别见表 4.10 和表 4.11。

(2)隧道埋深范围内主要为冲洪积黏性土及砂层、残积土、全及强风化花岗岩，地层代号分别为＜5－1－3＞＜5－2－3＞＜8－2＞、＜8－3＞、＜9－1＞、＜9－2－1＞、＜9－2－2＞等。隧道绝大部分洞身穿越残积层，全、强风化层。局部地段隧道穿越中、微风化岩，隧道面上软下硬，岩石特别坚硬。本区间工程地质条件较差，给施工带来非常不利的影响。

(3)根据详勘报告，隧道在右线 YCK30＋601～YCK30＋634、YCK30＋713～YCK30＋787、YCK30＋801～YCK30＋822、YCK30＋912～YCK31＋186，左线 ZCK30＋625～ZCK30＋762、ZCK30＋787～ZCK30＋814、ZCK30＋933～ZCK31＋188 段，中、微风化花岗岩侵入隧道洞身，盾构机通过以上段落时，注意及时更换刀，或者开窗挖除中、微风化花岗岩块后空推通过。

(4)根据深圳地铁 2 号线燕大区间地质补勘，左线里程(ZDK31＋14.70～ZDK31＋70.17、ZDK31＋

125.17～ZDK31＋238.06)、右线里程(YDK30＋976.11～YDK31＋53.78)地段,隧道穿越中、微风化花岗岩,隧道开挖面上软下硬,微风化岩石饱和抗压强度为68.82～130.03 MPa,平均103.88 MPa,岩石强度很高,对盾构施工极为不利,必要时盾构通过前提前进行处理。

(5)详勘察过程中在本区间有多个钻孔在全、强风化花岗岩层中揭示花岗岩微球状风化体,其中尤以洞身范围内揭示的球状微风化体对盾构施工隧道影响很大。盾构施工过程中,由于地层的软硬不均,可能对盾构机刀具造成损坏。施工过程中应配备好盾构机的各项性能设备指标。在接近可能存在软硬不均的位置时,应放慢盾构掘进速度,密切注意盾构机的掘进参数。遇到球状风化体后建议开窗挖除中、微风化球状风化花岗岩块后空推通过。详勘阶段共有4个钻孔揭示出花岗岩球状微风化体。虽然在详勘和补勘阶段穿越区的地质钻孔均未揭示出花岗岩球状微风化体的存在,但考虑地质不利因素分布的随机性,下穿越施工过程中应随时对这一不良地质体保持高度警惕。

(6)场地范围内广泛分布透水砂层,设计及施工时应做好降水、截止水措施,防止产生涌水、流砂现象,避免由于工程施工诱发地质灾害。

(7)全、强风化花岗岩遇水易软化、崩解,强度低,易坍方,应加强初期支护及衬砌。

(8)局部地段左线里程(ZDK31＋14.7～ZDK31＋70.17、ZDK31＋125.17～ZDK31＋238.06),右线里程(YDK30＋976.11～YDK31＋53.78)地段,隧道同一开挖断面上软下硬,在软层中易产生超挖,引起土层扰动或缺失,注浆不及时,易产生地面沉降、塌陷,必要时予以提前处理。

(9)隧道底板位于零标高以下,局部基岩裂隙水可能承压,产生涌水、突水现象。施工止水会引起地下水局部上升,使影响范围内的部分岩土体软化,强度降低。若止水不当,易使管片上浮形成错台。

表4.10　燕大区间左线隧道围岩分级

<table>
<tr><th rowspan="3">工程名称</th><th rowspan="3">里　程</th><th rowspan="3">长度(m)</th><th colspan="6">岩土围岩分级</th></tr>
<tr><th colspan="2">隧底</th><th colspan="2">边墙</th><th colspan="2">拱顶</th></tr>
<tr><th>岩土特征</th><th>围岩分级</th><th>岩土特征</th><th>围岩分级</th><th>岩土特征</th><th>围岩分级</th></tr>
<tr><td rowspan="5">盾构井—大剧院站区间</td><td>ZDK30＋902.309～ZDK31＋14.7</td><td>112.391</td><td>强风化花岗岩</td><td>Ⅴ</td><td>全、强风化花岗岩</td><td>Ⅴ</td><td>全、强风化花岗岩</td><td>Ⅴ</td></tr>
<tr><td>ZDK31＋14.70～ZDK31＋70.17</td><td>55.47</td><td>中风化花岗岩</td><td>Ⅲ</td><td>全、强、中风化花岗岩</td><td>Ⅴ</td><td>全风化花岗岩</td><td>Ⅴ</td></tr>
<tr><td>ZDK31＋70.17～ZDK31＋125.17</td><td>55</td><td>强风化花岗岩</td><td>Ⅴ</td><td>砾质黏性土、全、强风化花岗岩</td><td>Ⅴ</td><td>砾质黏性土、全风化花岗岩</td><td>Ⅴ</td></tr>
<tr><td>ZDK31＋125.17～ZDK31＋238.06</td><td>112.89</td><td>中、微风化花岗岩</td><td>Ⅲ</td><td>全、强、中、微风化花岗岩</td><td>Ⅴ</td><td>全、强风化花岗岩</td><td>Ⅴ</td></tr>
<tr><td>ZDK31＋238.06～ZDK31＋312.16</td><td>74.1</td><td>强风化花岗岩</td><td>Ⅴ</td><td>全、强风化花岗岩</td><td>Ⅴ</td><td>全风化花岗岩</td><td>Ⅴ</td></tr>
</table>

表4.11　燕大区间右线隧道围岩分级

<table>
<tr><th rowspan="3">工程名称</th><th rowspan="3">里　程</th><th rowspan="3">长度(m)</th><th colspan="6">岩土围岩分级</th></tr>
<tr><th colspan="2">隧底</th><th colspan="2">边墙</th><th colspan="2">拱顶</th></tr>
<tr><th>岩土特征</th><th>围岩分级</th><th>岩土特征</th><th>围岩分级</th><th>岩土特征</th><th>围岩分级</th></tr>
<tr><td rowspan="3">盾构井—大剧院站区间</td><td>YDK30＋888.679～YDK30＋976.11</td><td>87.431</td><td>强风化花岗岩</td><td>Ⅴ</td><td>全、强风化花岗岩</td><td>Ⅴ</td><td>全、强风化花岗岩</td><td>Ⅴ</td></tr>
<tr><td>YDK30＋976.11～YDK31＋4.11</td><td>28.0</td><td>中、微风化花岗岩</td><td>Ⅲ</td><td>全、强、中、微风化花岗岩</td><td>Ⅴ</td><td>全、强风化花岗岩</td><td>Ⅴ</td></tr>
<tr><td>YDK31＋4.11～YDK31＋23.28</td><td>19.17</td><td>强风化花岗岩</td><td>Ⅴ</td><td>全、强风化花岗岩</td><td>Ⅴ</td><td>全风化花岗岩</td><td>Ⅴ</td></tr>
</table>

续上表

工程名称	里　程	长度(m)	岩土围岩分级					
			隧底		边墙		拱顶	
			岩土特征	围岩分级	岩土特征	围岩分级	岩土特征	围岩分级
盾构井—大剧院站区间	YDK31＋23.28～YDK31＋53.78	30.50	中风化花岗岩	Ⅲ	全、强、中风化花岗岩	Ⅴ	全、强风化花岗岩	Ⅴ
	YDK31＋53.78～YDK31＋312.16	258.38	强风化花岗岩、小部份地段为中风化岩	Ⅴ	全、强风化花岗岩	Ⅴ	砾质黏性土、强风化花岗岩	Ⅴ

从以上分析可知，左线隧道穿越段隧道开挖面上软下硬，一方面上部软弱岩层的种类和厚度在纵向都有较大的变化，对盾构机的姿态控制极为不利；另一方面下部的硬岩岩石强度很高，微风化岩石饱和抗压强度为68.82～130.03 MPa，平均103.88 MPa，对盾构的掘进极为不利。总体看来，左线隧道穿越既有线的风险较大，在施工应给予以高度关注。右线隧道洞身围岩虽然软硬变化不是特别明显，但花岗岩全、强风化遇水易软化、崩解，强度低，易坍方，施工中应加强对开挖面的支护。总体看来，从施工控制风险的角度来发，建议先进行右线隧道穿越，再进行左线隧道穿越，以便于积累经验。建议施工过程中进行地质超前预报，以保证新建隧道施工安全和既有线运营安全，同时建议既有线在该段施工期间限速运行。

从钻孔柱状的照片并结合施工单位使用盾构机的刀盘刀具配置来看，隧道穿越地层对盾构快速掘进不利，易于裹刀，造成结泥饼，堵塞刀盘进土口，造成刀具偏磨和盾构推进困难，必须注重渣土的塑流化改造，通过刀盘上的注入口，向前方地层加水、加泡沫和其他土渣改良材料。

4.4　结　　语

(1)对于大东区间，从详勘和补勘的相关资料来看，虽然新建隧道经过地层主要为中等风化、微风化花岗岩或花岗片麻岩，但从穿越部位的勘察钻孔来看，岩体的节理、裂隙较为发育，利于盾构刀具破岩和渣土改良，但同时盾构施工中管片脱出盾尾后也增加了上部既有线沉降较大的风险。

(2)对于燕大区间，新建隧道洞身主要经过强风化和全风化花岗岩地层，局部存在中风化花岗岩，从钻孔柱状岩芯照片并结合施工单位使用盾构机的刀盘刀具配置来看，强风化和全风化花岗岩地层对盾构快速掘进不利，易于裹刀，造成结泥饼，堵塞刀盘进土口，造成刀具偏磨和盾构推进困难，必须注重渣土的塑流化改造，通过刀盘上的注入口，向前方地层加水、加泡沫和其他土性改良材料。另外，由于本工程穿越距离较长，必须对盾构机的换刀工作要提前规划。

(3)在深圳地区，由于地质变异性较强，为确保穿越工程的安全，结合两处穿越工程的实践，对勘探钻孔的位置和间距提出如下建议：

1)应尽可能在距离新线与既有线交叉点较近的位置布置钻孔，且以靠近线路的走向为宜。

2)对于"上软下硬"地层中的穿越工程，从刀具磨损和刀具更换的角度来看，地质补勘时的钻孔间距宜控制在10～15 m为宜。

3)考虑到线路调坡的可能性，钻孔的深度宜超出新建隧道2～3 m为宜。

5 既有线现状调查技术

5.1 引 言

深圳地铁2号大东区间和燕大区间施工必将对既有地铁1号线结构和运营产生一定的影响，如结构沉降和不均匀沉降、裂缝开展等。这些影响进而将引起道床沉降变形、轨道几何形位变化、轮轨游间变化、轨道不平顺性增大，形成三角坑、空板等。上述不良变化最终将影响列车运行的平稳性和线路的稳定性，增加轮轨磨耗和动能损失，引起列车摇晃和蛇行运动，严重时甚至产生挤翻钢轨、爬轨、脱轨事故。为确定穿越施工对既有线的影响，保证既有线的正常运行，在下穿施工前，首先必须对既有线结构现状和线路情况作全面的调查和测量，充分了解其现状，为确保既有1号线国老区间和大科区间在新线施工过程中的安全运营提出基础性的技术数据。总之，对既有线现状进行全面的调查和评估是制定既有线施工控制标准及技术措施，保证既有线运营安全和新建隧道工程施工安全可靠的重要依据。

对既有线进行现状调查，除调查既有线的线路条件、隧道结构的形式和尺寸、轨道结构的类型和尺寸外，还应对既有线隧道内的供电设备、信号调备等受环境变形敏感性的设备进行调查和分析。

考虑到深圳地铁1号线运营时间不长的实际情况，既有线现状调查方法主要采用资料调研和进洞调查的方法。资料调研主要是通查看设计图纸和竣工验收资料掌握既有线的结构形式、尺寸大小和设计标准、配筋量等相关技术参数；进洞调查主要了解既有线洞内结构现状和裂缝分布、轨道结构类型、关键尺寸等，并将调查结果与设计图纸作对比印证。

另外，为给穿越施工过程中及完成后可能产生的责任纠纷提供基本依据，有必要对既有线关键技术参数，如裂缝现状情况作穿越前的现状三方确认。

5.2 既有线线路条件

1. 国老区间

(1)国老区间下穿部分线路不仅有半曲线，还有竖曲线，且平面曲线半径较小，仅为350 m。新线与既有线之间的夹角约为55°，穿越施工距离较垂直穿越长。既有线轨道存在着曲线加宽和外轨超高，对附加变形较敏感。既有线轨道现状“波磨”较为严重，无疑也增加了穿越施工的风险。

(2)既有线线路为单洞双层结构，宽6.8 m，高约13.2 m。这种线路形式虽然减少了穿越施工的次数和距离，但穿越施工时上、下行线路同时运营，既有线受施工影响的运营风险较大。

(3)既有线结构采用复合式衬砌。初期支护采用喷混凝土、钢筋网、锚杆和格栅钢架，二衬采用钢筋混凝土。这种线路的整体刚度虽比装配式衬砌较大，但另一方面无疑增加裂缝张开和扩展的可能性。

2. 燕大区间

(1)燕大区间下穿部分最小平面曲线半径为350 m，且纵向坡度也比较大，施工线路与运营线路水平夹角仅为20°～23°，从线型上属斜交下穿，下穿距离长。地铁2号线左右线对地铁1号线的影响范围均超过70 m，盾构施工对运营线路的影响周期长，对变形控制要求较高。

(2)既有线上、下行线路为两个分离的单洞，线间距约为10.0～15.0 m，共有4个穿越交叉点，穿越的次数多和盾构掘进施工的距离长，新建隧道施工风险和既有线运营风险大。同时，新建线路的平面曲线半径也较小，仅为350 m，盾构姿态控制难度大，工程安全控制风险高。

(3)既有线隧道结构采用复合式衬砌，初期支护采用网喷、锚及格栅钢架等组成联合支护体系，并以小导管注浆超前预支护。二次衬砌为C25防水钢筋混凝土厚300 mm，其抗渗标号不小于S8。既有线隧道结构刚度虽比装配式衬砌较大，但另一方面无疑增加裂缝张开和扩展的可能性。

5.3　隧道结构现状

1. 国老区间

(1)隧道结构设计概况

国贸—老街区间南段为深圳地铁 1 号线的一个区间的一段，该段隧道出国贸站后沿人民南路北上，斜穿罗雨干渠和人民南路与北段相接，设计起讫里程 SK1＋358.920～SK1＋550.00，全长 191.29 m(SK1＋420.21～SK1＋400.00，长链 0.21 m)。SK1＋358.920～SK1＋419.700 段施工方法采用明挖顺作法，基坑开挖深度约 25 m，明挖段总长 60.99 m，总宽 7.1 m，主体结构设计为左右线上下重叠的单跨双层结构，采用复合结构形式，顶、中、底板与内衬墙及围护结构形成为一闭合框架结构，围护结构采用 800 厚地下连续墙，结构防水以混凝土自防水为主。SK1＋419.700～SK1＋550.000 段采用暗挖，暗挖段长 130.3 m，采用单洞双层结构，宽 6.8 m，高约 13.2 m。

既有线结构采用复合式衬砌。初期支护采用喷混凝土、钢筋网、锚杆和格栅钢架，二衬采用钢筋混凝土。开挖前洞内拱部采用 ϕ42 小导管注浆超前支护、ϕ76 中空注浆钢管管棚等辅助施工支护。初期支护喷混凝土为 C20 早强混凝土，厚 300 mm，二次衬砌为抗渗等级不低于 S8 的 C25 钢筋混凝土。中板为普通 C25 钢筋混凝土。初期支护施工时应在拱部 150°范围内预埋 ϕ42 钢花管作注浆管，壁厚 3.5 mm，长 1 000 mm，间距 1 000 mm×1 000 mm，梅花形布置。其中 SK1＋470～＋480 段(断层破碎带)全环预埋管长 2 000 mm，每当初期支护闭合成环一定长度后，即对初衬背后压注水泥浆。结构防水等级为二级，采用结构自防水及于初期支护与二次衬砌间的拱墙部位铺设柔性防水隔离层等综合措施。隧道复合式衬砌二衬拱部与防水层之间空隙应进行充填式注浆。主筋保护层厚度：迎土面为 50 mm，背土面为 30 mm，中板为 30 mm。

国老区间暗挖结构横断面及配筋情况分别见图 5.1、图 5.2，每延米工程数量和钢筋数量分别见表 5.1 和表 5.2。

表 5.1　国老区间暗挖结构每延米工程数量

序号	工程项目	材料及规格		单位	数量	备注
1	开挖	土石方		m^3	82	
2	超挖回填	C20 素喷早强混凝土			3.63	
3	模筑衬砌	C25 钢筋混凝土	二衬		17.21	防水、耐腐蚀
			中板		4.20	普通混凝土
		Ⅰ级钢筋		kg	259.00	
		Ⅱ级钢筋			2 172.62	SK1＋419.7～＋465 SK1＋485～＋600
					2 301.36	SK1＋465～＋485
4	初期支护背后压浆	一般段	水泥浆液	m^3	0.90	
			ϕ42 钢花管	m/kg	10.0/33.5	每环 10 根
		断层段 ＋470～＋480	水泥浆液	m^3	5.44	
			ϕ42 钢花管	m/kg	68/227.8	每环 34 根
5	二衬背后充填注浆	长度		m	1.00	

表 5.2　国老区间暗挖结构每延米钢筋量

编号	直径	型　式	单根长(mm)	根数	总长(m)	总重(kg)	备注
①	ϕ20	见大样图	34 415	6.67	229.55	566.07	数量取 ΔH 平均值计算
②	ϕ20	见大样图	30 395	6.67	202.73	499.93	数量取 ΔH 平均值计算
③	ϕ22	500　6 060　500	7 060	6.67	47.09	140.52	
④	ϕ22	500　6 060　500	7 060	6.67	47.09	140.52	
⑤	ϕ18	1 000	1 000	68	68.00	135.18	
⑥	ϕ16 (ϕ18)	1 000	1 000	314	314.00	495.49 (624.23)	数量取 ΔH 平均值计算
⑦	ϕ10	80　420　80	580	371	215.18	132.77	数量取 ΔH 平均值计算
⑧	ϕ10	80　540～1 740　80	930(平均)	90	83.70	51.65	

续上表

编号	直径	型　式	单根长(mm)	根数	总长(m)	总重(kg)	备注
⑨	ϕ22	2 000	2 000	13.33	26.66	79.55	
⑩	ϕ22	2 900	2 900	13.33	38.66	115.36	
⑪	ϕ10	80 420～840 80	790(平均)	153	120.87	74.58	
Ⅰ级钢筋合计						259.00	
Ⅱ级钢筋合计						2 172.62 (2 301.36)	

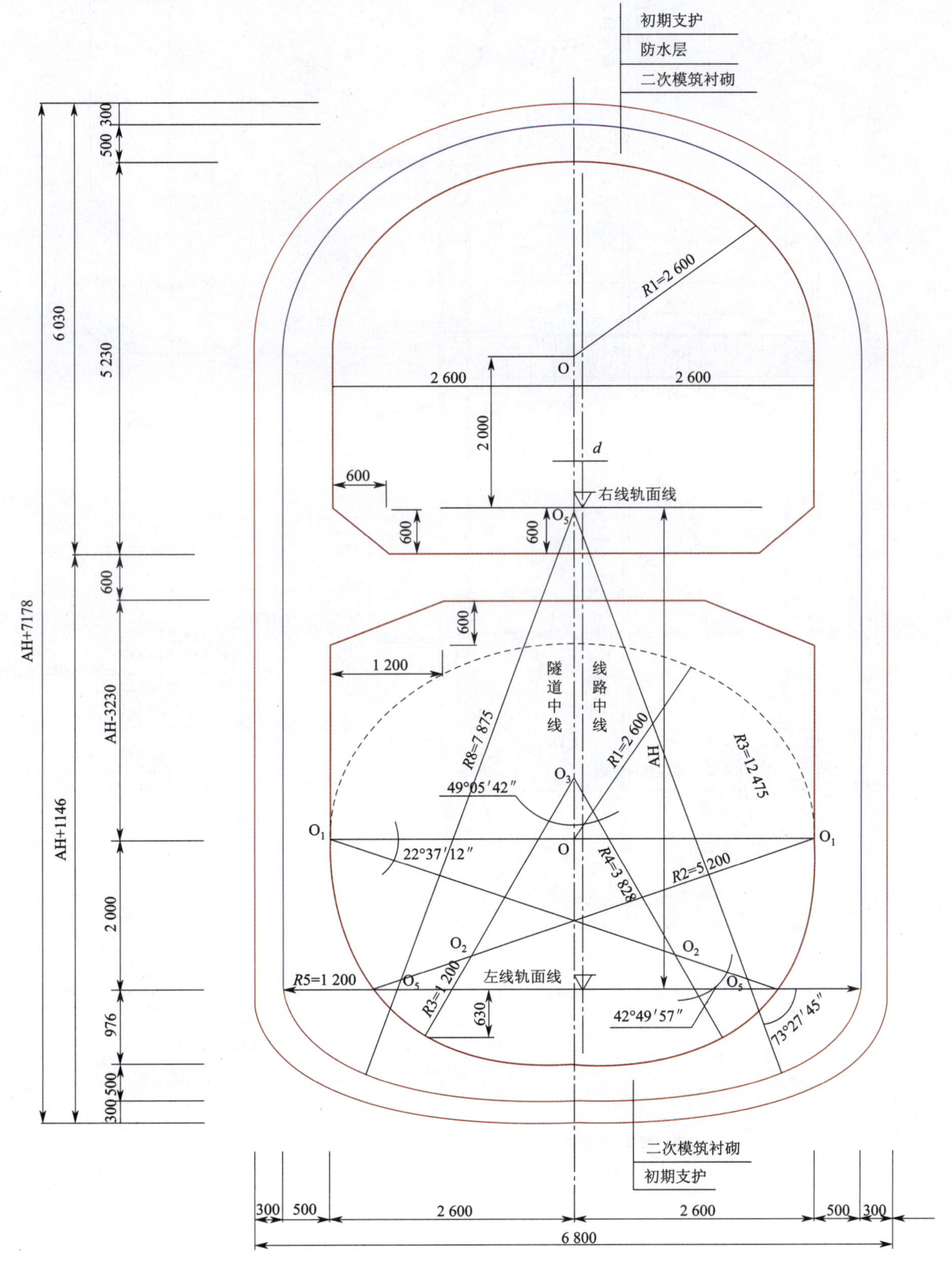

图 5.1　国老区间暗挖结构横断面

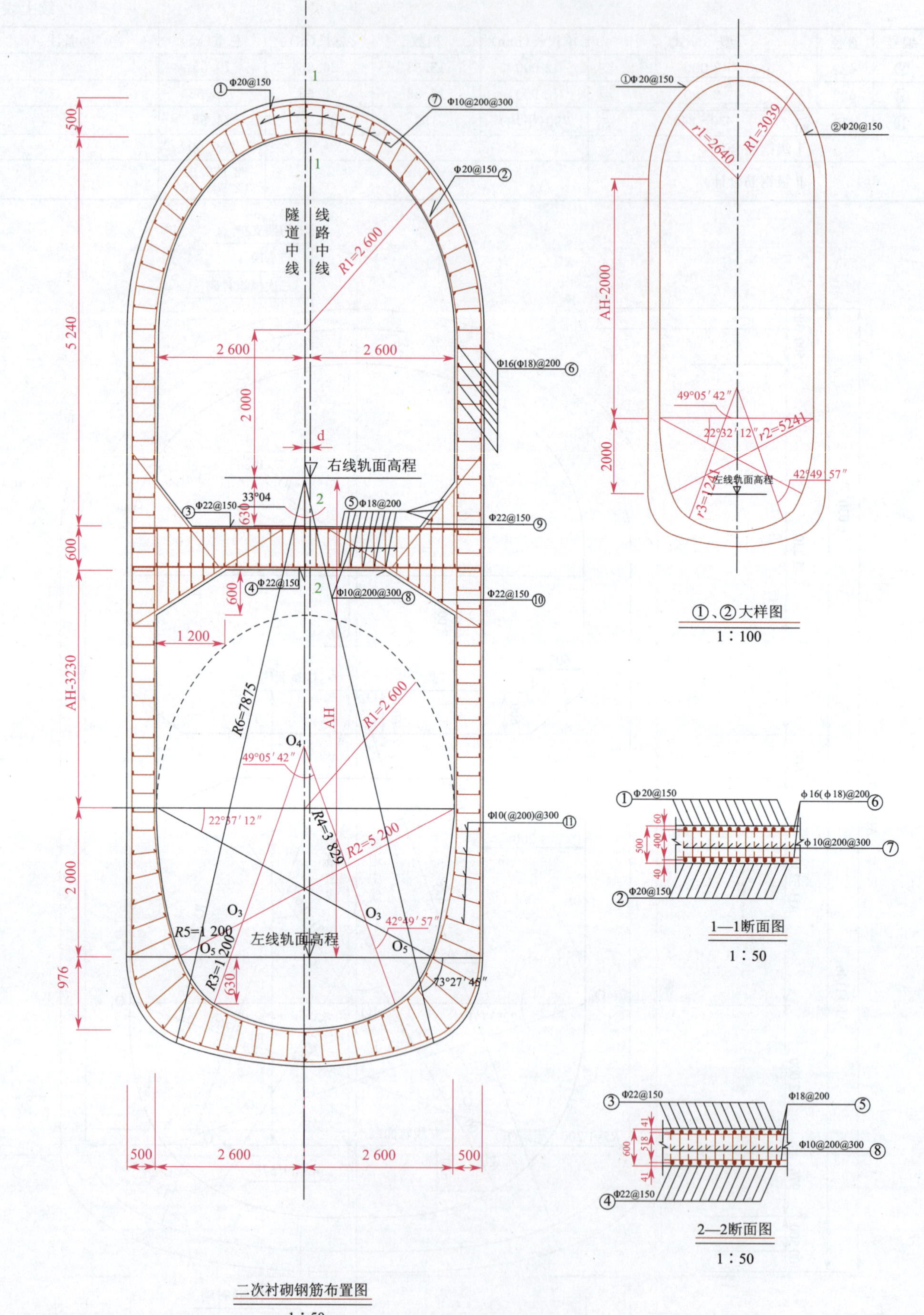

图 5.2 国老区间暗挖结构配筋

(2)隧道结构现状

根据1号线国老区间左线隧道进洞调查情况，在1号线相对应里程SK1＋640～SK1＋720(监测范围起点、终点里程)作了2号线与1号线交叉点准确定位(左线SK1＋682.964，右线SK1＋662.652)，并对监测范围隧道结构变形缝、施工缝、裂缝以及漏水较严重位置作了详细记录，统计如下：可以初步确定监测范围共76.84 m，其中左右线交叉斜长约20.35 m，右线交汇点右侧21.556 m为边缘监测点(YQD)，左线交汇点左侧34.975 m为边缘监测点(ZQD)，该范围内施工缝及裂缝共18条，其中6条有渗水及漏水情况。

进洞调查所拍摄照片分别见图5.3～图5.7。不同里程变形缝、施工缝及裂缝分布情况见图5.8。

图5.3　老街站—国贸站区间叠线隧道下层隧道形状

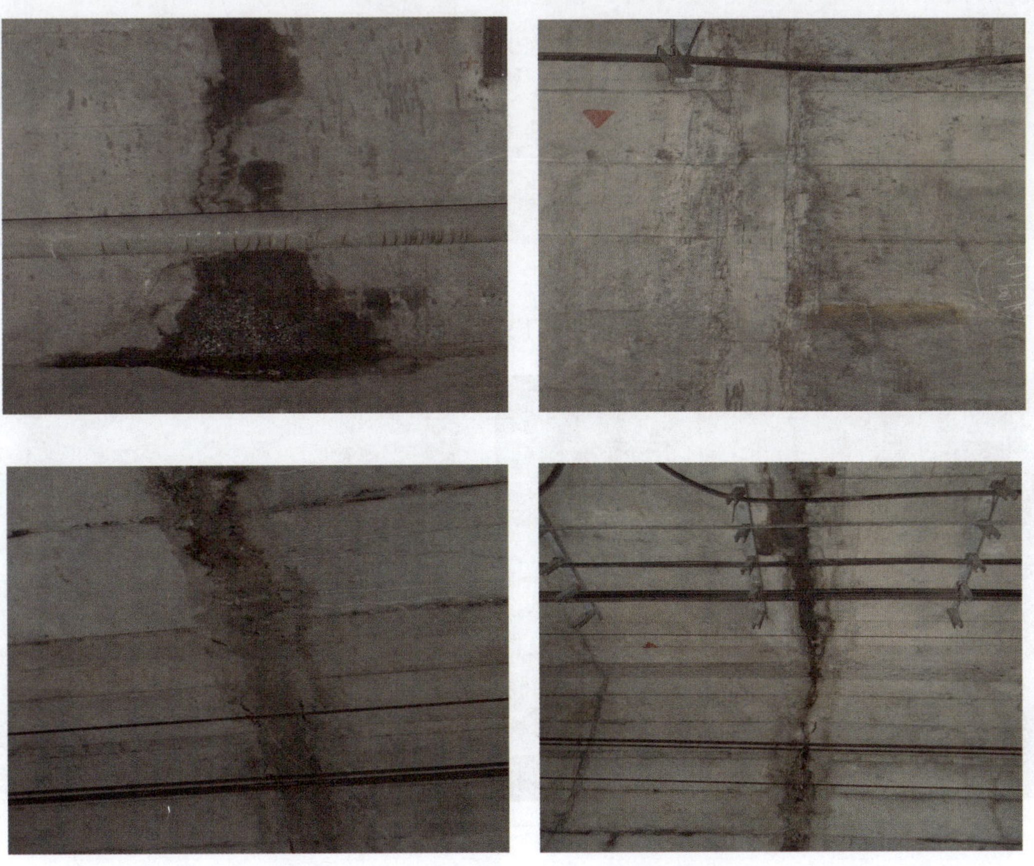

图5.4　左侧监测范围内施工缝渗水情况

图 5.5　右侧监测范围内裂缝举例

(左线)

(右线)

图 5.6　下穿 1 号线位置确定

(右线)

(左线)

图 5.7　下穿 1 号线监测范围起点

(SK1+639　变形缝渗水较严重)

(SK1+643.6　墙体裂缝)

(SK1+647.6　墙体裂缝)

(SK1+650.5　道床伸缩缝一处)　(SK1+663.2　道床伸缩缝一处)

图　5.8

(SK1+664.352　墙体施工缝)

(SK1+673.2　墙体施工缝渗水较严重)

(SK1+682　墙体施工缝有微量渗水)

(SK1+686.7　墙体裂缝，顺大里程方向左侧墙体局部混凝土掉落)

(SK1+688.5　墙体裂缝)

图　5.8

(SK1+691　墙体施工缝局部有渗水)

(SK1+695.5　墙体施工缝)

(SK1+702.5　墙体顶部有一处裂缝)

(SK1+708　墙体施工缝有微量渗水)

图　5.8

(SK1+713.4 墙体局部裂缝)

(SK1+717.5 墙体施工缝)

图 5.8 不同里程变形缝、施工缝及裂缝分布情况

2. 大科区间

(1)隧道结构设计概况

结构采用复合式衬砌，初期支护采用网喷、锚及格栅钢架等组成联合支护体系，并以小导管注浆超前预支护。各支护参数如下：

1)C20 网喷混凝土，厚 300 mm。

2)封闭式格栅钢架每榀间距 700 mm。

3)ϕ8 钢筋网，150 mm×150 mm。

4)ϕ22 早强锚杆，i=3 m，间距(纵×环)700 mm×1 000 mm，呈梅花形布置，在边墙设置 ϕ42 小导管，拱部 150°范围设置，L=3.5 m，壁厚 4 mm，环向间距 0.3 m，两环间搭接长度不小于 1 m。

5)二次衬砌：C25 防水钢筋混凝土厚 300 mm，其抗渗标号不小于 S8。

科大区间暗挖结构横断面尺寸见图 5.9，每延米工程量见表 5.3，初期支护格栅钢架情况见图 5.10，横断面配筋情况见图 5.11，横断面配筋量见表 5.4。

表 5.3 科大区间暗挖结构横断面及每延米工程量

序号	工程项目		单位	数量	备注
1	开挖土石		m^3	33.75	
2	防水层	复合防水卷材	m^2	14.19	
3	初期支护	C20 早强网喷混凝土	m^3	8.01	
		ϕ8 钢筋网	kg	107.44	
		ϕ22 早强锚杆 L=3 m	m/kg	47.14/140.67	
		ϕ22 格栅钢架	榀	1.43	0.7 m 一幅
4	二次衬砌	C25 防水钢筋混凝土(不小于 S8)	m^3	5.35	
5	注浆	ϕ42 超前小导管 L=3.5 mm	m/kg	101.5/380.63	每环
		注浆浆液	m^3	3.31	
		注浆加固土体	m^3	10.33	
6	隧底填充	C25 混凝土	m^3	0.57	道床以下部分

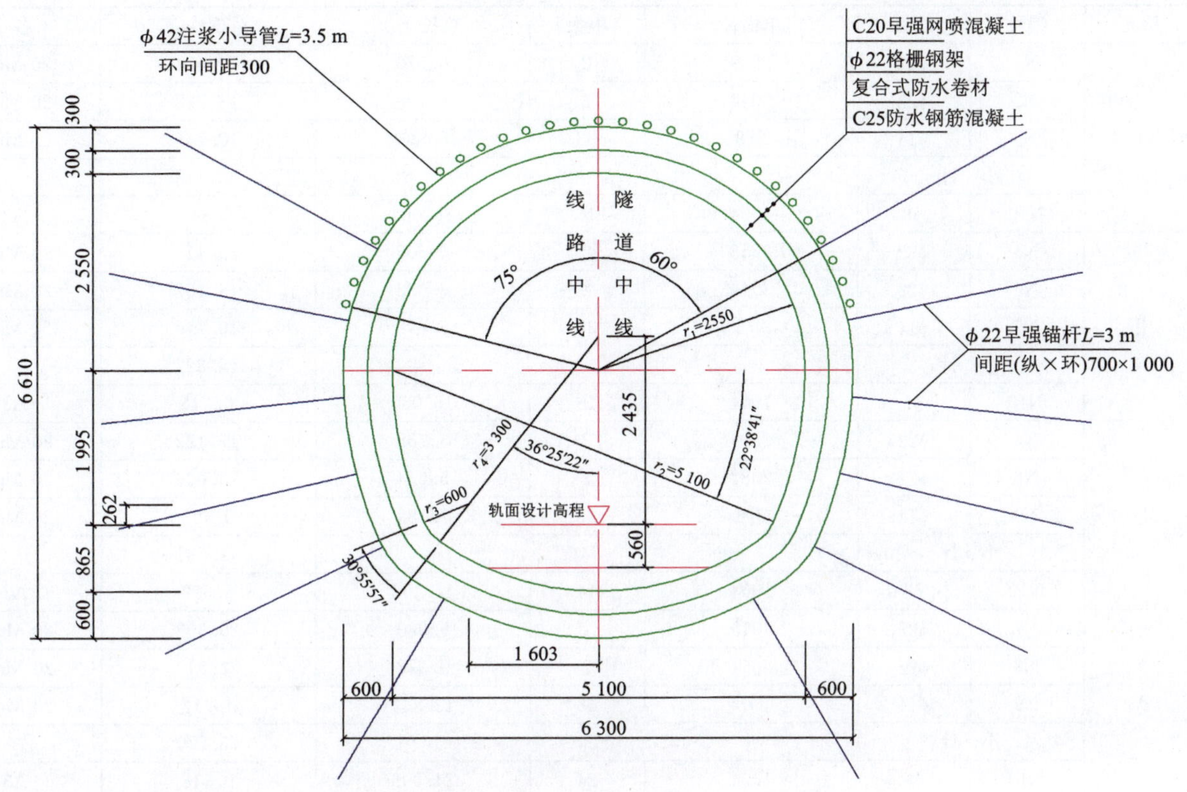

图 5.9 科大区间暗挖结构横断面(单位:mm)

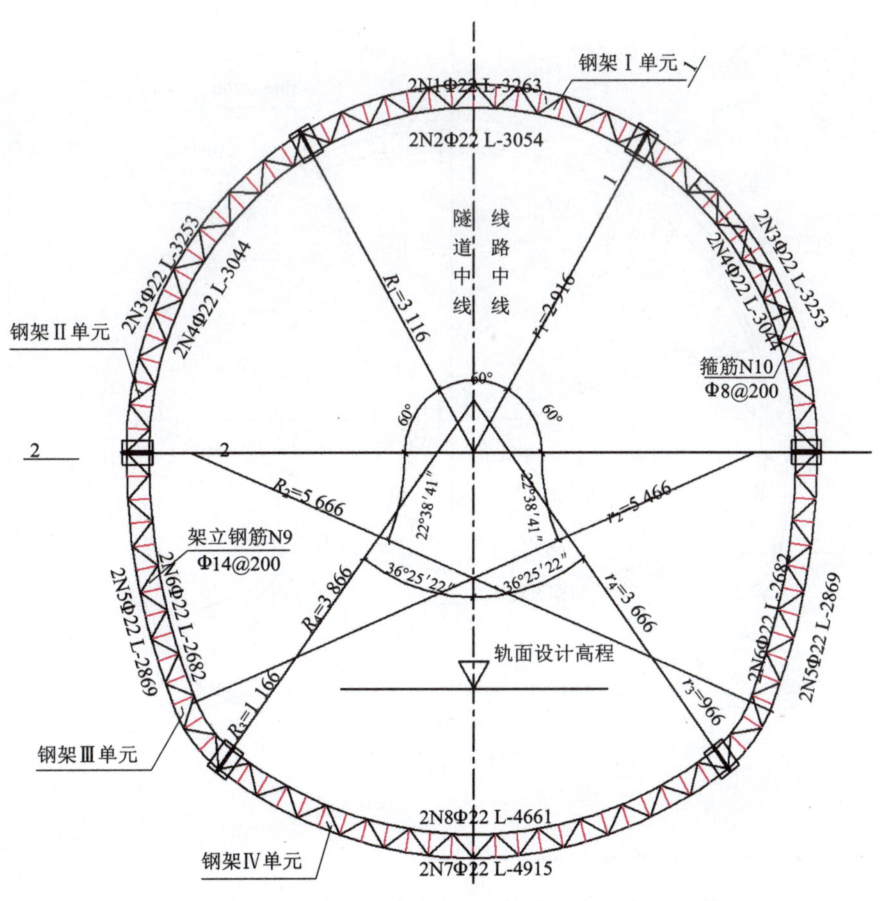

图 5.10

单元	编号	规格	单根长	根数	总长(m)	总重(kg)	备　注
Ⅰ	N1	ϕ22	3263	2	6.526	19.474	20 MnSi 钢
	N2	ϕ22	3054	2	6.108	18.228	20 MnSi 钢
	N9	ϕ14	278	32	8.896	10.746	20 MnSi 钢
	小　计					48.448	
	N10	ϕ8	1004	16	16.064	6.345	A3 钢
Ⅱ	N3	ϕ22	3253	2	6.506	19.414	20 MnSi 钢
	N4	ϕ22	3044	2	6.088	18.167	20 MnSi 钢
	N9	ϕ14	278	32	8.896	10.746	20 MnSi 钢
	小　计					48.327	
	N10	ϕ8	1004	16	16.064	6.345	A3 钢
Ⅲ	N5	ϕ22	2869	2	5.738	17.122	20 MnSi 钢
	N6	ϕ22	2682	2	5.634	16.006	20 MnSi 钢
	N9	ϕ14	278	28	7.784	9.403	20 MnSi 钢
	小　计					42.531	
	N10	ϕ8	1004	14	14.056	5.552	A3 钢
Ⅳ	N7	ϕ22	4915	2	9.830	29.333	20 MnSi 钢
	N8	ϕ22	4661	2	9.322	27.817	20 MnSi 钢
	N9	ϕ14	278	48	13.344	16.12	20 MnSi 钢
	小　计					73.270	
	N10	ϕ8	1004	24	24.096	9.518	A3 钢

图 5.10　科大区间暗挖结构初期支护格栅钢架

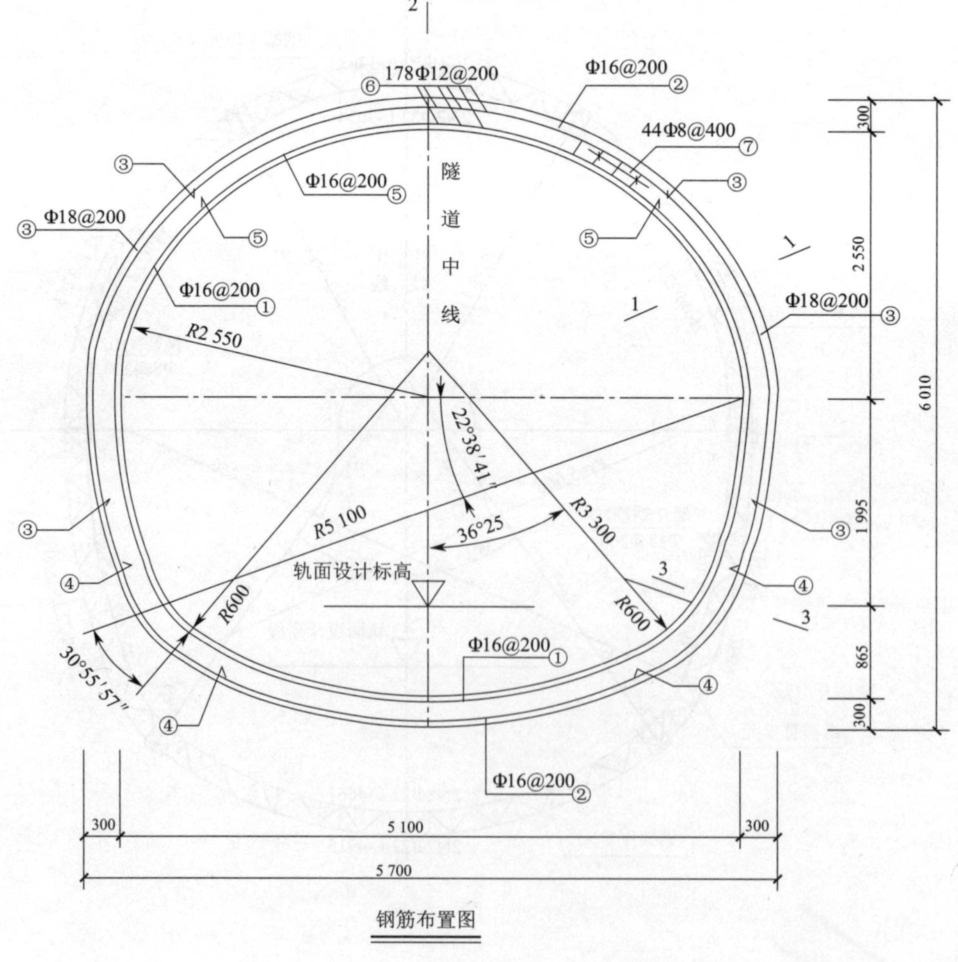

钢筋布置图

图　5.11

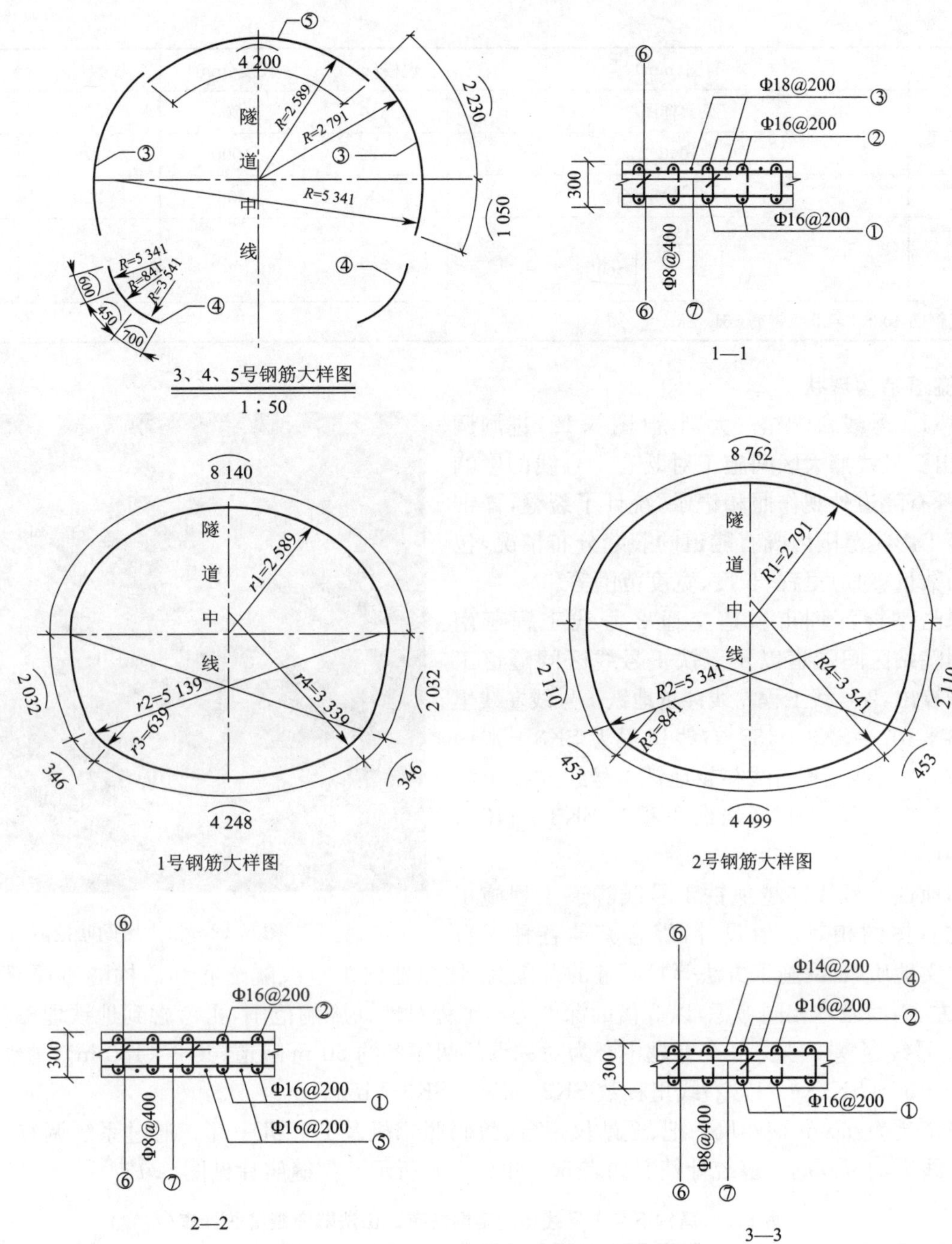

图 5.11　科大区间暗挖结构横断面配筋情况

附注：

1. 本图尺寸均以 mm 计。
2. 衬砌采用 C25 钢筋混凝土(抗渗标号不小于 S8)，Ⅰ、Ⅱ级钢筋，主筋混凝土保护层厚迎水侧 50 mm，背水侧 30 mm。
3. 6 号和 7 号钢筋间距为结构中心圆弧上的环向间距。箍筋采用梅花形布置。
4. 钢筋搭接应优先采用焊接，焊接长度按相关规范要求办理。
5. 钢筋明细表中钢筋尺寸为钢筋中心的长度，且只供计算工程数量使用，实际尺寸以施工放样为准。钢筋数量未计入搭接和损耗量。
6. 8 号蹬筋仅仰拱呈梅花形布置，纵向间距 400，环向间距 600。

表 5.4　科大区间暗挖结构横断面配筋量(每延米)

钢筋编号	简图(mm)	规格(mm)	长度(mm)	根数(根)	重要(kg)
1	见大样图	ϕ16	17 150	5	135.5
2	见大样图	ϕ16	18 390	5	145.3
3	见大样图	ϕ18	3 400	10	68.0
4	见大样图	ϕ14	1 750	10	21.2

续上表

钢筋编号	简图(mm)	规格(mm)	长度(mm)	根数(根)	重要(kg)
5	见大样图	ϕ16	4200	5	33.2
6	1000	ϕ12	1000	178	158.1
7	236	ϕ8	336	220	29.2
8	450 / 188 / 200 / 200	ϕ10	1226	15	11.3
合计:Ⅰ级钢筋 40.5 kg,Ⅱ级钢筋 561.3 kg					

(2)隧道结构现状

通过对1号线科学馆—大剧院(图5.12)进洞调查,测量出2号线燕大区间施工对既有1号线的影响范围,对既有隧道外观作照相记录,统计了裂缝,详细记录了施工影响范围内既有隧道的裂缝分布情况,包括裂缝的数量、对应里程、长度、宽度范围等。

图5.12 科大区间暗挖隧道

根据已掌握深圳市轨道交通2号线工程燕南站—大剧院站区间隧道以及地铁1号线区间隧道工程资料推算出,2号线工程左线穿越地铁1号线左线里程为SK3+107~SK3+133,右线里程为SK3+70~SK3+105。2号线工程右线穿越地铁1号线左线里程为SK3+136~SK3+167,右线里程为SK3+112~SK3+140。

根据地铁2号线穿越地铁1号线隧道工程施工的特点和具体的相对位置设计,综合其他各种因数(规范、水文地质条件、施工方法等),调查的范围为:按照地铁1号线隧道底和盾构隧道顶部的垂直净距约3.13 m,左、右线基本相同考虑,以3倍的深度为本工程对地铁影响范围,再考虑到地铁埋深等因素,对应的里程数:2号线穿越1号线:2个穿越中心为对称点的两侧各约50 m隧道(共2×160 m),地铁1号线左线里程数SK3+57~SK23+217,右线里程数SK3+25至SK3+185。

调查工具为:50 m钢卷尺一把、全站仪一台、数码照相机及DV机一部。通过系统调查,本区间施工对既有1号线影响范围的裂缝统计情况如表5.5和表5.6所示。裂缝照片见图5.13。

表5.5 盾构下穿1号线影响范围既有矿山法隧道裂缝统计表(右线)

裂缝编号	裂缝所对应运营里程	裂缝位置	长度(m)	标记长度(cm)
1	SK3+069.4	底板	2.5	6.8
2	SK3+070.3	3点	3	6.1
3	SK3+070.3	3点纵向	1.5	—
4	SK3+071.0	底板	2.5	5.9
5	SK3+073.9	9点	2.5	7.2
6	SK3+075.3	底板	2.9	5.1
7	SK3+072.6	底板	2.7	6.5
8	SK3+077.3	9点	5	7.0
9	SK3+079.0	底板	2.5	5.5
10	SK3+082.0	底板	2.5	6.3
11	SK3+083.0	整环	整环	7.0
12	SK3+084.8	底板	2.5	7.0
13	SK3+083.9	底板	2.8	5.8
14	SK3+086.0	9点	整环	5.9

续上表

裂缝编号	裂缝所对应运营里程	裂缝位置	长度(m)	标记长度(cm)
15	SK3＋086.6	底板	2.9	6.2
16	SK3＋087.1	底板	2.8	5.9
17	SK3＋084.3	3点	整环	6.2
18	SK3＋091.7	底板	2.5	6.4
19	SK3＋091.5	9点	整环	4.8
20	SK3＋093.2	底板	2.7	6.6
21	SK3＋096.1	底板	2.5	5.7
22	SK3＋096.1	9点	5	7.1
23	SK3＋094.8	3点	整环	6.7
24	SK3＋098.4	底板	2.6	6.7
25	SK3＋098.5	9点	整环	6.7
26	SK3＋101.0	底板	2.5	7.9
27	SK3＋101.0	9点	4.0	6.5
28	SK3＋105.0	3点	3.0	7.8
29	SK3＋107.0	3点	4.0	7.6
30	SK3＋108.1	底板	2.5	7.8
31	SK3＋110.2	底板	2.5	7.3
32	SK3＋108.5	9点	2.0	7.2
33	SK3＋108.6	7点	0.4	8.1
34	SK3＋113.0	9点	4.0	4.9
35	SK3＋111.6	底板	2.3	7.8
36	SK3＋114.5	底板	2.5	8.8
37	SK3＋115.0	3点	5.0	7.5
38	SK3＋115.2	9点	3.0	6.6
39	SK3＋117.9	9点	3.0	7.6
40	SK3＋119.0	底板	2.5	7.3
41	SK3＋119.0	3点	整环	7.7
42	SK3＋112.2	底板	2.5	8.5
43	SK3＋122.1	9点	2.0	7.4
44	SK3＋125.0	底板	2.6	7.8
45	SK3＋125.3	3点	整环	7.1
46	SK3＋127.1	底板	2.8	7.9
47	SK3＋128.3	3点	4.0	8.2
48	SK3＋128.5	9点	1.0	6.2
49	SK3＋130.0	9点	5.0	6.4
50	SK3＋131.3	底板	2.6	7.6
51	SK3＋131.5	9点	2.5	7.9
52	SK3＋133.2	9点	3.0	7.2
53	SK3＋133.5	底板	2.9	8.5
54	SK3＋133.2	4点	1.8	7.0
55	SK3＋134.9	8点	4.0	6.5
56	SK3＋134.9	底板	2.6	7.7
57	SK3＋136.4	4点	2.5	6.5
58	SK3＋137.9	底板	2.7	8.5
59	SK3＋139.3	8点	3.2	6.1
60	SK3＋140.0	底板	2.8	7.6

续上表

裂缝编号	裂缝所对应运营里程	裂缝位置	长度(m)	标记长度(cm)
61	SK3+139.5	3点	2.5	9.1
62	SK3+141.2	9点	2.4	7.0
63	SK3+143.7	底板	2.5	8.0
64	SK3+145.7	底板	2.7	7.7
65	SK3+147.8	底板	2.6	10.5
66	SK3+150.3	底板	2.6	7.1
67	SK3+152.4	底板	2.8	6.7
68	SK3+155.6	底板	2.8	8.8
69	SK3+157.2	底板	2.5	8.7
70	SK3+158.7	底板	2.6	7.6
71	SK3+160.3	底板	2.7	6.0
72	SK3+161.9	底板	2.6	9.1
73	SK3+166.3	底板	2.5	7.6
74	SK3+169.2	底板	2.6	8.1
75	SK3+174.2	底板	2.5	11.2
76	SK3+177.3	底板	2.5	12.1
77	SK3+182.2	底板	2.6	7.5
78	SK3+185.6	底板	2.8	7.4
79	SK3+189.0	底板	2.7	10.0
80	SK3+190.2	底板	2.6	7.0
81	SK3+194.4	底板	2.5	8.7
82	SK3+198.3	底板	2.7	7.4
83	SK3+201.5	底板	2.5	7.9
84	SK3+204.7	底板	2.8	8.0
85	SK3+195.0	8点	整环	7.8
86	SK3+186	9点	整环	7.3
87	SK3+169.0	8点	整环	8.5
88	SK3+176.0	8点	整环	6.6
89	SK3+173.0	8点	整环	7.2
90	SK3+158.5	9点	整环	7.6
91	SK3+162.2	8点	整环	7.8
92	SK3+156.5	9点	整环	7.7

说明：1. 表中所示里程为既有1号线的运营里程；2. 裂缝点位为既有1号线大里程～小里程所对应的点位；3. 9点位置有一条贯穿整个隧道的裂缝，本表未作统计。

表 5.6　盾构下穿1号线影响范围既有矿山法隧道裂缝统计表(左线)

裂缝编号	裂缝所对应运营里程	裂缝位置	长度(m)	标记长度(cm)
1	SK3+034.0	底板	2.5	13.0
2	SK3+037.0	3点	1.8	16.9
3	SK3+040.3	底板	2.5	12.8
4	SK3+039.4	3点	4.5	10.9
5	SK3+044.4	3点	1.5	10.3
6	SK3+043.7	9点	3.0	7.9
7	SK3+052.7	底板	2.5	12.1
8	SK3+057.2	3点	7.0	8.5

续上表

裂缝编号	裂缝所对应运营里程	裂缝位置	长度(m)	标记长度(cm)
9	SK3+060.9	3点	4.0	10.9
10	SK3+063.2	3点	2.5	10.8
11	SK3+066.4	底板	2.5	9.15
12	SK3+073.1	底板	1.7	9.5
13	SK3+076.0	底板	2.5	11.7
14	SK3+076.0	3点	4.5	9.9
15	SK3+079.0	底板	2.5	8.4
16	SK3+084.0	3点	5.0	8.8
17	SK3+085.6	底板	2.9	8.1
18	SK3+089.4	底板	2.7	10.7
19	SK3+094.4	底板	2.5	10.5
20	SK3+099.2	底板	2.5	9.7
21	SK3+103.2	底板	2.5	8.0
22	SK3+102.0	底板	整环	9.0
23	SK3+107.7	底板	2.5	7.3
24	SK3+111.0	整环	整环	8.6
25	SK3+112.5	底板	2.5	8.3
26	SK3+115.5	底板	2.5	7.7
27	SK3+118.0	底板	2.5	9.6
28	SK3+119.9	3点	整环	8.0
29	SK3+121.3	底板	1.8	6.7
30	SK3+124.9	底板	2.6	5.8
31	SK3+129.0	底板	2.5	14.7
32	SK3+132.4	底板	2.5	10.9
33	SK3+132.6	3点	1.0	9.5
34	SK3+133.0	底板	2.5	7.5
35	SK3+137.8	整环	整环	7.4
36	SK3+138.2	底板	2.5	7.4
37	SK3+142.4	底板	2.5	8.2
38	SK3+147.3	底板	2.5	8.6
39	SK3+147.0	整环	整环	8.0
40	SK3+151.6	底板	2.5	8.5
41	SK3+155.2	底板	2.5	11.0
42	SK3+155.2	整环	整环	9.1
43	SK3+169.7	底板	1.7	7.3
44	SK3+164.4	整环	整环	9.6
45	SK3+160.1	底板	2.5	9.8
46	SK3+167.5	底板	2.5	7.6
47	SK3+170.1	底板	2.5	10.3
48	SK3+174.4	底板	2.5	9.0
49	SK3+175	整环	整环	7.4
说明:1. 表中所示里程为既有1号线的运营里程;2. 裂缝点位为既有1号线大里程～小里程所对应的点位;3.9点位置有一条贯穿整个隧道的裂缝,本表未作统计。				

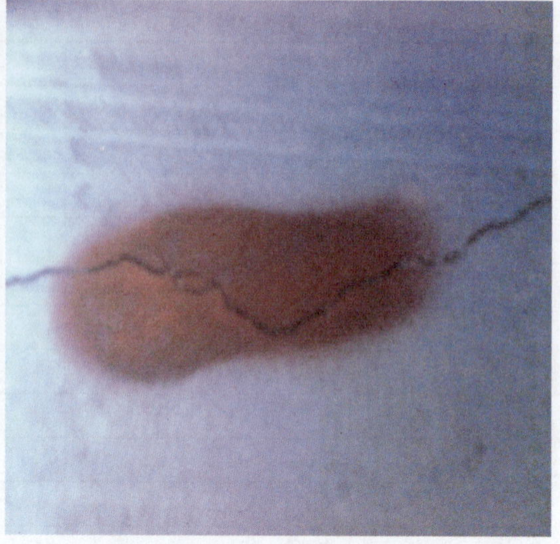

(边墙裂缝：包含纵向和环向，裂缝长度范围约为0.5～7 m，宽度范围约为0.01～1.2 mm)

(施工缝裂缝：最小约1 m，最大裂缝，宽度范围为0.01～1.2 mm)

道床裂缝：长度范围为1.3～1.6 m，宽度范围为0.1～4.5 mm

图 5.13

图 5.13

图 5.13　燕大区间下穿 1 号线部分隧道裂缝示意图

通过既有线洞内裂缝的调查和分析，可以做出既有 1 号线裂缝展开图。图 5.14 为既有 1 号线右线裂缝展开图，图 5.15 为既有 1 号线左线裂缝展开图。

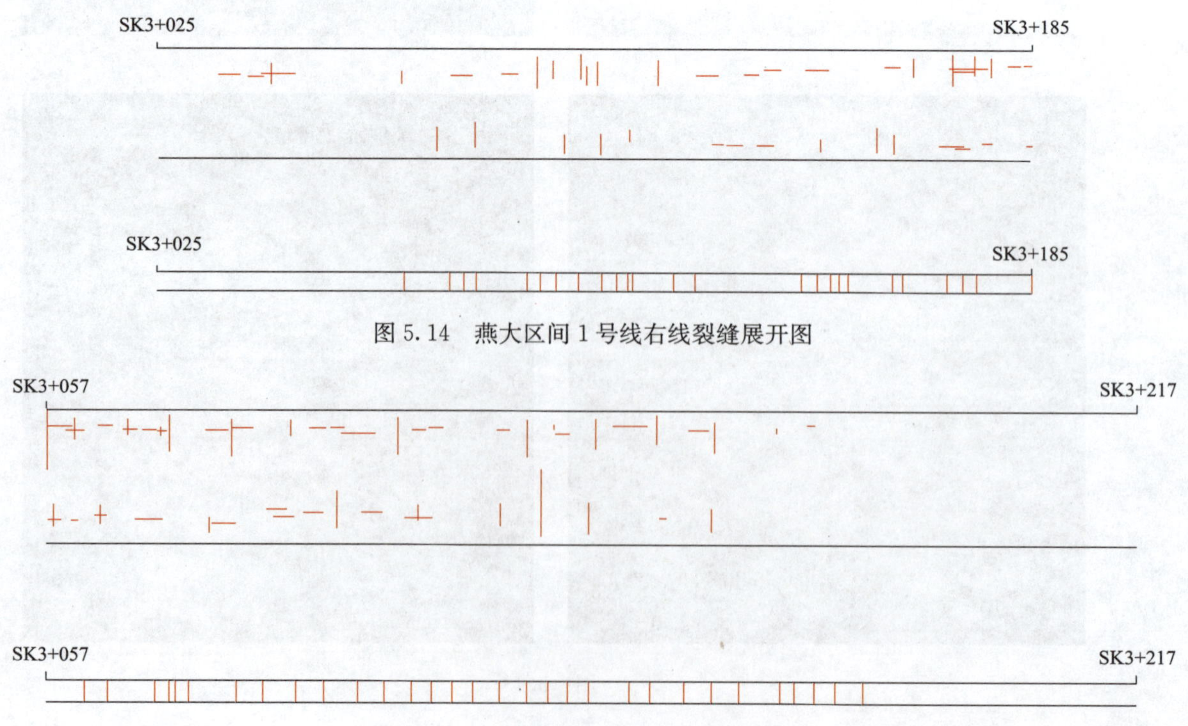

图 5.14　燕大区间 1 号线右线裂缝展开图

图 5.15　燕大区间 1 号线左线裂缝展开图

5.4 轨道结构

轨道结构由钢轨、扣件、轨枕、道床和道岔等组成。根据调研，1 号线轨道钢轨采用 60 kg/m，标准轨长度为 25 m，钢号为 PD3(高碳微矾)热轧轨，力学性能抗拉强度为 $\sigma_b \geqslant 980$ MPa，屈服强度为 $\sigma_{0.2} \geqslant 880$ MPa，布氏硬度为 280～300HB。直线和曲线半径为 250 m 及以上地段铺设无缝线路。

钢轨扣件采用弹条Ⅱ型分开式扣件(图 5.16)，该扣件为无挡肩分开式扣件，扣压件采用国铁标准Ⅱ型弹条，弹性好，扣压力大。利用绝缘轨距块调整轨距，又能起隔振和绝缘作用。轨下设置铁垫板能改善短轨枕的受力状态，延长扣件零部件和短轨枕使用寿命，同时增加轨道的高低调整量。

扣件的主要性能：

(1)单个弹条扣压力不小于 9 kN；

(2)扣件抗横向力水平力能力：疲劳荷载大于 30 kN，静载大于 45 kN；

(3)绝缘套管抗拔力大于 60 kN；

(4)扣件节点垂直静刚度：35～50 kN/mm；

(5)轨顶标高调整量 15 mm；

(6)轨距调整量：－12～＋8 mm；

(7)绝缘电阻：单组扣件绝缘电阻大于 108Ω。

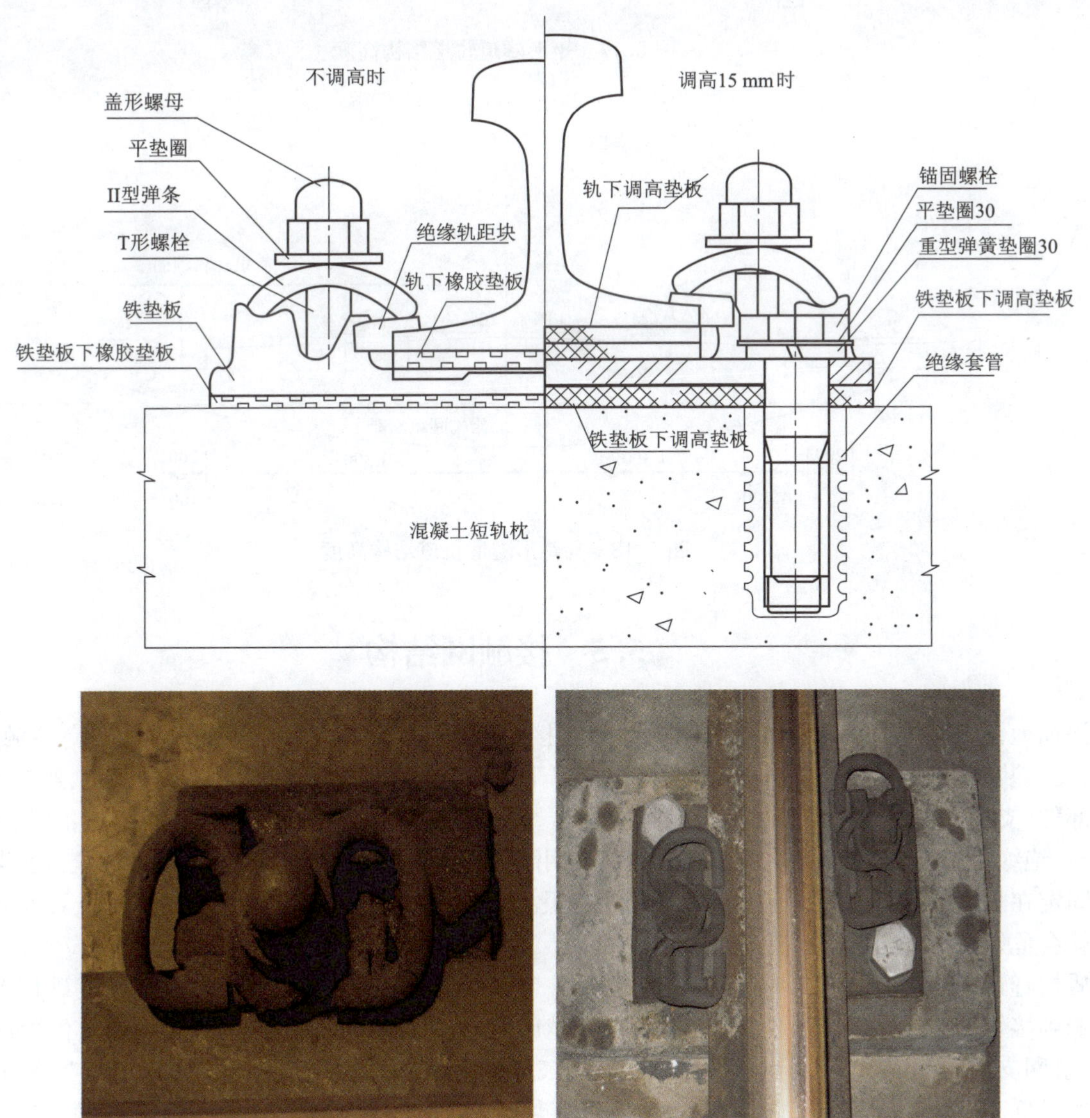

图 5.16　弹条Ⅱ型分开式扣件构造图

1号线整体道床结构形式采用钢筋混凝土短轨枕式整体道床，道床混凝土强度等级采用C30，并在道床底部布置钢筋网，以提高整体道床的可靠性和整体性，并同时起到排除杂散电流作用。整体道床每隔一定距离设置伸缩缝并尽量避开短轨枕。短轨枕混凝土强度等级采用C50，该轨枕底部伸出钢筋与道床混凝土连接，短轨枕宜在工厂预制。

矩形隧道轨道结构高度为560 mm，马蹄形隧道轨道结构高度为560＋f mm（f为可调整量），分别见图5.17和图5.18，曲线地段另加半个超高值。较高减振地段，地下段采用弹性短轨枕或减振型整体道床，矩形隧道及马蹄形隧道轨道结构高度为620 mm，圆形隧道轨道结构高度为820 mm。

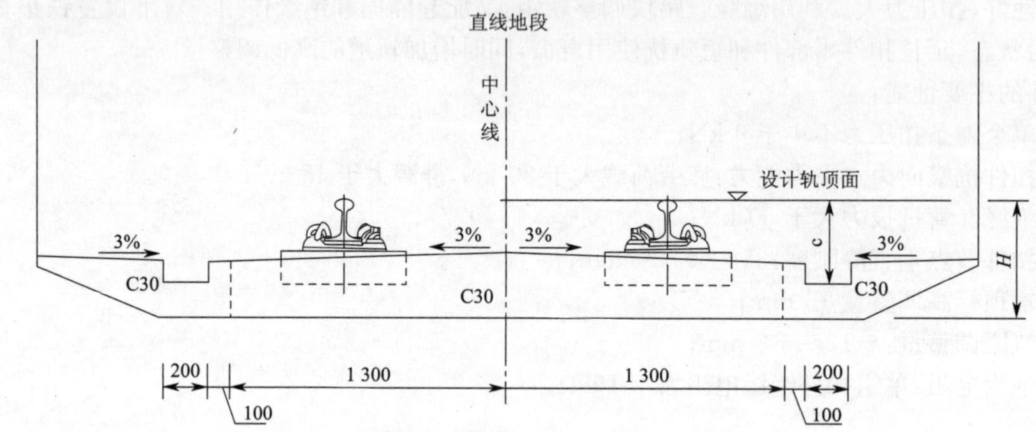

图5.17　矩形隧道轨道结构高度

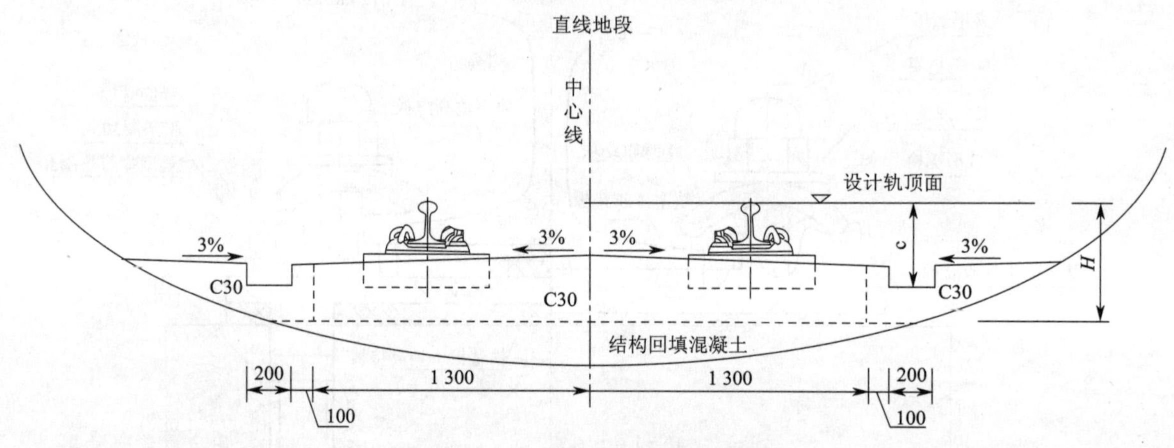

图5.18　马蹄形隧道轨道结构高度

5.5　接触网结构

深圳地铁1号线全线牵引供电采用柔性架空接触网，见图5.19。一般来说，柔性架空接触网由支柱与基础、支持装置、接触悬挂几部分组成，大致包括以下设备：(1)线材（接触线、承力索、馈线、架空地线）；(2)主要零部件（支柱、腕臂结构、吊弦、中心锚结、补偿器、软（硬）横跨、馈线肩架等）；(3)主要设备（隔离开关、分段绝缘器、绝缘子、避雷器等）。这其中，支柱与基础用以承受接触悬挂、支持和定位装置的全部负荷，并将接触悬挂固定在规定的位置和高度上。支柱位置的变化就会导致接触网与线路之间的相对位置发生改变，变化过大就会危及行车安全。

盾构隧道下穿既有线施工时，不可避免地会引起既有线隧道结构产生位移、支柱和基础位置的改变，进而影响到接触网与线路的相对位置。因而，在穿越施工时应密切关注接触网与线路相对位置的以下指标：(1)接触网支柱的侧面限界；(2)接触网导线高度；(3)接触线最大坡度。地铁设计规范规定，隧道内接触线距轨面的最低高度为4 000 mm。柔性接触线高度变化时，其坡度应符合表5.7的规定；接触网带电部分和结构体、车体之间的最小净距，应符合表5.8的规定。

图 5.19 深圳地铁 1 号线供电接触网

表 5.7 柔性接触线最大坡度值

列车速度(km/h)	接触线最大坡度(‰)
10	40
30	20
60	10
90	6
120	5

表 5.8 接触网电部分和培构体、车体之间的量小净距(mm)

标称电压	净态	动态	绝对最小动态
750 V	25	25	25
1 500 V	150	100	60

5.6 裂缝现状确定

既有线现状调查的重要内容之一是进行既有线洞内裂缝现状四方确认，建设单位、监理、运营单位和施工都要到现场确认，并在打印后的裂缝现状统计表格上签字盖章。这一做法可以为穿越施工进行中及完成后可能产生的纠纷提供基本依据。表 5.9 为大科区间右线现状裂缝确认结果。裂缝情况现场确认工作见图 5.20。

表 5.9 大科区间右线现状部分裂缝确认结果

盾构下穿 1 号线影响范围既有矿山法隧道裂缝统计表(右线)				
裂缝编号	裂缝所对应运营里程	裂缝位置	长度(m)	标记长度(cm)
1	SK3+069.4	底板	2.5	6.8
2	SK3+070.3	3 点	3	6.1
3	SK3+070.3	3 点纵向	1.5	—
4	SK3+071.0	底板	2.5	5.9
5	SK3+073.9	9 点	2.5	7.2
6	SK3+075.3	底板	2.9	5.1
7	SK3+072.6	底板	2.7	6.5
8	SK3+077.3	9 点	5	7.0
9	SK3+079.0	底板	2.5	5.5
10	SK3+082.0	底板	2.5	6.3
11	SK3+083.0	整环	整环	7.0
12	SK3+084.8	底板	2.5	7.0
13	SK3+083.9	底板	2.8	5.8
14	SK3+086.0	9 点	整环	5.9
15	SK3+086.6	底板	2.9	6.2
16	SK3+087.1	底板	2.8	5.9
17	SK3+084.3	3 点	整环	6.2
18	SK3+091.7	底板	2.5	6.4
19	SK3+091.5	9 点	整环	4.8
20	SK3+093.2	底板	2.7	6.6
21	SK3+096.1	底板	2.5	5.7

续上表

盾构下穿 1 号线影响范围既有矿山法隧道裂缝统计表(右线)				
裂缝编号	裂缝所对应运营里程	裂缝位置	长度(m)	标记长度(m)
22	SK3+096.1	9 点	5	7.1
23	SK3+094.8	3 点	整环	6.7
24	SK3+098.4	底板	2.6	6.7
25	SK3+098.5	9 点	整环	6.7
现场签认	业主	监理	运营单位	施工单位
说明:1. 表中所示里程为既有 1 号线的运营里程; 2. 裂缝点位为既有 1 号线大里程～小里程所对应的点位; 3. 9 点位置有一条贯穿整个隧道的裂缝,本表未作统计				

图 5.20　既有线洞内裂缝情况现场确认

5.7 小　　结

通过资料调研和现场查看,摸清了既有线隧道结构形式、断面尺寸和配筋情况,确认了左、右线下穿位置和监测范围,对隧道结构的表观进行了详细的查看,掌握了穿越范围内的裂缝分布情况,具体结论如下:

(1)对既有线现状进行全面调查是制定穿越工程施工控制标准及技术措施,保证既有线运营安全和新建隧道施工安全可靠的必须工作。

(2)对既有线进行现状调查,除调查既有线的线路条件、隧道结构的形式和尺寸、轨道结构的类型和尺寸外,还应对既有线隧道内的供电设备、信号调备等受环境变形敏感性的设备进行调查和分析。

(3)通过隧道结构现状调查可以确定,2 号线东延线穿越 1 号线施工过程中,隧道结构变形监测和控制标准中的项目必须包括:1)隧道结构沉降(隆起);2)施工缝处差异沉降;3)隧道结构水平位移;4)现状裂缝张开度监测。既有线监控量测的范围也随之确定。这其中,隧道结构沉降(隆起)和变形缝处差异沉降应予以特别关注。

(4)根据既有线隧道现状调查结果,可以认为当前结构承载力较建成之初没有降低,既有线结构的各种力学参数,如弹模、泊松比等,可按设计值选取。

(5)关于隧道结构变形控制标准,需要兼顾深圳地铁有限公司制定的《城市轨道交通安全保护区施工管理办法(暂行)》和深圳市地铁有限公司运营分公司企业标准《深圳地铁隧道维修规程》中的相关规定,建议取其中的小者作为穿越施工中的隧道结构变形控制标准。

(6)轨道结构变形控制标准主要应满足既有线路运营养护的要求,建议取经常保养轨道变形允差值的 50%作为现场监护时的控制指标。由于施工缝的存在,除轨距、高低、水平外,还应关注三角坑的变化。建议增加隧道结构与轨道道床结构脱开变形的监测。

(7)隧道结构、轨道变形的分级防护。根据既有线隧道结构、轨道结构变形特点,确定隧道结构、轨道结构日变形允许值和累积变形允许值,并采用预警值、报警值和控制值三级防护制度。穿越施工之前,建议既有线实施线路预防和调整措施。

(8)为防患于未然,穿越施工前应向线路维护部门充分了解接触网的养护维修状况,掌握接触网的工作状态,特别是要了解支柱与既有线隧道结构的连接状况,一旦发现有螺栓松动或连接不牢靠的地方,及时采取加固措施,确保穿越施工过程中接触网的正常工作。

(9)穿越施工时,为确保工程安全和运营安全,建议既有线线路受施工影响部分限速 15 km/h 运营。

6 盾构适应性分析技术

6.1 引言

盾构施工体系主要由3部分组成,即施工环境(主要是地质环境)、盾构机和人。由于两处穿越工程的施工单位和人员已经确定,在穿越施工过程中应主要加强安全风险意识,严格过程质量控制。地质环境是盾构隧道的载体,是穿越工程的基础条件,它的好环程度对穿越工程能否成功的影响不言而喻,可以通过加强勘探工作加以了解或掌握。而盾构机是隧道施工过程中的唯一工具,是人发挥主观能动性、克服地质环境、实施成功穿越的凭借。事实上,地质环境的复杂性几乎无法让人随时随地了解盾构机前面的实际特点和状态,特别是大东区间和燕大区间两处穿越工程所采用的盾构机又不是根据此两处盾构区间的地质特点"量身定做",也就更无法保证盾构机具备百分之百的适应性,必须结合穿越工程的实际情况进行盾构掘进施工的适应性分析。

盾构机制造所依据的对象,称之为施工环境,它是基础地质、工程地质、水文地质、地貌、地面建筑物及地下管线和构筑物等特征的总和。就深圳地区地铁施工而言,复合地层是盾构施工环境的一个因素。在开挖断面范围内和开挖延伸方向上,由2种或2种以上不同地层组成,且这些地层岩石力学、工程地质和水文地质等特征相差悬殊,这种组合地层定义为复合地层(是指三维方向上的变化,而不仅仅是 mixed face 两维方向的变化)。复合地层的地质特点:(1)掘进断面地质条件差异大,地层在垂直方向有变化,地层在水平方向上也有变化。(2)常穿越断裂带。(3)花岗岩的球状风化,是花岗岩岩体风化过程中独有的一种地质现象。花岗岩的球状风化体的特征是体量比较小,一般体量多有1.0~3.0 m(个别的体量较大),多赋存在花岗岩的全风化、强风化岩体当中,由于它与其周围的围岩的强度相差巨大,且体量小,因此不易被钻探发现,在施工的过程中由于瞬间荷载突然加大,甚至会造成刀盘变形和刀具的严重损坏。特别要指出的是,即便是同时代的地层,因为岩性不同,其粉黏粒的含量差别可能很大。图6.1为复合地层中常常采用的刀盘形式。在复合地层,盾构施工模式和施工参数需要经常依据地质条件改变而变换,掘进模式在开胸、闭胸、欠土压、气压及土压平衡改水土压平衡、保压出土等方式间进行转换。另外,刀具选择和换刀作业要求高,需要根据掘进至不同地段的地质情况选用相应刀具,当刀具磨损时进行更换。经常需要在水压力大、土质差的地层进行带压换刀。复合地层中盾构掘进,经常出现刀具磨损(图6.2)、刀盘严重变形和大轴承密封损坏等问题。例如,深圳地铁某标段盾构工程始发后掘进78 m,开仓检查密封仓内严重结泥饼。泥饼强度估计超过5 MPa,并发现大轴承漏油、进砂。该过程施工状况为:建立土压,最大推力2 800 t,最大扭矩大于500 t·m。出土过程渣土温度达到72℃。分析原因:(1)在花岗岩的残积地层中掘进,黏粒含量超过40%,岩层能自稳。(2)建立高土压。(3)未使用添加剂改良渣土。(4)仓内形成高温高热化,继而烧坏密封。因此,从深圳地区地层特点和穿越施工所要求的快速、高效来看,也必须对穿越工程使用的盾构进行较为全面的适应性分析。

图6.1 复合地层中的刀盘形式

图 6.2　偏磨的刀具

盾构掘进施工的适应性分析，从大的方面来讲，主要可从两个方面展开。其一，从功能和制造工艺来讲，盾构机的配置和性能是否满足穿越工程施工的需要；其二，从盾构机的成色来看，盾构机使用寿命是否处于"青壮年"时期。如果盾构机的掘进寿命按 10 km 计，那么穿越工程之前，盾构机已有的掘进里程不超过 6 km。按照这一指标来控制，主要是为满足盾构尽可能较长距离一次推进的需要，减少穿越施工中的设备故障，力争在最短的时间完成穿越工程，降低工程风险。另外，对于盾构掘进施工的适应性分析还可以结合穿越工程进行前盾构机的表现，开展盾构机功能完善和维修工作，以尽可能满足穿越工程的实用要求。

虽然盾构机的选型和配置主要从整个标段的工程特点、地质情况和工期要求等方面来考虑，但在实践中仍有可能在某些技术环节上存在着与工程穿越部位地质情况不相适应的情况，则应尽可能从其他盾构掘进施工控制技术措施方面来克服这方面存在的不足，用尽可能小的代价实施盾构施工的快速、高效掘进。

6.2　穿越工程使用的盾构机

深圳地铁 2 号线东延线大东区间、燕大区间下穿地铁 1 号线国老区间和大科区间，施工各采用 2 台盾构机从左、右线相隔一定距离同向掘进。大东区间采用的是 1 台海瑞克盾构和 1 台维尔特盾构机，燕大区间采用的是 2 台海瑞克盾构机(编号分别为 S240 和 S463)。盾构机的各项技术参数见表 6.1 和表 6.2。

表 6.1　海瑞克土压平衡盾构机主要技术参数

主部件名称	细目部件名称	参　数
综　述	开挖直径	6 280 mm
	前护盾直径	6 250 mm
	主机长度	7.9 m
	整机长度	65 m
	盾构及后配套总重	429 t
	最小转弯半径	200 m
	最小竖曲线半径	2 000 m
	最大线路坡度	±4%
刀　盘	刀盘形式	装配有滚刀式
	开挖直径	6 280 mm
	系统最大允许磨损量(直径方向)	10 mm
	开口率	26%
	滚刀(单刃＋双刃)数量	4 把中心双刃滚刀和 31 把 17 英寸单刃滚刀
	标准刮刀(数量)	64 把
	刮刀(数量)	68 把
	刀盘外缘保护刀(数量)铲刀	16 把
	泡沫/泥浆注入孔数量	5 根泡沫，膨润土或水输送管

续上表

主部件名称	细目部件名称	参　数
刀　盘	重量(不含刀具)	51.5 t
	扩挖方式	多刃滚刀
	超挖刀数量	1把(备用)
	扩挖量	50 mm(半径)
	刮刀磨损监测装置数量(选报)	1套(备选)
刀盘驱动	驱动形式	液压
	转速	0～4.5 r/mim
	额定扭矩	5 980 kN·m
	最高转速理论扭矩	1 400 kN·m
	脱困扭矩	7 800 kN·m
	主驱动装机功率	945 kW
	主轴承形式(厂商)	固定式 Rothe Erde, Germanyor SKF/RKS, France
	主轴承直径	3 000 mm
	主轴承使用寿命	设计寿命≥13 000 h
	主轴承密封使用寿命	主轴承密封的设计寿命约为6 000～10 000 h,使用寿命取决于油脂润滑和工作条件
	(密封)工作压力	4.5 bar
	主轴承密封形式	3道唇密封系统
	主轴承内、外密封润滑方式	连续的油脂润滑系统
盾　壳	材质	钢结构
	前盾直径、长度、钢板厚度	6 250 mm、2 100 mm、60 mm
	中盾直径、长度、钢板厚度	6 240 mm、2 600 mm、40 mm
	后盾直径、长度、钢板厚度	6 230 mm、3 700 mm、40 mm
	中盾与前盾之间的连接方式	螺栓紧固连接方式
	钢丝刷密封数量	3道
	钢板束数量	—
	盾尾间隙	75 mm
	土压传感器数量	5个
	土压传感器测量精度	＜0.5%
	前盾重量	107 t
	中盾重量	85 t
	盾尾重量	24 t
推进系统	最大总推力	34 210 kN
	油缸数量	10个双缸和 10个单缸
	油缸行程	2 000 mm
	最大推进速度	80 mm/min
	管片安装模式下最大外伸速度	700 mm/min
	管片安装模式下最大回缩速度	1 600 mm/min
	管片安装模式下单缸最大回缩速度	1 600 mm/min
	位移传感器数量	4个
	推进油缸分区数量	4组
	推进系统装机功率	75 kW

续上表

主部件名称	细目部件名称	参　数
铰接系统	类型	被动
	最大收缩力	6 147 kN
	油缸数量	14 个
	油缸行程	150 mm
	最大伸出速度	—
	最大回缩速度	—
	位移传感器数量	4 个
	铰接转向角度	1.4°
铰接密封	密封形式	双唇橡胶铰接密封和紧急密封
	密封数量	1+1 个
人　仓	仓室数量	双仓
	容量	3+2
	仓门数量	3 个
	工作压力	4 bar
盾尾油脂系统	泵站形式	气动油脂泵
	管路数量	8 个
	压力传感器数量	8 个
	注入点分布	4×2
	盾壳上管路分布形式	内置式
集中润滑油脂系统	泵站形式	气动油脂泵
	管路分布	主驱动，螺旋输送机驱动和回转单元
螺旋输送机	类型(正反转)	有轴螺旋式
	数量	1 个
	输送机壳体内径	800 mm
	最大扭矩	198 kN·m
	最大转速	0～22 r/min
	最大能力(理论)	335 m^3/h
	节距	630 mm
	通过的卵石尺寸粒径	290 mm
	伸缩结构形式	伸缩油缸
	螺旋输送机轴承唇型密封润滑方式	集中润滑油脂系统
	排卸闸门伸缩量	800 mm
	重量	29 t
	螺旋输送机安全门	1 个
	保压泵接口	1 个
皮带输送机	驱动形式	电驱动
	数量	1 个
	皮带长度(约)	50 m
	速度	2.5 m/s
	最大能力	450 m^3/s
	皮带机装机功率	22 kW

续上表

主部件名称	细目部件名称	参　　数
同步单液注浆系统	盾壳上管路布置图	请参阅 A－2300－89
	注浆管路数量(含备用管路)	4 个＋4 个备用
	注浆泵型号	KSP12 泵
	能力	每个 10 m^3/h
	储浆罐容量	6 m^3
	储浆罐两端轴承润滑方式	手动
	压力传感器数量	4 个
	冲洗管路方式	
泡沫系统	管路数量	4 个
	注入口数量	4(刀盘上)＋4(压力仓壁)＋6(螺旋输送机), 另外刀盘上还有一个单独的注水口
	最大泡沫注入量	0.5～10 m^3/h
	控制模式	手动、半自动和全自动模式
	用水量	1 331 t/min
	泡沫系统装机功率	18 kW
泥浆(膨润土)注入系统	刀盘上的注入点数量	5 个
	泵流量	10 m^3/h
	泥浆罐容积	4 m^3
	泥浆泵装机功率	5.5 kW
管片安装	额定抓举能力	120 kN
	侧向积压力	125 bar
	转动扭矩	0～150 kN·m
	静扭矩	推力 50 kN
	形式	中心回转式
	驱动方式	液压驱动
	自由度	6 个
	移动行程	2 000 mm
	旋转角度	±200°
	旋转速度	0～1 r/min
	控制方式	无线控制和有线控制(紧急)
管片吊机	形式	机械抓紧式
	数量	1 个
	起吊能力	5 t
	起吊高度	3 m
	移动行程	20 m
	控制方式	操纵板控制
导向系统	形式	SLS－T APD
	测量精度	2 s
	有效工作距离	200 m
监视系统	摄像头数量	2 个
	显示屏数量	1 个
后配套	托车数量	4 个
	连接桥长度	12.5 m
	允许列车通过尺寸(长×宽×高)	9 m×3.5 m×3.5 m
	后配拖车行走方式	在轨道上进行,开式结构

续上表

主部件名称	细目部件名称	参　数
冷却水系统	能力	$40m^3/h$
	进水管规格	DN80 mm
排污系统	形式	气动驱动
	能力	30 m^2/h
	排污管规格	DN80 mm
	扬程	30 m
压缩空气系统	排量	2×10 m^3/min
	额定压力	7.5 bar
	储气罐(容量+数量)	1 m^3+1个
	供气分配网	2条
	初次过滤器	1个
	二次过滤器(供人员仓)	1个
	自动保压装置类型	气动式(samson)
	自动保压装置的数量	2个(1个在紧急时使用)
二次通风	流量	9.2～12.5 m^3/s
	风管直径	600 mm
	装机功率	11 kW
液　压	液压系统部件总成使用寿命	设计寿命10 000 h
	油箱容量	4 m^3
	液压油(升)	4 000 L
	沥青质量	5 μm
	过滤功率	11 kW
电力系统	初次电压	10 kV±10%
	二次电压	0.4 kV
	变压器数量	1个
	变压器	2 000 kV·A
	变压器防护等级	IP55
	电器设备保护等级/标准	IP55
	高压电缆托架数量及能力	1个,容量200 m高压电缆
	电缆长度	200 m
消　防	灭火器数量	5个
控制和通讯	可编程控制器	1套
	显示器	1个
	数据采集系统	1套
	通讯	包含
	和地面上的通讯	包含(隧道内的通讯电缆买方提供)
	俯仰和旋转传感器	包含在ELS电子靶(光学机械系统)
功　率	刀盘驱动	945 kW
	扩挖装置	7.5 kW
	推进系统	75 kW
	管片安装机	45 kW
	螺旋输送机	200 kW
	皮带机	22 kW

续上表

主部件名称	细目部件名称	参　数
功　率	注浆泵	30 kW
	注浆储存罐的搅拌器	8 kW
	液压油过滤泵	11 kW
	主轴承润滑	4 kW
	管片吊机	4 kW
	空压机	110 kW
	冷却水系统	5.5 kW
	其他设备	153 kW
	总功率	1 620 kW
超前钻孔(备用)	超前钻机安装位置	装在管片安装机头部
	超前注浆孔数量	12 个
	超前钻机类型	HBL
	钻杆长度	约 800 mm
	钻机驱动形式	液压驱动
保压泵(备用)	最大流量	70～80 m^3/h
	入口最大压力	＞5 bar
	出口最大压力	30 bar
	入口处传感器数量	不含,但螺旋输送机出口处带有 1 个传感器

表 6.2　维尔特复合式土压平衡盾构机主要技术参数

主要部件名称	详细部件名称	技术性能参数
整机主参数	开挖直径	ϕ6280
	护盾直径	ϕ6 280/6 254/6 242 mm
	主机长度(含刀盘)	13 036 mm
	整机长度	84 560 mm
	盾构机及后配套系统总重	～535 000 kg
	最小转弯半径	250 m
刀盘主要参数	刀盘形式	6 辐条＋6 辐板
	开挖直径－安装撕裂刀	ϕ6 280 mm
	开挖直径－安装滚刀(最大)	ϕ6 310 mm
	系统最小超挖量	10 mm
	开孔率	28%
	撕裂刀/滚刀(互换)	40 把(含中心与周边刮刀)
	标准刮刀	100 把
	周边刮刀	12 把
	刀盘外缘保护刀	12 把
	滚刀轴向转动力矩	30～80 kN · m(根据地质条件可调整)
	泡沫/泥浆注入孔数量	5 个
	重量	54.5 t
	扩挖方式	液压式
	超挖刀数量	1 把
	扩挖量	75 mm
	旋转接头	液压:用于超挖刀和泡沫(5 条线)

续上表

主部件名称	细目部件名称	参　数
刀盘驱动主要参数	驱动形式	电机驱动
	转速	0～3.75 rpm(双向旋转)
	最大理论扭矩(额定)	4 900 kN·m(1.15 rpm 转速时)
	最高转速理论扭矩	1 500 kN·m(3.75 rpm 转速时)
	脱困扭矩	6 300 kN·m(0.25 rpm 转速时)
	主驱动装机功率	6×110=660
	主轴承形式	3 排轴向+径向圆柱滚子轴承
	主轴承直径	ϕ3 000 mm
	主轴承寿命	>10 000 h
	主轴承密封工作压力	0.45 MPa
	主轴承密封形式	2×3 道唇形密封
	主轴承润滑形式	自动集中润滑
盾体主要参数	形式	铰接式
	前盾外形尺寸	ϕ6 262 mm×2 830 mm
	中盾外形尺寸	ϕ6 254 mm×3 080 mm
	盾尾外形尺寸	ϕ6 246 mm×4 075 mm
	盾尾刷密封数量	3 道
	盾尾间隙	33 mm
	前盾安装土压传感器数量	5 件(安装在盾体承压隔板 4 件,1 件安装在螺旋输送机上)
	盾体部总重(含设备)	～325 000 kg
推进系统主参数	最大总推力	36 000 kN
	油缸数量	20 件
	油缸行程	2 100 mm
	最大推进速度	60 mm/min,20 个油缸同时工作
	管片安装模式下最大外伸速度	2 000 mm/min
	管片安装模式下最大回收速度	3 000 mm/min
	位移传感器数量	4 件
	推进油缸分区数量	4 区
	推进系统装机数量	55 kW
铰接系统主参数	类型	主动铰接式
	最大收缩力	24 000 kN/9 500 kN
	油缸数量	10 件
	油缸行程	180 mm
	最大外伸速度	20 mm/min
	最大回收速度	170 mm/min
	位移传感器数量	4 件
	铰接油缸分区数量	4 区
	铰接转向角度	1.5°
铰接密封参数	密封形式	2 道唇形密封+1 道止浆浆板
	密封数量	2+1
	密封使用寿命	10 km
	最大承受力	0.3 MPa
人闸主要参数	仓室数量	2 个
	容量	3 人(主仓)+1 人(紧急仓)
	仓门数量	2 级个单开门+1 个双开门
	设计/最大工作压力	0.525 MPa/0.35 MPa

续上表

主部件名称	细目部件名称	参　数
盾尾油脂系统主要参数	泵站形式	气动式
	管路数量	2×6 线路(每个注脂腔 6 个)
	压力传感器数量	2×6 个
	注入点分布	均布
	盾壳上管路布置形式	内置式
集中润滑油脂系统	泵站形式	气动式
	管路分布形式	均布(铰接密封)
螺旋输送机主要参数	类型(正反转)	轴式,螺旋叶片装有防磨板,壳体内焊接防磨条
	数量	1 件
	螺旋输送机壳体内径	Φ800 mm
	最大扭矩	126 kN·m(0～14 rpm)
	最大转速	25 r/mim
	最大处理能力	420 m^3/h
	节距	
	伸缩结构形式	套管式
	排碴闸门伸缩量	
	排碴闸门最大承压	
	重量	～
	螺旋输送机安全门	位于底部,用于将输送机和开挖室隔音
	保压泵的法兰接口	在螺旋输送机出渣口处
皮带运输机主要参数	驱动形式	电机驱动
	数量	1 件
	皮带宽度	800 mm
	皮带长度	58.7 m
	转速	3.13 m/s
	最大处理能力	450 t/h,或约 340 m^3/h
	皮带机装机功率	55 kW
同步单液注浆系统主要参数	盾壳上管路布置形式	内置式
	注浆管路数量	2×4 根(其中 4 根备用)
	注浆泵数量	2 台
	注浆泵型号	KCU550 DUO－PUTAMEISTER
	单泵能力	12 m^3/h
	砂浆储存罐容积	2×3 m^3
	压力传感器数量	4 件
	冲洗管路形式	旁通式
泡沫系统主要参数	管路数量	刀盘 5 个,螺旋机 1 个(可注入泡沫、水、泥浆)
	注入口分布	刀盘内圈 2 个,外圈 3 个螺旋输送机 1 个
	最大泡沫注入量	220 m^3/h
	控制模式	手动/自动
	用水量	5 m^3/h &10 bar
	泡沫系统装机功率	5.5 kW(泡沫 0.5 kW＋水泵 5 kW)

续上表

主部件名称	细目部件名称	参　数
泥浆(澎润土)注入系统主要系数	刀盘上的注入点	1～5个,与泡沫注入点一致
	泵流量	10 m^3/h,可调整
	泥浆罐容积	4 m^3/h
	泥浆泵装机功率	10 kW
管片安装机主要参数	额定抓举能力	55 kN
	侧向挤压力	35 kN
	转动扭矩	146 kN·m
	静扭矩	316 kN·m
	型式	6自由度齿圈式,机械抓取
	驱动方式	液压驱动
	自由度	6
	移动行程	2 100 mm(满足更换前两道盾尾刷)
	旋转角度	±220°
	旋转速度	0～1.5 r/min(速度可调)
	控制方式	1无线控制+1固定箱控制
	超前钻机安装位置	可以安装一台超前钻机用于盾构前方和壳体四周的地质超前钻探和钻孔注浆加固
管片吊机主要参数	形式	机械抓取式
	起吊能力	50 kN
	起吊高度	2 400 mm
	移动行程	～15 m
	控制方式	1固定控制箱
导向系统参数	形式	PPS
	测量精度	2 s
	有效工作距离	500 m
监视系统参数	摄像头数量	3台
	显示屏数量	1个
后配套主参数	拖车数量	1段连接桥+8节门架式拖车
	连接桥长度(一段)	～10.5 m
	允许服务到与通过尺寸	～56 100 mm×1 500 mm×2 200 mm
	拖车外形尺寸	7 700 mm×5 000 mm×4 400 mm
	后配套拖车行走方式	轨道式
冷却水系统主要参数	冷却能力	40 m^3/h,0.7 MPa,28℃<500 μm
	水管卷筒规格	DN80 mm×24 m(拖地长度3.5 m出水用)
	进水压力	0.7 MPa
	进水温度	28℃
	出水压力	0.3 MPa
	出水温度	45℃
排污系统主要参数	形式	隔膜泵
	排污管规格	DN80 mm
	扬程/能力	50 m/40 m^3/h
空参气系统主要参数	排量	610 m^3/min
	额定压力	0.75 MPa
	储气罐	3 m^3
	供气分配网	后配套每节门架车上
	初次过滤器	有
	二次过滤器(工人闸使用)	有
	自动保压装置/数量	PIO系统/2套(配用1套)

续上表

主部件名称	细目部件名称	参　数
二次通风系统参数(备选)	流量	12 m³/s(风机)
	风管直径	Φ1 000 mm
	装机功率	11 kW
液压装置参数	油箱容积	6 m³
	液压油	矿物油 VG46
	滤清质量	7 级(NAS1638)
	过滤功率	11 kW
电力系统主要参数	初级电压	10 kV/50Hz
	二次电压	400 V(电机)220 V(照明)24 V(监测)
	主驱动变压器/数量	160 kVA 防水、防火，根据 IEC296 为 C2 级/1 台
	变压器防护等级/功率因素	IP55/IEC－529/COSθ＝0.9
	高压电缆托架数量及能力	1 个(带 200 m 高压电缆)
	电缆	阻燃等级根据 IEC332－1 为 C2 级
消防	灭火器数量	10 个
控制通讯系统参数	可编程控制器	700 输入/输出
	显示器	3 个(1 个用于数据处理显示，1 个用于电视监视，1 个用于 PPS 监视)
	数据采集系统	40 个参数的数据采集记录
	通讯	4 部电话
	与地面上的通讯	在操作室内的电脑安装有调制解调器
各系统驱动功率	刀盘驱动	6×110＝660 kW
	扩挖装置	2.2 kW
	推进系统	55 kW
	管片安装机	45 kW
	螺旋输送机	200 kW
	皮带输送机	55 kW
	注浆泵	2×30 kW
	砂浆储存罐的搅拌器	9 kW
	液压油过滤泵	11 kW
	主轴承润滑	2.2 kW
	管片吊机	11 kW
	空压机	55 kW
	冷却水系统	16 kW
	其他设备	80 kW
	总功率	1 273.2 kW
超前钻机参数(备选)	超前注浆孔数量	6 个沿中盾壳上部正中向两侧分布
	超前钻机数量	Deilman Haniel 或同等级别产品(用户自备)
	钻杆长度	1 m
	钻机驱动形式	液压驱动
保压泵参数	最大流量	
	入口最大压力	
	出口最大压力	
	入口传感器数量	
刀具磨损监测装备(备选)	数量	4 个
	类型	液压监测

续上表

主部件名称	细目部件名称	参　数
碴土称量系统	型号	RAMSEY MINI 11－10F 或同等产品
	称的数量	2 个
	传感器数量	1 个
超前地质雷达探测系统(备选)	探测目标	溶洞、断裂带、破碎带、饱和含水区域、风化和分解区域
	探测距离	盾构机前方 5 倍洞径距离
	探测原理	电流(阻抗值和频率)
二次补浆参数	注浆泵数量	2 台(一台水玻璃泵,一台砂浆泵)
	出口最大压力	2 MPa
	泵的功率	2×7.5 kW
	水玻璃储存罐容积	1 m^3

6.3　盾构机功能分析

总体来看,两处穿越工程采用的两类盾构机(海瑞克盾构机和维尔特盾构机)的性能参数,是依据复合地层的特点量身定做的,除大东区间的维尔特盾构机为新造盾构机外,其余 3 台下盾构机都已经在广州和深圳的地铁工程建设中有过使用,总体是适应于复合地层特点的。两处穿越工程虽然都有“上软下硬”的特点,但“上软下硬”的类型又有所区别,大东区间穿越工程主要为中风化、微风化花岗片麻岩,燕大区间主要为强风化和中风化花岗岩,且两处穿越工程地层条件在线路纵向上的变化程度也有所区别,因而盾构机的适应性也就有所区别。

1. 大东区间海瑞克盾构机

大东区间右线地质条件:右线盾构隧道下穿地铁 1 号线前后 30m 范围内全断面为＜21－4＞微风化花岗片麻岩和＜21－3＞中风化花岗片麻岩地层,洞顶覆盖＜21－3＞岩层厚度约 2.8m,地铁 1 号线坐落在＜21－3＞地层上,与 2 号线净距为 2.76m。相比左线,右线盾构施工地质条件较好,采用一台海瑞克盾构机施工。工程正式穿越之前,施工单位已对盾构设备选型和盾构机对地层的适应性予以充分考虑,对盾构机的多项系统进行了有针对性的改造和改进。为了对地层更好地进行塑流化改造,对渣土改良系统进行了适应性改造,盾构刀盘注入孔配置为:1 个注入孔加水,2 个注入孔加入高分子材料,另外 2 个注入孔加泡沫剂。另外在螺旋输送机前端增加 TAC 注入口,可利用 3%～5%浓度 TAC 对改良土渣的吸水性能,在螺旋输送机内形成土塞效应,防止刀盘前方土体在改良效果不佳的情况下发生“喷涌”的危险,TAC 高分子材料注入率为 40 mL/min～80 mL/min。为使同步注浆达到更好效果,改造了原有同步注浆系统,改造后的同步注浆系统具有注双液浆的功能,且与盾构机分离,一旦发生堵管等问题,可迅速更换,保证了同步注浆的及时和高效,注浆量和注浆效果得到有效保证。盾构本身具有主动铰接功能,相比于被动铰接,更适应于盾构换刀操作、姿态控制和快速掘进。在下穿越 1 号线前,盾构机又进行了全面的维修和保养、刀具的检查和更换,为后来快速、高效穿越 1 号线打下了很好的基础,且对 1 号线沉降的控制效果也较好。

2. 大东区间维尔特盾构机

大东区间左线地质条件:左线盾构隧道下穿地铁 1 号线前后 30 m 范围内全断面为＜21－3＞中风化花岗片麻岩、＜9－4＞微风化花岗岩地层,在 1 号线正下方盾构隧道下半洞为＜9－4＞微风化花岗岩,洞顶覆盖＜21－3＞岩层很薄,厚约 0.15 m,其上为＜9－2－1＞和＜21－2－1＞强风化地层,均具有遇水易软化、崩解,强度急剧降低的特点,扰动后变成流砂状或糊状,自稳时间极短,容易坍塌。地铁 1 号线坐落在＜9－2－1＞地层上,与 2 号线净距只有 1.78 m。相比右线,盾构施工地质条件稍差,需要盾构施工时控制好掘进工艺和参数,既能有效地破碎高强度、完整性较好的＜21－3＞、＜9－4＞硬岩层,又要减小对上部＜9－2－1＞地层的扰动以及地下水的流失,防止上部土体坍塌引起地铁 1 号线隧道下沉。

从盾构机的各项性能参数来看,盾构机适应于左线地层掘进。虽然盾构机尚处于磨合期,但施工单位在下穿 1 号线之前,对盾构机性能已有较好掌握,加之又对盾构制造上的缺陷进行了针对性改进和全面的维修保养，并进行了刀具的检查和更换，同时借鉴了右线盾构掘进控制的施工经验，为快速、高效穿越1号线打下了很好的基础，对1号线沉降的控制效果也较好。

3. 燕大区间S240盾构机

燕大区间右线施工采用海瑞克公司生产的土压平衡盾构机，编号为S240，规格为ϕ6280，盾构机全长8.5 m，最早应用于广州地铁3号线，之后曾在深圳地铁五号线5305标长—百区间(曲线半径R=400 m)使用过，该盾构机曾成功穿越过布吉河、广深铁路、吉华路。总的来看，该盾构机的制造年限较早，役龄较大，刀盘已经更新制造(见图6.3)，与最新制造的海瑞克盾构机相比，功能上还有些欠缺。从盾构井—大剧院站右线试验区的推进困难及后续开仓换刀工作来看，由于刀盘中央部门排土口的堵塞，造成裹刀和中央部位刀具偏磨和有效推力的大量消耗，因而盾构推进速度较小，盾构前进困难。对此，有如下分析和建议：

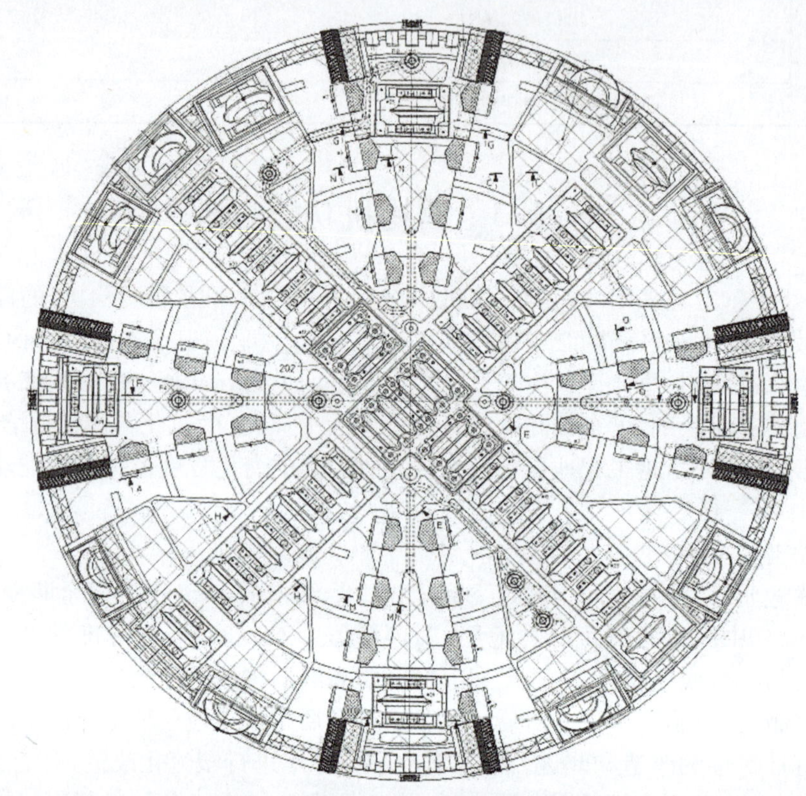

图6.3 海瑞克S240盾构机刀盘形式

(1)仅从现状右线揭露的全断面强风化花岗岩地层来看，地层强度不能提供足够的反力，因而不能充分发挥滚刀挤压破岩的功能，滚刀的自转性较差，裹刀和偏磨问题突出(图6.4)，现有刀盘刀具配置和刀盘开口率的地层适应性较差(如果配置中心鱼尾刀，刀盘开口率大些，估计效果会好些)。

图 6.4

图 6.4　滚刀被裹和偏磨的滚刀

(2)由于刀盘配置已不能更改,仅能从加强渣土的改良入手以加快盾构掘进。由于原状地层含水较少,需要加水和泡沫以加强土渣的流动性,以降低刀盘中央部门排土口堵塞的可能性。而强风化花岗岩遇水崩解,施工中添加的水量要适中,添加泡沫的各项指标也要严格控制,由于泥浆会增加裹刀的可能性,要慎用。前方土体的塑流化改造是下一步盾构快速掘进的关键,因而刀盘上各类添加口的改造要到位,管路保持畅通。

(3)由于此盾构机同步注的是单液浆,为控制既有线变形,一定做好二次补双注液浆的工作,二次补浆的时机(越早越好)、环号、位置和顺序、补浆量及浆液配比皆要落实到施工方案,以做到穿越工程有据实施。

(4)施工中盾构再次推进困难的可能性还是存在的,因而还要做好下一步施工过程中的换刀方案。计划情况下的换刀方案的地层加固、材料储备、人员组织、监控量测都要一一落实,突发情况的换刀方案和组织实施也要落实。

(5)穿越工程的节点工期还要排一排,以做到穿越工程有计划、有组织。

(6)相关设备检修、材料储备等工作要切实做到位,准备工作做充分,尽可能杜绝下一步穿越施工中设备故障的出现,以做到较有把握地穿越。

在实际施工中,结合盾构井—燕南站左线试验段及盾构井—大剧院站右线试验区的工作,对S240盾构机的功能进行了全面、系统的设备维修与完善,配备了一套自动化渣土改良系统,增加了一套推进过程中进行管片背后二次注浆的设备。在正式穿越之前,对改装和加装系统进行了调试试用,对改装设备的可靠性和有效性也进行了评估。其中,配备的渣土改良系统和注浆系统主要由以下部分组成。

(1)高分子聚合物加注系统

1)设备组成

主要由起动高压注射泵、加粗输送管路、可计量容纳装置、末端高压控制球阀和雾化喷嘴组成。

2)安装方式及其现安装情况

泵体安装在中体的人行平台上,由加长管路连接到安装在承压墙上的雾化喷嘴上面。

现除计量容纳装置没有安装,其他都已经安装到位。但前期为了防止喷嘴被堵,采取间断性注射液压油的方式来维持畅通。

3)操作方式

采用人工辅助加注方式,具体操作步骤如下:

①打开由前体连接到注入泵的空气开关,泵体开始工作;

②泵体由于压力值达到上限值停止工后,等待操作手指令;

③操作手下达指令后打开高压球阀进行加注;

④待注入制定体积聚合物后,直接关闭高压球阀。

(2)膨润土加注系统

1)设备组成

由中板膨润土发酵池、循环用膨润土泵、膨润土运输箱、膨润土转运泵、新采购柱塞泵、改装流量计和原机器自带膨润土系统组成。

2)安装方式及其现安装情况

柱塞泵安装于原来膨润土位置将其替原泵，在 2 号拖车位置加入流量计配合原始管路使用；发酵池已经修好，待混合泵安装到位后即可投入使用；膨润土转运箱由前期出土用小土箱改装；膨润土转运泵安装于 2 号拖车。

3)操作方式及人员安排

由操作手进行加注时机和用量的选择，土木技术员对加注量进行统计和反馈。

(3)实时监控系统

1)设备组成

主要由地面监控电脑、中转路由、信号放大器、盾构机工业电脑和摄像头组成。

2)安装方式及其现安装情况

由地面监控电脑经路由和信号放大器用网线连接盾构机内工业电脑和监控摄像头。

3)操作方式及其人员安排

当班机电值班员进行对系统的总体连接和维护，盾构机内当班操作手负责盾构机段进行配合连接。

(4)浆液注入系统(非同步注浆)

1)设备组成

主要由加长注浆管、双液浆注入泵、连接便接头、连接管路、管片预留注入口和盾体径向开口组成。

2)安装方式及其现安装情况

设备已经采购和加工完毕，并在地面作了试机。在进入前调整期内在盾构机内进行安装。

3)操作方式及其人员安排

当班土木技术员进行组织注浆工序安排，有当班跟机维修对注浆系统进行安装和过程中的维修。

盾构机功能的完善、盾构掘进参数的优化及操作人员的精心控制再加上相关部门的密切配合，确保了安全、顺利、快速、高效地完成了下穿 1 号线的工程的实施。

4. 燕大区间左线 S463 盾构机

燕大区间左线施工同样也是采用海瑞克公司生产的土压平衡盾构机，编号为 S463。相比于 S240 盾构机，该盾构机的功能较为完善，各关键系统工作正常，再加上充分借鉴了 S240 盾构机穿越 1 号线的经验，S463 盾构机安全、顺利、快速、高效地完成了下穿 1 号线的工程。

6.4　盾构机功能成色分析

从 2 处穿越工程采用的 4 台盾构机来看，燕大区间左线采用的 S463 盾构机和大东区间右线采用的海瑞克盾构机正值“青壮年”时期，成色较好，系统稳定性较好，故障率较低，是快速、高效穿越 1 号线的基础条件和可靠保证。燕大区间右线采用的 S240 盾构机使用年限较长，已经推进了约七八公里，已经处于“老年”时期，功能上不尽完善，系统的稳定性和可靠性较低，在正式穿越之前，不得不对盾构功能进行升级，并对盾构进行更为深入的检查和维护，成色较差。虽然也顺利完成了穿越 1 号线的工程施工，但盾构机的故障率较高，养护维修的工作量较大，在渣土改良和刀具磨损方面付出了相当代价后，才完成了穿越工程，其中的教训，值得沉思，必需牢记。大东区间左线采用的维尔特盾构机，是为本标段定做的新盾构机，尚处于磨合期，且制造上存在某些缺陷，虽然在本次穿越过程中表现较好，但考虑前期曾经 1 个多月的停机和维修，若直接采用此类盾构机，穿越既有线的安全和可靠性就需要仔细斟酌了。

6.5　燕大区间右线结合换刀工作的分析

从最近一段时间右线 91 环开仓换刀工作来看，由于刀盘中央部门排土口的堵塞，造成裹刀和中央部位刀具偏磨和有效推力的大量消耗，因而盾构推进速度较小，盾构前进困难。对此，特作如下分析和建议，作为参考：

(1)仅从现状右线揭露的全断面强风化花岗岩地层来看，地层强度不能提供足够的反力，因而不能充分发挥滚刀挤压破岩的功能,滚刀的自转性较差,特别是中心滚刀的裹刀和偏磨问题突出,现有刀盘刀具配置和刀盘开口率的地层适应性值得商榷(如果配置中心鱼尾刀,刀盘开口率大些,估计效果会好些)。

(2)由于刀盘配置已不能更改,仅能从加强渣土的改良入手以加快盾构掘进。由于原状地层含水较少,需要加水和泡沫以加强土渣的流动性,以降低刀盘中央部门排土口堵塞的可能性。而强风化花岗岩遇水崩解,施工中添加的水量要适中,添加泡沫的各项指标也要严格控制,由于泥浆会增加裹刀的可能性,要慎用。前方土体的塑流化改造是下一步盾构快速掘进的关键,因而刀盘上各类添加口的改造要到位,管路保持畅通。

(3)由于此盾构机同步注的是单液浆,为控制既有线变形,一定做好二次补双注液浆的工作,二次补浆的时机(越早越好)、环号、位置和顺序、补浆量及浆液配比皆要落实到施工方案,以做到穿越工程有据实施。

(4)施工中盾构再次推进困难的可能性还是存在的,因而还要做好下一步施工过程中的换刀方案。计划情况下的换刀方案的地层加固、材料储备、人员组织、监控量测都要一一落实,突发情况的换刀方案和组织实施也要落实。

(5)穿越工程的节点工期还要排一排,以做到穿越工程有计划、有组织。

(6)相关设备检修、材料储备等工作要切实做到位,准备工作做充分,尽可能杜绝下一步穿越施工中设备故障的出现,以做到较有把握地穿越。

6.6 小　结

通过前文的实践及分析,对于穿越工程中盾构机的适应性分析技术,可以归结如下:

(1)对于深圳地区的穿越工程,盾构机的适应性分析工作是必须也是重要的,是“工欲善其事,必先利其器”思想的集中体现。

(2)从大的方面来讲,盾构适应性分析主要包括两个方面的内容:其一为盾构机功能适应性分析;其二为盾构成色适应性分析。这两个方面缺一不可,互相支持。

(3)盾构机在功能上必须满足深圳地区不同类型“上软下硬”地层、全断面硬岩地层快速、高效掘进的需要,必须有完善的渣土改良系统、土仓压力控制系统及注浆系统,最好具有主动铰接功能,以便更好地适应小曲线半径盾构掘进姿态控制工作的需要。

(4)盾构机在成色上必须正处于“青壮年”时期,以求盾构机系统工作性能稳定,养护维修工作量较小,各项工序高效运转。特别旧和特别新的盾构机皆不适宜于穿越工程的施工。

(5)虽然从大的方面来讲,盾构机选型主要服从于整个标段工程地质和工期的需要,但在盾构机选型时,也必须结合标段中存在的穿越工程的地层条件作适当调整,尽量为穿越工程的实施创造良好的基础条件。

7 试验段试验分析技术

7.1 引 言

实验是对抽象的知识理论所作的现实操作，用它来证明理论的正确或者推导出新的结论，是相对于知识理论的实际操作。试验是对事物或社会对象的一种检测性的操作，用来检测能否正常操作或临界操作的运行过程、运行状况等，是就事论事。在正式穿越工程实施之前设立试验段，是因为在中风化、微风化花岗片麻岩"上软下硬"地层中近距离穿越小曲线半径叠线隧道，在强风化和中风化花岗岩，"上软下硬"地层中近距离小角度穿越小曲线半径分离单洞隧道，无论是在深圳地区，还是全国其他地方，都未曾实践过此类工程。在试验段开展试验工作并进深度分析，一方面是为了检验盾构机的功能和设备性能是否满足穿越工程的需要，另一方面是为了修正完善盾构机的各项控制技术，如盾构机推进、渣土改良、姿态控制、管片拼装等的实际效果和操作流程。试验段可以选择在正式穿越之前的施工段，也可以选择在地质条件类似的其他施工段进行。通过在不同施工阶段地层变形的监测，对盾构各施工技术参数作出修整和完善，从而为正式穿越施工时提供基础数据和依据。同时，通过试验段工作的开展，也可以对人员组织、工序安排和后期保障方面，总结提出相应的经验和结论。

对于本书涉及的两处穿越工程，都在正式下穿1号线之间广泛开展了试验段的测试分析工作，之后又在穿越区之间的试验区进行了系统试验和总结，最大限度地发挥了先期试验的探索和预备功能。另外，两处穿越工程均涉及到了多次穿越既有1号线，在每次穿越中前期施工段总是后期施工的试验段，前每一次的穿越总是后一次穿越的再试验。可以这么说，整个穿越工程就是不断试验，不断完善，没有最好，只有更好的不断试验过程。在这一过程中，技术不断总结、提高是永恒的主题，力求将新建隧道施工对既有线的影响控制到最小。

对于大东区间，在其右线正式下穿既有1号线之前，结合标段穿越两处既有桥梁施工了，开展了盾构掘进参数、渣土改良参数和注浆参数等的选取、确定和优化分析工作。对于燕大区间，在其右线下穿1号线之前，也在盾构井至燕南站之间的施工段开展了掘进系列试验工作，并依据试验结果，进行了盾构设备功能完善、渣土改良参数优化、注浆控制工艺完善等较多涉及盾构掘进控制效果的补充和改进工作。上述试验段工作为正式穿越施工提供了最为重要也最为直接的参考和依据。

7.2 大东区间试验段

试验段一：右线225～245环下穿笔架山桥，试验段长31.5 m。

试验段二：左、右线460～485环下穿广深铁路桥，试验段长37.5 m。

盾构下穿笔架山水桥及广深铁路桥与下穿1号线有类似的地质条件，在全断面硬岩采用半敞开模式、上软下硬地层采用土压平衡、微扰动掘进模式。在试验段进行过程中，分析掘进参数与桥梁变形、土体沉降的关系，查找规律，选取适当的下穿地铁1号线掘进参数，并应用于下穿1号线前15～50 m盾构掘进，根据实际掘进及地表沉降情况，对下穿参数再次作相应调整。在正式下穿顺利完成盾构下穿笔架山水桥和广深铁路桥两处试验段，下穿笔架山水桥桥墩沉降最大值为19.3 mm，下穿广深铁路桥桥墩最大沉降为5.0 mm，最大差异沉降为2.04 mm，两处试验段结构变形均控制在预警值以内。总结上述两处试验段的施工，可初步确定下穿1号线的掘进参数和风险应对措施，分别见表7.1和表7.2。

表7.1 试验总结掘进参数

地 层	上软<9－2－1>下硬<9－3>	全断面<9－3>
掘进速度(mm/min)	10～20	10～15
推力(t)	1 200～1 500	1 400～1 800

续上表

地　层	上软＜9－2－1＞下硬＜9－3＞	全断面＜9－3＞
土压(bar)	2.0～2.5	1.6～2.0
刀盘扭矩(kN·m)	1 400～1 600	1 200～1 400
刀盘转速(rpm)	1.5～1.8	1.5～2.0
螺旋机转速(rpm)	2～4	2～3
渣土改良	泡沫原液比例2.5%～3%，发泡率25～30倍，注入率20%～40%	
同步注浆	双液浆，水玻璃掺入量约10%～15%(水泥重量)，注浆压力0.3～0.5 MPa	

表 7.2　风险应对措施

序号	施工风险分析	应 对 措 施
1	地铁2号线与1号线净距小(左线1.78 m，右线2.76 m)，且两隧道中间夹土体为强风化花岗岩，洞顶上覆硬岩层较薄，类似上软下硬地质条件，容易对1号线产生扰动而引起沉降	采用土压平衡、微扰动掘进模式，连续、匀速掘进，掘进速度控制在10～15 mm/min，土仓压力变动幅度控制在30 kPa之内，避免土压大起大落产生对掘削地层的扰动，从而达到控制沉降的目的
2	岩石裂缝水较丰富，掘进过程中易产生喷涌	采用同步注双液浆及时堵住盾尾来水，同时采用土仓内注入高分子材料改良渣土，增强流塑性和止水性
3	由于无法在地面对地铁1号线隧道以下地层进行补充钻探，下卧＜21－3＞、＜21－4＞、＜9－3＞地层中可能存在异常坚硬的岩体，造成盾构刀具磨损严重，需在地铁1号线下开仓换刀，增加地铁1号线产生沉降的危险	盾构即将开始下穿段掘进前，撕开仓门对刀具的磨损情况作全面的检查、分析，更换磨损量较大预计中途需要更换的刀具，同时选用强度高、耐磨性较好的刀具

7.3　燕大区间试验段

7.3.1　盾构井—燕南站试验段

由图7.1可知，深圳地铁2号线2225－2标盾构区间隧道包括盾构始发井—燕南站区段左线、盾构始发井—大剧院站区段左线和盾构始发井—大剧院站区段右线3个施工段。为给盾构始发井—大剧院站区段左线和盾构始发井—大剧院站区段右线下穿既有1号线的施工创造有利条件，施工单位先期在盾构始发井—燕南站区段左线开展了试验段的工作。试验段地质条件见图7.2，与穿越位置处的地层条件有较强的相似性。

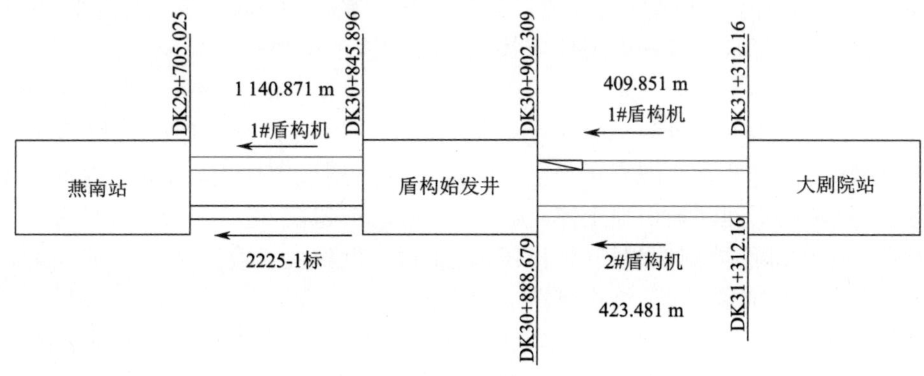

图7.1　燕大区间施工段划分

1. 试验段施工遇到的问题

(1)穿越地层容易失稳

本区间所穿越的花岗岩地层风化程度强烈，裂隙十分发育，含泥量较高，地下水十分丰富并部分承压，地层自承载力 f_{ak} 值较低。地层一旦超挖或失水容易失稳，导致地表沉降严重超限，甚至坍塌。监测数据显示，出土量对地表沉降值影响非常敏感。若出土量超过控制值（65 m^3）2～3 m^3，且无论多出的是渣土还是含碴量很少的地下水，都会在短时间内引起地面的明显沉降。

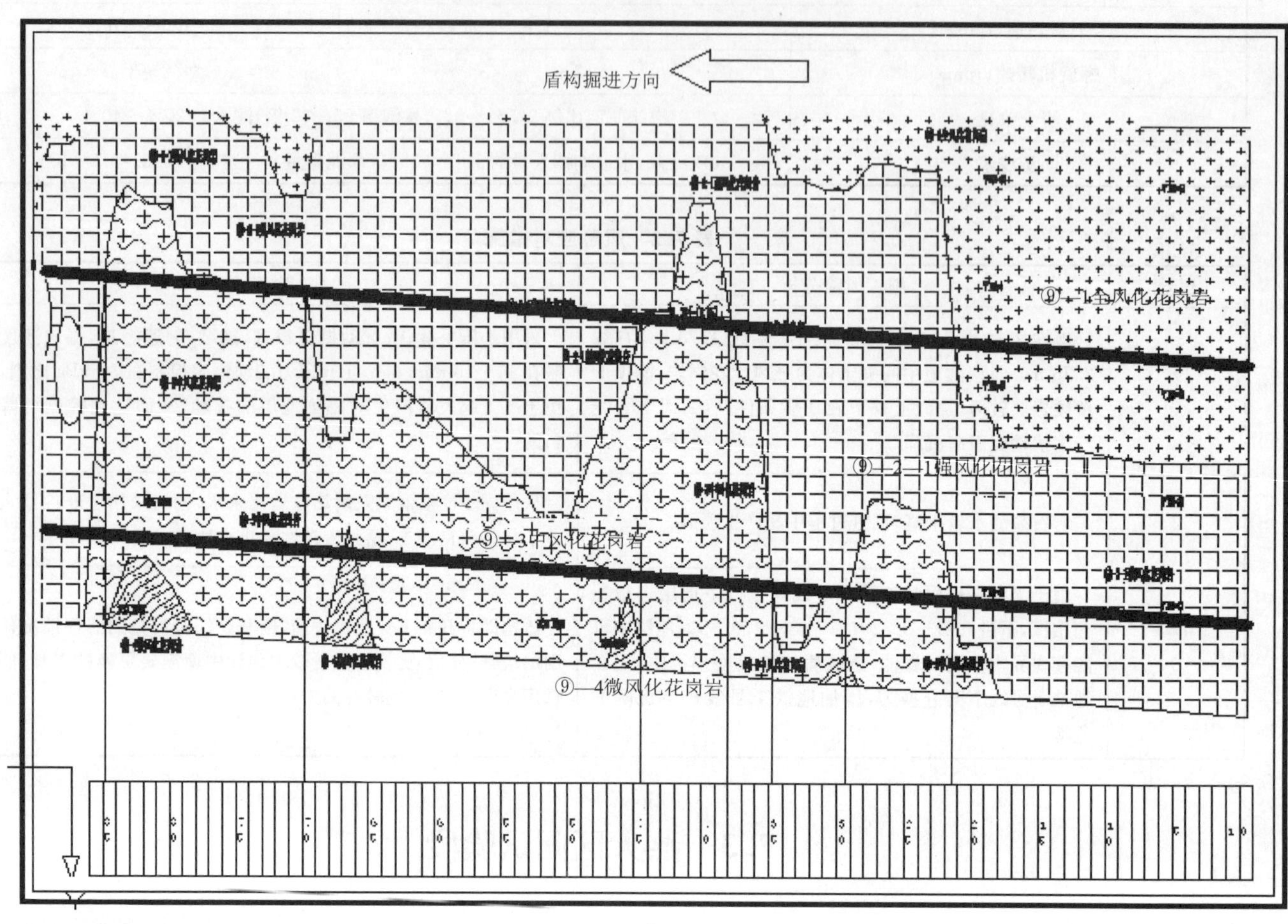

图 7.2　燕盾区间左线 0～85 环地质纵断面

(2)地下水较大

本区间穿越地层埋深较深（20 m 以上），地下水十分丰富且压力较高，推进过程中有大量地下水进入土仓，螺旋机出土喷涌严重。停机过程中土仓压力升高明显（可达到 2.5 bar），恢复推进时速度明显降低，土仓压力难以在短时间内下降至正常水平，以至于喷涌更加严重，出土量（含水）更加难于控制，形成恶性循环。地下水的大量流失加剧了地层失稳，容易在地层中形成空腔，留下隐患；出土量的难于控制使得地表沉降量经常超限甚至有坍塌的危险。本区间沿线通过建构筑物非常敏感（深圳市人大会堂、深圳市建设局、运营中的地铁一号线、新闻大厦等），不容许出现任何状况。盾构施工压力极大。

(3)仓内气压大

推进过程中，土仓气压上涨较为迅速和明显，刀盘扭矩增大（刀盘工作压力长期保持在 180 bar 左右），推进速度降低，泡沫流量降低且原液流量与空气流量难以达到设定比例，向土仓内加水困难，这导致推进时间的增加，其间刀盘转动不间断地切削土体，切口外部地层被超挖，进一步导致出土量难以控制，造成地表沉降。通过从承压墙上的球阀控制性放气（带保压）只能暂时性解决土仓压力过高的问题，气压会在短时间内迅速回升。加之放气孔时常被堵塞，给推进造成很大困难。

经现场分析认为仓内气压迅速升高与本区间地层渣土容易结泥饼有直接关系。渣样分析发现本区间的全风化、强风化花岗岩地层中含泥量较高，且黏度大，在长期高压的土仓环境中极易形成泥饼。在第 69 环处曾开仓换刀一次，发现 80％的刀厢被泥饼封死，且承压墙与刀盘主轴承处也结有大量泥饼。泥饼的形成导致刀盘开口率变小，土仓气密性增强，土仓上部气体难以扩散，导致了上述的一系列问题。施工曾采用推进过程中往土仓加水、加泥饼分散剂的措施，效果不甚明显。通过承压墙放气的方法会是土仓压力反复大幅上升下降，会进一步加剧对地层的扰动，可能造成地层失稳。

(4)上软下硬地段的掘进

掘进上软下硬地段时，出土量本就较难控制，如果再加上地下水较大和气压较大，则情况会变得极为复杂。在控制出土的同时，土仓压力迅速上升，推进速度急剧下降，近乎为0。为保护刀具(防偏磨)，推力不能过分增加，只能靠出土来降低土压，提升推进速度，最终导致出土量无法控制。

2. 需要解决的关键问题

结合盾构施工的上述表现，可以发现，在本施工段和穿越施工中需要着重解决以下关键技术问题：(1)出土量的控制；(2)渣土的改良(和易性、流塑的增强，黏度的降低)；(3)泥饼的预防，结泥饼后的处理措施；(4)喷涌的预防，发生喷涌后的处理措施；(5)土仓压力、总推力、泡沫配比及流量等关键参数的设置；(6)上软下硬地层的换刀措施。

经建设各方广泛讨论，并咨询相关专家意见后，对穿越1号线施工所用盾构机进行了功能上的改进和完善，结合S240盾构机现状条件，新添加了一套自动化渣土改良系统，准备了另外一套同步注浆系统，对掘进参数和注浆参数又进行了细化分析，重新确定了掘进参数和注浆参数的参考值，对刀具进行了全面的检查和维修，更换了全部滚刀，制定了带压进仓和砂浆置换进仓操作技术手册和工作程序，并配备了相应的技术操作人员，进行了培训和模拟实战演习。

3. 试验段小结

通过本试验段的工作，及时发现了设备存在的问题，并提出了解决方案。在此基础上，继续完善和修正了盾构掘进参数和注浆参数，对盾构刀具进行了全面的检查和维修，并对换刀技术进行了储备。

7.3.2 盾构始发井—大剧院站区段右线下穿前的试验

本试验段的工作主要是继续开展盾构掘进参数的确定和修正工作。通过在线路中线上埋设地表沉降观测点及土体深层位移监测仪器，掌握盾构推进过程地表及地中土体变形的监测，总结出相应规律，为穿越过程中盾构掘进参数的取值作好技术准备。

1. 深层土体位移监测

(1)工作内容

在线路中线上埋设土体深层位移监测仪器，并读取初值。当盾构刀盘到达前10 m处开始监测，在刀盘到达至盾尾离开监测点里程阶段加密监测，每环读取一次沉降值并详细记录当环掘进参数(尤其是土仓压力、同步注浆量及同步注浆压力等)。待盾尾离开监测位置后，跟踪监测后续沉降直至稳定。

(2)记录方式

根据每次深层土体位移监测结果，在记录表上填写不同埋深处各磁环的相对高程，算出其累计沉降量及沉降速率。同时记录对应的掘进里程及相关掘进参数，并用CAD绘制示意图，表示出每一埋深的沉降位移曲线，如表7.3和图7.3所示。

表7.3 深层土体位移监测例表

<table>
<tr><td colspan="4">深圳地铁2号线东延线工程土建2225—2标</td><td>天气晴24℃</td><td>测试时间</td><td colspan="2">2010年5月17日7时</td></tr>
<tr><td colspan="2">测点里程：31+297.46</td><td colspan="6">“—”表示下沉，“+”表示隆起</td></tr>
<tr><td colspan="2">测点编号</td><td>初始深度(mm)</td><td>上次深度(mm)</td><td>本次深度(mm)</td><td>本次变化量(mm)</td><td>累计变化量(mm)</td><td>初测时间</td></tr>
<tr><td rowspan="4">右线</td><td>Y—1</td><td>827</td><td>828</td><td>829</td><td>—1</td><td>—2</td><td>2010—5—12</td></tr>
<tr><td>Y—2</td><td>4 706</td><td>4 708</td><td>4 708</td><td>0</td><td>—2</td><td>2010—5—12</td></tr>
<tr><td>Y—3</td><td>8 892</td><td>8 895</td><td>8 895</td><td>0</td><td>—3</td><td>2010—5—12</td></tr>
<tr><td>Y—4</td><td>12 837</td><td>12 841</td><td>12 841</td><td>0</td><td>—4</td><td>2010—5—12</td></tr>
<tr><td colspan="2">当前切口里程</td><td>31+275.11</td><td>1#土仓压力(bar)</td><td>1.47</td><td colspan="3" rowspan="3">分析及结论：盾尾已经远离监测点位置14 m左右，超过2倍洞径。本次监测各测点沉降均已稳定，Y—1出现了1 mm的沉降应为测量误差</td></tr>
<tr><td colspan="2">切口与测点距离(m)</td><td>22.35</td><td>同步注浆量(m^3)</td><td>6.0</td></tr>
<tr><td colspan="2">当前掘进速度(mm/min)</td><td>29</td><td>同步注浆压力(bar)</td><td>2.4</td></tr>
</table>

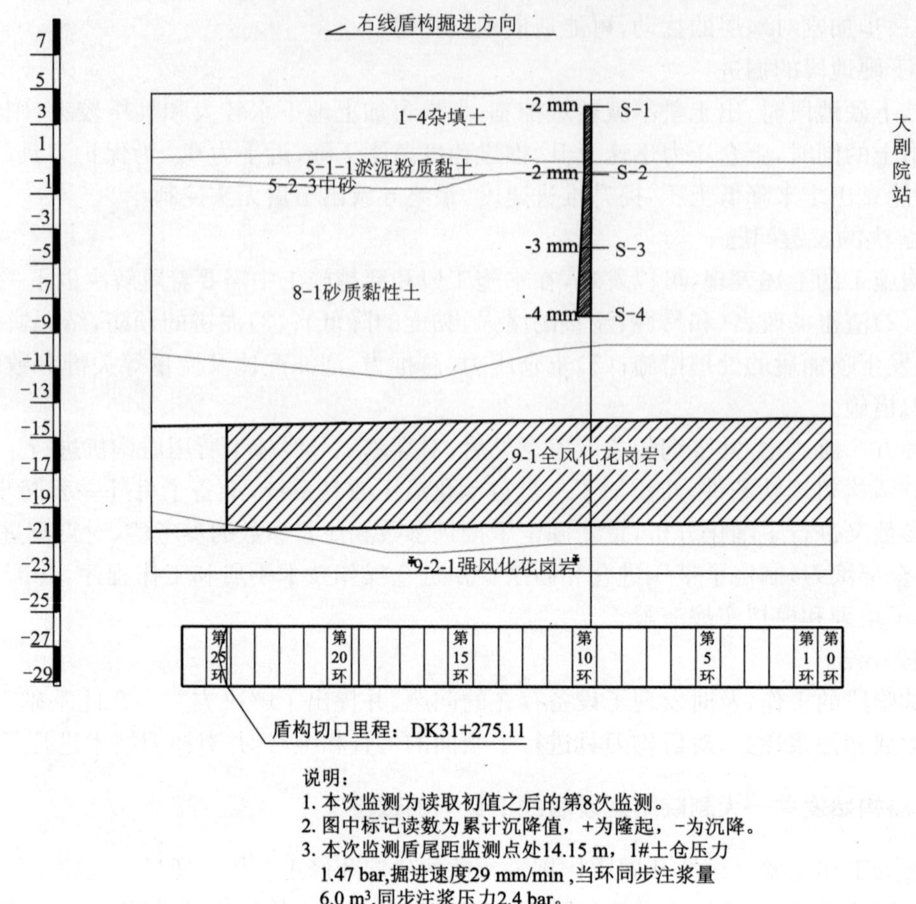

图 7.3　土体深层位移监测成果图

(3)试验目的

通过对盾构通过前后隧道洞身上方的土体进行位移监测，研究盾构推进的土仓压力、同步注浆量及同步注浆压力对土体沉降的影响规律，以及盾尾脱出后土体沉降趋于稳定所需的时间等。通过试验研究，比选出较为适宜的推进参数配置。待负环拆除完毕后，采用这些参数继续推进，进一步观察监测结果，再对推进参数进行优化，直至监测结果达到预计目的，确定出下穿 1 号线的推进参数控制值。

2. 地表沉降监测

(1)工作内容

在线路中线上每隔 5 m 埋设一地表监测点，每隔 20 m 布置一监测断面(监测点埋设时需破除地表地砖、混凝土、沥青路面等，将钢筋打入土层)。每天对监测点进行 2 次监测，并注明每次监测时的盾构掘进里程、土仓压力分布、土仓状态、出土量及出土状态、同步注浆量及同步注浆压力等相关参数。

(2)记录方式

待盾尾通过一段距离、监测点沉降稳定后，绘制该测点在盾构到达之前、通过当中、沉降稳定之后的位移曲线，如图 7.4～图 7.8 所示，并注明盾构通过监测点里程前后的推进参数，如表 7.4～表 7.8 所示。

(3)试验目的

通过分析盾构通过前后地表监测数据的变化规律，研究盾构推进的土仓压力分布、土仓状态、出土量、渣土性状、同步注浆量及同步注浆压力等对土体沉降的影响规律，以及盾尾脱出后土体沉降趋于稳定所需的时间等。通过试验研究，比选出较为适宜的推进参数配置。待负环拆除完毕后，采用这些参数继续推进，进一步观察监测结果，再对推进参数进行优化，直至监测结果达到预计目的，确定出下穿 1 号线的推进参数控制值。

3. 同步注浆浆液配合比

(1)工作内容

尝试多种砂浆配合比(咨询其他项目、委托试验单位)，经地面试验初步比选出几组可泵性、黏稠度、早强

表 7.4　右线 YDK31+287 位置处试验数据

里　程	YDK31+287														
日　期	5.7	5.8	5.12	5.13	5.14	5.15am	5.15pm	5.16pm	5.17am	5.17pm	5.18am	5.18pm	5.19am	5.19pm	5.20
到达前相对沉降(mm)	0.4	0.3	−1.6	−0.3	−1.93	—	—	—	—	—	—	—	—	—	—
到达时相对沉降(mm)					−1.93	−0.81	−0.24	—	—	—	—	—	—	—	—
脱离后相对沉降(mm)							−0.24	−5.03	−2.15	−2.82	−1.25	−0.93	0	0.05	−0.17
累计沉降(mm)	0.4	0.7	−0.9	−1.2	−3.13	−3.94	−4.18	−9.21	−11.36	−14.18	−15.43	−16.36	−16.36	−16.31	−16.48
切口距测点距离(m)	—	—	13.12	8.65	2.64	0.34	3.43	6.37	10.89	13.83	20.81	22.87	28.94	31.89	37.92
刀盘转速(rpm)	—	—	1.5	1.5	1.5	1.5	1.5	1.5	1.5	1.5	1.5	1.5	1.5	1.5	1.5
速度(mm/min)	—	—	20	30	27	26	25	30	30	40	35	37	34	36	37
土仓压力(bar)	—	—	1.00	1.00	0.90	0.85	1.30	1.00	0.90	1.00	1.20	1.30	1.10	1.20	1.40
注浆量(m^3)	—	—	8	6	6	6	5.8	6	6	6	6	6	6	6	6
注浆压力(bar)	—	—	1.0	1.6	2.3	2.5	2.4	3.2	3.5	3.5	3.5	1.3	3	3	3.5
环　号	—	—	5	8	12	14	16	18	21	23	27	29	33	35	39

表 7.5　右线 YDK31+292 位置处试验数据

里　程	YDK31+292																
日　期	5.7	5.8	5.12	5.13	5.14	5.15am	5.15pm	5.16pm	5.17am	5.17pm	5.18am	5.18pm	5.19am	5.19pm	5.20	5.23pm	5.24
到达前相对沉降值(mm)	−0.03	0.05	−3.46	−2.04	—	—	—	—	—	—	—	—	—	—	—		
到达时相对沉降值(mm)				−2.04	−7.43	−2.99	—	—	—	—	—	—	—	—	—		
脱离后相对沉降(mm)						−2.99	−1.12	−5.19	−0.83	−1.17	−1.66	−0.57	0	0.04	−0.01	−11.99	−0.19
累计沉降(mm)	−0.03	0.02	−3.44	−5.48	−12.91	−15.9	−17.02	−22.21	−23.04	−24.21	−25.87	−26.44	−26.44	−26.4	−26.41	−38.4	−38.59
切口里程	—	—	YDK31+300.12	YDK31+295.65	YDK31+289.64	YDK31+286.66	YDK31+283.57	YDK31+280.63	YDK31+276.11	YDK31+273.17	YDK31+266.19	YDK31+264.13	YDK31+258.06	YDK31+255.11	YDK31+249.08		
切口距测点距离(m)	—	—	8.12	3.65	(2.36)	(5.34)	(8.43)	(11.37)	(15.89)	(18.83)	(25.81)	(27.87)	(33.94)	(36.89)	(42.92)		
刀盘转速(rpm)	—	—	1.5	1.5	1.5	1.5	1.5	1.5	1.5	1.5	1.5	1.5	1.5	1.5	1.5		
速度(mm/min)	—	—	20	30	27	26	25	30	30	40	35	37	34	36	37		
土仓压力(bar)	—	—	1.00	1.00	0.90	0.85	1.30	1.00	0.90	1.00	1.20	1.30	1.10	1.20	1.40		
注浆量(m^3)	—	—	8	6	6	6	5.8	6	6	6	6	6	6	6	6		
注浆压力(bar)	—	—	1.0	1.6	2.3	2.5	2.4	3.2	3.5	3.5	3.5	1.3	3	3	3.5		
环　号	—	—	5	8	12	14	16	18	21	23	27	29	33	35	39		

表 7.6　右线 YDK31＋297 位置处试验数据

里　程	YDK31＋297															
日　期	5.7	5.8	5.12	5.13	5.14	5.15am	5.15pm	5.16pm	5.17am	5.17pm	5.18am	5.18pm	5.19am	5.19pm	5.20	5.23pm	5.24
到达前相对沉降值(mm)	0.4	0.01	−6.08	—	—	—	—	—	—	—	—	—	—	—	—		
到达时相对沉降值(mm)			−6.08	−4.02	−9.07	—	—	—	—	—	—	—	—	—	—		
脱离后相对沉降(mm)					−9.07	−3.09	−1.03	−5.98	−0.68	−0.98	−1.53	−0.2	0	0.07	−0.09	−8.48	−0.13
累计沉降(mm)	0.4	0.41	−5.67	−9.69	−18.76	−21.85	−22.88	−28.86	−29.54	−30.52	−32.05	−32.25	−32.25	−32.18	−32.27	−40.75	−40.88
切口里程	—	—	YDK31＋300.12	YDK31＋295.65	YDK31＋289.64	YDK31＋286.66	YDK31＋283.57	YDK31＋280.63	YDK31＋276.11	YDK31＋273.17	YDK31＋266.19	YDK31＋264.13	YDK31＋258.06	YDK31＋255.11	YDK31＋249.08		
切口距测点距离(m)	—	—	3.12	1.35	7.36	10.34	13.43	16.37	20.89	23.83	30.81	32.87	38.94	41.89	47.92		
刀盘转速(rpm)	—	—	1.5	1.5	1.5	1.5	1.5	1.5	1.5	1.5	1.5	1.5	1.5	1.5	1.5		
速度(mm/min)	—	—	20	30	27	26	25	30	30	40	35	37	34	36	37		
土仓压力(bar)	—	—	1.00	1.00	0.90	0.85	1.30	1.00	0.90	1.00	1.20	1.30	1.10	1.20	1.40		
注浆量(m^3)	—	—	8	6	6	6	5.8	6	6	6	6	6	6	6	6		
注浆压力(bar)	—	—	1.0	1.6	2.3	2.5	2.4	3.2	3.5	3.5	3.5	1.3	3	3	3.5		
环　号	—	—	5	8	12	14	16	18	21	23	27	29	33	35	39		

表 7.7　右线 YDK31＋302 位置处试验数据

点　位	YDK31＋302													
日　期	5.7	5.8	5.12	5.13	5.14	5.15am	5.15pm	5.16pm	5.17am	5.17pm	5.18am	5.18pm	5.19am	5.19pm	5.20
相对沉降值(mm)	−0.01	0.36	−8.8	−3.15	−9.78	−2.62	−0.55	−4.45	−0.28	−0.31	−0.52	−0.09	0	0.05	−0.05
累计沉降(mm)	−0.01	0.35	−8.45	−11.6	−21.38	−24	−24.55	−29	−29.28	−29.59	−30.11	−30.2	−30.2	−30.15	−30.2
切口里程	—	—	YDK31＋300.12	YDK31＋295.65	YDK31＋289.64	YDK31＋286.66	YDK31＋283.57	YDK31＋280.63	YDK31＋276.11	YDK31＋273.17	YDK31＋266.19	YDK31＋264.13	YDK31＋258.06	YDK31＋255.11	YDK31＋249.08
切口距测点距离(m)	—	—	1.88	6.35	12.36	15.34	18.43	21.37	25.89	28.83	35.81	37.87	43.94	46.89	52.92
刀盘转速(rpm)	—	—	1.5	1.5	1.5	1.5	1.5	1.5	1.5	1.5	1.5	1.5	1.5	1.5	1.5
速度(mm/min)	—	—	20	30	27	26	25	30	30	40	35	37	34	36	37
土仓压力(bar)	—	—	1.00	1.00	0.90	0.85	1.30	1.00	0.90	1.00	1.20	1.30	1.10	1.20	1.40
注浆量(m^3)	—	—	8	6	6	6	5.8	6	6	6	6	6	6	6	6
注浆压力(bar)	—	—	1.0	1.6	2.3	2.5	2.4	3.2	3.5	3.5	3.5	1.3	3	3	3.5
环　号	—	—	5	8	12	14	16	18	21	23	27	29	33	35	39

表 7.8 右线 YDK31+307 位置处试验数据

里　程	YDK31+307													
日　期	5.7	5.8	5.12	5.13	5.14	5.15am	5.15pm	5.16pm	5.17am	5.17pm	5.18am	5.18pm	5.19am	5.19pm	5.20
相对沉降值(mm)	0.01	0.4	−7.34	−3.03	−4.12	−1.37	−0.7	−1.49	−0.07	−0.2	−0.32	−0.2	0	−0.01	−0.01
累计沉降(mm)	0.01	0.41	−6.93	−9.96	−14.08	−15.45	−16.15	−17.64	−17.71	−17.91	−18.23	−18.43	−18.43	−18.44	−18.45
切口里程	—	—	YDK31	YDK31	YDK31	YDK31	YDK31	YDK31	YDK31	YDK31	YDK31	YDK31	YDK31	YDK31	YDK31
			+300.12	+295.65	+289.64	+286.66	+283.57	+280.63	+276.11	+273.17	+266.19	+264.13	+258.06	+255.11	+249.08
切口距测点距离(m)	—	—	6.88	11.35	17.36	20.34	23.43	26.37	30.89	33.83	40.81	42.87	48.94	51.89	57.92
刀盘转速(rpm)	—	—	1.5	1.5	1.5	1.5	1.5	1.5	1.5	1.5	1.5	1.5	1.5	1.5	1.5
速度(mm/min)	—	—	20	30	27	26	25	30	30	40	35	37	34	36	37
土仓压力(bar)	—	—	1.00	1.00	0.90	0.85	1.30	1.00	0.90	1.00	1.20	1.30	1.10	1.20	1.40
注浆量(m^3)	—	—	8	6	6	6	5.8	6	6	6	6	6	6	6	6
注浆压力(bar)	—	—	1.0	1.6	2.3	2.5	2.4	3.2	3.5	3.5	3.5	1.3	3	3	3.5
环　号	—	—	5	8	12	14	16	18	21	23	27	29	33	35	39

性、泌水性都比较理想的配比，待负环拆除之后在施工现场实地试验。在实际推进过程中分析在地层类似、注浆压力及注浆量相同的情况下不同配比对地表沉降的影响，并根据监测数据对配比进行再次调整，拟定出最优配比。

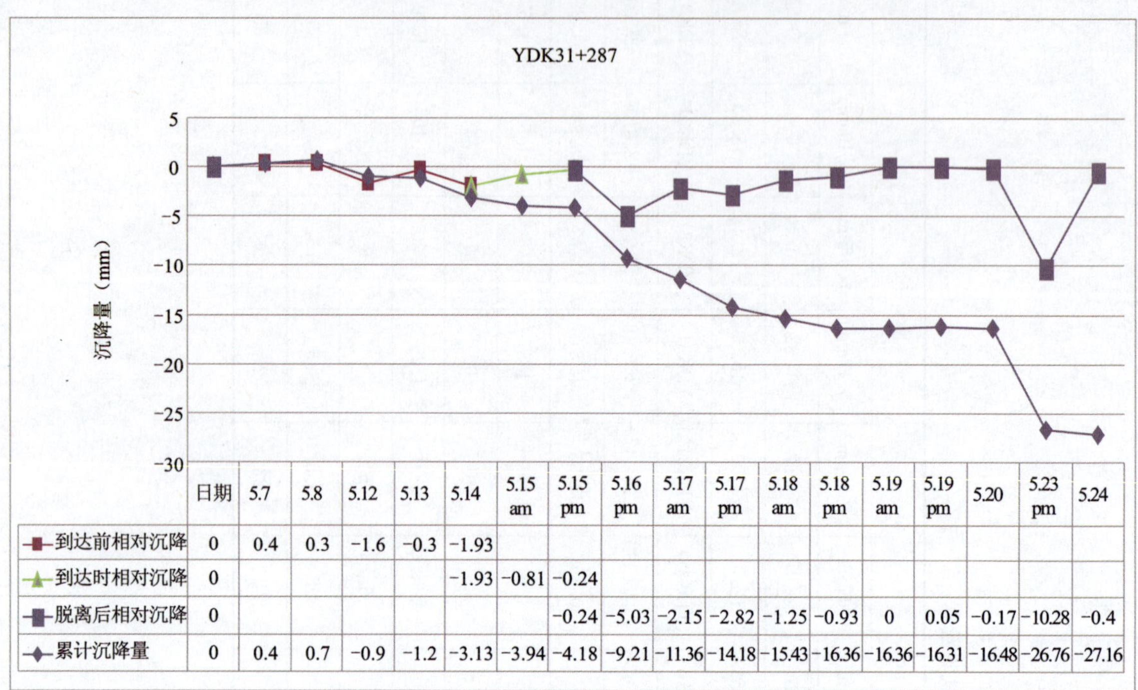

	日期	5.7	5.8	5.12	5.13	5.14	5.15 am	5.15 pm	5.16 pm	5.17 am	5.17 pm	5.18 am	5.18 pm	5.19 am	5.19 pm	5.20	5.23 pm	5.24
到达前相对沉降	0	0.4	0.3	-1.6	-0.3	-1.93												
到达时相对沉降	0					-1.93	-0.81	-0.24										
脱离后相对沉降	0							-0.24	-5.03	-2.15	-2.82	-1.25	-0.93	0	0.05	-0.17	-10.28	-0.4
累计沉降量	0	0.4	0.7	-0.9	-1.2	-3.13	-3.94	-4.18	-9.21	-11.36	-14.18	-15.43	-16.36	-16.36	-16.31	-16.48	-26.76	-27.16

图 7.4　右线 YDK31＋287 处试验曲线

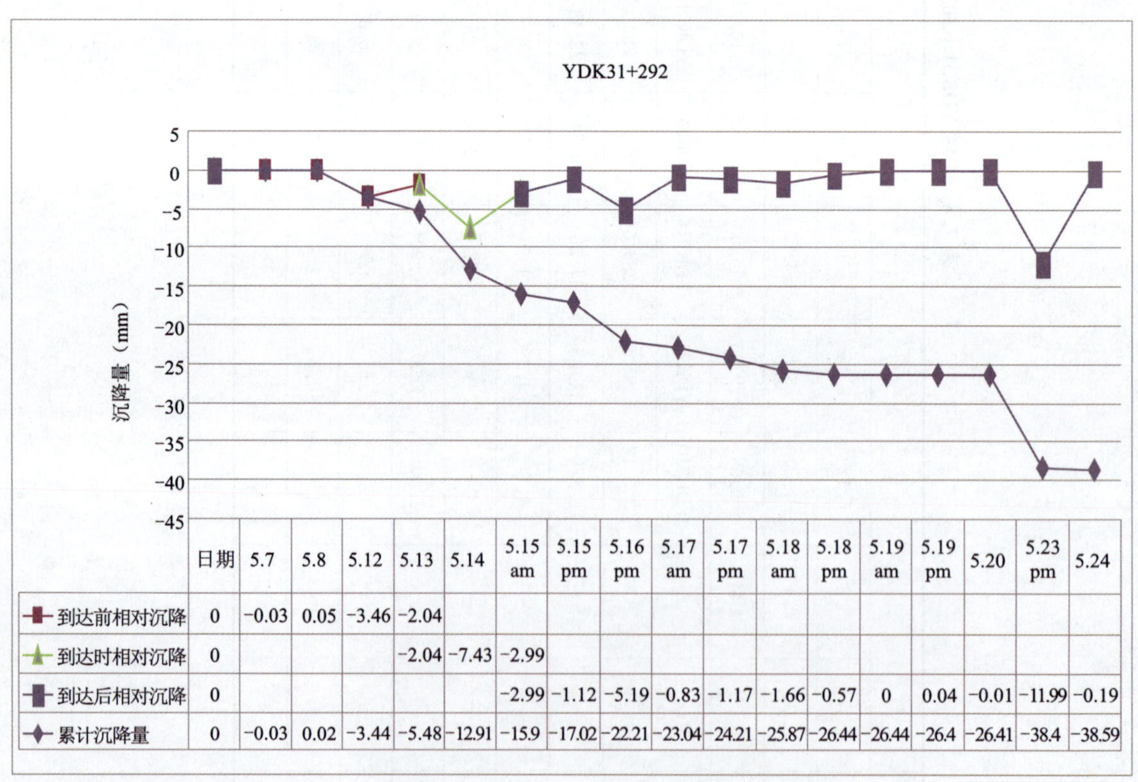

	日期	5.7	5.8	5.12	5.13	5.14	5.15 am	5.15 pm	5.16 pm	5.17 am	5.17 pm	5.18 am	5.18 pm	5.19 am	5.19 pm	5.20	5.23 pm	5.24
到达前相对沉降	0	-0.03	0.05	-3.46	-2.04													
到达时相对沉降	0				-2.04	-7.43	-2.99											
到达后相对沉降	0						-2.99	-1.12	-5.19	-0.83	-1.17	-1.66	-0.57	0	0.04	-0.01	-11.99	-0.19
累计沉降量	0	-0.03	0.02	-3.44	-5.48	-12.91	-15.9	-17.02	-22.21	-23.04	-24.21	-25.87	-26.44	-26.44	-26.4	-26.41	-38.4	-38.59

图 7.5　右线 YDK31＋292 处试验曲线

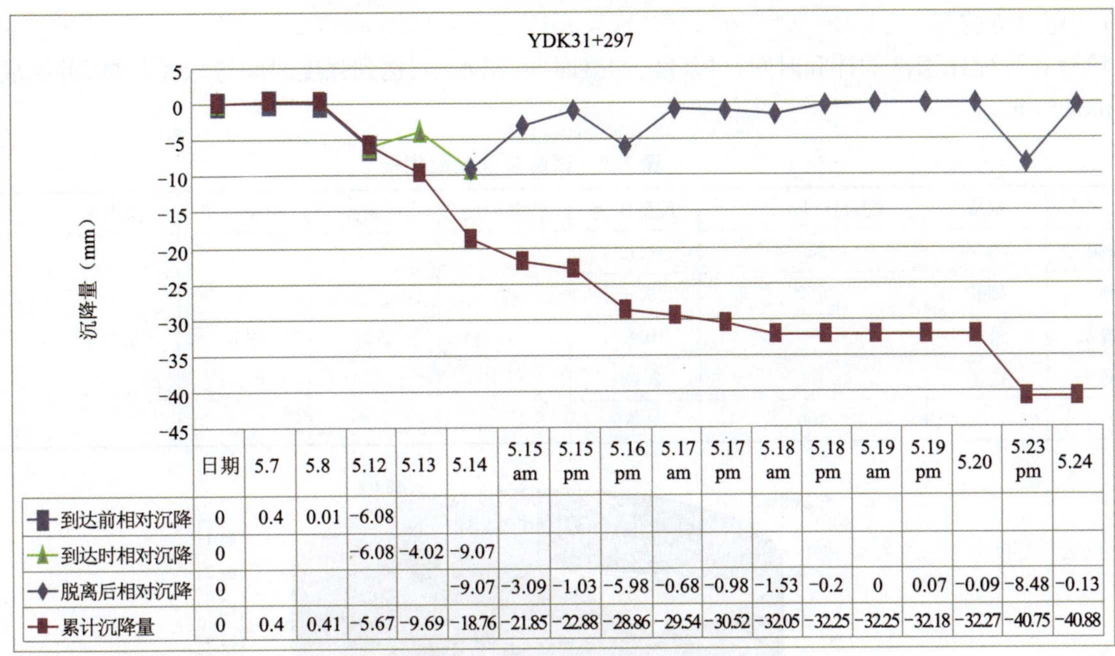

	日期	5.7	5.8	5.12	5.13	5.14	5.15 am	5.15 pm	5.16 pm	5.17 am	5.17 pm	5.18 am	5.18 pm	5.19 am	5.19 pm	5.20	5.23 pm	5.24
到达前相对沉降	0	0.4	0.01	-6.08														
到达时相对沉降	0			-6.08	-4.02	-9.07												
脱离后相对沉降	0					-9.07	-3.09	-1.03	-5.98	-0.68	-0.98	-1.53	-0.2	0	0.07	-0.09	-8.48	-0.13
累计沉降量	0	0.4	0.41	-5.67	-9.69	-18.76	-21.85	-22.88	-28.86	-29.54	-30.52	-32.05	-32.25	-32.25	-32.18	-32.27	-40.75	-40.88

图 7.6 右线 YDK31＋297 处试验曲线

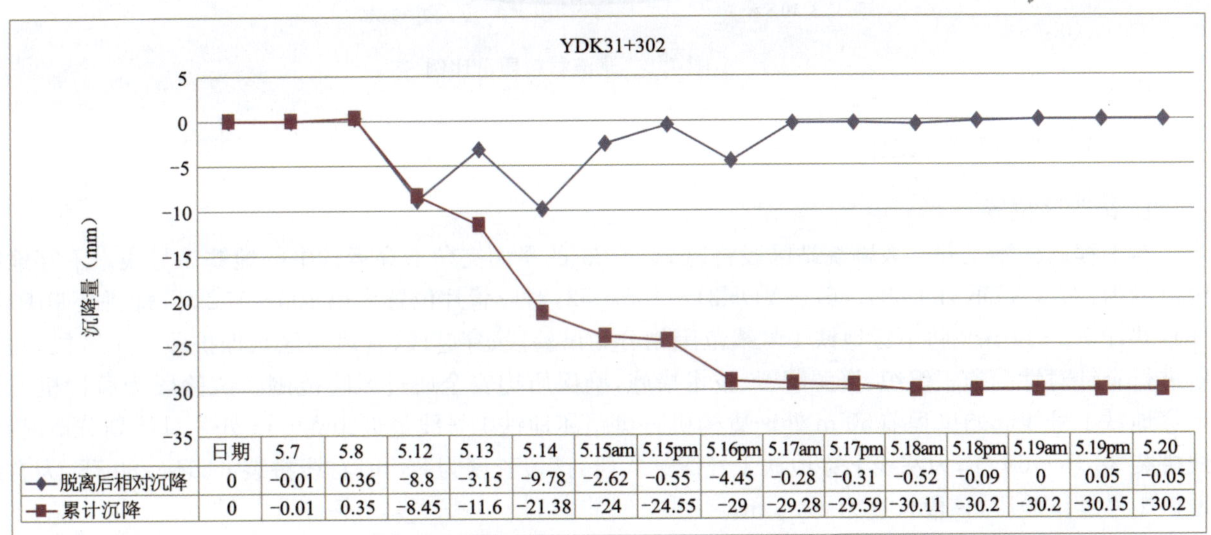

	日期	5.7	5.8	5.12	5.13	5.14	5.15am	5.15pm	5.16pm	5.17am	5.17pm	5.18am	5.18pm	5.19am	5.19pm	5.20
脱离后相对沉降	0	-0.01	0.36	-8.8	-3.15	-9.78	-2.62	-0.55	-4.45	-0.28	-0.31	-0.52	-0.09	0	0.05	-0.05
累计沉降	0	-0.01	0.35	-8.45	-11.6	-21.38	-24	-24.55	-29	-29.28	-29.59	-30.11	-30.2	-30.2	-30.15	-30.2

图 7.7 右线 YDK31＋302 处试验曲线

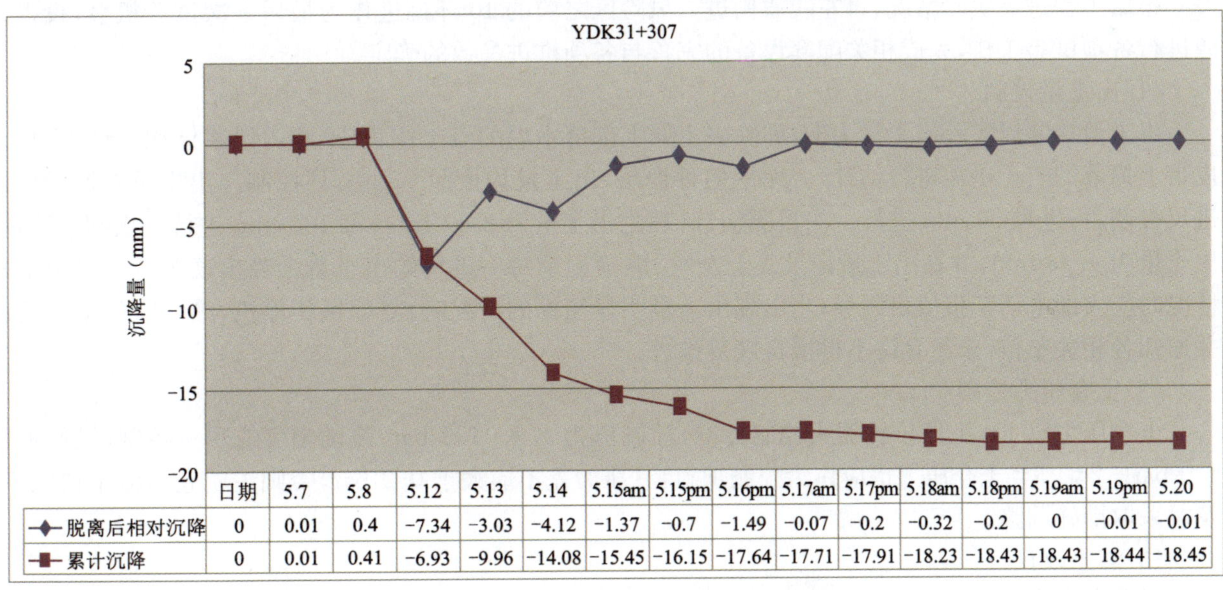

	日期	5.7	5.8	5.12	5.13	5.14	5.15am	5.15pm	5.16pm	5.17am	5.17pm	5.18am	5.18pm	5.19am	5.19pm	5.20
脱离后相对沉降	0	0.01	0.4	-7.34	-3.03	-4.12	-1.37	-0.7	-1.49	-0.07	-0.2	-0.32	-0.2	0	-0.01	-0.01
累计沉降	0	0.01	0.41	-6.93	-9.96	-14.08	-15.45	-16.15	-17.64	-17.71	-17.91	-18.23	-18.43	-18.43	-18.44	-18.45

图 7.8 右线 YDK31＋307 处试验曲线

(2)记录方式

填写各种配比浆液的拌和时间、可泵性、初凝时间、泌水率、达到强度时间等相关数据,并制成图表,见图7.9和表7.9。

表7.9 试验浆液性能指标

材料名称	规格	配合比(kg/m³)	质量比例	拌和时间	可泵性	初凝时间	泌水率	达到强度时间
水泥	32.5R	250	18.0%	5.17/13:10	较好	8 h	8.3%	12 h
砂	细砂	550	39.6%					
粉煤灰	Ⅲ级	150	10.8%					
膨润土	钙基	40	2.9%					
水	—	400	28.8%					

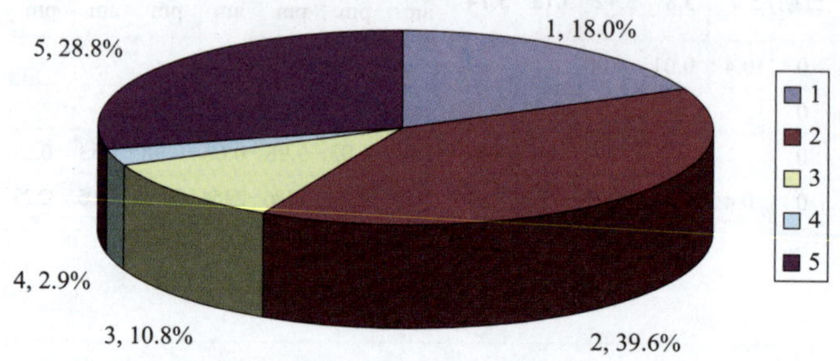

图7.9 浆液材料质量比例

7.3.3 试验区试验工作

1. 试验区位置

本工程盾构始发井—大剧院站区段将以20°~23°的平面夹角下穿运营中的地铁1号线。下穿地铁1号线范围为:右线YDK31+084.567~YDK31+155.052,对应管片位置为第105~152环(即拼装101环~148环),共计73.844 m。将下穿地铁1号线范围划分为试验段、穿越段(含风险区)、保护段3个区段,对每个区段进行有针对性的施工组织、资源配置、技术措施,确保盾构安全通过风险范围。试验段为盾构机刀盘到达下穿地铁1号线起始里程前50 m处~盾构机刀盘距离地铁1号线最近距离6 m处。具体划分情况如下:左线拼装38环~60环,为左线下穿地铁1号线试验段,该段长度为33 m;右线拼装64环~89环,为右线下穿地铁1号线试验段,该段长度为37.5 m。

2. 掘进参数试验

根据工程进展实际情况,将左线盾构进入风险区之前的10环掘进作为最后一次试验机会,投入大量资源进行各项试验工作,完成相关配套设备的完善与各项推进参数的确定。

(1)出土量控制

出土量控制以实际出土量为准,即除去土厢上部清水后的渣土体积(土厢内浮浆体积应计入出土量,从皮带上掉落的渣土也需进行估计)。无论何种地层,出土量均按照65 m³/环控制。出土量根据千斤顶绝对进尺控制,每进尺50 mm进行一次目测估计(理论出土量为2.17 m³),每100 mm进行一次钢尺测量(理论出土量为4.33 m³),并在出土量记录表上及时、准确记录每一进尺的出土量。当出现单位进尺出土超量的情况时应立即电话汇报值班领导;当出现出土量明显超标的情况时,立即保压停机,第一时间汇报值班领导并通知各相关单位,未经允许不得擅自恢复推进。

(2)土仓压力控制

土仓压力以1#土压传感器为控制标准,控制值为1.3~1.5 bar,波动幅度应尽量控制,最低不得低于1.0 bar。2#、3#土仓压力也应作为控制项目,其压力差不应大于0.2 bar,否则说明仓内渣土情况不良,需及时采取措施调整。

(3)渣土改良

根据专家意见与在试验段掘进过程中的试验情况,在下穿1号线过程中采取如下渣土改良措施:在黏粒成分超过 20%的全、强风化地层中采用泡沫改良、刀盘前方注水改良、仓内加水改良并适当加注分散剂的综合改良方式;在黏粒成分不足 20%的强、中风化地层中则采用泡沫改良配合刀盘前方及仓内加注膨润土泥浆的改良方式。为达到自动化控制改良剂加注的目的,专门增设一套刀盘前方及仓内加水系统,该系统可同时控制通向刀盘面板前方的 4 条管路及通向承压墙内侧的 4 条管路,加水、泡沫、分散剂、膨润土泥浆可随时切换,并实现改良剂注入流量及压力的自动化控制,所有操作可在盾构机操作室内完成。

(4)仓内渣土高度控制

推进过程中以检查仓内实土高度的方式控制土仓状况。当掘进正常时,利用每次停机时间从人闸门右下方的球阀将长 80 cm 的钢筋插入土仓内检查仓内实土是否达到此高度。若仓内渣土未达到此高度或虽达到此高度但不是实土,在恢复掘进时应降低出土速度,确保足够多的渣土存于仓内,并及时复查渣土高度。当单位进尺出土量明显超标时立即保压停机,立即上报并检查仓内渣土高度。

(5)同步注浆控制

在试验段掘进过程中,进行了系统的同步注浆配比比选,共试配了近 20 种不同的浆液配比,通过记录其可泵性、稠度、初凝时间、终凝强度、泌水率等相关参数结合实际施工的沉降情况逐一筛选,已确定下穿 1 号线采用的浆液配比:水泥∶砂∶粉煤灰∶膨润土∶水=192∶420∶375∶100∶500,其初凝时间可在 8 h 以内,泌水率不大于 3%且可泵性良好。

同步注浆采用盾尾、管片同时加注的方式:1#、4#注浆管通过盾尾注浆孔注浆;2#、3#注浆管从盾尾拆出,通过脱出盾尾 2~3 环的管片注浆孔注浆(尽量选择 1 点、11 点注浆孔)。同步注浆压力控制在 3.0~3.5 bar,注浆量以压力控制为准,每环至少 6 m^3。同步注浆速率应与推进速度匹配,每推进100 mm 行程实际量测一次储浆罐内的浆液余量,及时调整注浆速率。每环推进结束前 50 mm 同步注浆不得停止,在停机时不宜进行同步注浆。推进过程中每环应取 1 组浆液试件,检验其初凝时间、泌水率等是否与试验相符。

(6)二次注浆控制

二次注浆在推进过程中同步跟进,通过脱出盾尾 3~4 环的管片注浆孔注入。二次注浆采用水泥浆∶水玻璃溶液=4∶1 的双液浆,其中水泥浆水灰比为 0.4∶1,水玻璃溶液浓度为 50%。二次注浆压力根据实际情况控制,最大不超过 5.0 bar。二次注浆时应通过注浆管片的前 1 环管片开孔检查注浆质量,并在终孔前加大水玻璃注入比率。

推进过程中根据 1 号线洞内自动化监测情况对沉降较大处再次进行注浆。注浆方式及浆液配比与二次注浆相同,所需设备在大剧院盾构井口提前备好。

(7)沉降分析

将每个地表监测点作为单独的沉降分析对象,结合盾构与各监测点的位置关系和掘进参数进行统计,分析盾构刀盘到达监测点位、盾体通过监测点位、盾尾脱离监测点位及不同掘进参数情况下的沉降情况。根据数据分析对掘进参数进行调整优化,再结合调整后的监测情况不断对施工参数进行修正。在下穿 1 号线掘进过程中将结合 1 号线洞内自动化监测结果继续本项工作,为施工参数的调整提供依据。

(8)掘进参数汇总

根据试验段掘进情况总结,掘进参数取值参考见表 7.10。

表 7.10 掘进参数表

序号	项目	参数	备注
1	土仓压力(1#)	推进时 1.3~1.5 bar	满仓土压平衡模式,土仓压力起伏不得大于±0.2 bar,最低不得小于 1.0 bar
2	刀盘工作压力	<200 bar	
3	刀盘转速	1.8~2.0 r/min	
4	有效推力	≤500 t	
5	盾构姿态水平偏差	±30 mm	
6	盾构姿态垂直偏差	±30 mm	
7	每环姿态纠偏量	≤5 mm	即使姿态不好亦需严格控制

续上表

序号	项目	参数	备注
8	推进速度	10～15 mm/min	尽量保持平稳
9	每环出土量	≤65 m^3	根据进尺量随时监控
10	同步注浆量	6～10 m^3/环	以注浆压力为控制依据
11	同步注压力	3.0～3.5 bar	
12	渣土改良方式	刀盘前方加泡沫、分散剂等	根据渣土流动性及推进参数随时调整
		土仓内加水、膨润土泥浆等	根据渣土和易性与地质情况合理调整

7.4 小　　结

两次穿越工程的成功实践证明，在正式穿越之前设立试验段，并在试验段进行相关技术的试验工作，可为安全、快速和高效穿越既有线提供强有力地技术支持和技术保障，是穿越工程技术体系中必要不可的重要一环。通过试验段的系列试验和技术分析，可在以下技术方面有所总结、有所准备：

(1)可以检验盾构机设备的功能是否完备，为盾构机设备性能的完善提供最直接的证据。通过相似地层条件下的盾构掘进，可以分析盾构机的推进系统、渣土改良系统、注浆系统等的功能是否满足穿越施工段的地质要求，从而提出改进的方向中。在燕大区间右线穿越 1 号线试验段及之前的盾构井—燕南站左线施工段试验中发现，S240 盾构机现有渣土改良系统不能满足全风化和强风化花岗岩地层中快速掘进的需要，继而装备了一套全自动的渣土改良系统，进行了盾构机功能的完善。

(2)可以不断修正、完善盾构掘进参数的取值。盾构施工各项掘进参数，如扭矩、推力、刀盘转速、推进速度、土仓压力、螺旋机转速、渣土温度、泡沫参数等在不同类型地层中，需满足不同的匹配关系。通过相近或类似地层条件的盾构掘进，可以逐渐掌握这种匹配关系，并不断深化，以求盾构施工对周围环境的影响最低。两处穿越工程，在正式下穿 1 号线之前，皆对盾构机掘进参数的取值进行了较为广泛的试验，保证了正式穿越施工时掘进参数取值的合理性和科学性。

(3)可以优化人员组织和工序安排。试验段(区)系列工作的开展，对穿越工程的实施进行了较为全面的预演，对正式穿越施工时可能出现的问题有了较为真实的显现，各项应对措施也就具有了较强的针对性。通过试验段(区)“练兵”，明确了人员岗位责任，保证了施工组织衔接有序和工程实施高效运转，是安全、快速和高效穿越既有 1 号线得以实现的必要条件。

(4)可以检验物资储备、材料运输及设备维护是否到位。由于是在现有施工段进行的掘进试验，试验工作的正常推进离不开物资的供应、材料的运输和设备的及时维护，这些工作在实践中无疑也得到了检验，可以及时发现存在的问题与不足，及时改进，以保证易损件备用充分，常用件有所储备，管片和渣土运输流畅，设备维护人尽其责，检修工作快速、高效，相关岗位人员责任明确，责任心得到加强，以形成一支敢打硬仗，善打硬仗的施工队伍。

(5)通过试验段系列试验工作的开展，可以使穿越施工相关单位的职责明确，为建立快速、高效的信息共享和交流通道提供了一个实践检验的平台。地铁新线穿越既有线工程是一项复杂的系统工程，牵扯单位较多，需要地铁运营部门，新建隧道设计、施工和监理等单位，建设单位及相关政府部门的密切配合，必须形成流畅、快捷的信息共享和交流通道，以便最大限度地保证新建隧道的施工安全和既有线的运营安全。通过试验区的广泛工作，这个信息交流通道提前建立并得以检验，保证了穿越工程的安全。

8 盾构施工技术参数选取技术

8.1 引 言

盾构施工不可避免要对上部既有线结构产生影响，只有把这种影响降低到工程变形控制标准要求的限度内，才能保证既有线的安全和新建盾构隧道施工安全。这其中最重要也是最根本的措施，就是将盾构施工对周围地层的扰动控制到最小。要实现这一目标，就必须对盾构各项掘进参数，如盾构的推进速度、刀盘转速、刀盘推力、盾构机推力、土仓压力等，进行优化分析，同时实施盾构隧道近接施工综合配套技术，作好壁后回填注浆及盾构机姿态控制等一系列工作。

对于本工程特定的地层条件，为了保证系统的稳定性，同时也为了提高机器的掘进效率，盾构机的掘进参数(推力、推进速度、刀盘转速、螺旋输送机转速、土仓压力等)之间需满足一定的匹配性。因此，如何选择合理的盾构掘进参数，建立盾构隧道近接施工综合配套技术，通过参数的优化，并作好壁后回填注浆及盾构机姿态控制等工作，使周围土体受到的扰动最小，有效控制地表变形，减少对周围环境的影响，是穿越工程设计和施工中必须解决的一个关键技术问题。

结合本次穿越工程的具体工程地质特征和工程环境条件，已经在穿越前布置地层变形测试断面，根据监测结果和穿越位置处的既有线现状情况初步确定穿越过程中的掘进参数和壁后回填注浆参数等。穿越施工过程中，按照信息化施工的原则，根据上部既有线的在线实时监测结果，动态调整盾构掘进参数、壁后注浆参数、盾构姿态控制参数等，加强盾构掘进管理(表 8.1)，将盾构施工对地层的扰动降到最低。

表 8.1 盾构掘进参数管理一览表

项　目	掘进管理内容	
开挖管理	开挖面稳定	保持开挖面土压平衡，对土仓压力进行实时监测，对土压设定进行试验
	开挖排渣	根据开挖面土压平衡，控制排土量
	掘进参数	对总推力、推进速度、刀盘扭矩、千斤顶压力进行监测并分析其随地层条件变化的规律
线型管理	盾构位置及姿态	纵向振动、横向摆动、偏转、中折角度、超挖量、曲行量
注浆回填管理	注浆状况注浆材料	注浆量、注浆压力、稠度、泌水性、胶凝时间、强度、配比
管片拼装管理	组装、防渗、位置	管片拼装错台、开缝、正圆度、紧固扭矩、漏水、缺损、裂缝、曲行量、垂直角度

本书涉及的两处穿越工程，新建隧道需要完成两次穿越，首先施工风险较低的穿越，以便为下一次风险较大的穿越积累经验，优化盾构掘进控制。

8.2 掘进参数选取的指导思想和原则

1. 指导思想

在整个穿越工程实施过程中，盾构生产参数的变化一直处于不断优化改进的过程。无论是在其中施工段的试验，还是在穿越段实验区的试验，无论是依据土体变形的监测、沿线建(构)筑物变形监测，还有既有线变形的在线监测，都是盾构各项生产参数不断改进，力求将盾构施工扰动对周围环境的影响控制到尽可能小的过程。这个过程是建立在多维信息基础之上的目标规划，既要保证新建隧道的施工安全，又要保证既有隧道的运营安全，如图 8.1 所示。

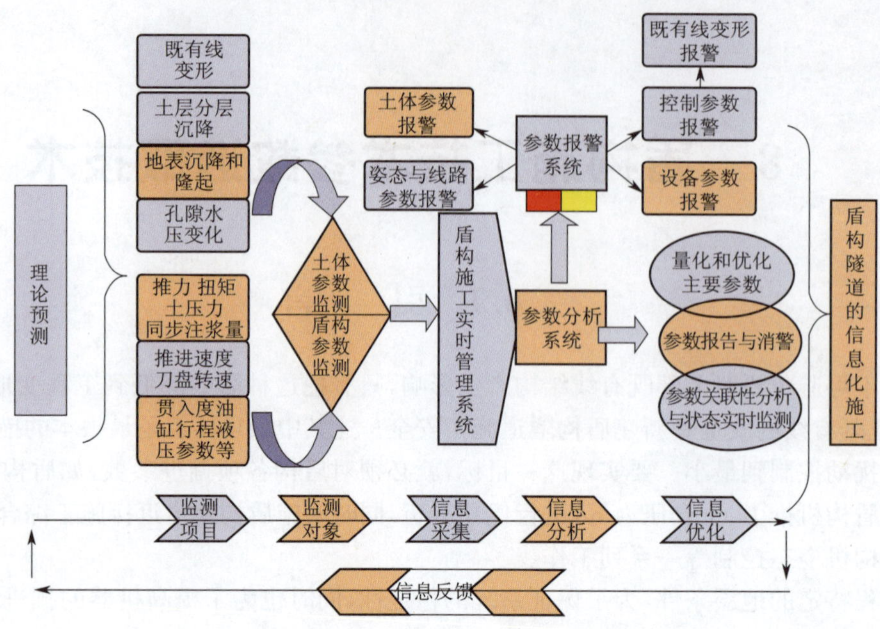

图 8.1　盾构穿越既有线施工多元信息系统

2. 参数选取原则

依据两处穿越工程的实践,可以总结出深圳地区盾构下穿施工技术参数选取的基本原则:

(1)在“上软下硬”地层中,盾构机尽量接近满仓掘进,但仓内要留有一定的空隙。

(2)盾构机停机时,尽量保持较高的土压。

(3)盾构机在推进过程中,尽量保持匀速和较快的速度。

(4)密切关注盾构机的推力和扭矩,要与盾构机的装备能力相适应。

(5)通过渣土状态的实时监控,可动态调整加水和加泡沫的用量,力求渣土达到较好的流塑性状态。当不能满足上述要求时,执行“宁稀勿稠”的原则,坚决避免盾构结饼问题的出现。

8.2.1　盾构施工参数管理

由于土压平衡式盾构采用电子计算机控制系统,能自动控制刀盘转速、盾构推进速度及前进方向,并及时反映掘进中的施工参数。这些施工参数的确定是根据地质条件情况、环境监测情况,进行反复量测、调整和优化的过程,若发现异常需及时调整。因此,对盾构施工参数的管理应贯穿于盾构掘进过程的始终。监理在监督过程中可通过审查承包方施工报表、观察盾构机控制室内监控设备等手段,及时收集和分析有关施工参数的信息,通过信息反馈,动态掌握施工参数的变化。盾构机监控系统能反映的施工参数很多(如土压力、刀盘油压和转速、盾构掘进速度等),对于这些施工参数的管理,监理在工作中应重点关注以下几项内容。

8.2.1.1　土仓压力

土压平衡式盾构机掘进的原理是建立开挖面前后水土压力平衡。在盾构掘进的不同阶段,土压力设定是变化的(在理论数值上它与土体容重、覆土深度、侧向土压力系数等因素都有关系),施工中需要考虑不同土质和隧道覆土厚度的变化,并结合环境监测数据进行不断调整。因此,平衡土压值的设定是土压平衡式盾构施工关键,监理应予以重点关注,并通过计算理论土压力与实际设定土压力进行比较,判断实际设定土压力是否满足施工的需要,督促承包方合理的设定土压力。

8.2.1.2　出土量

土压平衡式盾构是以切口环作为密闭土仓,盾构推进中切削后土体进入密闭土仓,随着进土量增加建立一定的土压力,再通过螺旋输送机完成排土,而土仓压力值是通过出土量来控制的。因此,出土量的多少、快慢与设定的土压力值密切相关,操作人员可通过计算每环理论出土量与实际每环出土量相比较,判断出土量是否正常。

8.2.1.3　掘进速度

盾构掘进速度主要受盾构设备进、出土速度的限制，若进出土速度不协调，极易出现正面土体失稳和地表沉降等不良现象，因此，应尽量保持均衡连续组织掘进作业。当出现异常情况时(如遇到阻碍、遇到不良地质、盾构姿态偏离较大等)，应及时停止掘进，封闭正面土体，查明原因后采取相应的措施处理。

8.2.1.4　千斤顶推力

盾构是依靠安装在支撑环周围的千斤顶推力向前推进的，推力的大小与盾构掘进所遇到的阻力有关，正确地使用千斤顶是盾构是否能沿设计轴线(标高)方向准确前进的关键。因此，在每环推进前，监理应根据前面几环承包方申报的盾构推进的现状报表，分析盾构趋势，督促承包方正确的选择千斤顶的编组，合理地进行纠偏。

8.2.2　盾构掘进姿态控制

所谓盾构姿态具体是指盾构掘进中的空间位置(包括高程和平面位置)。盾构姿态控制就是将盾构轴线控制在设计允许偏差范围内。盾构姿态控制的好坏，不仅关系到盾构轴线是否能在已定的空间内在设计轴线允许偏差内推进，而且还影响到后续工序管片拼装的质量(只有盾构掘进姿态控制在允许误差之内，才能确保管片拼装能在理想的位置)。因此，在盾构掘进阶段对盾构姿态的控制始终应作为监理人员监督的重中之重。根据《地下铁道工程施工及验收规范》(GB 50299—1999)(2003 版)8.4.4 条的规定，盾构掘进中应严格控制中线平面位置和高程，其允许偏差均为±50 mm，发现偏离应逐步纠正，不得猛纠硬调。监理在实施对盾构姿态控制时，应严格以规范要求为控制准则。监理在工作中针对盾构姿态的控制，首先应熟悉和掌握设计线型要求，即隧道平面曲线和竖曲线的线型情况(包括里程、长度、坡度、半径等)，其次还应重点监控以下内容。

8.2.2.1　盾构姿态测量数据

盾构姿态测量数据包括自动测量数据(盾构机装有自动测量系统，能反映盾构运行的轨迹和瞬时姿态，动态监测盾构姿态数据)和人工测量复核数据(对自动测量数据正确性进行检测和校正)，监理人员可对两类数据综合分析、比较，动态掌握数据变化情况，正确指导盾构正确、安全地推进。

8.2.2.2　盾构纠偏量

盾构在推进过程中不可能一直处于理想状况(尤其是在曲线段)，会产生不同程度的偏向。影响盾构的偏向的因素很多，也很复杂(如地质条件的因素、机械设备的因素、施工操作的因素等)，施工中一般可通过调整千斤顶编组或纠偏材料(粘贴在管片上)进行纠偏。监理工程师不仅应做到及时根据盾构姿态测量数据，分析盾构姿态，督促承包商控制好掘进方向，平稳地控制盾构推进的轴线，还要在每环管片拼装前对盾构姿态进行复查，如发现偏差，督促承包方合理地制定纠偏方案和纠偏量，及时采取纠偏措施，避免误差累积。

8.2.3　管片拼装控制

管片拼装是盾构法施工的关键工序，管片拼装的质量好坏直接影响到隧道结构的安全和使用功能。因此，为确保管片拼装的质量满足设计和规范的要求，监理应重点抓好以下环节。

8.2.3.1　管片制作监控

管片制作质量好坏是确保管片拼装质量的首要环节。一般管片制作均由预制构件厂提前生产，以满足现场盾构掘进施工的需要。《地下铁道工程施工及验收规范》(GB 50299—1999)8.11 条对管片制作质量提出明确的要求。在满足以下条件的前提下才能允许管片出厂。

(1)制作管片模具的精度符合规范要求。

(2)制作管片类型、管片脱模后成品外观质量及尺寸偏差满足设计和规范要求。

(3)管片的混凝土抗压强度及抗渗指标满足设计要求。

(4)管片的检漏检测和三环试拼装检验符合规范要求。

8.2.3.2　管片进场检查

管片制作合格后需根据现场施工需要分批由预制厂运输至现场。监理对进场管片的检查是对管片制作质量的第二次复查。检查的重点包括：(1)根据管片排序图核对进场管片规格是否满足施工需要；

(2)审查进场管片出厂质量合格证明文件;(3)复查进场管片外观质量,若发现缺陷应及时督促承包单位进行修补。

8.2.3.3　管片拼装前检查

根据管片接缝防水设计要求一般需粘贴防水密封垫,监理工程师应在管片拼装前对密封垫粘贴位置和粘贴质量逐块检查。

8.2.3.4　管片成环后检查

管片成环后的质量是衡量和判断盾构法隧道质量合格与否的主要依据。《地下铁道工程施工及验收规范》(GB 50299—1999)8.6.5条对管片拼装质量提出了具体的要求(本工程以20环为一个检验批进行验收)。监理在进行检查中应重点检查以下内容:(1)高程和平面偏差;(2)纵、环向相邻管片高差和纵、环向缝隙宽度;(3)纵、环向相邻管片螺栓连接。

8.2.4　注浆作业监控

盾构法工艺施工隧道,由于盾构壳体与拼装管片之间存在"建筑空隙",如不及时填充,势必产生土层扰动变形,造成地面变形(严重的危及到地面建筑和地下管线的安全使用)或隧道结构变形。注浆作业是盾构法隧道施工控制地面和隧道结构变形主要技术措施之一,通过压浆填充"建筑空隙"控制变形量。施工中的注浆工艺分为同步注浆、衬砌后补注浆,无论采用哪种工艺,监理在监督过程中应通过分析监测资料(以控制地面和隧道结构变形为原则)、审查拌制和注浆施工记录、对每作业班拌制注浆液试块制作见证送检等手段来综合分析注浆作业的效果,判断注浆作业是否达到控制变形的成效,并重点监督浆液配比、注浆量、注浆压力等主要技术指标。

8.3　掘进参数参考值

在正式穿越1号线之前,大东区间和燕大区间在本标段的其他施工段和穿越段的试验区均结合地层变形和建(构)筑物的变形监测,进行了盾构掘进参数取值的优化工作,提出了正式下穿地段的掘进参数的参考值,分别见表8.2和表8.3。

表8.2　大东区间试验段总结的掘进参数

地　层	上软＜9－2－1＞下硬＜9－3＞	全断面＜9－3＞
掘进速度(mm/min)	10～20	10～15
推力(t)	1 200～1 500	1 400～1 800
土压(bar)	2.0～2.5	1.6～2.0
刀盘扭矩(kN·m)	1 400～1 600	1 200～1 400
刀盘转速(rpm)	1.5～1.8	1.5～2.0
螺旋机转速(rpm)	2～4	2～3
渣土改良	泡沫原液比例2.5%～3%,发泡率25～30倍,注入率20%～40%	
同步注浆	双液浆,水玻璃掺入量约10%～15%(水泥重量),注浆压力0.3～0.5 MPa	

表8.3　燕大区间试验段总结的掘进参数

序　号	项　目	参　数	备　注
1	土仓压力(1#)	推进时1.3～1.5 bar	满仓土压平衡模式,土仓压力起伏不得大于±0.2 bar,最低不得小于1.0 bar
2	刀盘工作压力	＜200 bar	
3	刀盘转速	1.8～2.0 r/min	
4	有效推力	≤500 t	
5	盾构姿态水平偏差	±30 mm	

续上表

序　号	项　目	参　数	备　注
6	盾构姿态垂直偏差	±30 mm	
7	每环姿态纠偏量	≤5 mm	即使姿态不好亦需严格控制
8	推进速度	10～15 mm/min	尽量保持平稳
9	每环出土量	≤65 m^3	根据进尺量随时监控
10	同步注浆量	6～10 m^3/环	以注浆压力为控制依据
11	同步注压力	3.0～3.5 bar	
12	渣土改良方式	刀盘前方加泡沫、分散剂等	根据渣土流动性及推进参数随时调整
		土仓内加水、膨润土泥浆等	根据渣土和易性与地质情况合理调整

8.4　盾构生产参数监控

正式穿越施工开始后，在施工现场，成立穿越工程相关单位、部门联合值班办公室。在值班室，通过各种监视器在线实时监测，可随时了解现场掘进参数变化、出渣情况和既有线变形状态，始终将穿越工程的进展和安全状况掌握在控制之中。现场值班人员密切关注各种参数的变化，及时通过办公室电话与盾构机操作室进行沟通，随既有线变形情况和渣土状态，动态调整掘进参数，如土仓压力、刀盘扭矩、螺旋机转速等。

盾构掘进安全生产动态调整控制的核心参数，主要可分为 3 种类型：(1)推进类参数，如盾构机推进速度、刀盘扭矩、盾构推力、刀盘转速、土仓渣土温度、土仓压力、螺旋机转速等；(2)盾构机的姿态控制类参数，如盾构机纵向振动、横向摆动、偏转、中折角度、超挖量等；(3)土渣状态类参数，需要值班人员依据经验判定其流塑性状态。这 3 类参数之间相互作用，存在着复杂的非线性、多维度、非显示关系，需要操作人员结合盾构机性能及对地层条件的掌握和认识，以及对下一步生产的预判，适时适当地动态调整，力求盾构机施工扰动对周围环境的影响最小。这其中，参数的实时监控发挥着基础和桥梁作用。

结合盾构掘进参数的实时监控，在每天下午举行的生产例会上，可对本工作日的参数进行总结，同时提出下一工作日掘进参数的取值。掘进参数实时监控的好处还在于，一旦生产出现较大变化或既有线的状态有所改变时，通过现场值班人员，可迅速集合相关部门人员进行分析、讨论并作出相应对策。总之，掘进参数实时监控和动态调整是新建隧道信息化施工的重要手段，也是对既有线安全控制工作的有力保障。

8.5　盾构生产参数记录

在下穿 1 号线过程中，为便于交流，及时就盾构推进等各项参数展开讨论，施工单位专门制作了相应的表格，以供值班人员会签与讨论用，具体内容见表 8.4。施工单位为了及时总结每班的生产情况，及时发现生产各环节可能存在的问题，采用另外表格，记录生产相关的各类技术参数，具体内容见表 8.5。与表 8.4 相比，表 8.5 中的内容更丰富、更具体，是工程竣工验收的必备资料。

另外，施工单位为加强对掘进参数和现场生产班组的管理，还专门另外设计了的表格，对关键参数进行更为详细的记录，以供其每天晚上召开的生产班组碰头分析讨论时采用。部分记录结果见表 8.6～表 8.9。从表 8.6～表 8.9 可以发现，表格的内容更为丰富，除满足了生产的需要，更多的是试验段工作的进一步深化，对掘进参数执行严格管理的同时，寻找更加适宜的掘进参数。

表 8.4　______区间______线下穿 1 号线掘进参数表

<table>
<tr><td>掘进环号(刀盘环号)：______环(拼装环号：　　环)，起止时间：____________
1. 相关参数：
推力：______t；　　刀盘扭矩：______kN·m；　　掘进速度：______mm/min；
土压：______MPa；　　注浆压力：______MPa；　　注浆量：______m³；
有效行程：______mm；　　出土量：______m³
2. 地质及施工情况：</td></tr>
<tr><td>施工单位意见：</td></tr>
<tr><td>设计单位意见：</td></tr>
<tr><td>监理单位意见：</td></tr>
<tr><td>业主意见：</td></tr>
</table>

日期：

表 8.5　盾构施工原始记录表

工程名称：深圳地铁 2 号线东延段工程土建　　标段隧道区间　　施工日期：2010 年　　月　　日　　施工班组：

掘进第________环　　盾构线路：（直线、转弯）　　设定坡度______‰　　实际坡度______‰

掘进参数

项目		设定值	300	500	700	900	1 100	1 300	1 500	1 700
掘进速度(mm/min)										
刀盘转速(rpm)										
工作压力(bar)										
刀盘力矩(kN·m)										
螺旋输送机转速(rpm)										
总推力(t)										
铰接油缸拉力(bar)										
土仓压力(bar)	1									
	2									
	3									
	4									
	5									

千斤顶状态

推进千斤顶行程			铰接千斤顶			千斤顶推力				旋转方向
组号	管片安装前(mm)	管片安装后(mm)	位置	管片安装前(mm)	管片安装后(mm)	上	下	左	右	顺/逆时
A			2							
B			5							
C			10							
D			13							

盾构机位置

掘进前轴线偏差		掘进后轴线偏差		盾尾与管片间隙(mm)			
水平(前点/后点)	垂直(前点/后点)	水平(前点/后点)	垂直(前点/后点)	上	下	左	右

油缸状态						施工情况记录：出土情况：颜色____、成分____、
	A 组油缸	B 组油缸	C 组油缸	D 组油缸	铰接油缸	颗粒大小____、黏稠情况____、出土温度____度；
开始						泡沫剂使用情况：________________________；
结束						油脂使用情况：________________________。

掘进记录

掘进起始里程	掘进开始时间	掘进终止时间	土压力(MPa)		总推力(t)	掘进速度(mm/min)	出土量(m^3)	刀盘扭矩(N·m)	地质描述
			设定	实际					
YDK31＋			0.14						

管片拼装记录

拼装起始里程	管片型号	K 块位置	拼装时间		中线高程偏差(mm)	中线平面位置偏差(mm)	相邻管片平整度最大偏差(mm)	
			起	止			纵缝	环缝
YDK31＋	通用							

注浆记录

注浆环号	压浆时间		注浆孔数	注浆压力(MPa)	压浆量(m^3)	注浆孔位置图	4　1　3　2
	起	止					

掘进情况描述：

交接班记录：

记录员：　　　　技术员：　　　　专业质检员：

表 8.6　右线盾构 S240 下穿 1 号线推进参数记录

推进环号	绝对进尺(mm)	100	200	300	400	500	600	700	800	900	1 000	1 100	1 200	1 300	1 400	1 500
96	A 组油缸行程(mm)	369	469	569	669	769	869	969	1 069	1 169	1 269	1 369	1 469	1 569	1 669	1 769
泡沫加注	各泡沫管混合液流量(L/min)															
	1#	31	26	27	30	27	43	38	18.6	19.7	17.5	20.5	19.7	17.1	30	
	2#	0	1.2	0	0	0	7.2	0	0.2	0	0	0	0	0	0.5	
	3#	18	14	26	21	15.6	23.4	16	25.1	24.2	24.8	19.8	19.6	20.3	22.7	
	4#	31	36	24	35	37	29.9	27	27.2	27	28.1	29.4	29.6	30.4	13.6	
	原液比例(%)	2	2	2	2	2	2	2	2	2	2	2	2	2	3	3
	FER	20	20	20	20	20	20	20	20	20	20	20	20	20	20	20
土仓内加水量(m^3)					2.51				4.15				7			9.1
总推力(t)		1 150	1 120	1 103	1 101	1 100	1 107	1 085	1 193	1 124	1 120	1 131	1 105	1 125	1 163	1 010
铰接油缸压力(bar)		115	111	104	103	105	108	105	120	121	123	121	122	123	121	127
速度(mm/min)		18	12	23	15	17	9.6	15	19.2	16	18	15	10.9	19.2	18	17.1
刀盘转速(r/min)		1.65	1.67	1.74	1.71	1.68	1.7	1.72	1.7	0.9	1.1	1.2	1	1.2	0.8	0
刀盘工作压力(bar)		166	148	155	170	119	114	112	167	158	173	125	120	158	135	
1#土仓压力(bar)		1.35	1.51	1.45	1.46	1.48	1.34	1.7	1.59	1.5	1.6	1.5	1.6	1.4	1.5	1.64
螺旋机转速(r/min)		1.8	0.9	1	1.7	2	1.3	1.2	0.9	1.4	1.1	0.9	1.1	1.2	1.3	
同步注浆压力(bar)	1#	2.9	2.7	3.7	3.4	3.6	3.5	3.4	3.7	2.1	2.6	2.5	3.4	3.8	3.7	
	2#															
	3#															
	4#	3.5	3.6	3.9	4.3	3.9	2.5	3.1	3.7	2.8	2.8	3.1	3.5	2.9	3	
同步注浆量(m^3)	盾尾注浆量		2.4			2.1			1.5			1			1	
	管片注浆量															
盾尾油脂注入冲程			181			341			590			780			1 231	

表 8.7　右线盾构 S240 下穿 1 号线推进参数记录

推进环号	绝对进尺(mm)	100	200	300	400	500	600	700	800	900	1 000	1 100	1 200	1 300	1 400	1 500
97	A 组油缸行程(mm)	376	476	576	676	776	876	976	1 076	1 176	1 276	1 376	1 476	1 576	1 676	1 776
泡沫加注	各泡沫管混合液流量(L/min)															
	1#	23.7	21.1	21.3	18.2	14.3	16.1	17.3	21.1	20.8	20.5	17.5	15	20.1	21.5	18.1
	2#	0	0	0	0	0	0	0	0	0	0	0	0			
	3#	12.5	14.6	28.3	28.4	28.3	25.2	29.7	24.1	25.1	24.8	28.7	30.6	29.3	28.1	30.1
	4#	28.3	27.2	22.4	25.8	25.2	22.5	23.8	25.1	26.2	28.8	24.1	25.9	24.1	22.6	23.1
	原液比例(%)	3	3	3	3	3	3	3	3	3	3	3	3	3	3	3
	FER	20	20	20	20	20	20	20	20	20	20	20	20	20	20	20
土仓内加水量(m^3)				1.8		3				5			7			8.4
总推力(t)		1 027	1 014	1 064	1 121	1 065	1 081	1 100	1 103	1 095	1 124	1 075	1 106	1 086	1 091	1 125
铰接油缸压力(bar)		119	105	108	110	107	112	108	116	112	124	118	117	108	112	113
速度(mm/min)		17.1	21.3	18.4	15	21.5	11	13.3	17.7	16.1	20.2	11.9	23.5	10.7	11.2	15.1
刀盘转速(r/min)		1.63	1.67	1.71	1.7	1.73	1.71	1.72	1.67	1.68	1.74	1.61	1.65	1.63	1.65	1.71
刀盘工作压力(bar)		171	186	135	131	126	128	131	150	143	134	156	186	125	131	134
1#土仓压力(bar)		1.53	1.36	1.54	1.51	1.46	1.53	1.61	1.54	1.63	1.52	1.71	1.6	1.53	1.61	1.67
螺旋机转速(r/min)		1.1	0.7	0.8	0.9	1.1	1	0.9	0.9	1.1	0.8	1.1	1.2	0.8	1.1	1.2
同步注浆压力(bar)	1#	2.5	2.9	3.1	3.5	3.3	3.8	3.7	2.9	3.3	3.6	3.5	3.5	3.5	3.2	3.5
	2#															
	3#															
	4#	3.4	4	3.8	4	3.6	3.5	3.5	3.5	3.1	3.3	3.9	4.1	3.6	3.7	3.6
同步注浆量(m^3)	盾尾注浆量		2.2			2.3			1.5			1			1	
	管片注浆量		0.3			0.3										
盾尾油脂注入冲程															1 615	

表 8.8　右线盾构 S240 下穿 1 号线推进参数记录

推进环号	绝对进尺(mm)	100	200	300	400	500	600	700	800	900	1 000	1 100	1 200	1 300	1 400	1 500
98	A 组油缸行程(mm)	375	475	575	675	775	875	975	1 075	1 175	1 275	1 375	1 475	1 575	1 675	1 775
泡沫加注各泡沫管混合液流量(L/min)	1#	18.4	17.3	16.6	16.7	17.2	16.4	15	15.1	24.6	17.6	18.1	19.7	18.3	18	
	2#	0	0	0	0	0	0	0	0	0	0	0	0	0		
	3#	22.7	25.1	27.3	28.6	27.9	27.1	27.7	26.1	17.9	15.9	21.1	25.1	15.4	16.3	
	4#	36.7	30.4	32	33.2	33.8	33.6	34.7	32.3	16.6	37.4	28.6	27.7	37.9	32.1	
	原液比例(%)	3	3	3	3	3	3	3	3	3	3	3	3	3	3	
	FER	20	20	20	20	20	20	20	20	20	20	20	20	20	20	
土仓内加水量(m^3)					2.2			3.6	4.8			6.7				8.8
总推力(t)		1 109	1 123	1 108	1 135	1 190	1 120	1 135	1 117	1 125	1 128	1 194	1 182	1 229	1 178	
铰接油缸压力(bar)		104	107	105	103	110	105	106	103	109	106	114	118	111	109	
速度(mm/min)		17.1	23.1	7.9	15	14	17.1	24.1	16.3	19.2	12.5	15.7	18.1	22.4	19.2	
刀盘转速(r/min)		1.7	1.7	1.69	1.66	1.61	1.63	1.71	1.7	1.67	1.7	1.73	1.68	1.71	1.7	
刀盘工作压力(bar)		184	173	154	163	151	146	151	153	149	138	164	167	170	167	
1#土仓压力(bar)		1.7	1.51	1.46	1.4	1.54	1.7	1.51	1.66	1.62	1.61	1.58	1.57	1.76	1.63	
螺旋机转速(r/min)		1.3	0.9	1.1	1	0.8	1.1	1	0.9	1.9	1.7	1.1	0.9	1.2	1	
同步注浆压力(bar)	1#	3	3.5	3.4	3.6	2.8	3.3	3	3.1	3.5	4	2.9	3.1	2.8		
	2#															
	3#															
	4#	4.2	3.7	3.9	4.1	3.7	3.5	3.5	3.7	3.1	4.2	3.6	3.6	3.1		
同步注浆量(m^3)	盾尾注浆量		2			1.8			1.8			1.8			0.6	
	管片注浆量															

表 8.9 右线盾构 S240 下穿 1 号线推进参数记录

推进环号 99	绝对进尺(mm)	100	200	300	400	500	600	700	800	900	1 000	1 100	1 200	1 300	1 400	1 500
	A 组油缸行程(mm)	340	440	540	640	740	840	940	1 040	1 140	1 240	1 340	1 440	1 540	1 640	1 740
泡沫加注:各泡沫管混合液流量(L/min)	1#	20.5	19.6	20.6	23.4	24	20.5	19.5	25.2	24.3	22.7	24	22.4	21.9	20.6	
	2#	0	0	0	0	0	0	0	0	0.2	0	0	0	0	0	
	3#	21	20.6	19.2	21.5	19.5	18.6	20.1	18,6	19.3	18.8	18.7	18.3	18.8	19.9	
	4#	19.2	19.3	20.1	30.1	27.6	19.7	21.1	5.1	5	5.7	5.9	5.3	5.2	5.5	
	原液比例(%)	3	3	3	3	3	3	3	3	3	3	3	3	3	3	
	FER	20	20	20	20	20	20	20	20	20	20	20	20	20	20	
土仓内加水量(m^3)																
总推力(t)		1 100	1 140	1 132	1 089	1 100	1 103	1 095	1 180	1 127	1 162	1 132	1 207	1 271	1 254	
铰接油缸压力(bar)		107	109	112	113	100	94	98	132	118	105	105	120	103	112	
速度(mm/min)		17.1	10.5	17.7	25.1	12.9	15.1	17	15	17	18.1	10.8	11.9	10.8	15	
刀盘转速(r/min)		1.77	1.59	1.62	1.61	1.63	1.7	1.71	1.59	1.58	1.53	1.59	1.59	1.64	1.59	
刀盘工作压力(bar)		183	167	170	152	160	160	170	126	168	176	159	138	180	174	
1#土仓压力(bar)		1.46	1.8	1.5	1.43	1.87	1.57	1.73	1.54	1.46	1.69	1.84	2.32	2.07	1.91	
螺旋机转速(r/min)		1.32	1	0.9	1.1	0.9	1.2	1.3	0.5	0.3	1.4	0.9	1	1.6	2.9	
同步注浆压力(bar)	1#	3.1	3	3.2	3.1	3.5	3.6	4.2	2.7	3	4.3	4.5	3.2	2.7		
	2#															
	3#															
	4#	3.3	3.5	4.5	3.6	3.2	3.5	3.6	3.3	3.5	3.5	4.4	3.9	3.7		
同步注浆量(m^3)	盾尾注浆量		1.8			1.8			1.5			1.5			1.5	
	管片注浆量		0.3			0.3						1				

8.6　实际盾构掘进参数

在穿越施工期间,现场值班人员和盾构机操作室人员都对盾构生产各项参数进行了记录。现场值班人员记录的主要为盾构掘进参数的平均值,以备值班人员随时分析讨论时采用。在操作室人员的盾构机掘进原始记录表中,各项技术参数记录得较为全面详细,主要为工程竣工验收时采用。大东区间盾构掘进土仓内不同土压计的记录值见表 8.10,右线盾构掘进参数记录见表 8.11 和表 8.12,盾构掘进姿态控制参数见表 8.13,左线盾构掘进参数见表 8.14 和表 8.15。

表 8.10　大东区间盾构土仓内不同土压计的土仓压力记录值(单位:MPa)

拼装环号	土压计编号	设定值	300	500	700	900	1 100	1 300	1 500
643	1		0.2	0.1	0.1	0.1	0.1	0.1	0.1
	2		0.3	0.3	0.3	0.3	0.3	0.3	0.3
	3		0.3	0.3	0.3	0.3	0.3	0.3	0.3
	4		0.4	0.4	0.4	0.4	0.4	0.4	0.4
	5		0.4	0.4	0.4	0.4	0.4	0.4	0.4
644	1		0.1	0.1	0.1	0.1	0.1	0.1	0.1
	2		0.2	0.2	0.2	0.2	0.2	0.2	0.2
	3		0.2	0.2	0.2	0.2	0.2	0.2	0.2
	4		0.5	0.4	0.4	0.4	0.4	0.4	0.4
	5		0.4	0.4	0.4	0.4	0.4	0.4	0.4
645	1		0.1	0.1	0.1	0.1	0.1	0.1	0.1
	2		0.2	0.2	0.2	0.2	0.2	0.2	0.2
	3		0.2	0.2	0.2	0.2	0.2	0.2	0.2
	4		0.4	0.4	0.4	0.4	0.4	0.4	0.4
	5		0.4	0.4	0.4	0.4	0.4	0.4	0.4
646	1		0.2	0.2	0.1	0.1	0.1	0.1	0.1
	2		0.2	0.3	0.3	0.3	0.3	0.3	0.3
	3		0.4	0.4	0.4	0.4	0.4	0.4	0.4
	4		0.4	0.4	0.4	0.4	0.4	0.4	0.5
	5		0.5	0.5	0.5	0.5	0.5	0.5	0.5
647	1		0.1	0.1	0.1	0.1	0.1	0.1	0.1
	2		0.3	0.3	0.3	0.3	0.3	0.3	0.3
	3		0.3	0.3	0.3	0.3	0.3	0.3	0.3
	4		0.5	0.5	0.5	0.5	0.5	0.5	0.5
	5		0.5	0.5	0.5	0.5	0.5	0.5	0.5
648	1		0.4	0.4	0.3	0.4	0.5	0.5	0.4
	2		0.5	0.5	0.5	0.5	0.5	0.6	0.5
	3		0.5	0.5	0.5	0.6	0.6	0.5	0.5
	4		0.9	0.8	0.8	0.8	0.8	0.8	0.6
	5		0.6	0.6	0.6	0.6	0.6	0.6	0.8
649	1	0.3	0.3	0.4	0.3	0.3	0.2	0.3	0.3
	2	0.6	0.6	0.5	0.6	0.4	0.3	0.6	0.5
	3	0.5	0.5	0.7	0.4	0.7	0.8	0.5	0.7
	4	0.6	0.8	0.9	0.8	0.7	0.9	0.8	0.7
	5	0.6	0.6	0.5	0.6	0.8	0.7	0.6	0.8

续上表

拼装环号	土压计编号	设定值	300	500	700	900	1 100	1 300	1 500
650	1		0.4	0.4	0.4	0.4	0.4	0.4	0.4
	2		0.7	0.7	0.7	0.7	0.7	0.7	0.7
	3		0.5	0.5	0.5	0.5	0.5	0.5	0.5
	4		0.8	0.8	0.8	0.8	0.8	0.8	0.8
	5		0.6	0.6	0.6	0.6	0.6	0.6	0.6
651	1	0.2	0.3	0.2	0.4	0.2	0.2	0.4	0.2
	2	0.3	0.4	0.4	0.5	0.5	0.3	0.7	0.4
	3	0.3	0.5	0.5	0.6	0.4	0.3	0.4	0.5
	4	0.7	0.8	0.6	0.7	0.7	0.8	0.6	0.3
	5	0.5	0.6	0.8	0.5	0.8	0.5	0.8	0.5
652	1		0.5	0.5	0.5	0.5	0.5	0.5	0.5
	2		0.6	0.6	0.6	0.6	0.6	0.6	0.6
	3		0.5	0.5	0.5	0.5	0.5	0.5	0.5
	4		1	1	1	1	1	1	1
	5		0.7	0.7	0.7	0.7	0.7	0.7	0.7
653	1		0.3	0.3	0.3	0.3	0.3	0.3	0.3
	2		0.4	0.4	0.4	0.4	0.4	0.4	0.4
	3		0.3	0.3	0.3	0.3	0.3	0.3	0.3
	4		0.8	0.8	0.8	0.8	0.8	0.8	0.8
	5		0.6	0.6	0.6	0.6	0.6	0.6	0.6
654	1		0.4	0.4	0.4	0.4	0.4	0.4	0.4
	2		0.4	0.4	0.4	0.4	0.4	0.4	0.4
	3		0.3	0.3	0.3	0.3	0.3	0.3	0.3
	4		0.7	0.7	0.7	0.7	0.7	0.7	0.7
	5		0.6	0.6	0.6	0.6	0.6	0.6	0.6
655	1		0.6	0.6	0.6	0.6	0.6	0.6	0.6
	2		0.6	0.6	0.6	0.6	0.6	0.6	0.6
	3		0.4	0.4	0.4	0.4	0.4	0.4	0.4
	4		0.8	0.8	0.8	0.8	0.8	0.8	0.8
	5		0.7	0.7	0.7	0.7	0.7	0.7	0.7
656	1		0.7	0.7	0.7	0.7	0.7	0.7	0.7
	2		0.7	0.7	0.7	0.7	0.7	0.7	0.7
	3		0.7	0.7	0.7	0.7	0.7	0.7	0.7
	4		1	1	1	1	1	1	1
	5		0.8	0.8	0.8	0.8	0.8	0.8	0.8
657	1		0.9	0.9	0.9	0.9	0.9	0.9	0.9
	2		1.1	1.1	1.1	1.1	1.1	1.1	1.1
	3		0.9	0.9	0.9	0.9	0.9	0.9	0.9
	4		1.3	1.3	1.3	1.3	1.3	1.3	1.3
	5		1.2	1.2	1.2	1.2	1.2	1.2	1.2
658	1		1	1	1	1	1	1	1
	2		1.3	1.3	1.3	1.3	1.3	1.3	1.3
	3		1.1	1.1	1.1	1.1	1.1	1.1	1.1

续上表

拼装环号	土压计编号	设定值	300	500	700	900	1 100	1 300	1 500
658	4		1.6	1.6	1.6	1.6	1.6	1.6	1.6
	5		1.4	1.4	1.4	1.4	1.4	1.4	1.4
659	1		2.1	2.1	2.1	2.1	2.1	2.1	2.1
	2		2.4	2.4	2.4	2.4	2.4	2.4	2.4
	3		2.1	2.1	2.1	2.1	2.1	2.1	2.1
	4		2.6	2.6	2.6	2.6	2.6	2.6	2.6
	5		2.5	2.5	2.5	2.5	2.5	2.5	2.5
660	1		1.7	1.7	1.7	1.7	1.7	1.7	1.7
	2		2	2	2	2	2	2	2
	3		2	2	2	2	2	2	2
	4		2.4	2.4	2.4	2.4	2.4	2.4	2.4
	5		2.4	2.4	2.4	2.4	2.4	2.4	2.4
661	1		1.7	1.7	1.7	1.7	1.7	1.7	1.7
	2		1.9	1.9	1.9	1.9	1.9	1.9	1.9
	3		2	2	2	2	2	2	2
	4		2.6	2.6	2.6	2.6	2.6	2.6	2.6
	5		2.5	2.5	2.5	2.5	2.5	2.5	2.5
662	1		1.7	1.8	1.9	1.9	1.9	1.9	1.9
	2		1.9	2	2.1	2.1	2.1	2.1	2.1
	3		2	2	2	2	2	2	2
	4		2.4	2.4	2.5	2.5	2.5	2.5	2.5
	5		2.4	2.4	2.4	2.4	2.5	2.5	2.5
663	1		2.2	2.3	2.1	2	2.1	2	2.3
	2		2.3	2.1	2.1	2.1	2.2	2.1	2.3
	3		2.5	2.5	2.4	2.3	2.3	2.3	2.4
	4		2.6	2.3	2.3	2.4	2.4	2.5	2.5
	5		2.2	2.5	2.6	2.5	2.5	2.5	2.6
664	1		1.8	1.9	1.9	2	2.1	2.1	2.2
	2		2	2.1	2.1	2.1	2.2	2.2	2.3
	3		1.8	1.8	1.8	1.9	1.9	1.9	1.9
	4		2.1	2.1	2.3	2.3	2.4	2.4	2.5
	5		2	2.1	2.1	2.1	2.2	2.3	2.4
665	1		2.1	2.1	2	2.1	2.1	2.2	2.2
	2		2.3	2.2	2.1	2.1	2.2	2.2	2.3
	3		2.4	2.3	2.3	2.2	2.3	2.3	2.3
	4		2.4	2.4	2.4	2.4	2.4	2.4	2.4
	5		2.6	2.6	2.6	2.5	2.6	2.5	2.5
666	1		1.9	1.9	1.9	1.9	1.9	1.9	1.9
	2		2.3	2.3	2.3	2.3	2.3	2.3	2.3
	3		1.9	1.9	1.9	1.9	1.9	1.9	1.9
	4		2.4	2.4	2.4	2.4	2.4	2.4	2.4
	5		2.1	2.1	2.1	2.1	2.1	2.1	2.1

续上表

拼装环号	土压计编号	设定值	300	500	700	900	1 100	1 300	1 500
667	1		2.2	2.2	2.2	2.2	2.2	2.2	2.2
	2		2.6	2.6	2.6	2.6	2.6	2.6	2.6
	3		2.4	2.4	2.4	2.4	2.4	2.4	2.4
	4		2.8	2.8	2.8	2.8	2.8	2.8	2.8
	5		2.4	2.4	2.4	2.4	2.4	2.4	2.4
668	1		2	2	2	2	2	2	2
	2		2.5	2.5	2.5	2.5	2.5	2.5	2.3
	3		2	2	2	2	2	2	2
	4		2.5	2.5	2.5	2.5	2.5	2.5	2.3
	5		2	2	2	2	2	2	2
669	1		2	2.1	2.1	2	2	2	2.1
	2		2.1	2.1	2.1	2.1	2.1	2.1	2.1
	3		2.3	2.3	2.3	2.3	2.3	2.3	2.3
	4		2.4	2.4	2.4	2.4	2.4	2.4	2.4
	5		2.6	2.6	2.6	2.6	2.6	2.5	2.6
670	1		2	2.1	2	2.1	2	2.1	2.1
	2		2.1	2.1	2	2.1	2	2.1	2.1
	3		2.3	2.2	2.2	2.3	2.2	2.2	2.2
	4		2.4	2.4	2.4	2.4	2.3	2.3	2.3
	5		2.5	2.6	2.6	2.5	2.4	2.5	2.5
671	1		1.8	1.8	1.8	1.8	1.8	1.8	1.8
	2		2	2	2	2	2	2	2
	3		1.9	1.9	1.9	1.9	1.9	1.9	1.9
	4		2	2	2	2	2	2	2
	5		2.1	2.1	2.1	2.1	2.1	2.1	2.1
672	1		1.9	1.9	1.9	1.9	1.9	1.9	1.9
	2		2	2	2.1	2.1	2.1	2.1	2.1
	3		2	2	2	2	2	2	2
	4		2.4	2.4	2.4	2.4	2.4	2.4	2.4
	5		2.1	2.1	2.1	2.1	2.1	2.1	2.1
673	1		2.1	2.1	2.1	2.1	2	2	2.1
	2		2.6	2.6	2.5	2.4	2.4	2.4	2.6
	3		2.2	2.2	2.2	2.2	2.2	2.2	2.2
	4		2.6	2.6	2.5	2.5	2.5	2.5	2.6
	5		2.3	2.3	2.3	2.3	2.3	2.3	2.3
674	1		2.1	2.1	2.1	2.1	2.1	2.1	2.1
	2		2.4	2.4	2.4	2.4	2.4	2.4	2.4
	3		2.1	2.1	2.1	2.1	2.1	2.1	2.1
	4		2.5	2.5	2.5	2.5	2.5	2.5	2.5
	5		2.3	2.3	2.3	2.3	2.3	2.3	2.3
675	1		2.3	2.3	2.3	2.3	2.3	2.3	2.3
	2		2.4	2.4	2.4	2.4	2.4	2.4	2.4
	3		2.2	2.2	2.2	2.2	2.2	2.2	2.2
	4		2.5	2.5	2.5	2.5	2.5	2.5	2.5
	5		2.2	2.2	2.2	2.2	2.2	2.2	2.2

续上表

拼装环号	土压计编号	设定值	300	500	700	900	1 100	1 300	1 500
	1		2.1	2	2	2	2	2.1	2.1
	2		2.1	2	2.1	2.1	2.1	2.1	2.1
676	3		2.3	2.1	2.1	2.3	2.3	2.3	2.3
	4		2.4	2.3	2.3	2.3	2.4	2.4	2.5
	5		2.5	2.5	2.5	2.5	2.5	2.5	2.6
	1		1.7	1.7	1.7	1.7	1.7	1.7	1.7
	2		1.8	1.9	1.9	1.9	1.9	1.9	1.9
677	3		1.9	1.9	1.9	1.9	2	1.9	2
	4		2	2	2	2	2	2	2
	5		2	2	2	2	2	2	2.1
	1		1.7	1.7	1.7	1.7	1.7	1.7	1.7
	2		1.8	1.9	1.9	1.9	1.9	1.9	1.9
678	3		1.9	1.9	1.9	1.9	1.9	1.9	1.9
	4		2	2	2.2	2.2	2.2	2.2	2.2
	5		2	2	2.3	2.3	2.3	2.3	2.3
	1		2	2	2	2	2	2	2.1
	2		2.1	2	2.1	2.1	2.1	2.1	2.1
679	3		2.3	2.1	2.2	2.3	2.2	2.3	2.2
	4		2.4	2.3	2.3	2.4	2.4	2.4	2.4
	5		2.6	2.5	2.5	2.5	2.5	2.5	2.5
	1		2.2	2.2	2.2	2.2	2.2	2.2	2.2
	2		2.5	2.5	2.5	2.5	2.5	2.5	2.5
680	3		2.3	2.3	2.3	2.3	2.3	2.3	2.3
	4		2.6	2.6	2.6	2.6	2.6	2.6	2.6
	5		2.2	2.2	2.2	2.2	2.2	2.2	2.2
	1		1.8	1.8	1.8	1.8	1.8	1.8	1.8
	2		2.1	2.1	2.1	2.1	2.1	2.1	2.1
681	3		1.8	1.8	1.8	1.8	1.8	1.8	1.8
	4		2.4	2.4	2.4	2.4	2.4	2.4	2.4
	5		2.2	2.2	2.2	2.2	2.2	2.2	2.2
	1		2.1	2.1	2.1	2.1	2.1	2.1	2.1
	2		2.3	2.3	2.3	2.3	2.3	2.3	2.3
682	3		2.1	2.1	2.1	2.1	2.1	2.1	2.1
	4		2.4	2.4	2.4	2.4	2.4	2.4	2.4
	5		2.2	2.2	2.2	2.2	2.2	2.2	2.2
	1		2	2	2	2.1	2.1	2.1	2.1
	2		2.1	2.1	2.1	2.1	2.1	2.1	2.1
683	3		2.1	2.2	2.2	2.2	2.3	2.3	2.3
	4		2.3	2.3	2.3	2.4	2.4	2.3	2.4
	5		2.5	2.5	2.5	2.6	2.5	2.5	2.4
	1		2.1	2	2	2.1	2	2.1	2.1
	2		2.1	2	2.1	2.1	2	2.1	2.1
684	3		2.3	2.1	2.2	2.3	2.2	2.2	2.3
	4		2.5	2.4	2.3	2.4	2.3	2.4	2.4
	5		2.5	2.6	2.5	2.5	2.5	2.5	2.5

续上表

拼装环号	土压计编号	设定值	300	500	700	900	1 100	1 300	1 500
685	1		2.2	2.2	2.2	2.2	2.2	2.2	2.2
	2		2.3	2.3	2.3	2.3	2.3	2.3	2.3
	3		2.1	2.1	2.1	2.1	2.1	2.1	2.1
	4		2.3	2.3	2.3	2.3	2.3	2.3	2.3
	5		2	2	2	2	2	2	2
686	1		2	2	2.1	2.1	2	2.1	2.1
	2		2.1	2.2	2.2	2.1	2.1	2.2	2.1
	3		2.3	2.2	2.3	2.2	2.3	2.3	2.2
	4		2.4	2.4	2.3	2.4	2.3	2.4	2.3
	5		2.5	2.6	2.5	2.5	2.6	2.6	2.5
687	1		2	2	2	2	2	2	2
	2		2	2	2	2	2	2	2
	3		1.9	1.9	1.9	1.9	1.9	1.9	1.9
	4		2.3	2.3	2.3	2.3	2.3	2.3	2.3
	5		2	2	2	2	2	2	2

表 8.11 大东区间右线盾构掘进参数

掘进环数	掘进时间	千斤顶行程(mm)	刀盘环数	地层情况	推力(t)	扭矩(kN·m)	土压(MPa)	刀盘转速(rpm)	掘进速度(mm/min)
643	6.19 19:50～21:25		647	24-3	1 010	1 700	0.1	2.3	20
644	6.19 22:20～00:06		648	21-3	1 010	1 800	0.1	2.3	25
645	6.20 1:00～2:25		649	21-4	1 050	1 800	0.2	2.3	25
646	6.20 3:35～5:04		650	21-4	1 050	1 800	0.1	2.3	25
647	6.20 5:50～7:10		651	21-4	1 050	1 800	0.1	2.3	25
648	6.20 8:15～9:50		652	21-4	1 000	1 800	0.4	2.3	25
649	6.20 10:55～12:43		653	21-4	1 000	1 700	0.4	2.3	30
650	6.20 13:38～15:10		654	9-3	1 000	1 800		2.3	25
651	6.20 16:20～18:02		655	21-4	1 000	1 700	0.4	2.3	30
652	6.20 19:10～21:40		656	21-4	1 100	1 800	0.5	2.2	30
653	6.20 22:34～23:48		657	21-4	1 000	1 800	0.3	2.2	30
654	6.20 0:35～1:55		658	21-4	1 000	1 800	0.3	2.2	30
655	6.20 2:48～4:08		659	21-4	1 000	1 800	0.5	2.2	30
656	6.20 5:20～6:53		660	21-4	1 000	1 800	0.7	2.2	30
657	6.21 7:50～9:15		661	9-3	900	1 800	0.9	2.3	35
658	6.21 10:50～12:20		662	9-3	1 000	1 800	1.0	2.3	35
659	6.21 13:30～16:25		663	9-3	1 300	2 000	2.2	1.7	20
660	6.21 19:20～22:27	1 500	664	21-4	1 100	1 800	1.7	1.7	10
661	6.21 23:03～23:40	500	665	21-2 21-4 9-3	1 200	2 100	1.7	1.7	13
	6.21 23:40～00:35	1 000			1 350	2 200	1.6	1.6	9
	6.22 1:20～2:06	1 500			1 450	2 300	2	1.7	13
662	6.22 2:53～3:48	500	666		1 250	2 200	1.7	1.7	9
	6.22 3:48～4:50	1 000			1 250	1 900	1.8	1.6	9
	6.22 5:15～6:23	1 500			1 250	2 200	1.2	1.6	9

续上表

掘进环数	掘进时间	千斤顶行程(mm)	刀盘环数	地层情况	推力(t)	扭矩(kN·m)	土压(MPa)	刀盘转速(rpm)	掘进速度(mm/min)
663	6.22 7:25～8:35	500	667		1 100	2 500	1.7	1.6	10
	6.22 8:35～9:18	1 000			1 180	2 500	1.8	1.7	12
	6.22 10:10～10:50	1 500			1 200	2 300	1.7	1.7	12
664	6.22 12:10～12:24	500	668		1 180	2 500	1.8	1.8	17
	6.22 12:40～13:05	1 000			1 280	2 500	1.7	1.7	19
	6.22 14:14～14:50	1 500			1 200	2 300		1.7	17
665	6.22 16:16～18:28	500	669		1 240	2 800	1.5	1.7	19
	6.22 16:42～17:08	1 000			1 240	2 700	1.5	1.8	17
	6.22 17:52～18:28	1 500			1 290	2 300	1.5	1.7	16
666	6.22 20:08～21:03	500	670		1 300	2 200	1.6	1.8	15
	6.22 21:03～22:16	1 000			1 300	2 300	1.6	1.7	16
	6.22 22:16～22:50	1 500			1 300	2 200	1.5	1.8	15
667	6.22 23:30～0:08	500	671		1 250	2 300	1.9	1.8	16
	6.23 0:08～0:40	1 000			1 250	2 300	1.7	1.8	16
	6.23 1:11～1:50	1 500			1 300	2 300	1.7	1.8	13
668	6.23 3:49～4:22	500	672		1 300	2 300	1.7	1.9	16
	6.23 4:23～5:03	1 000			1 280	2 300	1.7	1.7	13
	6.23 5:55～6:29	1 500			1 300	2 300	1.7	1.8	16
669	6.23 7:12～7:50	500	673		1 250	2 300	1.6	1.8	14
	6.23 7:51～8:21	1 000			1 250	2 400	1.5	1.9	17
	6.23 8:21～9:40	1 500			1 280	2 600	1.5	1.8	15
670	6.23 10:40～13:12	500	674		1 250	2 400	1.8	1.7	20
	6.23 11:05～11:30	1 000			1 260	2 500	1.7	1.7	20
	6.23 11:30～13:12	1 500			1 280	2 200	1.7	1.8	17
671	6.23 13:59～14:30	500	675		1 280	2 300	1.7	1.8	17
	6.23 14:30～14:50	1 000			1 250	2 400	1.7	1.8	20
	6.23 15:40～16:18	1 500			1 280	2 200	1.5	1.8	16
672	6.23 17:28～18:05	500	676		1 350	2 200	1.4	1.6	13
	6.23 18:05～18:30	1 000			1 350	2 200	1.5	1.7	20
	6.23 18:30～19:32	1 500			1 350	2 200	1.5	1.7	15
673	6.23 22:42～23:15	500	677		1 300	2 100	1.7	1.8	14
	6.23 23:16～23:46	1 000			1 300	2 000	1.6	1.8	17
	6.24 0:12～0:48	1 500			1 310	2 100	1.6	1.8	16
674	6.24 1:47～2:23	500	678		1 250	1 900	1.8	1.7	17
	6.24 2:23～2:54	1 000			1 250	1 900	1.7	1.7	17
	6.24 3:30～4:03	1 500			1 300	1 900	1.8	1.8	16
675	6.24 4:49～5:15	500	679		1 220	1 800	1.8	1.7	19
	6.24 5:16～5:42	1 000			1 200	1 700	1.8	1.7	19
	6.24 6:09～6:38	1 500			1 230	1 800	1.8	1.8	19
676	6.24 7:34～8:02	500	680		1 250	1 900	1.8	1.7	18
	6.24 8:02～8:23	1 000			1 180	2 000	1.9	1.7	22
	6.24 9:28～9:42	1 500			1 150	2 200	1.7	1.7	20

续上表

掘进环数	掘进时间	千斤顶行程(mm)	刀盘环数	地层情况	推力(t)	扭矩(kN·m)	土压(MPa)	刀盘转速(rpm)	掘进速度(mm/min)
677	6.24 10:20～10:39	500	681		1 000	2 500	1.5	1.8	25
	6.24 11:25～12:00	1 000			1 000	2 500	1.5	1.8	25
	6.24 12:00～12:26	1 500			1 000	2 500	1.5	1.8	25
678	6.24 13:26～13:54	500	682		1 180	3 300	1.5	1.7	20
	6.24 13:54～14:07	1 000			1 180	3 000	1.4	1.7	18
	6.24 15:24～16:01	1 500			1 190	3 200	1.5	1.7	15
679	6.24 16:47～17:11	500	683		1 200	2 800	1.5	1.7	20
	6.24 17:11～18:38	1 000			1 140	2 900	1.6	1.6	22
	6.24 18:38～19:03	1 500			1 190	2 800	1.3	1.6	20
680	6.24 19:53～20:40	500	684		1 300	2 000	1.8	1.7	12
	6.24 20:40～22:33	1 000			1 340	2 100	1.7	1.6	12
	6.24 22:33～23:22	1 500			1 300	2 300	1.5	1.6	13
681	6.25 0:08～0:40	500	685		1 270	2 400	1.6	1.7	15
	6.25 0:40～1:43	1 000			1 250	2 200	1.6	1.8	17
	6.25 1:43～3:39	1 500			1 280	2 400	1.6	1.8	12.5
682	6.25 4:16～4:45	500	686		1 180	2 200	1.8	1.7	18
	6.25 4:45～5:50	1 000			1 130	1 600	2	1.8	19
	6.25 5:50～6:13	1 500			1 130	1 700	1.8	1.7	25
683	6.25 6:50～7:24	500	687		1 080	2 100	1.6	1.8	15
	6.25 7:24～8:12	1 000			1 170	2 300	1.7	1.8	12.8
	6.25 8:12～9:21	1 500			1 140	2 000	1.5	1.7	12.8
684	6.25 10:26～12:20		688	9～3	1 100	2 100	2.1	1.7	28
685	6.25 13:05～14:50		689	9～3	1 100	2 100		1.7	25
686	6.25 18:15～19:45		690	9～3	1 100	2 200	2.1	1.7	30
687	6.25 20:30～22:07		691	9～3	1 250	2 000	1.8	1.7	22

表 8.12 大东区间右线盾构掘进参数

掘进环数	泡沫发泡率(倍)	泡沫浓度(%)	泡沫注入量(L/min)	排土量(m^3)	注浆环号	注浆量(m^3)	注浆压力(bar)	停机土压(bar)
643				68	640	6	2.8	
644				68	641	6	2.8	
645				68	642	6	2.7	
646				68	643	6	2.2	
647				68	644	6	2.8	
648				68	645	6	2.8	
649				68	646	6	0.8	
650				68	647	6	3	
651				68	648	6	3	
652				68	649	6.5	3.2	
653				68	650	6.5	3.2	
654				68	651	6	3.2	
655				68	652	6	3.5	
656				68	653	6	3.2	

续上表

掘进环数	泡沫发泡率(倍)	泡沫浓度(%)	泡沫注入量(L/min)	排土量(m^3)	注浆环号	注浆量(m^3)	注浆压力(bar)	停机土压(bar)
657				68	654	6	3	
658				66	655	6	3	
659				68	656	6	3	
660				68	657	12	2.8	
661	10			68		11	4	
	13							
	15	4						
662	10	4		68		8	4.2	2
	11	4						
	13	5						
663	10	5	46	68		12	3	2.3
	11	5	48					
	10	5	46					
664	10	5	46	69		10	3	1.8
	10	5	46					
	11	5	48					
665	10	5	46	70		8	3.5	2
	10	5	46					
	10	5	46					
666	10	3.5	40	69		7	3.5	1.8
	13	4	35					
	10	4	40					
667	11	4	40	69		7	3.4	2.1
	10	4	40					
	11	4	40					
668	1.2	4.5	40	67		7	3.5	1.8
	10	4.5	40					
	11	4.5						
669	12	4.5	45	70		6	3.5	2.2
	10	4.5	48					
	10	4.5	45					
670	12	4.5	45	68	667	9	3.5	2
	12	4.5	45					
	12	4.5	45					
671	12	4.5	46	68	668	9	3.5	2
	12	4.5	45					
	10	4.5	45					
672	6	4.5	42	68	669	7	3.5	2.3
	5	4.5	39					
		4.5						
673	10	4.5	58	68	670	7	3.7	2
	10	4.5	57					
	10	4.5	60					

续上表

掘进环数	泡沫发泡率(倍)	泡沫浓度(%)	泡沫注入量(L/min)	排土量(m^3)	注浆环号	注浆量(m^3)	注浆压力(bar)	停机土压(bar)
674	10	4.5	60	67	671	7.5	3.7	2
	11	4.5	60					
	10	4.5	45					
675	11	4.5	53	69	672	7	3.9	2.1
	11	4.5	55					
	10	4.5	50					
676	12	4.5	48	68	673	8	3.5	2
	12	4.5	48					
	12	4.5	48					
677	12	4.5	55	68	674	7	3.5	2
	12	4.5	55					
	12	4.5	55					
678	8	4.5	54		675	11	3.5	2
	8	4.5	55					
	8	4.5	62					
679	8	4.5	63	68	676	9	3.5	2.4
	8	4.5	60					
	8	4.5	63					
680	7	4.5	62	68	677	12	4	1.8
	11	4.5	57					
	10	4.5	60					
681	13	4.5	58	68	678	10	4	1.7
	10	4.5	56					
	11	4.5	49					
682	11	4.5	65	67	679	7.5	3.5	1.9
	12	4.5	65					
	10	4.5	57					
683	10	4.5	56	68	679	9	4	1.7
	10	4.5	58					
	10	4.5	58					
684				68	681	9	3.8	
685				68	682	9	3.6	
686				68	683	7	3.6	
687				68	684	8	3.7	

表 8.13 大东区间盾构掘进姿态控制参数

掘进环数	管片拼装时间	掘进前轴线偏差(mm)				掘进后轴线偏差(mm)				盾尾与管片间隙(mm)							
		水平		垂直		水平		垂直		上		下		左		右	
		前点	后点	前点	后点	前点	后点	前点	后点								
643	6.19 21:25～21:55	64	66	−23	−12	69	72	−22	−12	48	78	36	78	48	65	36	70
644	6.20 00:06～00:35	69	72	−22	−12	72	77	−21	−13	43	72	39	67	42	64	45	72
645	6.20 2:25～2:55	72	77	−21	−13	73	80	−21	−14	47	82	35	65	42	77	40	65
646	6.20 5:04～5:35	73	80	−21	−14	72	81	−18	−12	50	75	34	60	52	58	38	64

续上表

掘进环数	管片拼装时间	掘进前轴线偏差(mm)				掘进后轴线偏差(mm)				盾尾与管片间隙(mm)							
		水平		垂直		水平		垂直		上		下		左		右	
		前点	后点	前点	后点	前点	后点	前点	后点								
647	6.20 7:10～7:40	72	81	-18	-12	71	82	-16	-11	49	42	27	59	37	62	42	78
648	6.20 9:50～10:20	71	82	-16	-11					57	82	30	65	32	65	47	73
649	6.20 12:43～13:10	65	77	-10	-4	57	69	-9	-4	54	68	30	70	43	60	50	72
650	6.20 15:10～15:40	57	69	-9	-4	55	66	-6	-1	43	68	38	75	36	53	44	75
651	6.20 18:02～18:33	55	66	-4	1	52	64	2	6	39	65	44	82	30	68	49	70
652	6.20 21:42～22:12	52	64	2	6	51	61	2	7	36	72	47	71	41	76	42	66
653	6.20 23:50～0:20	51	61	2	7	50	61	1	8	42	76	35	77	43	74	40	68
654	6.20 1:55～2:30	50	61	1	8	51	59	-1	9	42	68	39	72	42	64	43	66
655	6.20 4:08～4:40	51	59	-1	9	51	59	-7	5	40	70	40	68	39	68	40	69
656	6.20 6:53～7:35	41	29	-7	5	32	39	-16	-2	45	73	38	62	47	73	45	64
657	6.21 9:15～9:50	32	39	-16	-2	30	29	-14	-6	48	76	25	62	44	75	41	65
658	6.21 12:25～12:50	30	27	-14	-6	43	41	-13	-5	42	70	30	70	47	75	46	77
659	6.21 18:25～18:50	43	41	-13	-5	-35	-44	-9	-7	43	71	35	67	45	47	45	70
660	6.21 22:27～23:00	-35	-44	-9	-7	-30	-32	-7	-6	39	71	33	66	45	70	46	79
661	6.22 2:08～2:40	-30	-32	-7	-6	-43	-36	-14	-7	42	64	35	75	43	71	48	71
662	6.22 6:25～7:00	-43	-36	-14	-7	-46	-22	-19	-10	40	64	38	69	42	64	47	76
663	6.22 10:50～12:00	-46	-22	-19	-10	-41	-41	-21	-13	38	57	35	72	38	60	50	80
664	6.22 14:50～16:16	-41	-41	-21	-13	-34	-50	-19	-14	33	67	36	70	15	61	51	80
665	6.22 18:28～19:00	-54	-58	-19	-14	-39	-46	-17	-14	40	63	38	68	38	42	52	75
666	6.22 22:52～23:22	-39	-46	-17	-14	-23	-27	-15	-12	37	69	37	78	42	78	44	70
667	6.23 1:52～2:31	-23	-27	-15	-12	-22	-25	-9	-7								
668	6.23 6:31～7:08	-22	-25	-9	-7	-15	-17	-7	-5								
669	6.23 9:40～10:11	-15	-17	-7	-5	-8	-10	-6	-3	38	62	78	78	47	72	46	73
670	6.23 13:13～13:54	-81	-10	-6	-3	-4	-5	-4	-1	35	69	43	73	46	73	43	71
671	6.23 16:18～16:51	-4	-5	-4	-1	2	2	-3	3	42	61	36	74	47	67	48	77
672	6.23 19:32～19:59	21	2	-3	3	9	9	-2	4	34	69	36	73	42	63	50	78
673	6.24 0:52～1:20	9	9	-2	4	13	15	-5	4	40	64	34	75	48	63	46	74
674	6.24 4:04～4:41	13	15	-5	-4	19	20	-4	6	37	63	42	72	38	64	48	69
675	6.24 6:40～7:17	19	20	-4	-10	29	32	-10	2	38	65	37	69	40	61	39	88
676	6.24 9:42～10:10	29	32	-10	2	30	34	-15	-3	44	65	32	70	38	70	56	76
677	6.24 12:26～12:50	25	29	-15	-2	34	39	-20	-9	37	71	40	70	42	66	48	72
678	6.24 16:02～16:30	34	39	-20	-9	30	37	-22	-13	43	77	33	60	40	68	45	70
679	6.24 19:03～19:30	31	37	-23	-15	27	36	-22	-16	48	90	30	51	45	70	41	69
680	6.24 23:33～23:58	27	36	-22	-16	36	46	-21	-18	54	79	25	61	34	78	46	68
681	6.24 3:40～4:13	36	46	-21	-18	29	42	-17	-15	42	70	33	68	35	68	43	76
682	6.24 6:14～6:44	29	42	-17	-15	27	41	-14	-13	41	67	34	65	47	61	39	77
683	6.24 9:22～9:55	27	41	-14	-13	25	38	-11	-8	40	70	33	79	38	65	45	75
684	6.25 10:26～12:20	25	38	-11	-8	11	22	-6	-3	39	76	41	65	40	70	44	77
685	6.25 14:50～17:50	11	26	-6	-3	6	15	-9	-5	45	72	30	65	43	77	47	71
686	6.25 19:45～20:05	6	5	-9	-5	1	7	-8	-6	43	70	30	68	48	75	43	72

表 8.14 大东区间左线盾构掘进参数

掘进环数	掘进时间	千斤顶行程(mm)	刀盘环数	地层情况	推力(t)	扭矩(kN·m)	土压(bar)	刀盘转速(rpm)	掘进速度(mm/min)
642	8.16 13:37～14:17	500	647	21-2 21-4 9-3	900	1 200	0.63	1.86	16
	8.16 14:17～14:57	1 000			1 000	1 250	0.86	2	18
	8.16 14:57～15:21	1 500			1 100	1 350	0.9	2	20
643	8.16 19:03～19:35	500	648	21-2 21-4 9-3	1 200	2 400～3 000	0.6	2	16(8～24)
	8.16 19:35～20:51	1 000			1 100～1 200	2 400～2 700	0.76	2.1	17(7～25)
	8.16 20:51～21:22	1 500			1 100～1 200	2 300～2 700	0.75	2.1	16
644	8.16 22:17～23:48	500	649	21-2 21-4 9-3	1 100～1 300	2 200～2 800	0.9	2.1	17(8～26)
	8.16 23:48～00:23	1 000			1 100～1 300	2 300～3 000	0.5	2.1	14(8～25)
	8.16 00:23～02:20	1 500			1 100～1 200	1 900～2 700	0.7	2.1	19(10～33)
645	8.17 03:25～04:05	500	650	21-2 21-4 9-3	1 200～1 450	2 400～3 000	0.7	2.2	17(12～25)
	8.17 04:05～08:00	1 000			1 100～1 350	2 200～3 000	0.7	2.1	16
	8.17 08:00～08:44	1 500			1 250	2 200	0.7	2.1	18
646	8.17 10:32～11:03	500	651	21-2 21-4 9-3	1 200	1 700	1	2.1	18
	8.17 11:03～11:35	1 000			1 250	2 100	1	2.1	20
	8.17 11:35～13:16	1 500			1 200	2 000	1.1	2.1	20
647	8.17 14:18～15:34	500	652	21-2 21-4 9-3	1 100	2 500	1	2	20
	8.17 15:34～16:21	1 000			1 000	2 600	1.1	2.1	18
	8.17 16:21～16:51	1 500			1 000	2 500	1.2	2.1	18
648	8.17 18:15～18:48	500	653	21-2 21-4 9-3	950	2 500	1	2	17
	8.17 18:48～19:23	1 000			1 000	2 500	0.98	2	15
	8.17 19:23～19:55	1 500			1 000	2 600	0.8	2.1	16
649	8.17 21:59～22:23	500	654	21-2 21-4 9-3	1 100～1 300	2 200～3 000	0.6	2	13
	8.17 22:37～23:04	1 000			700～1 000	2 200～2 800	0.7	2.0～3.0	18(10～30)
	8.17 23:04～23:23	1 500			700～900	1 300～2 200	0.76	2.3	26(18～38)
650	8.18 00:30～01:05	500	655	21-2 21-4 9-3	700～1 000	2 200～3 000	0.62	2.3	14(11～30)
	8.18 01:05～01:30	1 000			800～1 000	2 200～3 200	0.6	2.3	20(12～38)
	8.18 01:30～01:48	1 500			700～900	1 900～2 800	0.67	2.3	27(18～40)
651	8.18 02:56～03:11	500	656	21-2 21-4 9-3	700～900	1 700～2 200	1	2.3	33(20～43)
	8.18 03:11～03:35	1 000			700～900	2 100～2 800	0.61	2.2	21(11～41)
	8.18 03:35～03:52	1 500			700～900	2 100～2 800	0.61	2.2	18(12～44)
652	8.18 05:00～05:25	500	657	21-2 21-4 9-3	1 000～1 150	2 200～2 900	1	2.1	21(15～32)
	8.18 05:25～05:58	1 000			900～1 100	2 200～3 000	0.65	2.1	16(14～29)
	8.18 05:58～06:14	1 500			800～1 000	1 800～2 900	0.6	2.3	32(20～46)
653	8.18 07:11～07:38	500	658	21-2 21-4 9-3	800～1 000	1 800～2 900	0.8	2	18(12～37)
	8.18 07:38～07:58	1 000			800～1 000	2 400～3 400	0.62	2	25(14～45)
	8.18 07:58～08:12	1 500			700～1 000	2 000～2 800	0.7	2.2	36(20～54)
654	8.18 09:41～10:04	500	659	21-2 21-4 9-3	950	1 500	1.5	2.1	23
	8.18 10:04～11:24	1 000			1 000	2 000	1.4	2.1	25
	8.18 11:24～11:43	1 500			1 050	2 400	1.5	2.1	20
655	8.18 13:20～13:46	500	660	21-2 21-4 9-3	1 000	2 400	0.95	2.1	19
	8.18 13:46～14:14	1 000			1 100	2 400	0.9	2.1	17
	8.18 14:16～14:40	1 500			1 000	2 300	1	2.1	21

续上表

掘进环数	掘进时间	千斤顶行程(mm)	刀盘环数	地层情况	推力(t)	扭矩(kN·m)	土压(bar)	刀盘转速(rpm)	掘进速度(mm/min)
656	8.18 16:13～16:40	500	661	21-2 21-4 9-3	1 100	2 500	1.3	2.1	20
	8.18 16:40～17:10	1 000			1 100	2 900	1.4	2.1	17
	8.18 17:10～17:52	1 500			1 100	2 700	1.1	2.1	13
657	8.18 19:12～21:17	500	662	21-2 21-4 9-3	900～1 200	2 200～3 200	1.05	1.9	6
	8.18 21:17～22:09	1 000			900～1 300	2 800～3 700	0.96	1.9	10
	8.18 22:09～00:45	1 500			900～1 300	1 800～2 700	1.2	2.3	18(8～31)
658	8.19 03:19～04:16	500	663	21-2 21-4 9-3	1 000～1 400	2 200～3 000	0.8	1.9	9
	8.19 04:16～04:37	1 000			800～1 100	1 800～2 400	0.4	2.2	24
	8.19 04:37～04:52	1 500			800～1 100	1 800～2 400	0.71	2.2	33(20～49)
659	8.19 06:08～06:30	500	664	21-2 21-4 9-3	900～1 100	1 800～2 800	0.9	2.1	21(12～34)
	8.19 06:32～06:50	1 000			900～1 100	1 850～2 800	0.98	2.1	28
	8.19 06:50～07:14	1 500			900～1 100	1 800～2 700	1	2.1	21
660	8.19 09:14～09:32	500	665	21-2 21-4 9-3	900～1 100	1 600～2 800	1.04	2.1	28～31
	8.19 09:32～11:05	1 000			900～1 100	1 700～2 800	1.33	2.1	25～31
	8.19 11:05～11:57	1 500			900～1 100	1 600～2 800	1.3	2.1	17～19
661	8.19 12:40～15:29	500	666	21-2 21-4 9-3	1 100	2 800	1.2	2.1	20
	8.19 15:30～16:01	1 000			1 100	2 800	1.1	2.1	20
	8.19 16:02～16:23	1 500			1 100	2 700	1.2	2.1	20
662	8.19 17:55～18:32	500	667	21-2 21-4 9-3	1 100	2 900	1.1	2.1	20
	8.19 18:32～20:55	1 000			900～1 300	2 400～3 700	1	1.9	12
	8.19 20:55～21:37	1 500			800～1 200	1 500～2 400	0.9	1.9	12(8～33)
663	8.19 22:20～23:17	500	668	21-2 21-4 9-3	800～1 000	1 000～1 800	0.66	2.5	9(8～35)
	8.19 23:17～23:35	1 000			800～1 000	1 000～1 700	0.64	2.4	28(8～40)
	8.19 23:35～01:03	1 500			800～1 000	1 100～1 700	0.8	2.1	22(16～43)
664	8.20 01:35～01:52	500	669	21-2 21-4 9-3	800～1 000	2 100～2 800	0.62	2.2	29(20～38)
	8.20 01:52～02:15	1 000			900～1 200	2 100～2 900	1.1	2.2	22(12～38)
	8.20 02:15～03:28	1 500			900～1 200	2 100～2 900	0.8	2.2	19
665	8.20 05:07～05:28	500	670	21-2 21-4 9-3	800～1 100	2 200～3 000	0.8	2	24(14～33)
	8.20 05:28～05:53	1 000			800～1 150	2 200	0.51	2.1	20(12～42)
	8.20 05:52～06:10	1 500			900～1 100	2 200～2 900	1	2.2	28(14～43)
666	8.20 07:24～08:30	500	671	21-2 21-4 9-3	1 000	2 200	0.9	2.1	17
	8.20 08:30～09:11	1 000			1 100	2 500	1.45	2.1	17
	8.20 09:11～09:40	1 500			1 250	2 400	1.2	2.1	20
667	8.20 10:44～11:24	500	672	21-2 21-4 9-3	1 000	2 100	0.7	2.1	15
	8.20 11:24～11:50	1 000			1 000	2 000	1.07	2.1	21
	8.20 12:45～13:20	1 500			1 120	2 200	1.1	2.1	15
668	8.20 14:00～15:47	500	673	21-2 21-4 9-3	1 000	2 750	0.9	2.1	12
	8.20 15:47～18:04	1 000			1 200	2 500	1.3	2.1	15
	8.20 18:04～18:24	1 500			1 000	2 400	1.08	2.1	25
669	8.20 21:40～22:15	500	674	21-2 21-4 9-3	800～1 100	2 100～2 800	0.76	2	14(2～25)
	8.20 22:15～22:36	1 000			900～1 200	2 400～3 200	1.35	2.1	24(15～41)
	8.20 22:36～23:34	1 500			900～1 200	2 300～3 100	1.5	2.1	22(18～32)

续上表

掘进环数	掘进时间	千斤顶行程(mm)	刀盘环数	地层情况	推力(t)	扭矩(kN·m)	土压(bar)	刀盘转速(rpm)	掘进速度(mm/min)
670	8.21 01:20～01:51	500	675	21-2 21-4 9-3	900～1 100	2 200～3 100	0.75	2.1	16
	8.21 01:51～02:08	1 000			950～1 200	1 800～2 700	0.8	2.2	29(12～40)
	8.21 02:08～02:37	1 500			950～1 200	1 800～2 100	1.8	2.2	17
671	8.21 03:42～04:08	500	676	21-2 21-4 9-3	900～1 100	2 000～2 800	1	2.2	19
	8.21 08:08～04:25	1 000			1 000～1 300	2 200～2 800	1.4	2.2	29
	8.21 04:25～04:45	1 500			1 000～1 300	2 200～3 000	1.6	2.2	25
672	8.21 05:50～06:32	500	677	21-2 21-4 9-3	1 000～1 300	2 200～2 800	0.8	2	12
	8.21 06:32～06:47	1 000			1 000～1 200	2 200～3 000	1.2	2.2	33
	8.21 06:47～07:16	1 500			1 000～1 300	2 200～3 000	1.4	2	17
673	8.21 09:18～08:38	500	678	21-2 21-4 9-3	1 000	2 390	1	2.1	25
	8.21 08:38～08:58	1 000			1 050	2 000	1.4	2.1	25
	8.21 08:58～10:14	1 500			1 200	2 000	2.3	2.2	35

表 8.15　大东区间左线盾构掘进参数

掘进环数	泡沫发泡率(倍)	泡沫浓度(%)	排土量(m^3)	注浆环号	注浆量(m^3)	注浆压力(bar)	停机土压(bar)
642	8.5	1.4	60	639	9	3	0.9
643	9	1.4	65	640	8.5	3	0.85
644	10	1.5	70	641	7.5	3.2	0.88
645	9.5	1.3	64	642	7.5	3.1	0.8
646	9.5	1.3	64	643	7.5	3.2	1.12
647	9.5	1.3	64	644	7.5	3	1.2
648	9.5	1.3	65	645	7.5	3.1	0.8
649	9.5	1.5	67	646	8	3	0.75
650	10.9	1.5	68	647	6	3.1	0.65
651	10.9	1	68	648	6	3	0.65
652	10.9	1	69	649	6	3.2	0.6
653	10.9	1	69	650	6	3.3	0.7
654	8	1	67	651	7	3.2	1.2
655	11	1	68	652	6	3	0.9
656	11	1.5	64	653	6	3.1	1.14
657	9.5	0.8	67	654	9	3.1	1.2
658	9.5	1	67	655	8	3.1	0.8
659	9.5	1	68	656	7.5	3.1	0.92
660	9.5	1	67	657	8	3.1	1.3
661	9.5	1	65	658	9	3.1	1.2
662	9.5	1	67	659	9	3.1	0.72
663	11.3	1.2	67	660	9	3	0.62
664	10.5	1	66	661	9	3.1	1
665	10.5	1	67	662	9	3	1
666	10.5	1.2	64	663	9	3	0.87
667	10	1.2	67	664	9	3.1	0.86
668	10	1.3	67	665	18	3.4	1.1
669	10.5	1.2	68	666	9	3.8	1.65
670	10.5	1.2	67	667	6	3.2	1.8
671	10.5	1.2	68	668	6	3.1	1.6
672	7.2	1.4	67	669	6	3	1.5
673	9.5	1.5	64	670	6	3	2.4

8.7　出土量控制

从燕大区间前期试验段和试验区的工作来看，由于地层中含水量变化较大，如果出土量控制不当，地层极易出现较大沉降，甚至坍塌事故，加之渣土改良加水和加泡沫的控制参数变化较大，这更为出土量控制带来较大难度。为此，专门设计了相应的表格对出土量进行详细记录，从而为加强出土量控制提供的详实的基础数据。部分记录数据见表 8.16～表 8.24。从工程实际的控制效果来看，满足了穿越工程生产需要，由于对出土量实施了较为严格的控制，生产过程中地层变形和既有线变形发展比较平稳，安全生产得到了有效保证。

表 8.16　左线盾构 S463 下穿 1 号线出土量记录

推进环号：76

绝对进尺(mm)	初始行程	100	200	300	400	500	600	700	800	900	1 000	1 100	1 200	1 300	1 400	1 500	加水总量(m^3)
油缸行程(mm)	270	370	470	570	670	770	870	970	1 070	1 170	1 270	1 370	1 470	1 570	1 670	1 770	17.3
出土量(m^3)		3.75	7.5	15.3	18.3	22.3	26.8	31.2	38.3	42.5	51.1	54.9	58.3	63	66.8		
加水量(m^3)		5.6			3.1												

出土箱数	第 1 箱	第 2 箱	第 3 箱	第 4 箱	第 5 箱	第 6 箱	第 7 箱	实际总进尺(mm)
油缸行程(mm)	541	812	1 077	1 204	1 479	1 761		1 491
绝对进尺(mm)	271	271	265	127	275	282		箱内清水总量(m^3)
箱内清水含量(m^3)	0	0	0	0	0	0		
渣土含量(m^3)	12.8	12	12.5	8.5	12.5	11.6		箱内渣土总量(m^3)
渣土温度(℃)	38.5	38	39					70.1

表 8.17　左线盾构 S463 下穿 1 号线出土量记录

推进环号：77

绝对进尺(mm)	初始行程	100	200	300	400	500	600	700	800	900	1 000	1 100	1 200	1 300	1 400	1 500	加水总量(m^3)
油缸行程(mm)	258	358	458	558	658	758	858	958	1 058	1 158	1 258	1 358	1 458	1 558	1 658	1 758	11.1
出土量(m^3)		4.7	9	13.3	17.5	21.9	25.2	29.2	33	37.4	43.4	47.8	51.9	55.2	59.6		
加水量(m^3)		1.5			1.8			2.9			2.5			2.4			

出土箱数	第 1 箱	第 2 箱	第 3 箱	第 4 箱	第 5 箱	第 6 箱	第 7 箱	实际总进尺(mm)
油缸行程(mm)	463	732	1 011	1 220	1 508	1 755		1 497
绝对进尺(mm)	205	269	279	209	288	247		箱内清水总量(m^3)
箱内清水含量(m^3)	1.5	0	0.1	0.3	0.1	0.2		2.2
渣土含量(m^3)	9	11.8	12	9.3	12	9.5		箱内渣土总量(m^3)
渣土温度(℃)	39.5	39.4	39.5	39.4	39.5	39.6		63.6

表 8.18　左线盾构 S463 下穿 1 号线出土量记录

推进环号：80

绝对进尺(mm)	初始行程	100	200	300	400	500	600	700	800	900	1 000	1 100	1 200	1 300	1 400	1 500	加水总量(m^3)
油缸行程(mm)	251	351	451	551	651	751	851	951	1 051	1 151	1 251	1 351	1 451	1 551	1 651	1 751	12.8
出土量(m^3)		3.4	7.5	13													
加水量(m^3)																	

出土箱数	第 1 箱	第 2 箱	第 3 箱	第 4 箱	第 5 箱	第 6 箱	第 7 箱	实际总进尺(mm)
油缸行程(mm)	555	812	1 048	1 252	1 513	1 758		1 507
绝对进尺(mm)	304	257	238	204	261	245		箱内清水总量(m^3)
箱内清水含量(m^3)	0	0	0	0.2	0.3	0.1		0.6
渣土含量(m^3)	13	12.8	12	9.3	11.5	11.3		箱内渣土总量(m^3)
渣土温度(℃)	37.7	37.5	37.7	38.1	38.6	38.8		69.9

表 8.19 燕大右线盾构下穿 1 号线出土量记录

环号	掘进开始时间	掘进终止时间	每出一箱土千斤顶行程(mm)																总出土量(m^3)
			开始行程	第 1 箱			第 2 箱			第 3 箱			第 4 箱			第 5 箱			
				行程(mm)	渣温(℃)	方量(m^3)	行程(mm)	渣温(℃)	方量(m^3)	行程(mm)	渣温(℃)	方量(m^3)	行程(mm)	渣温(℃)	方量(m^3)	行程(mm)	渣温(℃)	方量(m^3)	
86	21:50	5:16	262	537	48	12.5	825	50.5	12.5	1 139	49.2	12	1 450	53	13	1 777	53	13	63
每环各箱渣样分析(文字描述)																			
1	土温较高，开始推进至 500 mm 都在喷涌，500 mm 以后喷涌停止开始加水，车厢土析水 1.5 m^3																		
2	土温 50.5℃，间断性出现喷涌，温度持续上涨，车厢土析水 1.5 m^3																		
3	土温未见持续上涨，在顶部土压降低时适当加水，可使工作压力与温度稳定一点，渣样清洗后石英：砂＝1：1，以石英为主																		
4	与第 3 箱状况差不多，稍微干一点，土仓渣土逐渐变干，需加大水量																		
5	土温较高，土有堆积现象，加水偏少，有结泥饼现象，在渣样中能查出中风化花岗岩																		
备注																			
第 1 箱有 1.5 m^3，第 2 箱有 2.5 m^3，第 3 箱有 1.5 m^3 未倒完。出土 63 m^3，根据出土的状况，少出大概 5～7 m^3，留在土仓内																			

表 8.20 燕大右线盾构下穿 1 号线出土量记录

环号	掘进开始时间	每出一箱土千斤顶行程(mm)																								
		开始行程	第 1 箱			第 2 箱			第 3 箱			第 4 箱			第 5 箱			第 6 箱			第 7 箱			第 8 箱		总出土量(m^3)
			行程(mm)	渣温(℃)	方量(m^3)	行程(mm)	渣温(℃)	方量(m^3)	行程(mm)	渣温(℃)	方量(m^3)	行程(mm)	渣温(℃)	方量(m^3)	行程(mm)	渣温(℃)	方量(m^3)	行程(mm)	渣温(℃)	方量(m^3)	行程(mm)	渣温(℃)	方量(m^3)	行程(mm)	渣温(℃)	方量(m^3)
84	10:48	249	491	43.7	8	724	43.1	13	829	43.5	5	1 036	42	13	1 218	43.1	13	1 473	42	12	1 681	40.5	11	1 737	41	2
																										77

每环各箱渣样分析(文字描述)	
6	渣土改良状况良好，出土的含水率很大；渣土中存在中风化花岗岩，含量非常小；石英颗粒及砂占的比例约为 50%左右
7	含水量大，其他正常
备注	
1218 停机 3 个班后开始掘进后的土温 39.5℃；停机 6 h 后 40.5℃；感觉还是多出土了	

表 8.21　燕大右线盾构下穿 1 号线出土量记录

环号	掘进开始时间	第 1 箱			第 2 箱			第 3 箱			第 4 箱			第 5 箱			第 6 箱			第 7 箱			第 8 箱			总出土量(m^3)
84	10:48	行程(mm)	渣温(℃)	方量(m^3)	行程(mm)	渣温(℃)	方量(m^3)	行程(mm)	渣温(℃)	方量(m^3)	行程(mm)	渣温(℃)	方量(m^3)	行程(mm)	渣温(℃)	方量(m^3)	行程(mm)	渣温(℃)	方量(m^3)	行程(mm)	渣温(℃)	方量(m^3)	行程(mm)	渣温(℃)	方量(m^3)	
		491	43.7	8	724	43.1	13	829	43.5	5	1 036	42	13	1 218	43.1	13	1 473	42	12	1 681	40.5	11	1 737	41	2	77
每环各箱渣样分析(文字描述)																											
1	渣土改良状况良好,出土的含水率很大;渣土中存在中风化花岗岩,含量非常小;石英颗粒及砂占的比例约为 50%左右																										
2	含水量大,其他正常																										
备注:1218 停机 3 个班后开始掘进后的土温 39.5℃;停机 6 h 后 40.5℃;感觉还是多出土了																											

表 8.22　燕大右线盾构下穿 1 号线出土量记录

环号	第 1 箱			第 2 箱			第 3 箱			第 4 箱			第 5 箱			第 6 箱			第 7 箱			第 8 箱			总出土量(m^3)
85	行程(mm)	渣温(℃)	方量(m^3)	行程(mm)	渣温(℃)	方量(m^3)	行程(mm)	渣温(℃)	方量(m^3)	行程(mm)	渣温(℃)	方量(m^3)	行程(mm)	渣温(℃)	方量(m^3)	行程(mm)	渣温(℃)	方量(m^3)	行程(mm)	渣温(℃)	方量(m^3)	行程(mm)	渣温(℃)	方量(m^3)	82.5
	373	40.3	11	470	41	9	628	37.1	9	819	40.3	11	1 019	41	11.5	1 245	40	12	1 491	41	12	1 744	41	8	
每环各箱渣样分析(文字描述)																									
1	渣土较稀,含水量大。渣土多为中风化花岗岩,粒径 2～5 mm,少量白色石英																								
2	渣土呈牙膏状,含水相当少,渣土成分同上																								
3	渣土同 1																								
4	同 2																								
5	发现土仓喷出物为水沙混合物,颜色为灰黄色																								
备注:1. 不加水,渣土呈牙膏状,稍加水,则稀释成泥液状态。估计是下雨导致地下水位上升,刀盘处水土饱和,稍一转动刀盘就完全沙土液化失稳。2. 加膨润改良或者增加泥土压力,减少水压、气压含量,可改善沙土液化涌入土仓现象																									

表 8.23　燕大右线盾构下穿 1 号线出土量记录

环号	第 1 箱			第 2 箱			第 3 箱			第 4 箱			第 5 箱			第 6 箱			第 7 箱			第 8 箱			总出土量(m^3)
86	行程(mm)	渣温(℃)	方量(m^3)	行程(mm)	渣温(℃)	方量(m^3)	行程(mm)	渣温(℃)	方量(m^3)	行程(mm)	渣温(℃)	方量(m^3)	行程(mm)	渣温(℃)	方量(m^3)	行程(mm)	渣温(℃)	方量(m^3)	行程(mm)	渣温(℃)	方量(m^3)	行程(mm)	渣温(℃)	方量(m^3)	63
	537	48	12.5	825	50.5	12.5	1 139	49.2	12	1 450	53	13	1 777	53	13										
每环各箱渣样分析(文字描述)																									
1	土温较高,开始推进至 500 mm 都在喷涌,500 mm 以后喷涌停止开始加水,车厢土析水 1.5 m^3																								
2	土温 50.5℃,间断性出现喷涌,温度持续上涨,车厢土析水 1.5 m^3																								
3	土温未见持续上涨,在顶部土压降低时适当加水,可使工作压力与温度稳定一点,渣样清洗后石英∶砂=1∶1,以石英为主																								
4	与第 3 箱状况差不多,稍微干一点,土仓渣土逐渐变干,需加大水量																								
5	土温较高,土有堆积现象,加水偏少,有结泥饼现象,在渣样中能查出中风化花岗岩																								
备注:第 1 箱有 1.5 m^3,第 2 箱有 2.5 m^3,第 3 箱有 1.5 m^3 未倒完。出土 63 m^3,根据出土的状况,少出大概 5~7 m^3,留在土仓内																									

表 8.24　燕大右线盾构下穿 1 号线出土量记录　　推进环号:94

绝对进尺(mm)	100	200	300	400	500	600	700	800	900	1 000	1 100	1 200	1 300	1 400	1 500	加水总量(m^3)
油缸行程(mm)	379	479	579	679	779	879	979	1 079	1 179	1 279	1 379	1 479	1 579	1 679	1 779	7.6
出土量(m^3)			12	15.5	20.6	22.5	24	30.5	33	38.5	41.8	43.9	50.5	53.1	55.5	
加水量(m^3)	1.5			1.6			1.5			1.4			1.6			

出土箱数	第 1 箱	第 2 箱	第 3 箱	第 4 箱	第 5 箱	第 6 箱	第 7 箱	实际总进尺(mm)
绝对进尺(mm)	368	278	186	526	367	215		1 510
箱内清水含量(m^3)	0.1	0	0	0.2	0	0		箱内清水总量(m^3)
渣土含量(m^3)	13	11.5	9.5	11.3	13.6	2.4		0.3
渣土温度(℃)								箱内渣土总量(m^3)
渣样土石比例%								55.5

8.8 小　　结

盾构施工技术参数优化是盾构下穿既有1号线施工安全控制技术的重要内容，总结两处穿越工程的实践，可以得出以下结论：

(1)盾构施工技术参数优化是一个过程，贯穿于穿越施工准备、盾构掘进试验(包括穿越前的试验段试验和试验区的试验)和正式穿越施工的全过程，是盾构隧道信息化施工的核心内容之一，也是穿越工程的关键技术之一，必须得到有效落实和执行。

(2)盾构施工技术参数优化，可充分利用在线实时监测系统，动态实时掌握盾构施工各项技术参数、既有线形监测数据，并结合前期地质勘探资料，由跨部门联合值班人员讨论给出建议，盾构机操作手结合对盾构机性能的掌握，在对上述建议借鉴的基础上设定实际盾构施工技术参数值。

(3)对盾构施工技术参数详细记录是盾构施工技术参数优化的重要内容之一，联合值班办公室人员主要着重于记录各参数的平均值，以备每天的生产例会分析讨论时采用。盾构施工现场人员则需要对各生产参数进行较为详细的记录，主要为工程竣工验收时采用，生产过程中技术参数出现较大变化时是分析问题，查找原因的基础数据。

(4)结合两处穿越工程的实践，对主要技术参数的选取提出以下原则：1)在“上软下硬”地层中，盾构机尽量接近满仓掘进，但仓内要留有一定的空隙。2)盾构停机时，尽量保持较高的土压。3)盾构机在推进过程中，尽量保持匀速和较快的速度，整体上维持在20 mm/min的掘进速度是适宜的。4)密切关注盾构机的推力和扭矩，二者要与盾构机的装备能力相适应。5)通过渣土状态的实时监控，可动态调整加水和加泡沫及泥浆的用量，力求渣土达到较好的流塑性状态，当不能满足上述要求时，执行“宁稀勿稠”的原则，坚决避免盾构机结饼问题的出现。6)同步注浆尽量采用注水泥、水玻璃双液浆的方案，注浆量要饱满，尽量控制在每环8 m^3以上。

(5)对于深圳富水地区，出土量控制尤其重要，设计专门表格对出土量进行专门的详细记录和审慎控制，是控制地层和既有线变形的重要技术措施，也是防止地层出现较大变形、防止出现地层坍塌的根本措施。

(6)盾构机的功能和性能对于盾构施工技术参数的选择至关重要，为给各项技术参数选择创造较为有利的前提条件，一定要预先做好盾构适应性分析的技术工作。

9 渣土改良技术

9.1 引　言

在珠江三角洲地区，地铁盾构隧道主要穿越上软下硬的残积土复合地层。以深圳地铁一期工程为例，约89%的线路位于花岗岩风化残积土地层中。花岗岩的主要矿物成分为石英、长石及少量的黑云母、角闪石。花岗岩残积土中的长石、云母、角闪石已完全风化，只有石英矿物残留成石英角砾。从残积土的颗粒组成来看，是由细粒土和粗粒土混杂而成，缺乏中间颗粒的混合土，具有砂土和黏性土的性质。从深圳地铁一期工程沿线花岗岩残积土的工程物理特性来看，具有较高的抗剪强度，它既有黏性土的特点(黏聚力值较高)，又有砂土的特点(内摩擦角较大)。残积土颗粒成分的这种不均匀分布，直接决定了盾构施工参数和渣土改良技术应用的复杂性。

花岗岩残积土存在一个上部硬壳层和下部相对软地层，主要是因为深圳地区气候高温湿润，接近地表的残积土因受水淋滤作用，氧化铁富集，并稍具胶结状态，形成网纹结构，土质较坚硬，其强度低于上部土段。再往下由于风化程度减弱，强度逐渐增加，因此，残积土强度从地表向下呈硬—软—硬的现象。从深圳地铁隧道的埋深来看，盾构施工一般穿越深度较大，穿越残积土软硬土层分界层的情况比较普遍，因此呈现出“上软下硬”的地层特性。

根据国内外工程经验，土压平衡盾构在软硬不均地层时，渣土改良是保证盾构施工安全、顺利、快速的一项不可或缺的重要技术手段。渣土改良具有较好的土压平衡效果，利于开挖面的稳定从而控制地表沉降；使渣土具有较好的止水性，可防止地下水流失；使渣土具有较好的和易性，切削下来的渣土易于快速进入土仓并顺利排土，可有效防止土渣黏结刀盘而产生泥饼；可有效降低刀盘扭矩，改善土体对刀盘、刀具和螺旋输送机的磨损。

9.2 渣土改良机理

土压平衡式盾构，其特点是用开挖出的土渣作为支撑开挖面稳定的介质，因此要求作为支撑介质的土渣具有良好的塑性变形、软稠度，内摩擦角小及渗透率小。但是由于深圳地层一般不能完全满足这些特性，所以要进行改良，其技术要点是在刀盘前部和泥土仓中注入水、膨润土泥浆、黏土、聚合物或泡沫等混合添加材料，经强力搅拌，改善开挖土体塑性、流动性，降低渣土的透水性。在实际工程因渣土改良不好而导致的工程问题已屡见不鲜，图 9.1 给出了因土性不良导致的常见施工故障。

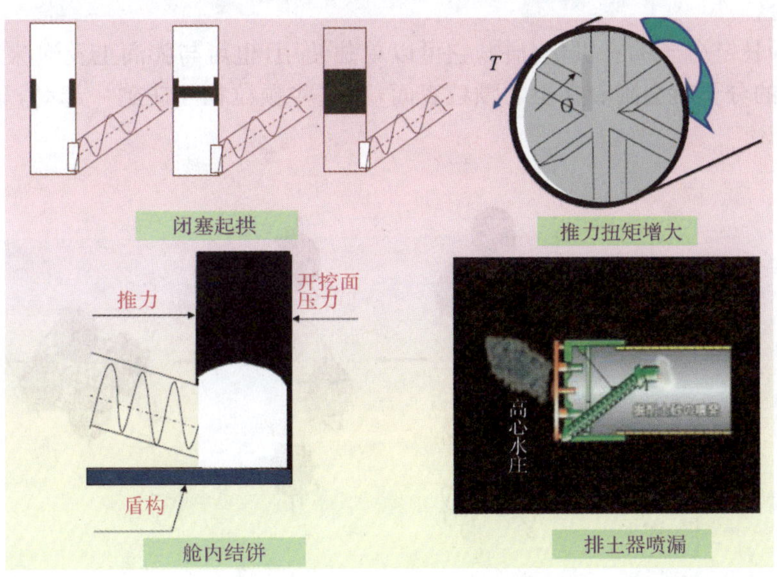

图 9.1　因土性不良导致的施工故障

为避免上述问题的出现，盾构施工中已经开发出多种土性改良添加剂。从工程应用的效果来看，添加剂的作用可以归结为如下：(1)降低刀具和出土系统的磨损。(2)通过添加剂渗入到土体诸如形成泥膜，改善工作面土体的稳定性，便于对切割土体的控制。(3)改善土仓内渣土的流动性和和易性。(4)减小刀盘的动力要求，并使开挖出的土体成为流塑状态。(5)降低渣土输送中的摩擦力。(6)改善了工人在隧道中的安全条件。(7)其优点还有：①密封仓内的压力更均匀。②对地下水更易于控制。③降低了在密封仓内形成泥饼的可能性。④螺旋输送器的渣土和水能得到控制。⑤渣土易于运输。目前工程中常用的添加剂主要有 3 种类型：(1)膨润土泥浆；(2)高分子聚合物；(3)泡沫。另外，在工程中，这些添加常配合在刀盘前方加水或肥皂水使用，以达到较好的改良效果。

1. 膨润土泥浆

膨润土其主要成分是蒙脱石，具有层状结构，易吸水膨胀，并具有润滑性，如图 9.2 所示。

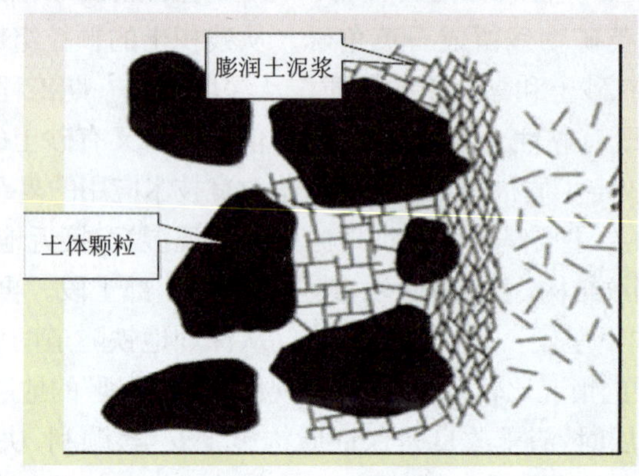

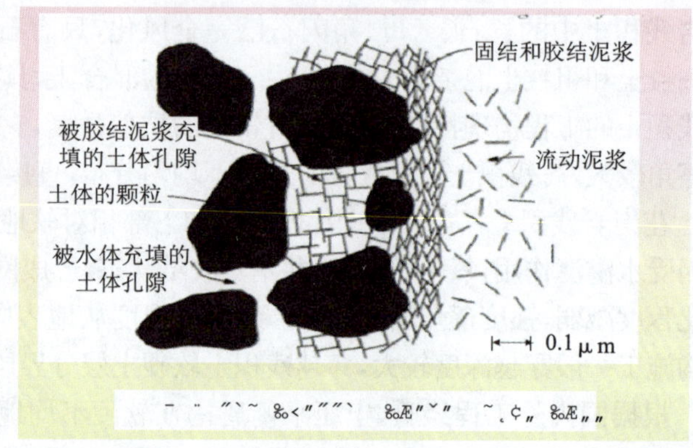

图 9.2　膨润土泥浆与土体颗粒的相互作用

它可以在工作面上形成低渗透性的泥膜，这样有利于给工作面传递密封仓的压力，以便平衡更大的水土压力，也可以改变密封仓内土的和易性，提高砂性土的塑性，以便于出土，减少喷涌。盾壳周边充满膨润土，可以减少盾构推进力，提高有效推力，降低扭矩，节约能耗。

膨润土系统主要包括膨润土箱、膨润土泵、气动膨润土管路控制阀及连接管路。有的设备将膨润土系统与泡沫系统共用一套注入管路。需要注入膨润土时，膨润土被膨润土泵沿管路向前泵至盾体内，根据需要，将膨润土加入到开挖室、泥土仓或螺旋输送机中。为保持盾构施工的生产能力，膨润土泥浆的用量较大，膨润土泥浆添加剂的广泛应用常受到制浆设备生产能力的限制。另外，高含水率的膨润土泥浆和开挖土的混合物在对环境保护措施严格的国家被认定为污染物，其处理价格昂贵，有时会引起公害，在实际生产中应慎用。

2. 高分子聚合物

聚合物是一种长链分子的有机化合物，它可以单独使用，也可与膨润土及泡沫混合使用。当聚合物与渣土混合时，聚合物的分子就会附着在土的颗粒表面，当这些颗粒相互碰到一起时，聚合物的分子就将颗粒黏结在一起，见图 9.3。

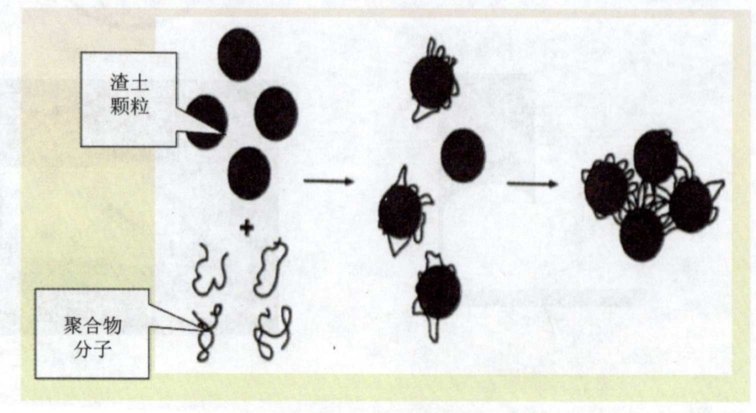

图 9.3　高分子聚合物与土体的相互作用

3. 泡沫剂

(1)泡沫剂的作用和优点

泡沫剂是一种均质的液体泡沫剂，经管道输送到泡沫发生器产生泡沫，从而增加渣土的黏滞性，改善刀盘的工作环境，增加土仓的密封和便于渣土的运输。渣土里的泡沫在使用后几天之内就会完全分解，当泡沫消失后，注入过泡沫的渣土又回复到其原来的状态。

在泡沫装置中，泡沫原料与水混合后形成混合液，然后将混合液与压缩空气一起送入起泡器(泡沫枪)，在起泡器内混合液在压缩空气的作用下体积膨胀形成泡沫，从起泡器流出的泡沫被注入土体，从而对土体进行改良。泡沫呈白色流液状，外观类似剃须泡沫，其气泡平均直径约 0.2 mm，但强度较好，受到挤压后会被压缩而不易破碎。细小的气泡进入土体后，充满在土体颗粒的间隙中，并将土体颗粒包围(图 9.4)，从而起到以下几个作用：

1)润滑。气泡将土体颗粒包围后，起到轴承作用，润滑性加大，能有效地降低刀盘和螺旋机的转矩，减少刀具的磨损。

2)稳定土仓内的土压。由于泡沫中的气泡具有较强的压缩性，能减少土仓压力的波动，较好地建立土压平衡，维持开挖面的稳定。

3)改善土体的塑流性。对于黏性大的黏土，能降低其黏性，使其不易黏附在刀盘和土仓壁上，产生堵舱现象；对于内摩擦角大、流动性差的砂土，能增加其塑性流动性。

4)阻水。由于气泡填充了土体颗粒间的空隙，使得渗透系数减小，止水性能提高。

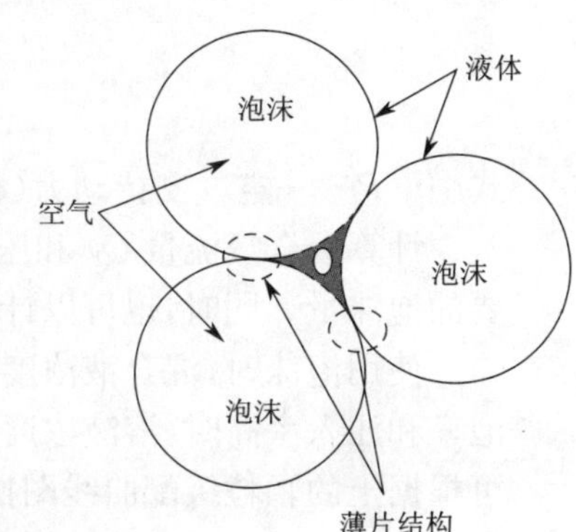

图 9.4 泡沫与土体的相互作用

泡沫经过 2～3 h 后会自行消泡，土体恢复原状。由于泡沫原料无毒无害，所以不会污染环境。使用了泡沫以后，土压平衡式盾构对土质的适应范围得以扩大，其设备造价低、控制操作容易、使用场地小、弃土处理方便等优点有了更大的发挥余地。总之，泡沫技术的应用代表着土质改良剂的发展方向。泡沫具有如下优点：

1)泡沫中 90%是空气，另外 10%中的 90%～99%是水分，剩下的才是发泡剂。数小时内，渣土中泡沫里的大部分空气就会逃逸而恢复原来的黏结状态，更便于运输。

2)由于气泡的润滑效果，减小了渣土的内摩擦角，提高了渣土的流动性，从而减小了刀盘的扭矩，改善了盾构作业参数。

3)减少渣土的渗透性，使整个开挖土体传力均匀，工作面压力变动小，有利于调整土仓压力，保证盾构掘进姿态，控制地表沉降。

4)减少渣土的黏性，使之不附着于盾构及刀盘上，有利于出土机构出土。

5)可以防止可重塑的黏土形成泥饼。原理是黏土块外面形成薄膜，从而阻止了块与块之间的黏结。

6)泡沫无毒，在 2 h 后可自行分解消失，对土壤环境无污染。

7)盾构通过向开挖面注入泡沫，使得开挖土获得良好的流动性和止水性，并保持开挖面稳定，降低摩擦力，节约能耗，扭矩明显下降，扭矩是核定扭矩的 20%～50%。

8)添加泡沫剂后，渣土流动性增加，便于螺旋输送器出土，加到工作面上去的泡沫，会形成一个不透水层，对工作面起到保护作用。

9)在黏性土层中，由于其内摩擦角小，易流动，泡沫只起到活性剂作用，防止土粘在刀具和土仓内壁上，减少对刀具的磨损，提高了出土速度和掘进速度。

(2)泡沫参数

泡沫混合液浓度(混合液中所含泡沫原料的比例)、膨胀率 E 和注入率 I 是 3 个主要参数。混合液浓度在 2%～5%之间，通常取 2%～3%。

$$E=\frac{V_F}{V_L}$$

式中 E——膨胀率，一般取 8～15；

V_F——泡沫体积量；

V_L——混合液量。

$$I=\frac{V_{FG}}{V_S}$$

式中 I——注入率，一般取 5%～65%；

V_{FG}——泡沫注入体积量；

V_S——开挖土方体积量。

所需的混合液流量 Q_L 和压缩空气量 Q_A 为

$$Q_L=\frac{AVI}{E}$$

式中 A——隧道开挖面积；

V——盾构推进速度。

$$Q_A=AVI(P+1)\left(1-\frac{1}{E}\right)$$

$$Q_A=Q_L(P+1)(E-1)$$

式中 P——空气支持动力(相对压力)，一般取 $P=0.3$ MPa。

计算混合液流量 Q_L 和压缩空气流量 Q_A 是为了掌握泡沫装置和空气压缩机的设备能力，以保证提供所要的泡沫量。同时，也可以计算泡沫原料的用量。

使用泡沫时，混合液浓度、发泡率和注入率 3 个参数中，混合液浓度与发泡率和注入率成正比关系，当发泡率和注入率高时，溶液浓度应大一些。发泡率 E 与土的粒径有关，粒径大时发泡率取大一些。注入率 I 可根据土的颗粒级配曲线图按下列公式计算：

$$I(\%)=\frac{a}{2}[(60-4X^{0.8})+(80-3.3Y^{0.8})+(90-2.7Z^{0.8})]$$

式中 X——0.074 mm 粒径土重含量的百分比，当 $4X^{0.8}\geqslant 60$ 时，取 $4X^{0.8}=60$；

Y——0.42 mm 粒径土重含量的百分比，当 $3.3Y^{0.8}\geqslant 80$，取 $3.3Y^{0.8}=80$；

Z——2.0 mm 粒径土重含量的百分比，当 $2.7Z^{0.8}\geqslant 90$，取 $2.7Z^{0.8}=90$；

a——计算系数。

当颗粒级配的不均匀系数 $C_u<4$ 时，$a=1.6$；$4\leqslant C_u<5$ 时，$a=1.2$；$C_u\geqslant 15$ 时，$a=1.0$。当用于防止盾构黏附时，$I=20\%$～40%。

图 9.5 为在不同土质中的泡沫注入率。

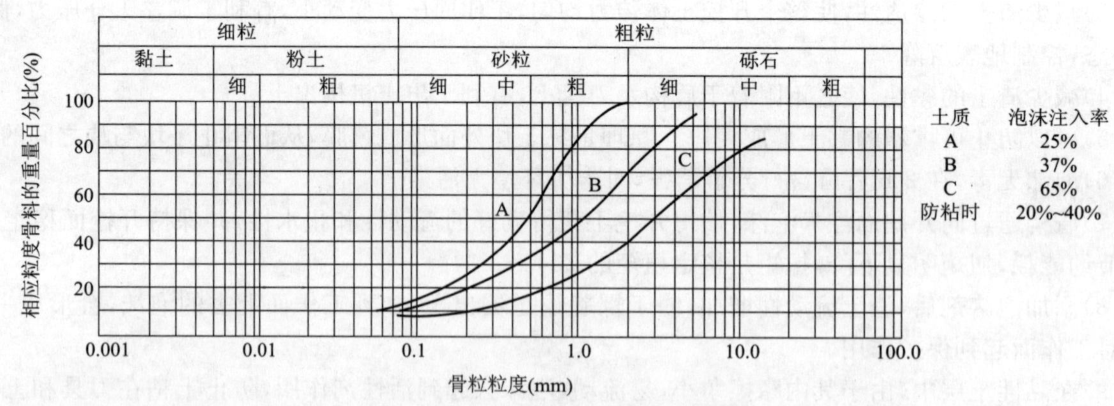

图 9.5 不同级配与泡沫注入率的关系

使用泡沫时，应注意以下几点：

1)首先要检查发泡情况，混合液是否全部变成气泡。可以将泡沫收集在容器内，然后慢慢倒出，观察流出的是否全是泡沫，如容器底部留有液体，说明混合液未全部变成气泡。混合液只有发成泡沫后对土体才具有改良作用，而含有泡沫原料的水和普通的水作用是一样的，这样不仅浪费了泡沫原料，也影响了使用效果。此时可加大膨胀率或检查设备有无故障。

2)一般情况下，泡沫主要通过盾构刀盘正面注入到土体，泡沫渗入土体后在刀盘的搅拌作用下与土体混合，从而使土体得到改良，改良后的土体再进入土仓内，通过螺旋机排走。由于泡沫在 2～3 h 后会自行消泡，土体即恢复原状，当盾构停机时间较长重新启动时，可向土仓和螺旋机内也注一些泡沫。

3)水中杂物过多会堵住起泡器(泡沫枪)，所以应保持水质干净。

(3)泡沫设备

泡沫系统由螺杆泵泵送泡沫剂与一定比例的水混合，经过泡沫发生器，高压空气吹压发泡，产生大量的泡沫，通过管路输送到刀盘前面、土仓及螺旋输送机与渣土混合。目前在国内所使用的泡沫设备基本分为两类。

一类是盾构出厂时配置好泡沫设备，如德国海瑞克公司在所有出厂的土压平衡盾构上都带有泡沫装置，一般装有4个起泡器，能提供较大的泡沫量，以保证在不同土层中的需求(见图9.6和图9.7)。使用时可以设定混合液浓度、膨胀率及注入率3个参数。从水泵1流出的水流经过流量仪2时，流量信号传递给泡沫原料泵3，从而调节泵3的转速，使其输出所需的泡沫原料量，与水形成所设定的混合液浓度。电控流量调节阀4用于控制所需的混合液流量和压缩空气流量。使用时可以采用手动、半自动、自动3种模式进行操作。选择自动模式后，在注入率 I 不变的前提下，混合液的输出流量 Q_L 则随盾构推进速度 V 的变化而变化，当 $V=0$ 时，则 $Q_L=0$。盾构机上泡沫工艺流程见图9.8。盾构机上泡沫系统部分设备实物照片见图9.9。

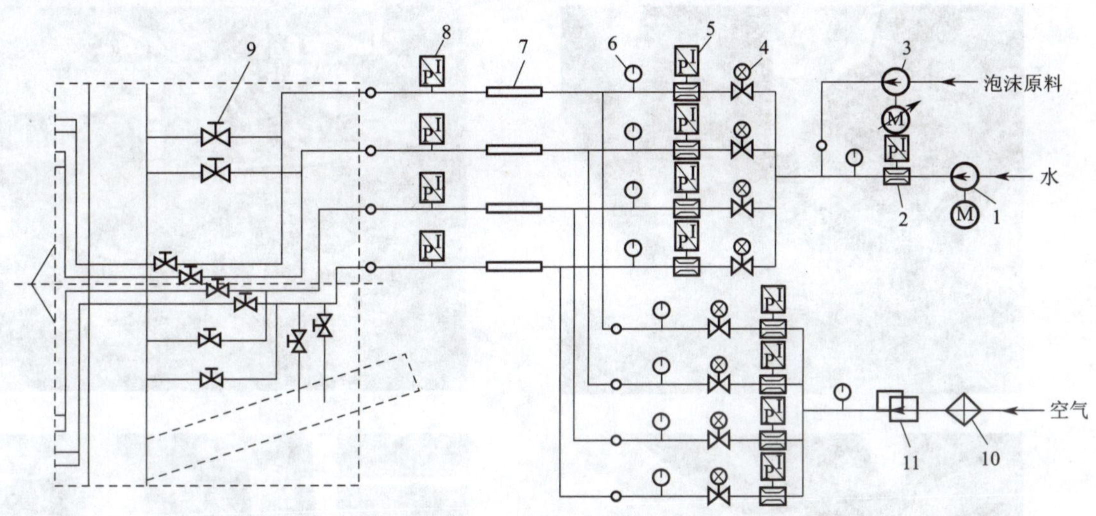

图9.6　海瑞克盾构机泡沫装置原理图

1—水泵；2—流量仪；3—泡沫原料泵；4—电控流量调节阀；5—流量仪

6—压力表；7—起泡器；8—压力传感器；9—手控球阀；10—过滤器；11—减压阀

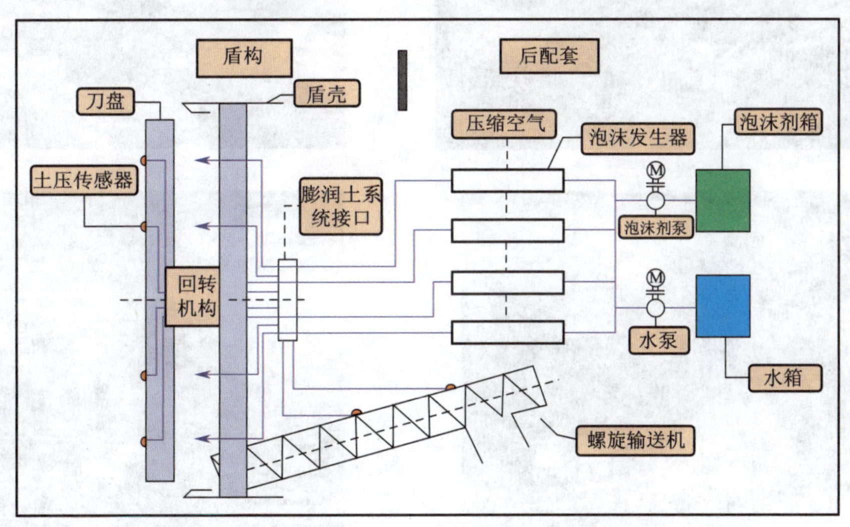

图9.7　海瑞克盾构机泡沫装置原理图

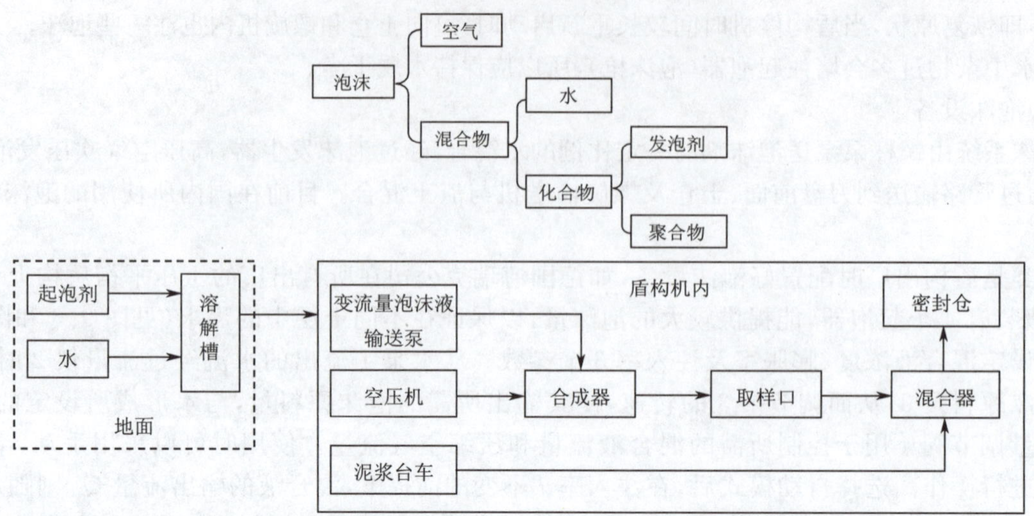

图 9.8　海瑞克盾构机泡沫工艺流程

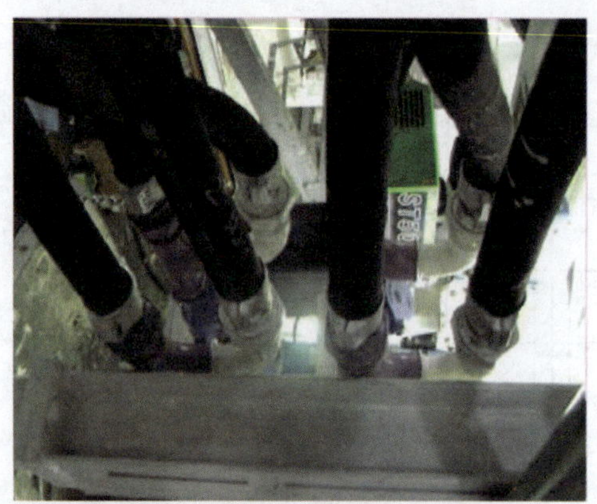
泡沫管

泡沫观察器

泡沫流量表

泡沫流量调节器

泡沫桶摇臂小吊车

泡沫剂泵

图　9.9

刀盘上的泡沫出口(一般是4×2个)

图 9.9　海瑞克盾构机上泡沫设备

另一类是在盾构出厂时未配置泡沫设备，需另外购置安装，主要使用法国康达特(Condat)公司的 M4B 型泡沫机(见图 9.10)。经测定，每台设备能提供的混合液流量最大为 28 L/min 左右，同样可设定混合液浓度、混合液流量及膨胀率 3 个参数。可在泡沫原料配料泵 8 上设定所需的混合液浓度值，电控流量调节阀 2 用于控制所需的混合液流量和压缩空气流量。使用时，应根据所选择的泡沫注入率 I 及盾构推进速度 V 计算出所需的混合液流量 Q_L，再根据此流量值决定泡沫机的台数并输入每台机器的混合液流量值。按上述公式计算出所需的压缩空气流量 Q_A，决定空气压缩机的配置并输入压缩空气流量值。反过来，也可以根据已有的泡沫机台数及泡沫注入率 I 按上述公式推算出盾构的推进速度 V。

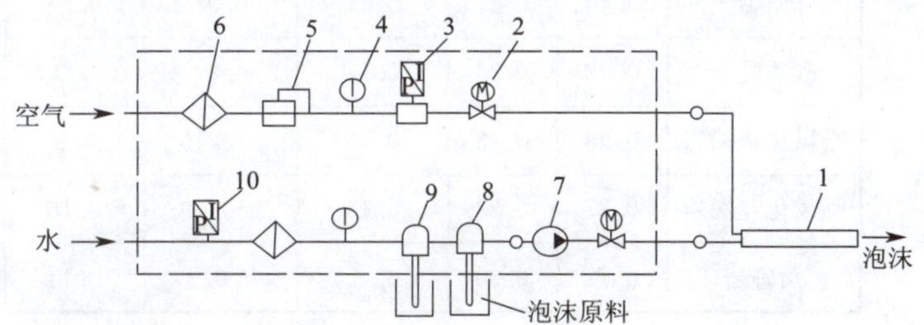

图 9.10　康达特 M4B 型泡沫装置原理图

1—泡沫枪；2—电控流量调节仪；3—气压控制仪；4—压力表
5—减压阀；6—过滤器；7—混合液泵；8. 泡沫原料配料泵
9—添加剂配料泵(选项)；10—水压传感器

9.3　渣土改良成功案例

深圳地铁一期工程华强路—岗厦区间盾构隧道全长 3 471.6 m，隧道衬砌外径 6 m，内径 5.4 m。盾构采用德国海瑞克公司设计制造的土压平衡盾构机，盾构刀盘处直径 6.28 m。本隧道需穿越燕山期强风化花岗岩、全风化花岗岩、砾质黏性土、砂质黏性土、富水砂层、角砾层，局部需要穿越中风化花岗岩，隧道埋深 14 m，地下水位在 3.5～4 m 左右。地质条件极其复杂，各地层软硬不均，重复交替出现，因此在施工过程中就要不断调整施工参数，尤其是泡沫的使用更是复杂多变。图 9.11 是施工过程中加注泡沫后土体改良效果极好的照片。

图 9.11　泡沫改良效果极好的出土状态

在砂性土和砾砂性土地基中，由于内摩擦角较大，因而难以获得良好的流动，同时渗透系数大，止水性差，压力不能很好地传递到掌子面，推进过程中明显感到方向不好控制，刀盘扭矩较大，推进速度慢。通过向开挖面注入泡沫，使得开挖土获得良好的流动性和止水性，并保持开挖面稳定，扭矩明显下降。而在黏性土层中，由于其内摩擦角小，易流动，泡沫只起到活性剂作用，防止土粘在刀具和土仓内壁上，减少对刀具的磨损，提高了出土速度和掘进速度。施工中对不同地层泡沫注入量和加注泡沫前后扭矩变化情况进行了统计，见表 9.1。

表 9.1 不同地层泡沫注入量和加注泡沫前后扭矩变化

地质情况	液限 w_l	塑限 w_p	塑性指数 I_l	液性指数 I_p	含水量 w	内摩擦角 φ(°)	泡沫加入量 (L/m)	加入前平均扭矩 (kN·m)	加入后平均扭矩 (kN·m)
中、粗砂					0.18		56	1 900	1 600
砾砂					0.18		48	1 960	1 640
砾质黏土	0.44	0.27	0.17	0.01	0.25	27.6	43	1 800	1 700
砂质黏土	0.43	0.26	0.17	0.27	0.3	22.5	42	1 760	1 700
全风化花岗岩	0.38	0.23	0.15	−0.16	0.2	23.1	36	2 080	1 900
强风化花岗岩	0.37	0.22	0.15	−0.29	0.18	19.6	32	2 400	2 200
角砾岩	0.72	0.30	0.42	−0.3	0.14	25.8	30	3 500	2 900

从表 9.1 中可以看出，泡沫的使用大大降低了刀盘扭矩，平均扭矩下降 12%，而且泡沫在砂土中比黏土中使用扭矩下降效果更明显。泡沫具有如下优点：

(1)由于气泡的润滑效果，减少了地基的内摩擦角，提高了挖掘土砂的流动性，从而减少了刀盘的扭矩，改善了盾构机作业参数。

(2)减少砂土的渗透性，使整个开挖土传力均匀，工作面压力变动小，有利于调整土仓压力，保证盾构机掘进姿态，控制地表沉降。

(3)减少黏土的黏性，使之不附着于盾构机及刀盘上，利于出土机构出土。

(4)泡沫无毒，在 2 h 后可自行分解消失，对土壤环境无污染。

根据施工经验，总结出在不同地层中泡沫的用量，见表 9.2。

深圳地铁 1 号线的工程实例证明，加注泡沫是土压平衡盾构机掘进施工的一种辅助工法，通过向盾构机开挖面、密封土仓、螺旋输送机内注入泡沫达到稳定开挖面土体、改良土体塑流性能、降低刀盘扭矩、提高掘进和出土效率的目的。它与加水、加泥、加高浓度泥浆等辅助工法相比，虽然在费用上略多，但其减少刀具磨损，提高掘进速度效果最佳，因此具有广泛的推广前景。

表 9.2 泡沫在不同土层用量统计表

序 号	土 层	用量(泡沫流量占开挖土体的百分比)	序 号	土 层	用量(泡沫流量占开挖土体的百分比)
1	砂性土	30%～50%	4	硬黏土	20%～35%
2	砂和砾石性土	25%～35%	5	软黏土	20%
3	砂、黏土混和物	25%～30%	6	岩石	100%

9.4 刀盘前方注水渣土改良

深圳地铁 2225－2 标燕大区间在盾构始发井～大剧院站区段将下穿运营中的地铁 1 号线。计划先行穿越的右线盾构于第 55 环进入上软下硬地层，之后推进一直处于困难状态，表现出推力大、速度慢、土仓压力波动大、出土量不易控制、易结泥饼等不良情况。经多次会议研究讨论，均认为渣土改良是解决目前问题的关键，并先后进行了泡沫改良、土仓内注水改良、泥饼分散剂改良、高分子聚合物改良、膨润土泥浆改良等一系列尝试，效果均不理想。后经反复论证与分析，确定了在刀盘前方通过大量、均匀注水进行土体改良的核心思想，同时决定停用泡沫系统，避免加入泡沫的同时在土仓上部产生大量气压空间，破坏全土压平衡推进模式，并决定将盾构始发井—大剧院站区段左线第 42 环至停机拆除负环的推进区段作为试验段。

1. 刀盘前方渣土改良理论思想

经讨论分析认为，右线盾构推进困难关键在于土仓状态的失控。由于渣土改良方式不当，土仓内渣土难以达到均匀流塑的状态，无法形成刀盘前方进土与螺旋输送机出土的平衡，导致土仓及刀盘极易存积渣土形成泥饼，土仓压力波动较大，形成对地层的持续扰动。一直采用的泡沫改良方式则会在仓内形成气压空间，难以形成全土压平衡模式，进一步加剧了土仓压力的失稳。为保证掌子面及刀盘上部地层的稳定，必须放弃泡沫系统的使用，建立全土压平衡模式，使盾构推进过程中土仓长期保持满仓状态，并达到仓内渣土与刀盘前方土体之间的压力平衡。但在黏粒成分含量较高的全风化、强风化花岗岩地层中采用该方案更容易导致泥饼的形成，必须采用充分有效的渣土改良措施，使仓内渣土"满而不密"、"实而不黏"。显然通常采用的仓内注水、加分散剂等改良方式是无法满足的，必须在土体进入刀盘存积于仓内之前就进行充分、均匀的改良，以类似泥水盾构的推进方式进行土仓管理。综上所述，决定在推进过程中利用泡沫管路及刀盘注水管路通过刀盘面板上的 F1、F2、F3、F4、W1、W26 个注水孔同时向刀盘前方上大量注水，将黏性较大的渣土在进入刀盘之前就充分改良至饱和含水状态，并使黏粒之间保存一定的自由水以增加土体流动性。一定程度上即便牺牲渣土的和易性也必须保证其达到充分的流动性，使土仓长期保持"松散满仓"的状态，达到通过螺旋机出土速度稳定调节土仓压力、仓内渣土进出平衡且置换连续的效果。

2. 试验情况

刀盘前方土体改良试验于 2010 年 6 月 28 日晚班在左线开始进行。由于 S463 盾构机的仓内注水点与泡沫注入点一一对应，以三通连接的形式汇聚于承压墙上，故无需更改管路即可采用膨润土加注系统将膨润土厢内的水通过泡沫管路加注于刀盘前方，该操作直接在操作室内完成。同时旋转结上设有两根注水管，打开球阀后可将外循环水直接加注于刀盘前方。

当班开始推进第 42 环，停用泡沫管路后向同时开启的 4 路泡沫管和 2 路水管向刀盘前方注水并开始推进。从开始推进至进尺 1 000 mm 情况较好，顶部土仓压力保持在 1.0～1.6 bar 之间，出土流动性、连续性良好。从进尺 1 000 mm 至进尺 1 100 mm 开始出现喷涌，渣土情况偏稀。从进尺 1 000 mm 至进尺 1 500 mm虽关闭了 2 路水管，出土仍呈持续喷涌状，渣土无和易性，顶部土仓压力维持在 1.4～2.2 bar 且波动较大，没有达到改良效果。第 42 环通过泡沫管累计注水 4 m^3，出土总量 58 m^3，平均速度约 30 mm/min。

经现场分析，认为第 42 环推进之前一直采用泡沫改良的方式，仓内实土较少，含水量原本较多，大量注水使仓内水土比例失衡，导致了该环后半环推进的持续喷涌。

从开始推进第 43 环至进尺 300 mm 关闭了 1 路泡沫管，喷涌情况从进尺 400 mm 开始减缓。进尺500～600 mm时出土偏干，恢复 4 路泡沫管同时注水。进尺 700～1 000 mm 恢复 1 路水管注水，出现大量团状渣土，明水消失，渣土温度由最初的 29℃上升至 33℃，顶部土仓压力显得非常敏感，出土速度稍有调整即可造成土仓压力大幅度的波动。进尺 1 100～1 500 mm 过程中出土再次出现明水，但渣土流塑性仍然较差，水土未能充分混合。第 43 环通过泡沫管累计注水 10.59 m^3，出土总量 57.5 m^3，平均速度约35 mm/min。

第 44、45 环的推进与上述情况类似，出土成团与喷涌的现象交替出现，操作时根据出土情况反复增、减注水管路，但始终存在滞后效应，即增加注水则喷、减少注水则干，土仓内没有形成平稳、连续的改良效果。经分析认为，推进速度的不稳定导致了土仓进土速度的波动，进土速率与注水改良未能形成匹配。尤其是当速度达到 40 mm/min 以上时，仓内进土速率过快，虽然刀盘前方 6 管同开可以将足量的水加入，但水、土来不及充分混合即从螺旋机输出，出土流塑性难以达到理想状态，导致土仓压力无法平衡、推进速度加剧波动、未改良的原状土体在仓内积存，形成恶性循环。

第 46 环开始推进时出土状态非常干，呈大团状从螺旋机口挤出。推进过程中以调整推力的方式控制速度，尽量保持推进速度在 20～30 mm/min，同时将向土仓内注水的气动阀打开，加速仓内存积渣土的改良。持续该方法至进尺 800 mm 后出土情况大有好转，虽仍然时有团状土体出现，但出土基本呈稀粥状，渣土坍落度达到 20cm 以上。出土状态的改良使得其他推进参数产生立竿见影的改善，推进速度可以稳定在 20～30 mm/min 之间，通过微调推力能够有效调节速度；刀盘工作压力保持在 150 bar 以下，且波动幅度不大于 30 bar；顶部土仓压力保持在 1.0～1.3 bar 之间，调节螺旋机转速可以较灵敏的控制，出现偏差后可以迅速回归至 1.2 bar 的控制值；总推力保持在 1 100～1 200 t 之间。

第 47～49 环的推进过程中由于控制不当曾再度产生喷涌、出土干交替出现的情况，但通过类似第 46 环推进的调节方式均得到较为有效的改善。至此试验结束，左线开始拆除负环。

3. 关键问题总结与分析

该段试验推进显示出比以往任何一种渣土改良方式都要明显的规律性，即渣土的改良程度会明显的表现在土仓压力、推进速度、刀盘扭矩的参数上，这为调整推进参数、注水速率提供了依据。对试验段推进中的关键问题分析如下。

(1)喷涌

长时间过度喷涌会造成土仓压力波动过大、推进速度难以控制以及清渣工作量大影响施工进度等一系列不良后果。试验段推进处于全风化、强风化花岗岩地层中，黏粒成分含量较高，地下水不发育，刀盘前方注水过量和渣土改良不充分是造成喷涌的主要原因。在推进过程中应随时把握每 100 mm 进尺的注水量是否与速度匹配。发生喷涌应及时调节 2 根水管的注水速率，但不建议停止泡沫管注水。

(2)疑似结泥饼

试验段推进过程中数次出现各施工参数均显示结泥饼的情况：出土较干呈大团状，扭矩超过 3 500 kN · m，推进速度降至 10 mm/min 以下，贯入度大幅降低，推力增大至 1 400～1 500 t，渣土温度上升等。造成该现象最主要的原因是推进速度控制不当，刀盘前方注水改良土体的速率无法满足渣土进仓的速率，导致水土未能充分混合，大量高黏性的原状土体堆积在仓内无法及时排出造成出土困难，由此导致一系列结泥饼的表象产生。根据试验段经验，当推进速度控制在 20～30 mm 之间、刀盘转速保持在不低于 2.0 r/min时通过刀盘前方注水可以使渣土得到充分的混合和改良。当螺旋机出土呈大团状时可通过向土仓内适当补水加快仓内改良效率，将存积于仓内的成团渣土及时排除，增加整个土仓的流动性。

(3)滞后效应

该段试验推进过程中渣土改良的滞后效应反应明显：当渣土变干时持续大量注水，短时间内难以得到迅速改善，但一旦有明水从螺旋机后闸门出现后喷涌便会随之而来；当出土含水量过高出现喷涌时减少注水管路，短时间内同样难以得到迅速改善，但喷涌消失后又很容易出现渣土过干的情况。这是由于注水改良的效率不如泡沫，不易达到持续、均匀的改良效果。分析认为，每次开始推进时建立良好的初始状态是解决此问题的关键。每次停机之后不能立即停止注水与刀盘旋转，应持续注水至土仓压力上涨 0.1～0.2 bar、刀盘扭矩变得平稳后方可停止，停机土压不宜刻意提高；每次恢复推进之前同样应先注水并旋转刀盘，当扭矩平稳方可启动推进，由此掌子面将始终保持一定的渗水量，使土体进入刀盘之前就被一定程度的预先改良。同时，在推进过程中应有意识的改变刀盘旋转方向，避免长时间同方向旋转刀盘造成渣土在仓内淤积结块，无法达到整仓渣土均匀流动的效果。每一厢土推完移动电瓶车的过程中应停止推进并保持刀盘旋转，待恢复出土后再启动推进，否则仓内渣土流塑性质与土压平衡状况都很容易被破坏。

(4)注水量的控制

根据土体饱和含水率理论计算与现场试验经验确定，每环进土(按 60 m^3 计)需要 20～25 m^3 水来改良。在控制注水速率的过程中除了关注注水总量是否与进尺匹配外，更应随时检查注水速率是否与推进速度匹配。例如推进速度为 20 mm/min 时，对应注水速率为 0.33 m^3/min；推进速度为 30 mm/min 时，对应注水速率为 0.5 m^3/min。目前正在对左右线盾构机配置注水控制系统，在接下来的推进过程中应检查每 100 mm进尺的注水速率与注水总量是否与推进速度与绝对进尺量相匹配。对于前面提到的注水改良的滞后效应，在控制注水量时也应当随时注意，无论是出现喷涌还是出土偏干都不能漫无目的的增减注水量。为使推进速度与注水量良好匹配可采用两种方式：稳定速度、调节注水量，或稳定注水量、调节速度。当出土偏干加快注水速率时应严密观察出土性状，当有明水出现时应预判渣土改良情况，提前减缓注水速率；当出土略有喷涌时减缓注水速率时同样应进行预判，避免矫枉过正形成泥饼。总之，注水改良时，尽量保持注水速率与推进速度的平稳，使出土具有良好的流塑性和连续性，以渣土在螺旋机出土口形成线条状为宜，保持其坍落度在 12～20 cm。当出土状态不够稳定时，原则上宁稀勿干。改良后的渣土应达到如下标准：渣土中水、土、石充分混合不离析，土体不粘手、不结块，同时皮带输送机易于运输，不外漏、不堆积。

4. 拟增加的设备

为确保刀盘前方注水渣土法的顺利进行，拟增设如下配套设备：

(1)注水量控制系统

在每一路注水管路上增设比例阀，并将控制器引入操作室中，实现所有注水管路的流量都可以准确显示并可以手动调节的目标。

(2)泥饼消除系统

在土仓内设置注水管路，端头设置于被动搅拌臂上，在推进过程中采用高压水对容易结泥饼的部位(如刀盘大臂、承压墙内侧等)进行冲刷，达到劈裂效果，防止和消除泥饼，保持土压传感器读数准确。

5. 推进参数设置

根据试验推进经验，配合本改良方案的推进参数按表 9.3 设置。

表 9.3 试验推进参数

序 号	项 目	参 数	备 注
1	土仓压力(1#)	1.1～1.5 bar	停机不宜提高土压，推进时需通过承压墙球阀验证实土高度
2	刀盘工作压力	100～150 bar	
3	刀盘转速	1.8～2.1 r/min	
4	总推力	1 000～1 600 t	有效推力 300～400 t
7	推进速度	20～30 mm/min	尽量保持平稳
8	每环出土量	65～70 m^3	根据进尺量随时监控，随速度的降低应提高检查频率
9	同步注浆量	7～9 m^3/环	
10	同步注压力	3.0～3.5 bar	需严格控制盾尾油脂加注速率，杜绝漏浆
12	注水量	20～25 m^3/环	根据渣土性状和推进参数合理调整

6. 试验小结

本次试验基本达到预期目的，实践证明通过刀盘前方注水进行渣土改良是一种行之有效、规律性强、可操作性高、成本极低的改良方式。在接下来的推进过程中通过注水设备的优化与施工参数的细化管理可以达到改良土仓性状、控制出土量、降低沉降幅度的目的，是本项目下穿 1 号线的基本方针。在燕大区间左线后续的第 56～60 环(表 9.4～表 9.8)的加水效果来看，基本可以满足盾构掘进的需要。此工法在残积土及土体颗粒级配良好的软土地层试验效果较好，但对于颗粒级配较差的上软下硬地层还有待进一步的探索和研究。

在后续的试验中，在上软下硬地层中，主要通过加泡沫并配合加水的方式改良地层，部分记录的土性改良参数见表 9.9～表 9.13。在掘进过程中，主要通过渣样分析的结果进行动态调整。从实际工程掘进效果来看，燕大区间渣土改良满足了现场实际工程的需要。

表 9.4 燕大区间段左线 56 环渣土改良掘进参数记录标

掘进环号:56　　日期:2010.7.10 夜

油缸行程(mm)		100	200	300	400	500	600	700	800	900	1 000	1 100	1 200	1 300	1 400	1 500
行程	269	369	739	569	669	769	869	969	1 069	1 169	1 269	1 369	1 469	1 569	1 669	1 769
泡沫管加水状态	1#		﹀		﹀		﹀	﹀								
	2#	﹀	﹀	﹀	﹀	﹀	﹀	﹀	﹀							
	3#		﹀		﹀		﹀	﹀		﹀	﹀	﹀	﹀	﹀	﹀	
	4#	﹀	﹀	﹀	﹀	﹀	﹀	﹀	﹀	﹀	﹀	﹀	﹀	﹀	﹀	

出土及注浆情况记录								
出土箱数	1	2	3	4	5	6	7	8
渣土改良加水量(m^3)	1	0.5	0.5	0.5	0.5	0.5		
加水累积量(m^3)	1	1.5	2.0	2.5	3.0	3.5		
渣土性状描述	前三箱都很干，加水过少，及时调整，渣土中存在 5 cm 左右的中风化花岗岩							

表 9.5　燕大区间段左线 57 环渣土改良掘进参数记录标

掘进环号:57　　日期:2010.7.10 夜

油缸行程(mm)		100	200	300	400	500	600	700	800	900	1 000	1 100	1 200	1 300	1 400	1 500
行程	273	373	473	573	673	773	873	973	1 073	1 173	1 273	1 373	1 473	1 573	1 673	1 773
泡沫管加水状态	1#							﹀								
	2#							﹀								
	3#	﹀	﹀	﹀	﹀	﹀	﹀	﹀	﹀	﹀	﹀	﹀	﹀	﹀	﹀	
	4#	﹀	﹀	﹀	﹀	﹀	﹀	﹀	﹀	﹀	﹀	﹀	﹀	﹀	﹀	

出土及注浆情况记录

出土箱数	1	2	3	4	5	6	7	8
渣土改良加水量(m³)	1.5	0.5	2.0	0.5	0.5	0.5		
加水累积量(m³)	1	2.0	4.0	4.5	5.0	5.5		
渣土性状描述	1. 渣土成黄色,牙骨状,较黏稠。温度约为 42℃中风化颗粒占 80%,微风化块石大小约为 5×5×3 cm³,占总颗粒的 20%左右。 2. 1100 行程时喷涌较厉害,无法控制出土量							

表 9.6　燕大区间段左线 58 环渣土改良掘进参数记录标

掘进环号:58　　日期:2010.7.11

油缸行程(mm)		100	200	300	400	500	600	700	800	900	1 000	1 100	1 200	1 300	1 400	1 500
行程	214	314	414	514	614	714	814	914	1 014	1 114	1 214	1 314	1 414	1 514	1 614	1 714
泡沫管加水状态	1#													﹀	﹀	﹀
	2#							﹀								
	3#	﹀	﹀	﹀	﹀	﹀	﹀	﹀	﹀	﹀	﹀	﹀	﹀			
	4#	﹀	﹀	﹀	﹀	﹀	﹀	﹀	﹀	﹀	﹀	﹀	﹀	﹀	﹀	﹀

出土及注浆情况记录

出土箱数	1	2	3	4	5	6	7	8
渣土改良加水量(m³)	0.5	1	1	1.5	1	1.5		
加水累积量(m³)	0.5	1.5	2.5	4	5.0	6.5		
渣土性状描述	渣土改良状态良好,中风化成分估计占 90%							

表 9.7　燕大区间段左线 59 环渣土改良掘进参数记录标

掘进环号:59　　日期:2010.7.11 夜

油缸行程(mm)		100	200	300	400	500	600	700	800	900	1 000	1 100	1 200	1 300	1 400	1 500
行程	245	345	445	545	645	745	845	945	1 045	1 145	1 245	1 345	1 445	1 545	1 645	1 745
泡沫管加水状态	1#	﹀	﹀	﹀	﹀	﹀	﹀	﹀	﹀	﹀						
	2#							﹀			﹀	﹀	﹀	﹀	﹀	
	3#															
	4#	﹀	﹀	﹀	﹀	﹀	﹀	﹀	﹀	﹀	﹀	﹀	﹀	﹀	﹀	

出土及注浆情况记录

出土箱数	1	2	3	4	5	6	7	8
渣土改良加水量(m³)	0.5	2	2	2	2	2		
加水累积量(m³)	0.5	2.5	4.5	6.5	8.5	10.5		
渣土性状描述	1. 渣土呈黄色,牙骨状,较黏,温度 40℃,渣土中颗粒占 90%,大块块石约占 20%强度较高,有较鲜面,呈灰色夹带血红色。 2. 第五箱、第六箱推进感觉速度有增快的趋势,但渣土无明显变化							

表 9.8 燕大区间段左线 60 环渣土改良掘进参数记录标

掘进环号:60　　日期:2010.7.12 夜

油缸行程(mm)		100	200	300	400	500	600	700	800	900	1 000	1 100	1 200	1 300	1 400	1 500
行程	245	345	445	545	645	745	845	945	1 045	1 145	1 245	1 345	1 445	1 545	1 645	1 745
泡沫管加水状态	1#												﹀	﹀	﹀	﹀
	2#	﹀	﹀	﹀	﹀	﹀	﹀	﹀	﹀	﹀	﹀	﹀			﹀	﹀
	3#												﹀	﹀		
	4#	﹀	﹀	﹀	﹀	﹀	﹀	﹀	﹀	﹀	﹀	﹀				

出土及注浆情况记录								
出土箱数	1	2	3	4	5	6	7	8
渣土改良加水量(m^3)	1.5	1	2	2	2	2		
加水累积量(m^3)	1.5	2.5	4.5	6.5	8.5	10.5		
渣土性状描述	1.渣土在 1 560 左右有变化,黏性物质增多,相对块状花岗岩稍微降低,黏性强度风化颜色有黄变灰黄,改良效果明显没有上一环效果好,温度较稳定。							

表 9.9 燕大区间右线盾构 S240 推进参数记录表

掘进环号	绝对进尺(mm)	100	200	300	400	500	600	700	800	1 100	1 200	1 300	1 400	1 500
93	A 组油缸行程(mm)	344	444	544	644	744	844	944	1 044	1 344	1 444	1 544	1 644	1 744
泡沫加注	各泡沫管合液流量(L/min)	PS:若某泡沫管注水则在格子里打												
	1#	20.6	16.1	24.7	21.7	20.7	21.6	23.0	22.7	30.4	28.9	30	31.6	31
	2#		7.7	0	0	0	0	0	0	0	0	0	0	0
	3#	17.2	13.9	15.0	8.5	8.6	11.0	16.6	14.1	21.9	24.4	21	21.1	21
	4#	6.1	19.9	16.6	4.1	4.6	6.8	8.5	22.4	2.4	10.0	8.5	7.7	8.0
	原液比例	1.5	1.5	1.5	1.5	1.5	1.5	1.5	1.5	1.5	1.5	1.5	1.5	1.5
	FER	20	20	20	20	20	20	20	20	20	20	20	20	20
土仓内加水量累加(m^3)		0.021	设备不正常	0.172	1.214	1.663	1.967	2.199	2.571	0～0.312	0.411	0.6	1.312	1.628

表 9.10 燕大区间右线盾构 S240 推进参数记录表

掘进环号	绝对进尺(mm)	100	200	300	400	500	600	700	800	900	1 000	1 100	1 200	1 300	1 400	1 500
96	A 组油缸行程(mm)	369	469	569	669	769	869	969	1 069	1 169	1 269	1 369	1 469	1 569	1 669	1 769
泡沫加注	各泡沫管合液流量(L/min)	PS:若某泡沫管注水则在格子里打﹀														
	1#	31	26	27	30	27	43	38	18.6	19.7	17.5	20.5	19.7	17.1	30	
	2#	0	1.2	0	0	0	7.2	0.2	0	0	0	0	0	0	0.5	
	3#	18	14	26	21	15.6	23.4	16	25.1	24.2	24.8	19.8	19.6	20.3	22.7	
	4#	31	36	24	35	37	29.9	27	27.2	27.0	28.1	29.4	29.6	30.4	13.6	
	原液比例	2.0%	12.0%	2.0%	2.0%	2.0%	2.0%	2.0%	2.0%	2.0%	2.0%	2.0%	2.0%	2.0%	0.3%	0.3%
	FER	20	20	20	20	20	20	20	20			20	20	20	20	
土仓内加水量累加(m^3)					2.51				4.15				7.0			9.1

表 9.11　燕大区间右线盾构 S240 推进参数记录表

掘进环号	绝对进尺(mm)	100	200	300	400	500	600	700	800	900	1 000	1 100	1 200	1 300	1 400	1 500
97	A 组油缸行程(mm)	376	476	576	676	776	876	976	1 076	1 176	1 276	1 376	1 476	1 576	1 676	1 776
泡沫加注	各泡沫管合液流量(L/min)							PS:若某泡沫管注水则在格子里打﹀								
	1#	23.7	21.1	21.3	18.2	14.3	16.1	17.3	21.1	20.8	20.5	17.5	15	20.1	21.5	18.1
	2#	0	1.2	0	0	0	0	0	0	0	0	0	0	0	0	
	3#	12.5	14.6	28.3	28.4	28.3	25.2	29.7	24.1	25.1	24.8	28.7	30.6	29.3	28.1	30.1
	4#	28.3	27.2	22.4	25.8	25.2	22.5	23.8	25.1	26.2	28.8	24.1	25.9	24.1	22.6	23.1
	原液比例	3.0%	3.0%	3.0%	3.0%	3.0%	3.0%	3.0%	3.0%	3.0%	3.0%	3.0%	3.0%	3.0%	3.0%	3.0%
	FER	20	20	20	20	20	20	20	20	20	20	20	20	20	20	20
土仓内加水量累加(m³)				1.8		3				5			7			8.4

表 9.12　燕大区间右线盾构 S240 推进参数记录表

掘进环号	绝对进尺(mm)	100	200	300	400	500	600	700	800	900	1 000	1 100	1 200	1 300	1 400	1 500
98	A 组油缸行程(mm)	375	475	575	675	775	875	975	1 075	1 175	1 275	1 375	1 475	1 575	1 675	1 775
泡沫加注	各泡沫管合液流量(L/min)							PS:若某泡沫管注水则在格子里打﹀								
	1#	18.4	17.3	16.6	16.7	17.2	16.4	15.0	15.1	24.6	17.6	18.1	19.7	18.3	18.0	
	2#	0	1.2	0	0	0	0	0	0	0	0	0	0	0	0	
	3#	22.7	25.1	27.3	28.6	27.9	27.1	27.7	26.1	17.9	15.9	21.1	25.1	15.4	16.3	
	4#	36.7	30.4	32.0	33.2	33.8	33.6	34.7	32.3	26.6	37.4	28.6	27.7	37.9	32.1	
	原液比例	3.0%	3.0%	3.0%	3.0%	3.0%	3.0%	3.0%	3.0%	3.0%	3.0%	3.0%	3.0%	3.0%	3.0%	
	FER	20	20	20	20	20	20	20	20	20	20	20	20	20	20	
土仓内加水量累加(m³)					2.2			3.8	4.8	5		6.7				8.8

表 9.13　燕大区间右线盾构 S240 推进参数记录表

掘进环号	进尺(mm)	100	200	300	400	500	600	700	800	900	1 000	1 100	1 200	1 300	1 400
98	油缸行程(mm)	340	440	540	640	740	840	940	1 040	1 140	1 240	1 340	1 440	1 540	1 640
泡沫加注(L/min)	1#	20.5	19.6	20.6	23.4	24.0	20.5	19.5	25.2	24.3	22.7	24.0	22.4	21.9	20.6
	2#	0	1.2	0	0	0	0	0	0	0	0	0	0	0	0
	3#	21	20.6	19.2	21.5	19.5	18.6	20.1	18.6	19.3	18.8	18.7	18.3	18.8	19.9
	4#	19.2	19.3	20.1	30.1	27.6	19.7	21.1	5.1	5.0	5.7	5.9	5.3	5.2	5.5
	原液比例	3.0%	3.0%	3.0%	3.0%	3.0%	3.0%	3.0%	3.0%	3.0%	3.0%	3.0%	3.0%	3.0%	3.0%
	FER	20	20	20	20	20	20	20	20	20	20	20	20	20	20

9.5　渣土温度监测

从前期掘进施工的实践来看，如果加水量太少，刀盘进土口极易堵塞结泥饼，加水量太多则喷涌问题严重，现场清渣工作量大增，严重影响工程进展。为此，在掘进中为配合控制渣土改良效果，密切关注渣土温度，并作了详细记录，部分记录数据见表 9.14～表 9.16。由于对渣土温度参数的高度关注，在穿越施工过程中，没有出现结泥饼问题。

表 9.14　燕大区间右线渣土温度记录表

掘进环数：83　　　　掘进日期：2010.6.25 夜

行程(mm)	300	500	700	900	1 100	1 300	1 500
渣土温度(℃)	46	46	48	49	46.5	47	49.5

表 9.15　燕大区间右线渣土温度记录表

掘进环数：84　　　　掘进日期：2010.6.27

行程(mm)	300	500	700	900	1 100	1 300	1 500
渣土温度(℃)	43.7	42.4	43.1	42	43.1		40.5

表 9.16　区间右线渣土温度记录表

掘进环数：86　　　　掘进日期：2010.6.27 夜

行程(mm)	300	500	700	900	1 100	1 300	1 500
渣土温度(℃)	46.5	48	50	51	49.2	52	53

9.6　实际渣土改良效果

良好的渣土改良是实现盾构快速、高效推进的关键因素。渣土改良效果除与地层类型有关外，还与添加剂的类型、配比等因素有关。对应于不同的地层条件，大东区间和燕大区间采用的渣土改良方式有相同点，侧重点却有所区别。在大东区间主要通过刀盘前方注泡沫的方式改良地层；在燕大区间，主要通过向刀盘前方注水配合加泡沫的方式改良地层。下文为清晰对比两处穿越工程的渣土改良效果，给出了改良后渣样的照片，见图 9.12～图 9.15。

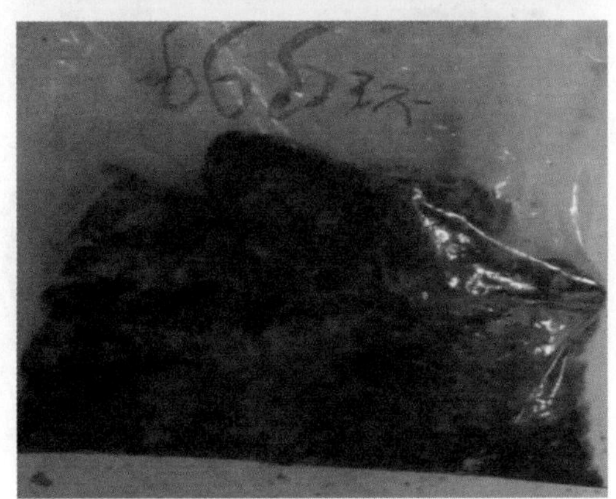

图　9.12

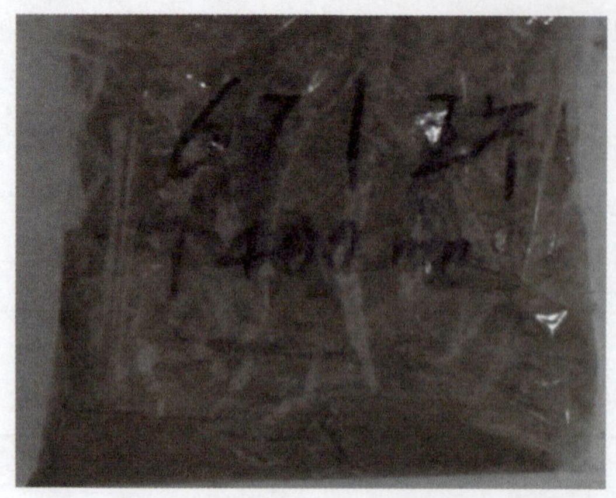

图 9.12　大东区间右线穿越工程渣土改良照片

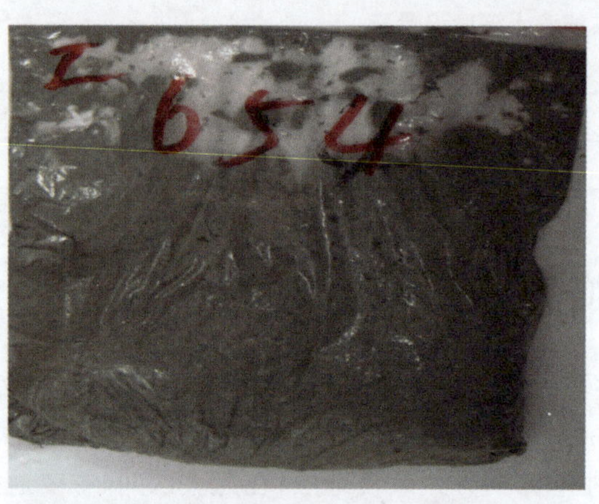

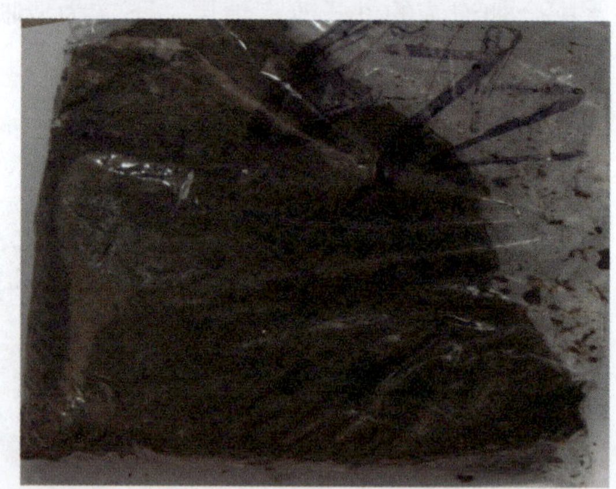

图 9.13　大东区间左线穿越工程渣土改良照片

图　9.14

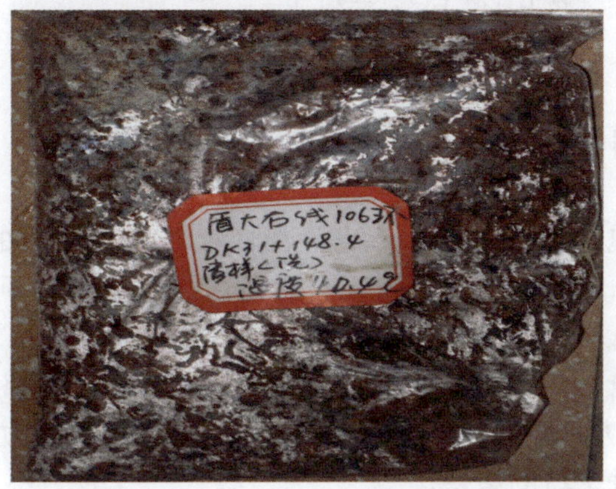

图 9.14 燕大区间右线穿越工程渣土改良照片

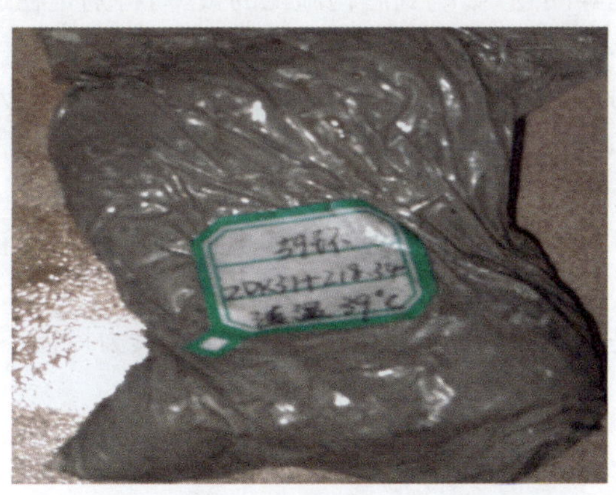

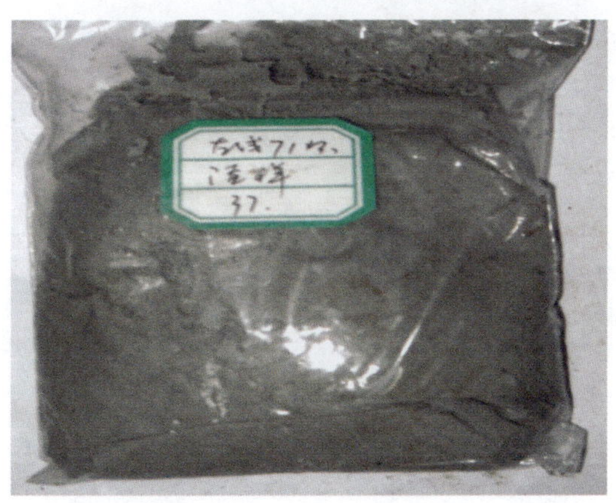

图 9.15

图 9.15　燕大区间左线穿越工程渣土改良照片

9.7 小　结

实践证明，在深圳地区，向刀盘前方地层中注入泡沫和适宜的水量，是适用性较广、效果较好的土体改良方式，不仅适用于风化残积土地层的改良，而且在岩石地层中的效果也十分明显，盾构掘进速度可以得到较大提高。总结两处穿越工程的实践，可以提出以下建议：

(1)渣土改良必须在设备上有所保障，在盾构刀盘上应设有各种添加口，不同类型添加剂管路最好独立。水或肥皂水及各类添加剂在加入土仓的同时，也向前方地层注入。刀盘前方注入添加剂的改良方式最为关键，直接影响到盾构机的推进、刀具的磨损以及刀盘进土口的堵塞。

(2)实践证明，在强风化、全风化花岗岩地层中，仅向刀盘前方地层注水的方式可以基本满足盾构快速掘进的需要，但存在着加水量不易控制、喷涌及渣土清理等问题，影响到盾构施工的效率，特别是在遇到中风化花岗岩地层时，会遇到盾构机推进困难和刀具磨损量大等问题，应当慎用。

(3)实践证明，在微风化花岗片麻岩和中风化花岗片麻岩地层中，通过刀盘上的添加口向前方地层注入泡沫剂和适量水，并适宜控制泡沫用量、泡沫发泡率和注入率，地层改良可以达到较好效果，盾构机的推进速度可以得到保障，刀具磨损量也大大降低。

(4)实践证明，对渣土改良添加剂，特别是泡沫的用量进行旁站监理和监管是必要的，对于保证渣土改良的效果也是必须的。

(5)在深圳地区，向盾构机前方地层中注入泡沫是土体改良的有效方式之一，应该大力提倡。

10 工序优化高效掘进技术

10.1 引　　言

盾构法是高度自动化的隧道施工技术，工序之间的转换比较紧凑，衔接比较紧密。如图 10.1 所示。盾构法施工工序主要有土层开挖、盾构推进操纵与纠偏、渣土运输、管片运输、衬砌拼装、衬砌背后压注等。这些工序均应及时而迅速地进行，决不能长时间停顿，以免增加地层的扰动和对地面、地下建(构)筑物的影响，如图 10.2 所示，在这些工序转换中又涉及到人员、设备和环境 3 大要素。在下穿既有线的施工中，要真正做到精心组织、精心施工，在人员、设备有保障，盾构掘进参数选择有依据的前提下，还必须对各施工工序进行优化分析，使工程穿越快速、高效进行，从开挖效应和扰动时间上两方面同时做到对既有线的影响最低。在掘进速度和管片拼装速度基本稳定的前提下，工序优化就显得更为重要，尽量缩短非推进时间、非拼装管片时间，减少材料运输、渣土清理、设备维修等方面的时间，这就要求在作好物资供应的同时，对于出渣运输、设备维护等工作，要有较好的前期工作，如备足易损件，做好渣土改良，减少渣土喷涌。总之，盾构高效推进是一项复杂的系统工程，只有把每一工序、每一环节的工作都做到位，才有可能使下穿 1 号线施工真正做匀速、快速和高效。

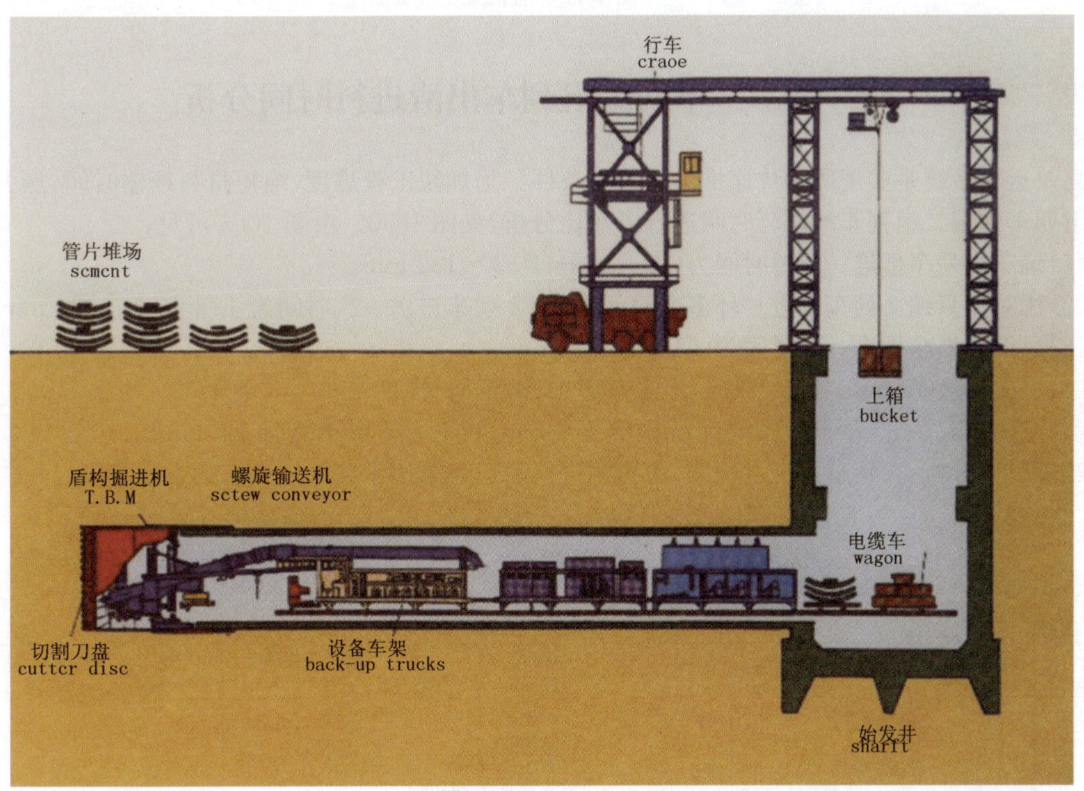

图 10.1　盾构施工典型工艺流程

实际盾构施工中，在地层条件相似的条件下，盾构基本上可以做到匀速推进，每一环盾构的推进时间变化不会太大。在下穿越 1 号线施工中，施工单位使用的熟练的工人，每环管片拼装的时间也可以认为大致固定。除去上述两项时间，盾构进尺一环还需要的时间主要包括：材料运输(包括管片、渣土运输)时间、等待时间(出渣有时需要等候碴车，在推进中也需要换车)、设备故障维修时间(水泵、轨道和其他易损件的维修和维护时间)、交接换班时间等。从以上叙述可以看出，要尽量减少盾构施工中等待时间、设备维修时间和交接换班时间，以有助于实现盾构施工的快速、高效推进。如 2010 年 7 月 23 日白班 103 环由于加水过量，燕大区间右线在推进过程中出现严重喷涌，喷涌量约 3 m^3，渣土掉落位置至轨道安装位置，导致轨道运至洞内无法进行安装，清理喷涌渣土用时 76 min。轨道于下午 2 点吊装下井，至交班时 104 环推进中进行轨道安接，严重影响了工程进展。由此可见，盾构施工的工序优化是非常必要的。在穿越工程建设各方讨论后，认为必须加强工序之间的衔接，减少交接班时间，清渣作业和其他工序交叉进行，减少盾构机等待时间。施工单位应加强工序作业时间的统计分析，强化岗位人员责任心，减少非掘进时间和管片安装时间，尽量实现有些工序的平行作业。

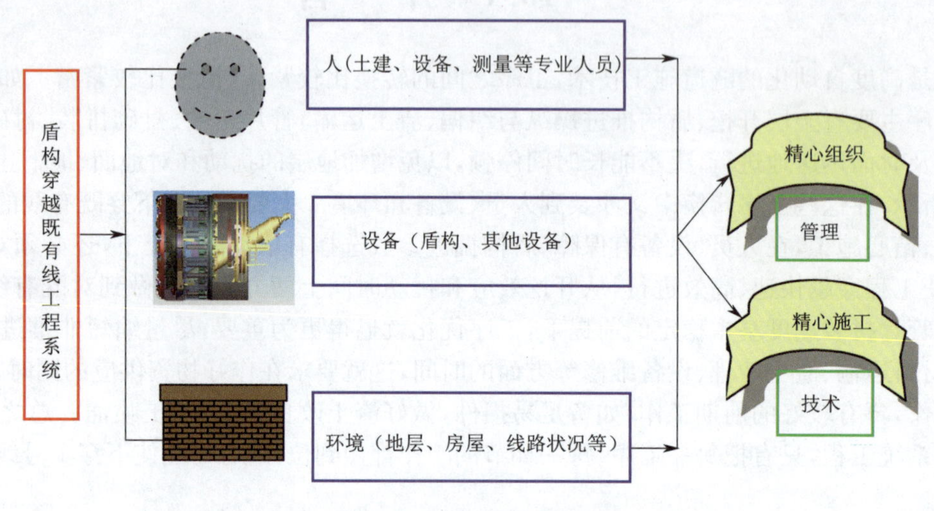

图 10.2　盾构施工 3 要素

10.2　不同编组列车出渣进料时间分析

高效运输系统是实现盾构快速推进的必要条件。为加快工程进度，缩短材料运输时间，燕大区间就一环编三组列车和编二组列车的循环时间进行了对比分析，见图 10.3。由图 10.3 可见：

(1)编三组列车推进一环总时间为：48＋36＋41＋7＝132 min。

(2)相对于只编 2 列车推进一环多余时间为：第 2 列车进出一次时间为 12＋12＋7＝31 min。

(3)只编 2 列车推进一环时间为：51＋41＝97 min。

(4)进去单边 12 min，换车 5 min，出来单边 12 min，合计 29 min。

(5)龙门吊起吊 35 m 高度需要 5 min，倒土 2 min，再下去 5 min，合计 12 min。

经过以上分析，在穿越施工过程中，盾构掘进材料运输采用了编两组列车的方案。

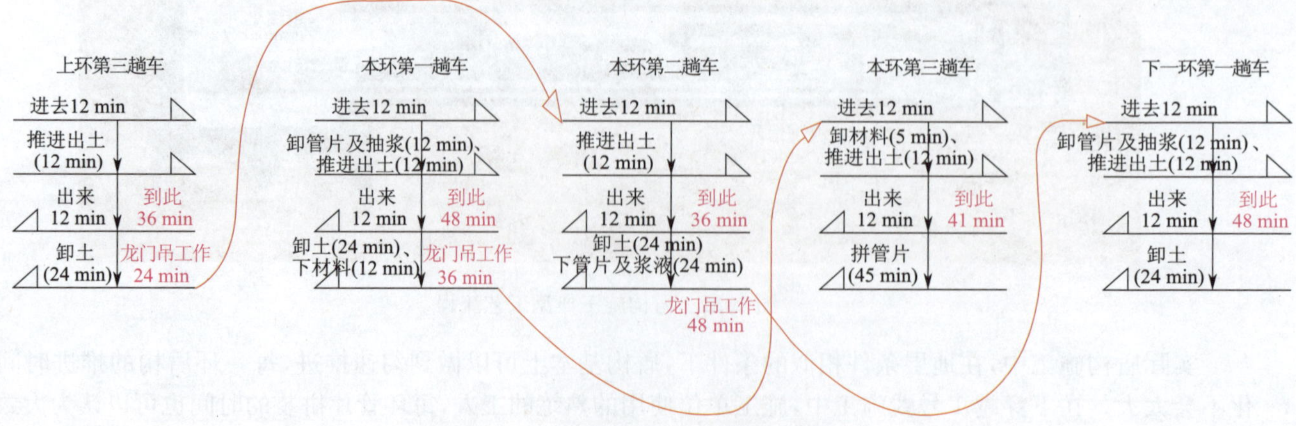

图 10.3　不同列车编组作业循环作业时间

10.3　实际工程工序时间统计分析

匀速、快速和高效推进是盾构施工穿越既有线的指导原则之一。在穿越工程中，总体施工时间可以分为：(1)盾构掘进时间；(2)管片拼装时间和(3)其他时间。正如前文所述，前两部分时间与工人操作技术水平及熟练程度有关，对于本书涉及的两处工程，大致可以认为是一个与地层条件有关、基本稳定的数值，余下的工作就是尽量减少第三部分时间，减少材料运输时间、等待时间和设备维护维修时间等。下文为清晰对比两处穿越工程的施工效率，把每环施工时间按上述 3 个部分进行了统计分析。其中，大东右线循环作业时间统计见表 10.1 和表 10.2，大东左线循环作业时间统计见表 10.3 和表 10.4。总体看来，大东区间穿越工程循环作业时间分配较为均衡，无效作业时间较少。

表 10.1　大东右线循环作业时间统计

管片环数	与上一环间隔时间	掘进时间	管片拼装时间	其他时间
643		6.19 19:50—21:25	6.19 21:25—21:55	
644	6.19 21:55—22:20	6.19 22:20—00:06	6.20 00:06—00:35	
645	6.20 00:35—01:00	6.20 01:00—02:25	6.20 2:25—2:55	
646	6.20 02:55—03:35	6.20 03:35—05:04	6.20 05:04—05:35	
647	6.20 05:35—05:50	6.20 05:50—07:10	6.20 07:10—07:40	
648	6.20 07:40—08:15	6.20 08:15—09:50	6.20 09:50—10:20	
649	6.20 10:20—10:55	6.20 10:55—12:43	6.20 12:43—13:10	
650	6.20 13:10—13:38	6.20 13:38—15:10	6.20 15:10—15:40	
651	6.20 15:40—16:20	6.20 16:20—18:02	6.20 18:02—18:33	
652	6.20 18:33—19:10	6.20 19:10—21:40	6.20 21:42—22:12	
653	6.20 22:12—33:34	6.20 22:34—23:48	6.20 23:50—00:20	
654	6.21 00:20—00:35	6.20 00:35—01:55	6.20 01:55—02:30	
655	6.20 02:30—02:48	6.20 02:48—04:08	6.20 04:08—04:40	
656	6.20 04:40—05:20	6.20 05:20—06:53	6.20 06:53—07:35	
657	6.21 07:35— 07:50	6.21 07:50—09:15	6.21 09:15—09:50	
658	6.21 09:50—10:50	6.21 10:50—12:20	6.21 12:25—12:50	
659	6.21 12:50—13:30	6.21 13:30—16:25	6.21 18:25—18:50	
660	6.21 18:50—19:20	6.21 19:20—22:27	6.21 22:27—23:00	21:00—21:22
661	6.21 23:00—23:03	6.21 23:03—00:35	6.22 02:08—02:40	00:35—01:20
662	6.22 02:40—02:50	6.22 02:53—06:23	6.22 06:25—07:00	04:50—05:15
663	6.22 07:00—07:25	6.22 07:25—10:50	6.22 10:50—12:00	09:18—10:10
664	6.22 12:00—12:10	6.22 12:10—14:50	6.22 14:50—16:16	13:05—14:14
665	6.22 16:16—16:16	6.22 16:16—18:28	6.22 18:28—19:00	17:08—17:52
666	6.22 19:00—20:08	6.22 20:08—22:05	6.22 22:52—23:22	21:24—22:06
667	6.22 23:22—23:30	6.22 23:30—01:50	6.23 01:52—02:31	00:40—01:10
668	6.23 02:31—03:49	6.23 03:49—06:29	6.23 06:31—07:08	05:13—05:54
669	6.23 07:08—07:12	6.23 07:12—09:40	6.23 09:40—10:11	08:28—09:11
670	6.23 10:11—10:40	6.23 10:40—13:12	6.23 13:13—13:54	11:36—12:45
671	6.23 13:54—13:59	6.23 13:59—16:18	6.23 16:18—16:51	14:50—15:40
672	6.23 16:51—17:28	6.23 17:28—19:32	6.23 19:32—19:59	18:44—19:13
673	6.23 19:59—22:42	6.23 22:42—00:48	6.24 00:52—01:20	23:47—00:10
674	6.24 01:20—01:47	6.24 01:47—04:03	6.24 04:04—04:41	02:54—03:30
675	6.24 04:41—04:49	6.24 04:49—05:15	6.24 06:40—07:17	05:43—06:09

续上表

管片环数	与上一环间隔时间	掘进时间	管片拼装时间	其他时间
676	6.24 07:17—07:34	6.24 07:34—09:42	6.24 09:42—10:10	08:28—09:28
677	6.24 10:10—10:20	6.24 10:20—12:26	6.24 12:26—12:50	10:39—11:25
678	6.24 12:50—13:26	6.24 13:26—16:01	6.24 16:02—	14:07—15:08
679	6.24 —16:47	6.24 16:47—19:03	6.24 19:03—19:30	17:11—18:28
680	6.24 19:30—19:53	6.24 19:53—23:22	6.24 23:33—23:58	20:55—21:23
681	6.24 23:58—00:08	6.25 00:08—03:39	6.24 03:40—04:13	02:11—03:27
682	6.25 04:13—04:16	6.25 04:16—06:13	6.24 06:14—06:44	04:56—05:40
683	6.25 06:44—06:50	6.25 06:50—09:21	6.24 09:22—09:55	
684	6.25 09:55—10:26	6.25 10:26—12:20	6.25 10:26—12:20	
685	6.25 12:20—13:05	6.25 13:05—14:50	6.25 14:50—17:50	
686	6.25 17:50—18:15	6.25 18:15—19:45	6.25 19:45—20:05	
687	6.25 20:05—20:30	6.25 20:30—22:07	6.25 22:08—22:33	

表 10.2　大东右线循环作业时间统计

管片环数	与上环间隔时间(min)	掘进时间(min)	管片拼装时间(min)	其他时间(min)	说　明
643		95	25		
644	25	86	29		
645	25	85	30		
646	40	89	31		
647	15	80	30		
648	35	95	30		
649	25	108	27		
650	28	92	30		
651	40	82	31		
652	37	150	30		
653	22	74	30		
654	15	80	35		
655	18	80	42		
656	40	83	42		
657	15	85	35		
658	60	90	25		
659	40	175	25		
660	30	187	33	22	
661	3	92	32	45	
662	10	210	35	25	
663	25	205	1:10	52	
664	10	160	1:26	1:09	
665	0	138	22	44	17:00 开始自动化监测，洞内信号传不出来，无法检测继续掘进，现场部门值班人员商定请示上级领导维持掘进参数
666	68	117	30	42	
667	8	140	39	30	
668	78	160	37	41	注浆压力控制暂行 3.0～3.5 bar，具体根据监测信号进行调整

续上表

管片环数	与上环间隔时间(min)	掘进时间(min)	管片拼装时间(min)	其他时间(min)	说　明
669	4	148	31	43	
670	29	152	41	1:09	
671	5	139	33	50	
672	37	124	27	29	
673	43	126	28	23	该环掘进前维修45 t龙门吊滑轮组
674	27	136	37	36	
675	8	26	37	26	根据掘进参数和渣土情况判断:掌子面以中风化花岗岩(9—3)为主,底部(9—4),局部(21—3)、(21—2—2)
676	17	128	28	60	
677	10	126	24	46	
678	36	155	35	61	
679		136	27	67	17:20广东重工院自动化监测信号传输故障,采用北京交通大学监测数据
680	23	209	25	28	21:48～22:26出去运浆
681	10	151	33	76	
682	3	117	30	44	
683	6	151	33		
684	31	114	114		
685	45	105	180		
686	25	90	20		
687	25	97	25		

表10.3　大东左线循环作业时间统计

管片环数	与上一环间隔时间	掘进时间	管片拼装时间	其他时间
642		8.16 13:37—15:21	8.16 17:40—18:54	
643	8.16 18:54—19:03	8.16 19:03—21:22	8.16 21:32—22:12	07:51—08:34
644	8.16 22:12—22:17	8.16 22:17—02:20	8.16 02:45—03:18	00:30—02:00
645	8.17 03:13—03:25	8.17 03:25—08:44	8.17 08:44—09:41	04:17—07:31
646	8.17 09:41—10:32	8.17 10:32—15:34	8.17 13:16—14:17	11:40—12:50
647	8.17 14:17—14:18	8.17 14:18—18:48	8.17 16:53—17:43	
648	8.17 17:43—18:15	8.17 18:15—19:55	8.17 19:55—21:59	
649	8.17 21:59—21:59	8.17 21:59—23:23	8.17 23:24—00:00	08:30—21:46
650	8.18 00:00—00:30	8.18 00:30—01:48	8.18 01:51—02:24	
651	8.18 02:24—02:56	8.18 02:56—03:52	8.17 03:55—04:32	
652	8.18 04:32—05:00	8.18 05:00—06:14	8.18 06:15—06:45	
653	8.18 06:45—07:11	8.18 07:11—08:12	8.18 08:13—09:07	
654	8.18 09:07—09:41	8.18 09:41—11:43	8.18 11:43—12:57	
655	8.18 12:57—13:20	8.18 13:20—14:40	8.18 14:41—15:31	
656	8.18 15:31—16:13	8.18 16:13—17:52	8.18 17:53—18:32	
657	8.18 18:32—19:12	8.18 19:12—00:45	8.19 00:48—02:38	01:20—02:19
658	8.19 02:33—03:19	8.19 03:19—04:52	8.19 04:53—05:28	
659	8.19 05:28—06:08	8.19 06:08—07:14	8.19 07:55—08:29	

续上表

管片环数	与上一环间隔时间	掘进时间	管片拼装时间	其他时间
660	8.19 08:29—09:14	8.19 09:14—11:57	8.19 12:00—12:40	
661	8.19 12:40—12:40	8.19 12:40—16:23	8.19 16:23—17:06	
662	8.19 17:06—17:55	8.19 17:55—21:37	8.19 21:40—22:07	
663	8.19 22:07—22:20	8.19 22:20—01:52	8.19 01:05—01:33	23:35—00:40
664	8.20 01:33—01:35	8.20 01:35—03:28	8.19 03:45—05:02	02:22—03:09
665	8.20 05:02—05:07	8.20 05:07—06:10	8.20 06:10—07:20	
666	8.20 07:20—07:24	8.20 07:24—09:40	8.20 09:41—10:19	
667	8.20 10:19—10:44	8.20 10:44—13:20	8.20 13:21—13:57	11:53—12:45
668	8.20 13:57—14:00	8.20 14:00—18:24	8.20 18:25—19:25	14:27—15:10(下浆换车); 16:40—17:33(换车抽浆)
669	8.20 19:25—21:40	8.20 21:40—23:34	8.20 23:36—00:05	22:53—23:28
670	8.21 00:05—01:20	8.21 01:20—02:37	8.21 02:39—03:10	
671	8.21 03:10—03:42	8.21 03:42—04:45	8.21 04:46—05:15	
672	8.21 05:15—05:50	8.21 05:50—07:16	8.21 07:17—07:49	
673	8.21 07:49—09:18	8.21 09:18—10:14	8.21 10:15—10:39	09:06—09:59
674	8.21 10:39—10:55	8.21 10:55—13:52	8.21 13:55—15:15	
675	8.21 15:15—17:15	8.21 17:15—17:37	8.21 17:45—18:33	
676	8.21 18:33—18:55	8.21 18:55—20:00	8.21 20:10—20:42	
677	8.21 20:42—22:00	8.21 22:00—23:27	8.21 23:25—00:03	
678	8.22 00:03—00:45	8.21 00:45—02:43	8.22 02:45—03:12	
679	8.22 03:12—03:56	8.22 03:56—05:10	8.22 05:16—05:43	
680	8.22 05:43—05:50	8.22 05:50—07:20	8.22 07:25—07:52	
681	8.22 07:52—08:35	8.22 08:35—09:12	8.22 09:12—09:42	
682	8.22 09:42—10:32	8.22 10:32—11:42	8.22 11:43—12:20	
683	8.22 12:20—12:55	8.22 12:55—14:40	8.22 14:42—15:18	
684	8.22 15:18—15:35	8.22 15:35—17:27	8.22 17:28—17:52	
685	8.22 17:52—17:55	8.22 17:55—19:55	8.22 19:56—20:42	
686	8.22 20:42—20:45	8.22 20:45—22:35	8.22 22:40—23:18	
687	8.22 23:18—8.23 02:30	8.23 02:30—04:40	8.23 04:50—05:30	

表 10.4　大东左线循环作业时间统计

管片环数	与上环间隔时间(min)	掘进时间(min)	管片拼装时间(min)	其他时间(min)	说　明
642		1:44	1:14		掘进开始前已有行程 167 m
643	6	1:46	40	44	
644	5	1:31	33	1:30	22:22～23:30 焊操作室门及吊水玻璃
645	12	3:05	57	3:14	250 环通风管维修
646	51	5:02	1:01	1:10	
647	1	4:30	50		
648	32	1:40	1:04		刀盘已进入风险区
649	0	1:42	26	1:16	08:30～21:46 维修单轨梁、换车
650	30	1:18	33		
651	32	56	37		
652	28	1:14	30		

续上表

管片环数	与上环间隔时间(min)	掘进时间(min)	管片拼装时间(min)	其他时间(min)	说　明
653	26	1:01	54		
654	34	1:10	1:14		拼装机维修 37 min
655	23	1:20	50		
656	42	1:29	39		
657	50	2:43	1:50	59	20:27～21:13 皮带机卡住
658	46	1:33	35		
659	40	1:06	34		07:14～07:55 推完等管片
660	45	2:33	40		10:01～10:47 等浆
661	0	1:40	43		13:17～15:27 电瓶车出轨
662	39	2 小时	27		19:06～20:48 电瓶车有出轨
663	13	1:38	28	25	
664	2	1:06	1:17	47	
665	5	1:04	1:10		
666	4	2:16	38		
667	25	1:50	36	52	
668	3	3:24	1h	53	
669	15	1:19	29	35	
670	1:15	1:17	31		
671	32	1:03	29		
672	35	1:26	32		
673	1:29	56	24	53	
674	16	2:57	1:20		
675	2 小时	22	48		
676	22	2:05	32		
677	1:18	1:27	38		
678	42	1:57	27		
679	44	1:14	27		
680	7	1:30	27		
681	43	37	30		
682	50	1:10	37		
683	35	1:45	38		
684	17	1:52	24		
685	3	2h	46		
686	3	1:20	38		
687	2:12	1:50	40		

10.4 小　　结

实践证明，进行盾构施工工序的优化组合对于快速、高效穿越既有线施工是必要的，也是成功的，有助于人员的调配、材料的运输、设备维护等工作提高效率，有助于工序衔接紧凑，工序转换流畅，在盾构掘进速度和管片拼装速度基本稳定的前提下，可最大限度地提高盾构施工的工效。总结起来，可以归纳出以下几点：

(1)合理的材料运输方式和列车编组形式，对于缩短工程施工时间是十分必要的。在条件允许的前提下，穿越工程应该采用高效运输系统，包括提升系统、水平运输系统以及渣土外运系统。

(2)在设备条件确定的前提下,优化岗位配置和班组人员组合,尽快做好交接班、技术交底工作和盾构施工系统控制工作,对于提高施工效率的效果是明显的,应该大力提倡。

(3)设备的及时维修和定期维护是盾构施工工序优化中的重要内容,应当引起高度重视。要备足易损件,关键设备系统要有备用机器,一旦出现故障,可以在最短时间内恢复生产。设备的维护尽量和其他工序平行作业,尽量不影响推进一环的总施工时间。

(4)良好的渣土改良对于缩短渣土清理时间是十分关键的。若掘进施工中确实需要清理渣土,尽量和其他工序平行作业。

(5)轨道运输中渣车掉道是经常出现的事故,对此应提前做好对策,将影响时间控制到最小。

(6)做好各种不利情况下的预防措施是工序优化的基础工作,一定要提前规划,力求不打无准备之仗。

11　综合注浆技术

11.1　引　　言

当拼装好的管片衬砌脱出盾尾后，由于盾构钢壳原来占据的空间、为衬砌的拼装操作所留的空隙和盾构推进时部分土体被黏附于盾构外壳上，在衬砌环背面与实际开挖的洞壁间留有环形空隙，使土体处于无支护状态，该空隙即为盾尾空隙。盾尾空隙的大小是由盾构钢壳的厚度和盾尾操作空间决定的，一般在 10～20 cm左右。由于管片脱出盾尾时出现的管片及围岩土体处于临时无支撑的悬空状态，致使土体向盾尾空隙移动产生变形，或者局部崩塌，围岩松散范围扩大，是盾构施工引起地层变形和沉降的主要因素。

随着盾构施工的进行，对盾尾空隙均匀、密实地注入、充填是控制地层变形根本技术手段，也是确保土压力均匀作用于管片衬砌的前提条件。盾构施工中壁后注浆的目的和作用：(1)防止地层变形。盾尾空隙如果不及时得到填充，势必造成地层损失，引起地层变形，使得相邻地表建筑物沉降或隧道本身偏移。因此，壁后注浆最重要的目的就是及时填充盾尾空隙，减少地层应力释放和地层变形。(2)提高隧道的抗渗性。壁后注浆的浆液固结硬化后，一般都有一定的抗渗性能，可作为隧道的第一道止水防线，从而提高隧道的整体抗渗性能。(3)具备一定早期强度的浆液及时填充盾尾空隙，可确保管片衬砌的早期和后期稳定性。

本书涉及的两处穿越工程都深深表现出壁后注浆控制既有线变形的重要性，结合自身盾构机特性，在前期试验段和试验区相关试验的基础上，确定了各自在穿越时采用的注浆工艺和浆液特性。大东区间由于对盾构机壁后注浆系统进行了升级改造，采用了同步注水泥、水玻璃双液浆的方案，在施工中严格控制注浆压力和注浆量，保证了注浆的及时和饱满，有效控制了既有线的变形，总体控制效果较好。燕大区间结合自身盾构机的功能，采用了同步可硬性浆液，二次补浆注水泥、水玻璃双液浆的方案，施工中依据既有线的变形测试数据，及时跟进补浆，最终也将既有线的变形控制在允许范围之内。

11.2　壁后注浆工艺

1.注浆方式

根据壁后注浆实施时间与盾构掘进的关系，从时效性上主要有三种注浆方式。

(1)同步注浆。在盾构掘进过程中，盾尾空隙形成的同时进行注浆，使浆液及时地填充盾尾空隙，是目前最常用的注浆方式。通过内置在盾构机尾部(一般为 3 号盾体)的注浆管进行注浆，如图 11.1(a)所示，内置方式一般为外凸式和内凹式，如图 11.1(b)所示，采用何种方式主要是从盾构机设计上考虑的。外凸式可在一定程度上减小盾构外径，从而减小盾尾空隙厚度，但使盾壳非圆，不利于盾构的进、出洞，且在土体强度较高时易磨损；内凹式虽在一定程度上增大了盾构外径和盾尾空隙，由于不易磨损，对地层适应性更好。

(2)一次补浆：在盾构掘进数环后，当盾尾已存在大量间隙时才通过管片上预留的注浆孔对盾尾空隙进行注浆，如图 11.1(c)所示。由于该注浆方式不能迅速对盾尾空隙进行充填，增大了对土体的扰动，不利于控制地面沉降。而且由于早期管片脱出盾尾后处于悬空状态，对管片受力不利，易发生错台。该注浆方式一般仅在地质条件较好、对地表沉降要求较低时才使用，对于穿越既有线工程显然不适用。

(3)二次注浆：当同步注浆或一次注浆效果不很理想时，就需要通过二次注浆对前期注浆进行补充。该方式一般是在隧道发生异常沉降、隧道发生偏移或在一些特殊地段(盾构进出站、联络通道附近)使用，也可用于穿越建(构)筑物和地下管线的土体加固。如图 11.1(c)所示，通过管片上预留的注浆孔可及时进行二次注浆。

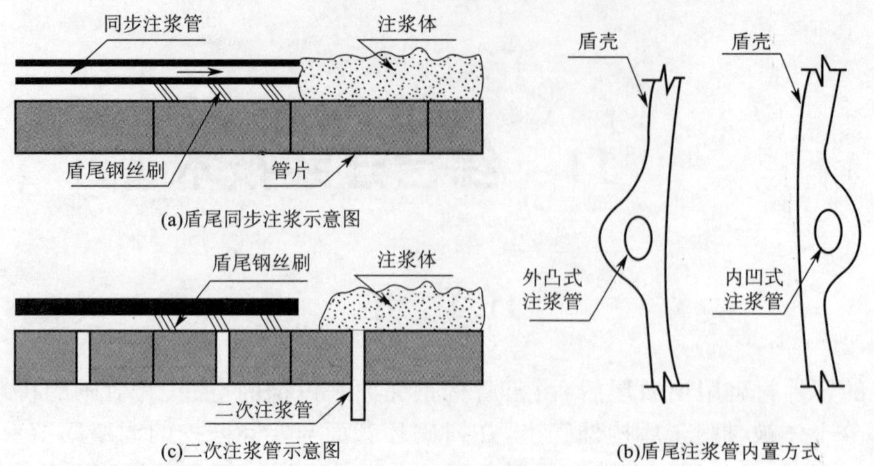

图 11.1　盾构注浆管布置示意图

(4)三次乃至多次补浆。当上述注浆方式皆不能满足控制地层变形的要求时,需要依据变形监测结果通过管片上预留的注浆孔及时进行三次乃至多次注浆。需要说明是,每增加一次补浆,注浆孔的深度就相应加大一些。

在实际盾构施工中,壁后注浆方式的选择一般由盾构机来决定。在一些特殊情况下,可以考虑不利用盾构机配备的注浆管进行注浆,而使用另外采购的注浆设备通过管片上的预留注浆孔进行注浆。

壁后注浆施工工艺是实现注浆目的,保证地面建筑物、地下管线、盾尾密封及衬砌管片安全和隧道轴线控制的重要一环,必须严格控制,并依据地层特点和监控测量的结果及时调整施工参数,才能确保施工的顺利进行和壁后注浆效果。

2. 壁后注浆施工流程及控制

壁后注浆施工工艺流程如图 11.2 所示,浆液在地面拌和站搅拌好以后,一般依靠浆液自重通过管道溜到电瓶车的砂浆斗(有搅拌叶片)中,运输至隧道内并通过其自带转运泵泵送到台车浆斗内,或直接泵送至台车浆斗内。注浆管路连接好后,设定注浆压力和流量,一般通过 4 个砂浆泵进行注浆,并在每个注浆孔出口设置分压器,以便对各注浆压力和注浆量进行检测与控制,从而对盾尾空隙对称均匀压注。若与水玻璃相结合注入则可实现双液浆注浆工艺。

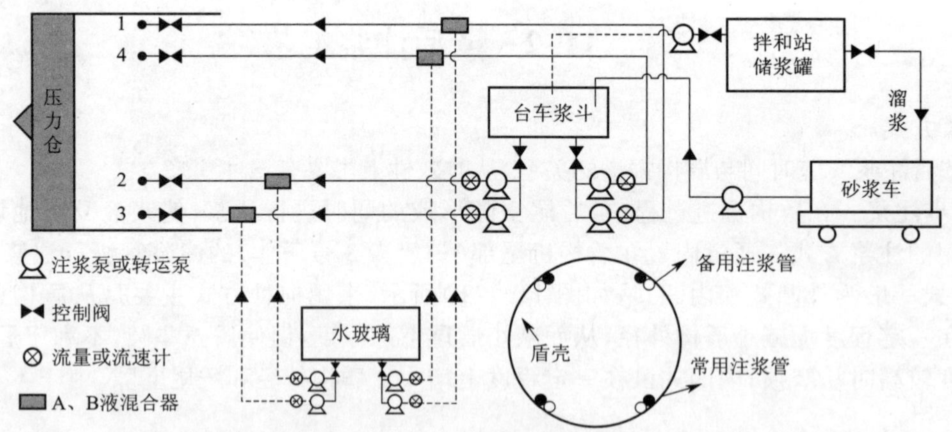

图 11.2　典型的盾构壁后注浆系统及工艺流程图

盾构壁后注浆施工的控制主要有:

(1)手动控制。可任意按下各注浆点的控制按钮,注浆泵开启进行注浆,注浆压力可通过压力传感器监测显示。当所有注浆点控制阀关闭时,注浆泵就自动停止,而当再循环阀打开时,泵再启动并空载循环。

(2)自动控制。此时注浆控制阀与压力传感器相连,注浆控制阀由压力传感器控制,当任一只传感器检测到设定的最低压力时,注浆控制阀就自行开启进行注浆。当其达到最高设定压力时,就自行关闭,并自动转换到打开下一个最低压力的注浆点控制阀,依次持续进行循环注浆。

(3)程序控制。各注浆点按预编程序自动循环注浆,直到所有注浆点都达到最高压力为止,泵就自动切换到再循环运行，直到泵自动停止。

3.壁后注浆材料

为了实现壁后注浆的目的和满足盾构施工要求，除浆液的注入必须迅速、饱满地充填盾尾空隙外，壁后注浆的浆液工程特性必须满足下列要求：

(1)具有良好的充填性，且不易流窜到盾尾空隙以外的其他区域(不漏失到掘削面及围岩土体中去)；(2)浆液应具有良好的和易性和流动性，且离析少；(3)浆液应具有适当的稠度，不易被地下水稀释；(4)材料稳定性好，不易分层，以便能长距离压送；(5)壁后注浆填充后，应能及早凝结约束管片，并且早期强度最好与原状土的强度相当；(6)浆液硬化后的体积收缩率和渗透系数小；(7)无公害、价格便宜。其中，最为重要的工程特性是充填性、流动性、强度和收缩性能，满足这些工程特性是实现壁后注浆目的的关键。

盾构施工中壁后注浆材料的种类可分为两类：单液浆和双液浆，单液浆又可分为惰性浆液和硬性浆液，如图 11.3 所示。惰性浆液即浆液配制材料中没有水泥等胶凝物质，凝结时间较长，早期强度和后期强度均很低的浆液。一般由熟石灰、粉煤灰、砂、膨润土(黏土)、水、外加剂等组成。而硬性浆液即在浆液中掺加了水泥等胶凝物质，一般由水泥、粉煤灰、砂、膨润土(黏土)、水、外加剂等在搅拌机中一次拌和而成，具备一定早期强度和后期强度的浆液。可根据配合比的不同，凝结时间可在一定范围内调整。双液浆通过 A 液(单液浆)和 B 液(一般为水玻璃类)按一定的体积比混合，根据实际需要，其凝结时间可在几秒到几十秒调节。这种浆液的早期强度和后期强度一般较单液浆高。

凝结时间越长，浆液越易发生向开挖面泄漏和土体内流失的情况，也易被地下水和从开挖面后窜的泥浆稀释，也就越不容易约束管片和控制地层位移。但凝结时间太短则会造成对盾尾空隙还未充填完全时，浆液就失去了流动性，且还易造成堵管现象，且当施工不顺利时，这种情况更易发生，这时对施工控制管理要求较高。

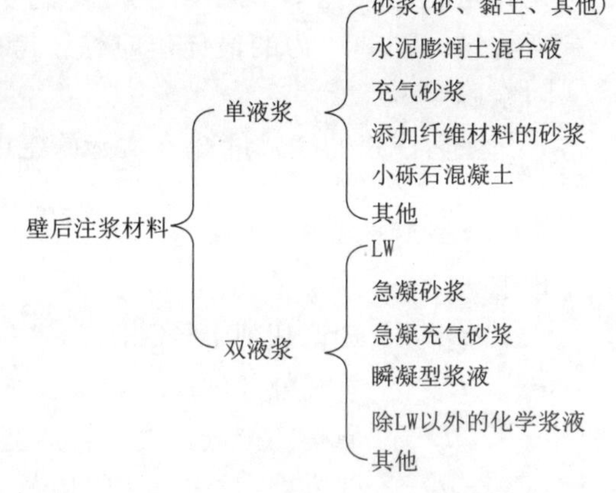

图 11.3 壁后注浆材料种类

随浆液种类及注入方式的不同，各有优缺点，如表11.1所示。浆液材料类型及注入方式的选择与地质条件、掘进方式、施工条件以及成本控制等因素密切相关，具体可参考如下：

(1)地面保护要求不高的地段、地质条件较好并具有一定自稳能力的土体或岩层，可考虑采用单液注浆和及时注浆方式。

(2)软弱地层及地面保护要求较高，特别是有重要建筑物或地下管线的地段，宜优先选择双液浆及同步注浆方式。如施工管理水平较高亦可采用单液浆，但必须采用同步注浆方式，且浆液的稠度要大、保水性好，能够约束管片，保持隧道的早期稳定。

(3)在富含地下水或溶洞的地层中施工，优先选择凝结时间较短的双液浆和同步注浆方式，防止浆液被地下水稀释或流失。

(4)在泥水加压盾构施工中，为防止浆液对泥水的影响或泥水后窜对浆液的稀释，宜采用双液浆并同步注浆方式。

从成本控制和操作的难易程度看，单液浆优于双液浆，惰性浆优于硬性浆；从注浆效果看，双液浆优于单液浆，硬性浆优于惰性浆。

表 11.1 各类型壁后注浆的优缺点对比表

注浆类型	注入部位	优 点	缺 点
惰性浆	盾尾/管片	不易堵管；注浆效率高；成本低	凝结时间长；不利控制沉降及管片稳定；强度很低；防水效果差
硬性浆	盾尾/管片	后期强度较高；成本较低；设备简单；堵管易清洗	凝结时间较长；浆液易流失，对盾尾密封要求高
单液浆	盾尾/管片	成本低；堵管易清洗	凝结时间长；浆液易流失；效果发挥较慢
双液浆	盾尾/管片	凝结时间快，且可调节；浆液不易流失；早期强度高；可堵漏	设备复杂；成本高；易堵管，且不易清洗；对施工管理要求高

续上表

注浆类型	注入部位	优　点	缺　点
盾尾注浆	盾尾	可实现同步、均匀注浆；不从管片吊装孔注浆，降低漏水可能性	可能增大盾构直径；堵管时较难清洗
管片注浆	管片	操作灵活方便；易清洗；双液注入时设备简单	注浆孔可能成为潜在漏水点；管片表面易污染；易导致注浆不均匀

4. 壁后注浆压力和注浆量

壁后注浆施工控制参数包括注浆压力、注浆量、注浆位置选择和注浆速率等，其中注浆压力和注浆量是壁后注浆实施时的主要控制参数。一种方式是通过注浆压力的大小来控制注浆施工，另一种是通过预设的注浆量的多少来决定注浆过程是否结束。由于注浆压力受很多因素影响，目前通常在保证注浆量一定的前提下，设定注浆压力的上限值来决定壁后注浆是否结束。

注浆压力必须克服地下水压力、土压力及管道摩阻力才能将浆液注入到盾尾空隙中。注浆压力越大，衬砌与地层之间的空隙充填越密实，四周地层越稳定。但注浆压力不能太大，否则会产生劈裂注浆，使地层隆起，并易击穿盾尾密封刷或使浆液窜到压力舱，而且在施工期间对衬砌管片的受力也十分不利，尤其是在注浆孔单一的情况下，更易引起接头部位破坏，或危及防水性能发挥等，因此注浆压力的取值相当关键。注浆压力的最佳值应综合考虑地质条件、管片强度、设备性能、浆液特性和压力舱土、水压力等因素确定。

壁后注浆的注浆量 Q 在实际施工中往往根据工程经验和监测数据来确定，通常可按下式进行估算：

$$Q=\alpha\left[\frac{\pi}{4}(D_1^2-D_2^2)\right]L$$

式中 Q——注浆量(m^3)；

D_1——理论切削半径(m)；

D_2——管片外径(m)；

L——盾构的推进长度或管片宽度(m)；

α——注入率，对估算注浆量至关重要。

影响 α 的因素较多，并且复杂地纠缠在一起，可根据下式计算。

$$\alpha=\alpha_1+\alpha_2+\alpha_3+\alpha_4$$

式中 α_1——注浆压力决定的压密系数；

α_2——土体条件决定的系数；

α_3——施工损耗系数；

α_4——超挖系数。

要准确确定 α 非常困难，时至今日仍把施工实践和经验数据作为大致的参考值，具体数据如表 11.2 所示。

表 11.2　经验注入率系数表

符　号	因　素		估算时增加的比例范围	设定系数
α_1	注浆压力产生的压缩	加　气	1.30～1.50	0.40
		不加气	1.05～1.15	0.10
α_2	土体条件		1.10～1.60	0.35
α_3	施工损耗		1.10～1.20	0.10
α_4	超挖		1.10～1.20	0.10

浆液在管片四围形成均匀的浆体层是达到壁后注浆最终目的的前提条件。但注入超量的浆液可能会使土体出现劈裂现象，易出现在软黏土地层。一般来说，提高注浆压力，则注入量也会相应增加，覆土厚度增加时，注浆压力也会相应增加，存在一定正相关关系。

5. 壁后注浆中存在的问题

(1)壁后注浆的浆液工程特性不合理,造成注浆效果不佳。主要表现在:浆液流动性能差、凝结时间过短、物理稳定性差、离析严重、凝固后的收缩量过大、凝固后的早期强度偏低等,造成壁后注浆实施过程中对盾尾空隙的充填不足、不均匀、注浆管堵塞,以及壁后注浆实施后盾尾空隙顶部的浆液被水转换,对地层损失控制不足,管片衬砌不能与固岩土体形成共同体引起隧道上浮和轴线偏移等。

(2)壁后注浆施工控制不合理。主要表现在:壁后注浆实施过程中仅以注浆量为控制指标,造成特殊地段(地质突变、刀盘超挖时、小曲率施工等)的注浆量不足或充填不均匀。注浆量偏高造成地表隆起;注浆压力设置过大造成浆液沿盾壳外围进入压力舱,造成地表隆起、击穿盾尾密封、管片开裂或错台等现象。注浆孔位及相应的注浆压力选择不合理,造成注浆充填不均匀或不足、管片错台、隧道上浮、轴线偏移等现象。

11.3　壁后注浆基础试验

针对壁后注浆问题,目前已从四个方面进行了大量基础试验,分别为盾构壁后注浆的浆液工程特性,盾构壁后注浆压力分布,盾构壁后注浆体的固结—胶结变形特性,盾构壁后注浆对底层变形的影响。研究结论可总结如下:

1. 盾构壁后注浆的浆液工程特性

(1)惰性浆液的流动性要优于硬性浆液,而凝结时间却比硬性浆液长得多,且体积收缩变形量远大于硬性浆液。双液浆的凝结时间最短,且早期胶结强度远远高于硬性浆液和惰性浆液。由于惰性浆液的物理稳定性要比硬性浆液差,但惰性浆液较长的凝结时间有利于长时间保持可泵性,不易发生管道堵塞等现象。但惰性浆液注入盾尾空隙后,低胶结强度、高收缩变形和较差的物理稳定性将不利于隧道的早期稳定性、地层变形的控制和造成浆液在盾尾空隙顶部的充填不完全。双液浆虽然具有速凝、早强的优越性,但双液浆昂贵的注浆成本和复杂的注浆工艺管理,是双液浆在工程中广泛应用的瓶颈。硬性浆液的注浆成本略高于惰性浆液,远低于双液浆,且各项浆液工程特性均能较好地满足盾构施工要求,因此是目前使用最为广泛的浆液类型。

(2)水胶比是单液浆各项工程特性的关键影响因子。在浆液注入盾尾空隙前,浆液的流动性和物理稳定性尤为重要。虽然增大水胶比可提高单液浆的流动性,但却使浆液的泌水率和分层度增大,不利于浆液的物理稳定性。且浆液注入盾尾空隙后的收缩变形量大,凝结时间长,胶结强度低,对控制地层应力释放和变形不利,不利于隧道的早期稳定性。因此,在单液浆的配制中需严格控制用水量。

(3)膨润土特有的强吸水性和润滑作用,使得增加膨润土的含量可以起到降低浆液的泌水率和分层度的效果,提高单液浆的保水性,且具有一定程度减小单液浆排水固结变形的作用。虽然对单液浆的流动性有一定程度的降低作用,但其自身所提供的润滑作用却有利于提高单液浆的可泵性。

(4)在惰性浆液中,增加 CMC 的添加量,可以起到提高浆液物理稳定性的作用。在硬性浆液中,减水剂界面活性材料对胶凝材料的水化产物具有分散作用,主要起到调节凝结时间的作用,增加减水剂的添加量,可延长浆液凝结时间和增加浆液的流动性,但不利于浆液早期强度的快速获得。

(5)粉煤灰作为单液浆胶凝材料的组成部分,提高粉煤灰的含量就意味着减小了活性材料(熟石灰或水泥)的添加量。因此,增加粉灰比有利于提高浆液的流动性,但使浆液的凝结时间延长、固结收缩变形增大、早期胶结强度降低、分层度和泌水率增加。

(6)随双液浆的 B/A 体积比的增加,凝结时间延长,早期强度降低。随 A 液水灰比增加,凝结时间呈先缩短后延长趋势,早期强度呈降低趋势。

2. 盾构壁后注浆压力分布

(1)硬性浆液在可泵期内符合宾汉姆流体特性,并且可以由宾汉姆流体方程推导出壁厚同步注浆过程中盾尾空隙中的浆体压力分布公式。

(2)随浆液水胶比增大,浆液的塑性粘度和动切力呈减小趋势。随浆液膨水比的增大,浆液的塑性黏度和动切力呈增加趋势

(3)浆液的流动性越差、注浆压力越小、隧道直径越大、注浆孔数量越少、盾构掘进速度越快,浆液注入盾

尾空隙后的浆液压力越小，注浆充填速率越慢，浆体压力分布越不均匀。浆体压力分布的不均匀性位置易出现在隧道中下部(900～1 200,2 400～2 700)，浆液充填的不均匀性也易发生在这些位置。

3. 盾构壁后注浆体的固结—胶结变形特性

(1)水泥等胶凝材料的胶结作用是造成硬性浆液与土体固结变形过程不同的根本原因。

(2)与土体固结过程一致的硬性浆液的变形会引起浆液有效应力增加、渗透系数降低，不同的是浆液的胶结作用同样会引起浆液的有效应力和渗透系数的变化，继而影响浆液的固结变形量和固结变形速率。

4. 盾构壁后注浆对地层变形的影响

盾构施工引起的地层变形的因素很多，其影响结果是综合性的。地层损失的产生是造成地层变形的最重要因素，其中开挖面的支护压力与地层土、水压力不平衡导致对土体的超挖和欠挖，以及盾构掘进过程产生的盾尾空隙的闭合是引起地层损失的主要方面。盾构施工引起土体应力状态变化和地层变形如图 11.4 所示。

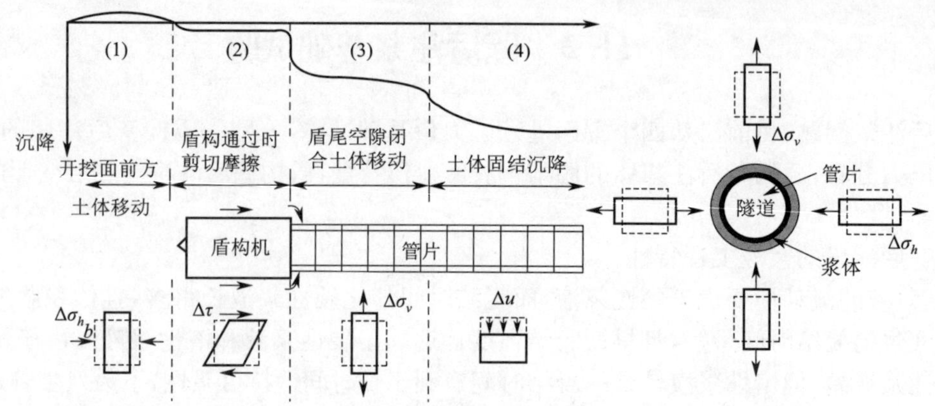

图 11.4 盾构施工阶段土体应力状态的变化过程

第一阶段：开挖面前方土体受到盾构机推进挤压作用，引起水平向应力变化，地层变形主要表现为隆沉现象。

第二阶段：盾壳与围岩土体的剪切作用，使土体出现水平向的剪切变形。

第三阶段：盾尾空隙闭合或壁后注浆的浆液硬化产生的收缩变形，使围岩土体垂直方向和水平方向应力均呈减小现象，土体应力释放，进一步引起地层变形。

第四阶段：盾构推进以及壁后注浆引起地层孔隙水压力消散，继而导致地层土体的长期固结沉降。

随着胶结能力的减弱、注浆压力的增大、盾尾空隙量的增加，地表的历史最大沉降量也随之增大。在黏性土地层中，浆液性能、注浆压力及盾尾空隙量对地层变形的影响要比砂性土地层的大。

盾尾空隙产生而未实施壁后注浆的工况条件下，在黏性土地层中由于盾尾空隙闭合引起的地表变形要远大于砂性土地层，而且在黏性土地层中实施壁后注浆对控制地表变形的效果要明显优于砂性土地层。

随着盾构掘进及时间的推移，黏性土地层条件下，地表变形过程经历了先迅速沉降，达到最大沉降后开始后缓慢回升，之后在逐渐趋稳过程中又有缓慢下沉趋势；而在砂性土地层中地表变形过程则为先迅速沉降，达到最大沉降后便趋于稳定。

地表最大沉降发生时间一般在 2 天左右，在砂性土地层的地表变形稳定时间较短，而黏性土地层的地表变形稳定时间很长，一般要在 20 天以后，且还会产生少量的后期固结沉降。

黏性土地层中，盾构壁后注浆对围岩土体的扰动范围要小于砂性土地层，但对围岩土体的扰动程度要远大于砂性土地层。壁后注浆对隧道下部土体的扰动程度一般要大于隧道上部土体，但对隧道上部土体的扰动范围要大于隧道下部土体。

5. 可硬性浆液材料及配比

(1) 可硬性浆液由水泥、膨润土、粉煤灰、砂、外掺剂、水等搅拌而成，材料应符合表 11.3 中的要求。

表 11.3 可硬性浆液材料要求

材料名称	材料要求
水泥	42.5 普硅
膨润土	95%通过 200 目筛，膨胀率大于 15%
粉煤灰	符合《用于水泥和混凝土的粉煤灰》(GB/T 1596)的要求
细砂(河砂)	通常小于 5 mm 筛孔后使用
外掺剂(SY－1)	比重 1.02±0.01，pH 值 7.0～9.0
泵送剂(ND－105)	固体含量值 30%～35%，pH 值 8.0～10.0
水	应按《混凝土用水标准》(JGJ63)执行

(2)应按地层性质、地面超载条件、变形控制要求、注浆设备的特点经试验选择合适的浆液配比。

(3)注浆浆液的性能应达到表 11.4 的规定，性能测试标准按表 11.5 中所列规范执行。

表 11.4　可硬性浆液的性能指标

测试内容	性能指标
稠度(cm)	10～11
初凝值(h)	16～24
泌水量(mL/m^3)	<2.5
抗压强度(MPa)	$R7\geqslant0.1$MPa，$R28\geqslant0.5$ MPa
密度(g/cm^3)	1.75±0.5

表 11.5　可硬性浆液的性能指标

测试内容	测试仪器	测试标准
稠度	砂浆稠度测定仪	GB/T50080
初凝值	砂浆凝结时间测定仪	
泌水量	1 000 mL 量筒	
密度	容积升	建设部标准 JGJ70
抗压强度	压力机(试块 7.07 cm^3)	

11.4　浆液试验

由于盾构机自身功能的限制，燕大区间穿越工程采用同步注浆注可硬性浆液，二次补浆注水泥、水玻璃双液浆的方案。为达到较好地控制地层变形的效果，在试验段和试验区掘进过程中，进行了系统的同步注浆配比比选，共试配了近 10 余种不同的浆液配比，见图 11.5、表 11.6 和表 11.7。通过调整各原材料的含量和规格，试验浆液的初凝时间、到达强度时间、稠度、可泵性、泌水率、固结收缩率等性质，记录相关参数并结合实际施工变形监测数据逐一筛选，确定下穿 1 号线采用的浆液配比。根据试验结果，决定采用早强型普通硅酸盐水泥，并考虑增加 $CaCl_2$ 等加速浆液凝固的外加剂，保证浆液可以在 1 天内达到强度。对于浆液泌水率较高的问题考虑适当提高粉煤灰含量，并采用标号更高、细度更高的粉煤灰，以提高砂浆的粘聚性和保水性。试验配比见表和图 11.6～图 11.16。

图 11.5　浆液试验样品

表 11.6　浆液配比和性能参数

材料名称	规格	配合比(kg/m^3)	质量比例	拌和时间	可泵性	初凝时间	泌水率
水泥	32.5R	150	10.1%	5.22/17:30	良好	9h	10.0%
砂	细砂	550	36.9%				
粉煤灰	Ⅲ级	240	16.1%				
膨润土	钙基	50	3.4%				
水	—	500	33.5%				

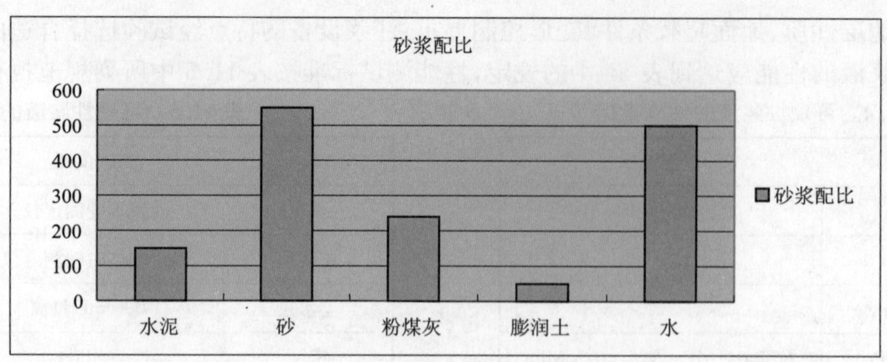

图 11.6　砂浆配比

表 11.7　浆液配比和性能参数

材料名称	规格	配合比(kg/m³)	质量比例	拌和时间	可泵性	初凝时间	泌水率
水泥	42.5R	107	7.4%	5.22/16:38	良好	9 h	8.9%
砂	细砂	558	38.5%				
粉煤灰	Ⅲ级	243	16.8%				
膨润土	钙基	39	2.7%				
水	—	500	34.6%				

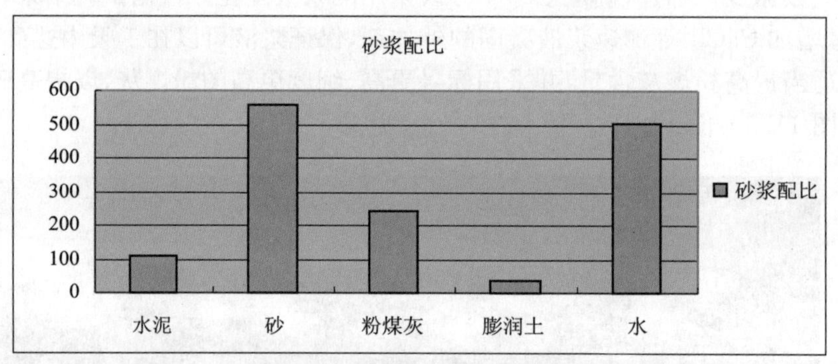

图 11.7　砂浆配比

表 11.8　浆液配比和性能参数

材料名称	规格	配合比(kg/m³)	质量比例	拌和时间	可泵性	初凝时间	泌水率
水泥	42.5R	83	5.8%	5.22/16:58	良好	9.5h	9.5%
砂	细砂	500	34.6%				
粉煤灰	Ⅲ级	333	23.1%				
膨润土	钙基	29	2.0%				
水	—	500	34.6%				

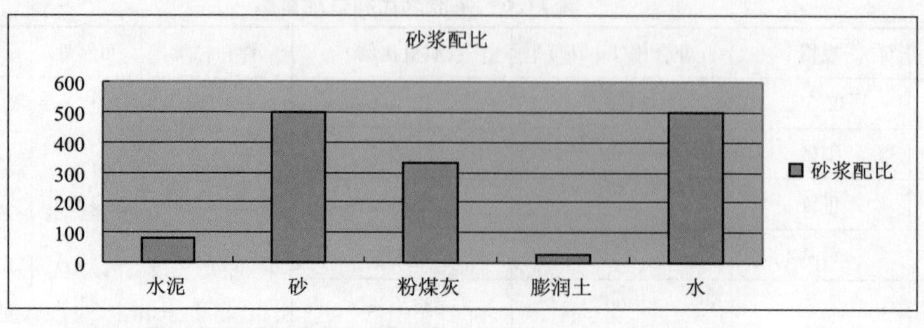

图 11.8　砂浆配比

表 11.9 浆液配比和性能参数

材料名称	规格	配合比(kg/m³)	质量比例	拌和时间	可泵性	初凝时间	泌水率
水泥	42.5R	154	8.0%	5.22/17:12	良好	8.5h	11.1%
砂	细砂	995	52.1%				
粉煤灰	Ⅲ级	199	10.4%				
膨润土	钙基	62	3.3%				
水	—	500	26.2%				

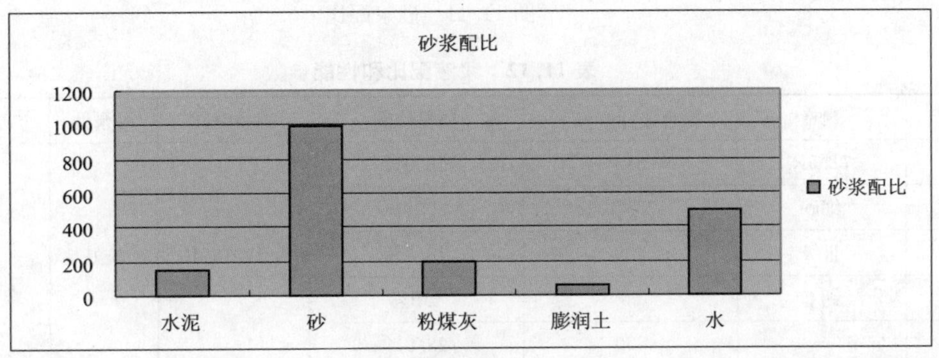

图 11.9 砂浆配比

表 11.10 浆液配比和性能参数

材料名称	规格	配合比(kg/m³)	质量比例	拌和时间	可泵性	初凝时间	泌水率
水泥	42.5R	222	13.7%	5.22/17:21	良好	9h	10.5%
砂	细砂	611	37.7%				
粉煤灰	Ⅲ级	244	15.1%				
膨润土	钙基	44	2.7%				
水	—	500	30.8%				

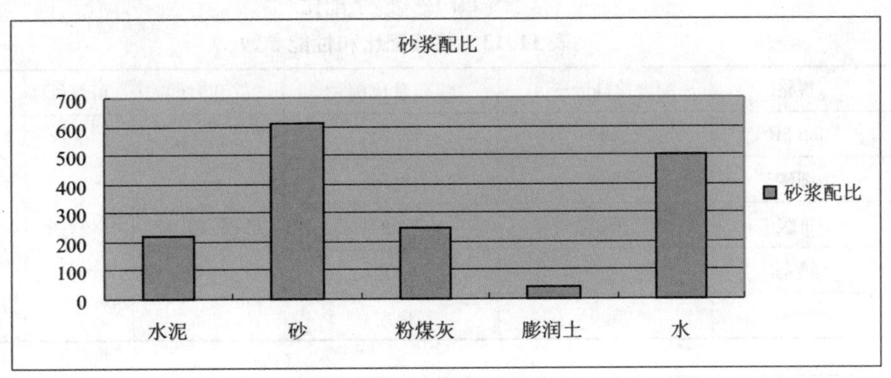

图 11.10 砂浆配比

表 11.11 浆液配比和性能参数

材料名称	规格	配合比(kg/m³)	质量比例	拌和时间	可泵性	初凝时间	泌水率
水泥	32.5R	250	14.2%	5.17/12:30	较好	10 h	11.2%
砂	细砂	688	39.0%				
粉煤灰	Ⅲ级	275	15.6%				
膨润土	钙基	50	2.8%				
水	—	500	28.4%				

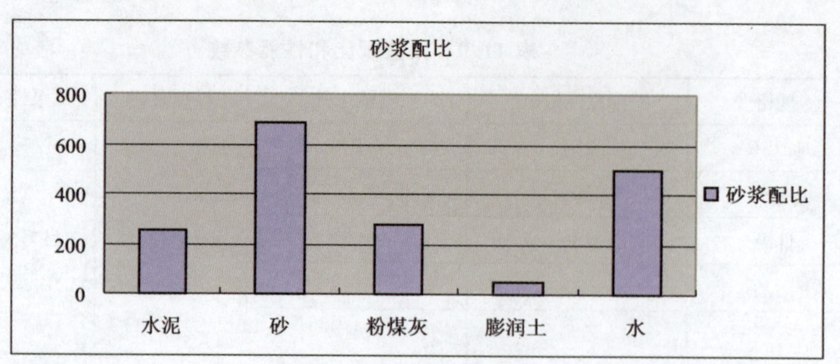

图 11.11 砂浆配比

表 11.12 浆液配比和性能参数

材料名称	规格	配合比(kg/m³)	质量比例	拌和时间	可泵性	初凝时间	泌水率
水泥	32.5R	313	18.0%	5.17/13:10	较好	7 h	8.3%
砂	细砂	688	39.6%				
粉煤灰	Ⅲ级	188	10.8%				
膨润土	钙基	50	2.9%				
水	—	500	28.8%				

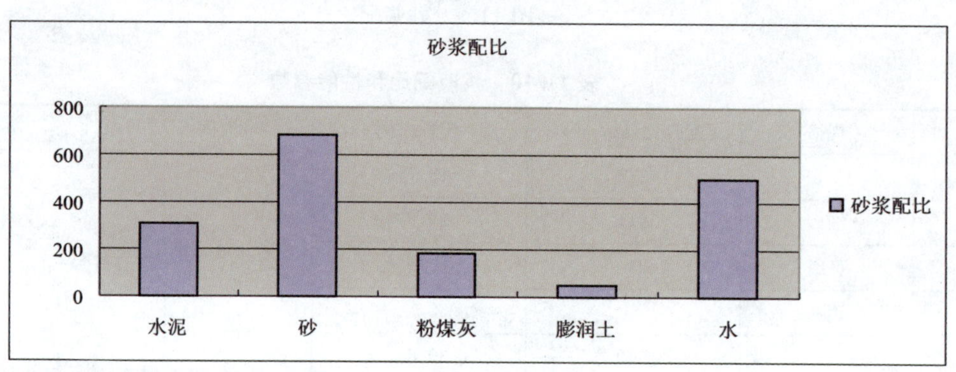

图 11.12 砂浆配比

表 11.13 浆液配比和性能参数

材料名称	规格	配合比(kg/m³)	质量比例	拌和时间	可泵性	初凝时间	泌水率
水泥	32.5R	230	13.7%	5.25/15:47	较好	8 h	3.6%
砂	细砂	550	32.7%				
粉煤灰	Ⅲ级	300	17.9%				
膨润土	钙基	100	6.0%				
水	—	500	29.8%				

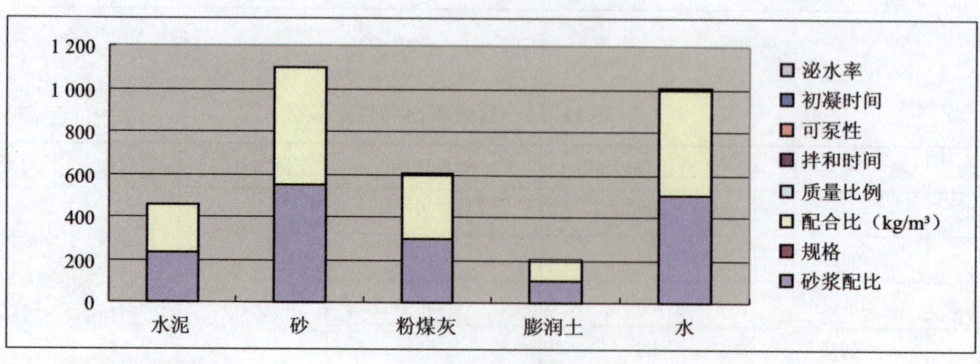

图 11.13 砂浆配比

表 11.14 浆液配比和性能参数

材料名称	规格	配合比(kg/m³)	质量比例	拌和时间	可泵性	初凝时间	泌水率
水泥	42.5 R	230	13.7%	5.25/16.04	较好	8 h	7.2%
砂	细砂	550	32.7%				
粉煤灰	Ⅲ级	300	17.9%				
膨润土	钙基	100	6.0%				
水	—	500	29.8%				

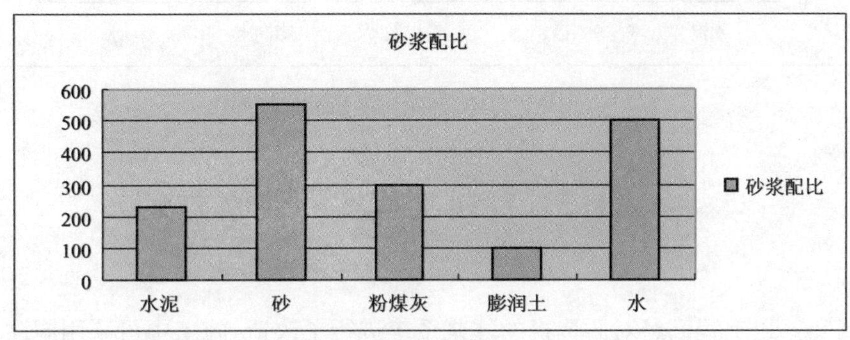

图 11.14 砂浆配比

表 11.15 浆液配比和性能参数

材料名称	规格	配合比(kg/m³)	质量比例	拌和时间	可泵性	初凝时间	泌水率
水泥	42.5 R	230	13.7%	5.26/10:45	较好	7 h	3.0%
砂	细砂	550	32.7%				
粉煤灰	Ⅱ级	300	17.9%				
膨润土	钙基	100	6.0%				
水	—	500	29.8%				

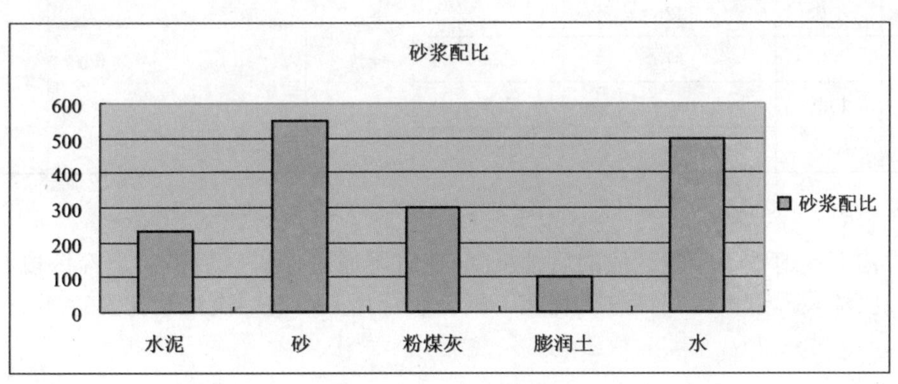

图 11.15 砂浆配比

表 11.16 同步注浆浆液最终配比

材料名称	规格	配合比(kg/m³)	质量比例	拌和时间	可泵性	初凝时间	泌水率	达到强度时间
水泥	42.5R	192	12.2%	5.26/11:00	较好	6 h	2.6%	10 h
砂	细砂	420	26.6%					
粉煤灰	Ⅱ级	375	23.9%					
膨润土	钙基	100	5.3%					
水	—	500	31.9%					

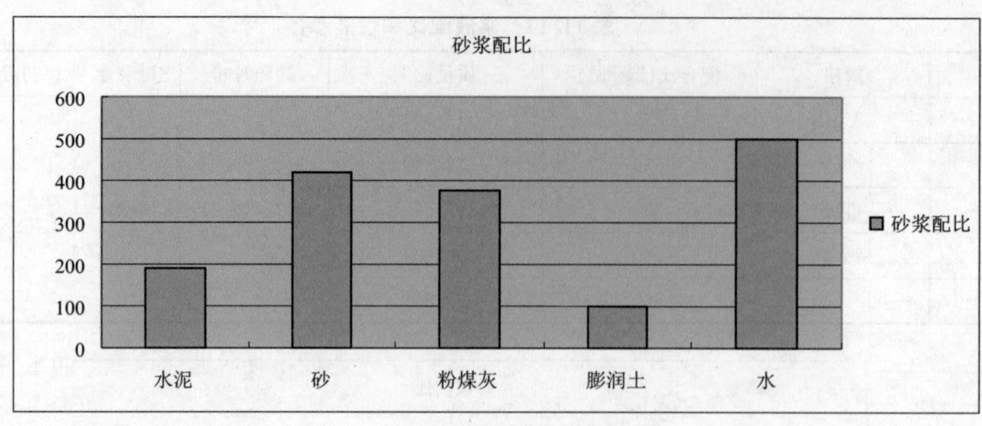

图 11.16 同步注浆浆液最终配比

11.5 穿越工程实际注浆方案

1. 浆液类型

由于大东区间穿越工程已经对盾构机的注浆系统进行了改造，施工中可采用同注水泥、水玻璃双液浆的方案，结合前期多个试验段和试验区的工作，控制水玻璃掺入量约为水泥重量的 10%～15%。注浆压力大致控制在 0.3～0.5 MPa 左右，保证管片与围岩之间充填密实。

燕大区间采用同步注可硬性浆液，二次补浆注水泥、水玻璃双液浆的方案。经过前期大量试验段和试验区的工作，确定同步注浆浆液配比见表 11.17。二次注浆采用水玻璃＋纯水泥浆的方式。浆液配比及其相关参数指标如下：水泥浆水灰比为 0.8～1.0；水玻璃与水按 1∶1.5 进行稀释；注入时浆液与水玻璃体积比为：水泥浆∶水玻璃＝10∶1。

表 11.17 同步注浆浆液配比与相关性能

材料名称	规格	配合比(kg/m^3)	质量比例	可泵性	初凝时间	泌水率	达到强度时间
水泥	42.5R	192	12.2%	较好	6 h	2.6%	10 h
砂	细砂	420	26.6%				
粉煤灰	Ⅱ级	375	23.9%				
膨润土	钙基	100	5.3%				
水	—	500	31.9%				

2. 注浆孔

为控制盾构下穿地铁 1 号线区段的后续沉降，在盾尾通过保护区后需对下穿区段及其前后一定范围内进行全面的二次注浆。燕大区间穿过工程施工段已在管片上增设二次注浆孔至每环 16 个，见图 11.17 和图 11.18。

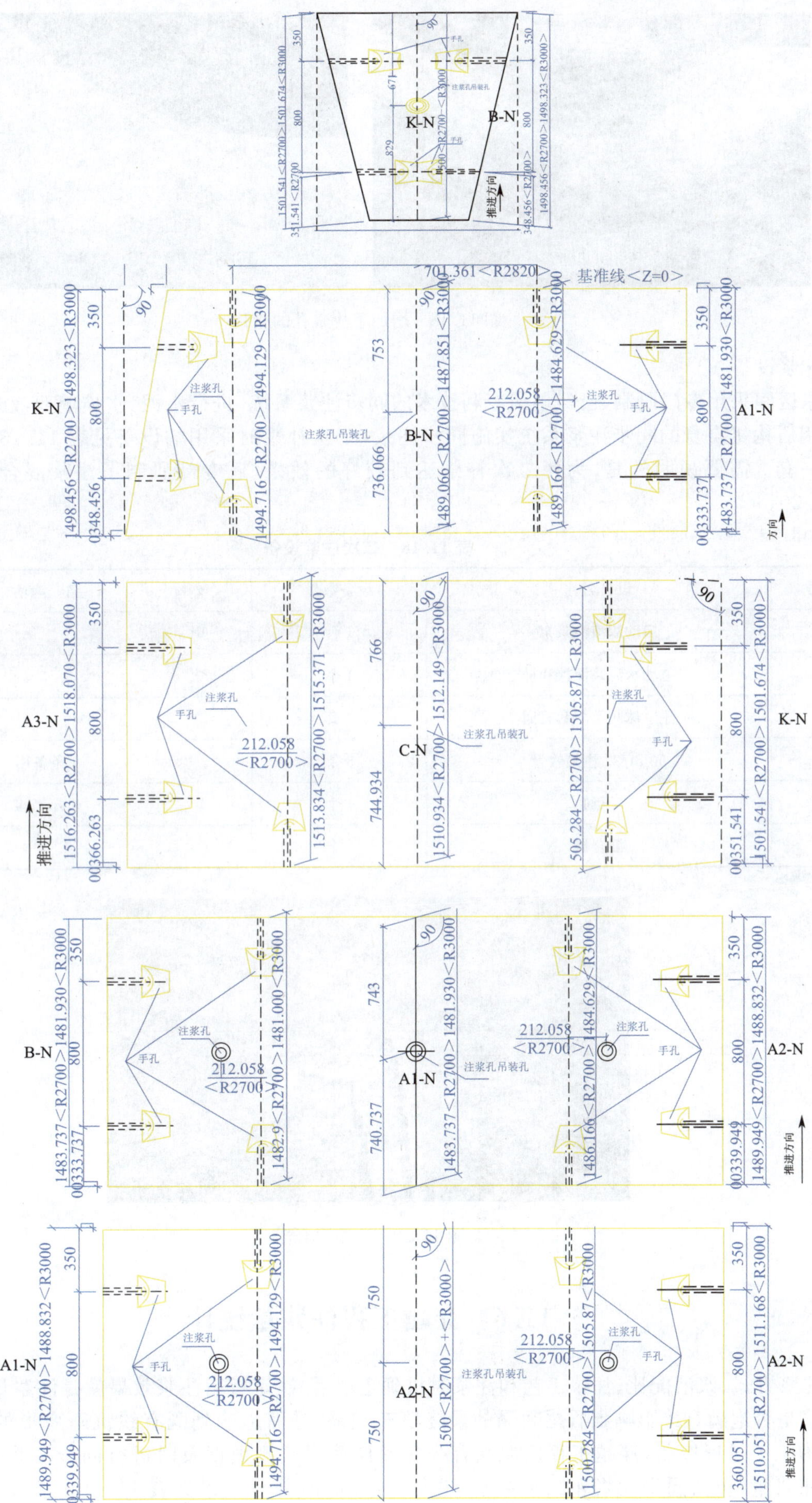

图 11.17 管片增加钻孔(单位:mm)

图 11.18 增加了注浆孔的管片

3. 注浆设备

大东区间采用专门研制、已经申请专利技术的同步注浆系统，进行水泥、水玻璃双液浆的加注。燕大区间采用盾构机自身的同步注浆系统实施同步注浆，二次补浆时采用的设备见表 11.18。此外，另有补浆系统一套。需要说明的是，为使二次补浆达到较好的效果，还专门研制了注浆混合器，见图 11.19 和图 11.20。

表 11.18 二次注浆设备

序 号	设备名称	设备数量	备 注
1	启动双液注浆泵	1 台	
2	电动水泥浆液拌和桶	1 个	
3	注浆球阀及配套直通	6 套	
4	50 mϕ32 注浆软管	3 条	1 条备用
5	三通	1 个	带压力表
6	混合器	1 个	

图 11.19 注浆混合器

11.6 穿越工程注浆量统计

当注浆方式、浆液配比、注浆工艺和注浆时机确定以后，决定壁后注浆效果就是注浆量这个基本参数了。注浆是否饱满直接影响到盾尾间隔的最终填充效果，进而影响到既有线沉降变形的控制效果。为加强盾构施工过程控制，穿越工程依据既有线变形自动化监测数据及时进行同步注浆和二次补浆，并对每环注浆量（包括同步注浆和二次补浆）进行详细统计，部分结果见表 11.19～表 11.28，确保注浆量充裕。

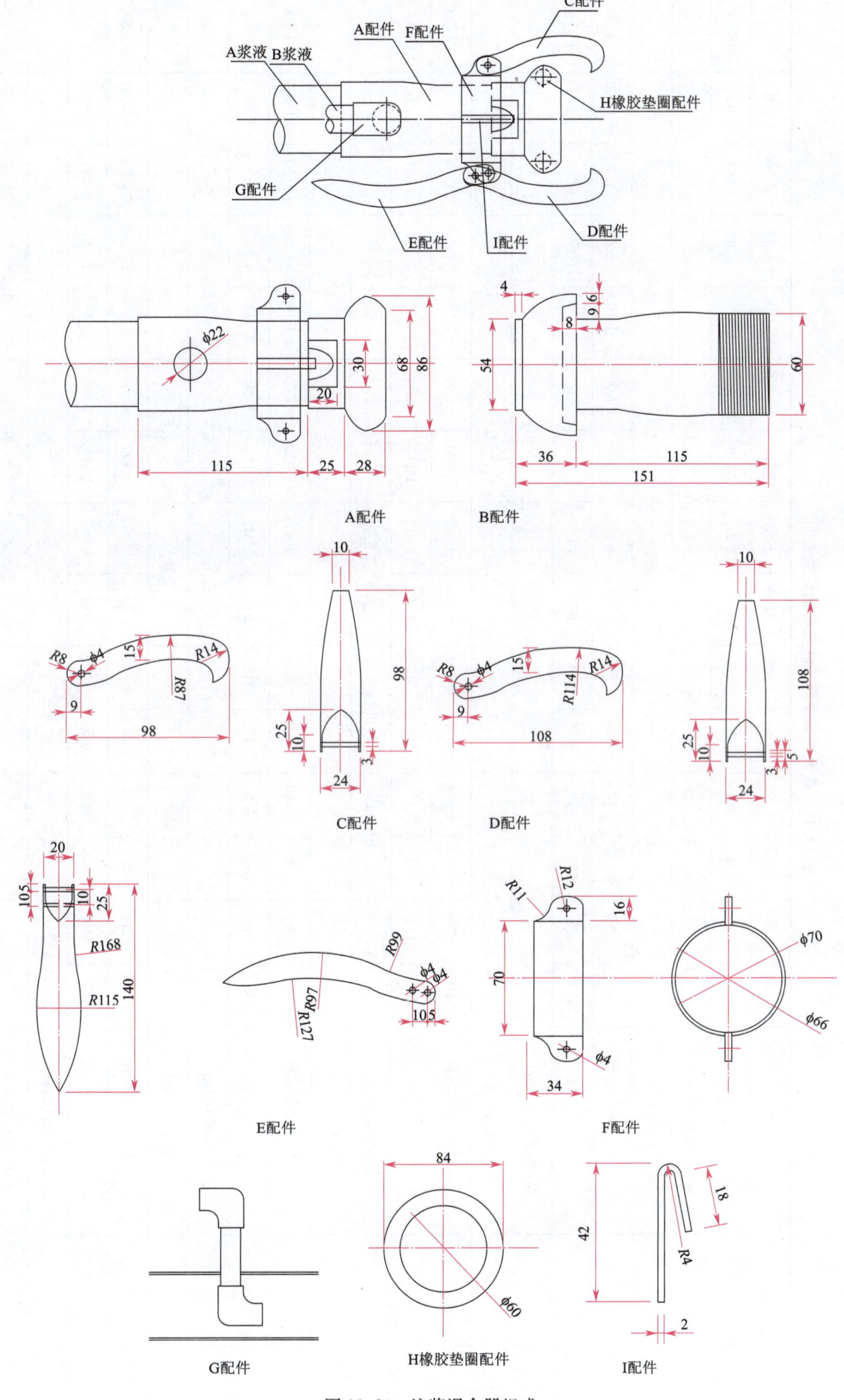

图 11.20　注浆混合器组成

表 11.19　燕大区间段同步注浆参数记录表

环号	日期	行程	原始行程	+100	+200	+300	+400	+500	+600	+700	+800	+900	+1 000	+1 100	+1 200	+1 300	+1 400	+1 500
56 环	2010.7.10	行程	269	369	469	569	669	769	869	969	1 069	1 169	1 269	1 369	1 469	1 569	1 669	1 769
		同步注浆压力(bar)		2.0		2.5		3.5		3.0		1.0		3.5				
		同步注浆量(m³)		1.5		1.5		1.5		2.5		2.5		1.5				
57 环	2010.7.11	行程	原始行程	+100	+200	+300	+400	+500	+600	+700	+800	+900	+1 000	+1 100	+1 200	+1 300	+1 400	+1 500
			273	373	473	573	673	773	873	973	1 073	1 173	1 273	1 373	1 473	1 573	1 673	1 773
		同步注浆压力(bar)		3.8		3.2		3.5		2.4		4.5		4.6				
		同步注浆量(m³)		2.4		2.5		1.0		1.5		1.5		1.0				
58 环	2010.7.11	行程	原始行程	+100	+200	+300	+400	+500	+600	+700	+800	+900	+1 000	+1 100	+1 200	+1 300	+1 400	+1 500
			214	314	414	514	614	714	814	914	1 014	1 114	1 214	1 314	1 414	1 514	1 614	1 714
		同步注浆压力(bar)		3.0		3.3—4.2		3.0—4.5		2.5—3.5		2.5—3.2		2.6—3.5				
		同步注浆量(m³)		2.0		2.0		1.5		1.5		1.0		1.0				
59 环	2010.7.11	行程	原始行程	+100	+200	+300	+400	+500	+600	+700	+800	+900	+1 000	+1 100	+1 200	+1 300	+1 400	+1 500
			245	345	445	545	645	745	845	945	1 045	1 145	1 245	1 345	1 445	1 545	1 645	1 745
		同步注浆压力(bar)		3.3		4.1		4.0		2.5		3.0		3.0				
		同步注浆量(m³)		1.5		2.0		1.5		2.0		1.5		1.5				
60 环	2010.7.12	行程	原始行程	+100	+200	+300	+400	+500	+600	+700	+800	+900	+1 000	+1 100	+1 200	+1 300	+1 400	+1 500
			245	345	445	545	645	745	845	945	1 045	1 145	1 245	1 345	1 445	1 545	1 645	1 745
		同步注浆压力(bar)		3.5		3.0		3.5		3.0		3.2		3.0				
		同步注浆量(m³)		2.0		1.5		1.5		2.0		2.0		1.0				

表 11.20　燕大区间右线盾构 S240 下穿 1 号线同步注浆参数记录表

推进环号	绝对行程(mm)	起始行程	300	600	900	1 200	1 500
77	A 组油缸行程(mm)	258	558	858	1 158	1 458	1 758
同步注浆压力(bar)	1#		9.4	7.8	——	——	——
	2#		5.7	6.5	4.6	4.9	5.2
同步注浆量(m^3)	盾尾累计注浆量		1.5	1.5	2.0	1.5	0.5
	管片累计注浆量						
推进环号	绝对行程(mm)	起始行程	300	600	900	1 200	1 500
80	A 组油缸行程(mm)	251	551	851	1 151	1 451	1 758
同步注浆压力(bar)	1#				5.1	3.9	4.0
	2#				4.8	4.0	4.3
同步注浆量(m^3)	盾尾累计注浆量				1.5		
	管片累计注浆量						
推进环号	绝对行程(mm)	起始行程	300	600	900	1 200	1 500
81	A 组油缸行程(mm)	269	569	869	1 169	1 469	1 769
同步注浆压力(bar)	1#		5.1	5.0	4.2	4.8	
	2#		4.5	5.2	4.3	4.5	
同步注浆量(m^3)	盾尾累计注浆量		1.5	2.0	1.5	1.5	1.5
	管片累计注浆量						
推进环号	绝对行程(mm)	起始行程	300	600	900	1 200	1 500
82	A 组油缸行程(mm)	272	572	872	1 172	1 472	1 772
同步注浆压力(bar)	1#		3.5	4.9	5.0	6.3	5.6
	2#		4.1	5.2	5.5	5.4	5.5
同步注浆量(m^3)	盾尾累计注浆量		1.5	2.0	2.0	1.5	1.5
	管片累计注浆量						

表 11.21　燕大区间右线盾构 S240 下穿 1 号线同步注浆参数记录表

推进环号	绝对行程(mm)	起始行程	100	200	300	400	500	600	700	800	900	1 000	1 100	1 200	1 300	1 400	1 500
93	A 组油缸行程(mm)	244	344	444	544	644	744	844	944	1 044	1 144	1 244	1 344	1 444	1 544	1 644	1 744
同步注浆压力(bar)	1#		2.6	3.9	4.1	2.4	1.4	2.7	1.8	2.1				1.4	1.8	2.0	1.6
	4#		3.6	4.7	4.7	2.7	2.3	2.4	2.4	3.2			1.1	1.9	2.3	2.6	
同步注浆量(m^3)	盾尾累计注浆量		2.0				1.5			1.5							
推进环号	绝对行程(mm)	起始行程	100	200	300	400	500	600	700	800	900	1 000	1 100	1 200	1 300	1 400	1 500
96	A 组油缸行程(mm)	269	369	469	569	669	769	869	969	1 069	1 169	1 269	1 369	1 469	1 569	1 669	1 769
同步注浆压力(bar)	1#		2.9	2.7	3.7	3.4	3.6	3.5	3.4	3.7	2.1	2.6	2.5	3.4	3.8	3.7	
	4#		3.5	3.6	3.9	4.3	3.9	2.5	3.1	3.7	2.8	2.8	3.1	3.5	2.9	3.0	
同步注浆量(m^3)	盾尾累计注浆量		2.4				2.1			1.5			1.0			1.0	
推进环号	绝对行程(mm)	起始行程	100	200	300	400	500	600	700	800	900	1 000	1 100	1 200	1 300	1 400	1 500
97	A 组油缸行程(mm)	276	376	476	576	676	776	876	976	1 076	1 176	1 276	1 376	1 476	1 576	1 676	1 776
同步注浆压力(bar)	1#		2.5	2.9	3.1	3.5	3.3	3.8	3.7	2.9	3.3	3.6	3.5	3.5	3.5	3.2	3.5
	4#		3.4	4.0	3.8	4.0	3.6	3.5	3.5	3.5	3.1	3.3	3.9	4.1	3.6	3.7	3.6
同步注浆量(m^3)	盾尾累计注浆量		2.2				2.3			1.5			1.0			1.0	
推进环号	绝对行程(mm)	起始行程	100	200	300	400	500	600	700	800	900	1 000	1 100	1 200	1 300	1 400	1 500
98	A 组油缸行程(mm)	275	375	475	575	675	775	875	975	1 075	1 175	1 275	1 375	1 475	1 575	1 675	1 775
同步注浆压力(bar)	1#		3.0	3.5	3.4	3.6	2.8	3.3	3.0	3.1	3.5	4.0	2.9	3.1	2.8		
	4#		4.2	3.7	3.9	4.1	3.7	3.5	3.5	3.7	3.1	4.2	3.6	3.6	3.1		
同步注浆量(m^3)	盾尾累计注浆量		2.0				1.8			1.8			1.8			0.6	
推进环号	绝对行程(mm)	起始行程	100	200	300	400	500	600	700	800	900	1 000	1 100	1 200	1 300	1 400	1 500
99	A 组油缸行程(mm)	240	340	440	540	640	740	840	940	1 040	1 140	1 240	1 340	1 440	1 540	1 640	1 740
同步注浆压力(bar)	1#		3.1	3.0	3.2	3.1	3.5	3.6	4.2	2.7	3.0	4.3	4.5	3.2	2.7		
	4#		3.3	3.5	4.5	3.6	3.2	3.5	3.6	3.3	3.5	3.5	4.4	3.9	3.7		
同步注浆量(m^3)	盾尾累计注浆量		1.8				1.8			1.5			1.5			1.5	

表 11.22　燕大区间右线盾构 S240 下穿 1 号线同步注浆参数记录表

推进环号	绝对行程(mm)	起始行程	300	600	900	1 200	1 500
100	A 组油缸行程(mm)	246	546	846	1 146	1 446	1 746
同步注浆压力(bar)	1#		3.5	2.8	4.5	4.4	4.3
	4#		4.3	3.4	4.5	4.2	4.0
同步注浆量(m^3)	盾尾累计注浆量		1.2	1.3	1.0	2.0	1.5
	管片累计注浆量		0	0	0	0	0
推进环号	绝对行程(mm)	起始行程	300	600	900	1 200	1 500
101	A 组油缸行程(mm)	273	573	873	1 173	1 473	1 773
同步注浆压力(bar)	1#		4.5	4.0	3.3	3.2	3.3
	4#		4.6	3.8	4.3	3.8	4.0
同步注浆量(m^3)	盾尾累计注浆量		1.7	3.5	5.3	7.0	8.0
	管片累计注浆量						
推进环号	绝对行程(mm)	起始行程	300	600	900	1 200	1 500
102	A 组油缸行程(mm)	266	566	866	1 166	1 466	1 766
同步注浆压力(bar)	1#				4.0	3.1	2.7
	4#		2.8	3.1	4.4	3.6	3.5
同步注浆量(m^3)	盾尾累计注浆量		1.7	1.6	1.8	1.5	0.4
	管片累计注浆量						
推进环号	绝对行程(mm)	起始行程	300	600	900	1 200	1 500
103	A 组油缸行程(mm)	239	539	839	1 139	1 439	1 739
同步注浆压力(bar)	1#		5.7	3.9	3.4	3.1	
	4#		5.3	4.1	3.9	3.3	
同步注浆量(m^3)	盾尾累计注浆量		2.2	1.6	1.6	2.0	0.6
	管片累计注浆量						
推进环号	绝对行程(mm)	起始行程	300	600	900	1 200	1 500
104	A 组油缸行程(mm)	258	558	858	1 158	1 458	1 758
同步注浆压力(bar)	1#		4.2	3.7	3.4	0	0
	4#		4.8	4.3	4.3	3.5	3.2
同步注浆量(m^3)	盾尾累计注浆量		1.8	2.5	4.3	5.0	6.0
	管片累计注浆量						
推进环号	绝对行程(mm)	起始行程	300	600	900	1 200	1 500
112	A 组油缸行程(mm)	258	558	858	1 158	1 458	1 758
同步注浆压力(bar)	1#		3.6	3.6	3.8	2.8	
	4#		3.5	3.0	3.4	3.7	
同步注浆量(m^3)	盾尾累计注浆量		2.0	5.0	6.5	8.0	9.0
	管片累计注浆量						
推进环号	绝对行程(mm)	起始行程	300	600	900	1 200	1 500
113	A 组油缸行程(mm)	245	545	845	1 145	1 445	1 745
同步注浆压力(bar)	1#		4.1	3.7	3.8	3.5	
	4#		3.7	3.5	4.4	2.5	
同步注浆量(m^3)	盾尾累计注浆量		1.8	3.5	5.5	7.2	8.0
	管片累计注浆量						

表 11.23　燕大区间右线盾构 S240 下穿 1 号线二次注浆记录表

推进环号	二次注浆环号	二次注浆点位
97	93	1
水泥浆注入情况	水灰比	1∶1
	水泥注入量(包)	8
水玻璃注入情况	水玻璃溶液浓度	25%
	水玻璃原液注入量(桶)	0.25
双液浆注入总量(m^3)	1.2	
终孔注浆压力(bar)	6.0	
二次注浆情况描述	开孔处有同步注浆浆液存在,初始注浆压力为 0.3 MPa,注了 8 包水泥后土仓压力传至 0.5 MPa,然后封口	

表 11.24　燕大区间右线盾构 S240 下穿 1 号线二次注浆记录表

推进环号	二次注浆环号	二次注浆点位
102	98	2
水泥浆注入情况	水灰比	1∶1
	水泥注入量(包)	8
水玻璃注入情况	水玻璃溶液浓度	25%
	水玻璃原液注入量(桶)	0.3
双液浆注入总量(m^3)	1.2	
终孔注浆压力(bar)	0.6	
二次注浆情况描述	1. 注浆前期压力较小,维持在 0.2～0.3 bar,注浆 8 包时,压力达到 6 bar 左右,周围注浆孔不再渗水。 2. 注浆过程中尽量选择管片吊装孔,这样可以观察同步注浆质量,并且尽量打深,直接注入土体。 3. 同步注浆 3 号管注 11 点(盾尾处),发现压力特别大,直接跳,应该与注浆阀较小度数,内孔已放大,正加 2	

表 11.25　燕大区间右线盾构 S240 下穿 1 号线二次注浆记录表

推进环号	二次注浆环号	二次注浆点位
113	108	2
水泥浆注入情况	水灰比	1∶1
	水泥注入量(包)	10
水玻璃注入情况	水玻璃溶液浓度	50%
	水玻璃原液注入量(桶)	
双液浆注入总量(m^3)	1.3	
终孔注浆压力(bar)	6.5	
二次注浆情况描述	16:10 开始注浆 16:33 停止注浆	

表 11.26 燕大区间右线盾构 S240 下穿 1 号线二次注浆记录表

推进环号	二次注浆环号	二次注浆点位
112	109	10,2
水泥浆注入情况	水灰比	1∶1
	水泥注入量(包)	10+5
水玻璃注入情况	水玻璃溶液浓度	50%
	水玻璃原液注入量(桶)	
双液浆注入总量(m^3)	1.9	
终孔注浆压力(bar)	6.5,8	
二次注浆情况描述	10 点位置:12:21 开始注浆,13:01 停止 2 点位置:15:08 开始注浆,15:33 停止	

表 11.27 燕大区间右线盾构 S240 下穿 1 号线二次注浆记录表

推进环号	二次注浆环号	二次注浆点位
113	107	2
水泥浆注入情况	水灰比	1∶1
	水泥注入量(包)	5
水玻璃注入情况	水玻璃溶液浓度	50%
	水玻璃原液注入量(桶)	
双液浆注入总量(m^3)	0.7	
终孔注浆压力(bar)	6.0	
二次注浆情况描述	16:44 开始注浆 17:01 停止注浆	

表 11.28 燕大区间右线盾构 S240 下穿 1 号线二次跟踪注浆记录表

序号	注浆环号	注浆起至时间		水泥用量(包)	注浆量(m^3)	注浆停止压力(bar)	备 注
		开始	结束				
1	69	2010 年 8 月 9 日 4:33	2010 年 8 月 9 日 5:07	11	1.6	7.5	水泥浆∶水玻璃溶液=1∶1
2	73(1 点)	2010 年 8 月 10 日 0:52	2010 年 8 月 10 日 1:37	12	1.7	5	水泥浆∶水玻璃溶液=1∶1
3	77(1 点)	2010 年 8 月 11 日 0:40	2010 年 8 月 11 日 1:30	10	1.5	6.0	水泥浆∶水玻璃溶液=1∶1
4	78(12 点)	2010 年 8 月 11 日 3:50	2010 年 8 月 11 日 4:50	14	2.1	6.5	水泥浆∶水玻璃溶液=1∶1
5	87(12 点)	2010 年 8 月 13 日 22:00	2010 年 8 月 13 日 22:50	10	1.5	7	水泥浆∶水玻璃溶液=1∶1
6	88(12 点)	2010 年 8 月 13 日 0:43	2010 年 8 月 13 日 1:20	3	0.5	6	水泥浆∶水玻璃溶液=1∶1
7	89(1 点)	2010 年 8 月 13 日 3:05	2010 年 8 月 13 日 3:30	5	0.75	6	水泥浆∶水玻璃溶液=1∶1
8	89(12 点)	2010 年 8 月 13 日 3:50	2010 年 8 月 13 日 4:40	10	1.5	7.5	水泥浆∶水玻璃溶液=1∶1
9	92	2010 年 8 月 15 日 9:12	2010 年 8 月 15 日 10:40	12	1.8	6.2	水泥浆∶水玻璃溶液=1∶1

续上表

序号	注浆环号	注浆起至时间		水泥用量(包)	注浆量(m^3)	注浆停止压力(bar)	备　注
		开始	结束				
10	94	2010年8月15日11:55	2010年8月15日13:30	12	1.8	6.2	水泥浆∶水玻璃溶液=1∶1
11	95	2010年8月15日14:52	2010年8月15日16:07	18	2.7	6.5	水泥浆∶水玻璃溶液=1∶1
12	96	2010年8月15日17:30	2010年8月15日18:05	7	1.1	8.0	水泥浆∶水玻璃溶液=1∶1
13	104(12点)	2010年8月16日22:43	2010年8月16日23:27	15	2.25	8.0	水泥浆∶水玻璃溶液=1∶1
14	105	2010年8月17日9:42	2010年8月17日10:15	10	1.5	0.85	水泥浆∶水玻璃溶液=1∶1
15	106	2010年8月17日12:30	2010年8月17日14:25	6	0.9	0.82	水泥浆∶水玻璃溶液=1∶1
16	107	2010年8月17日18:20	2010年8月17日18:50	15	2.25	0.87	水泥浆∶水玻璃溶液=1∶1
17	111	2010年8月18日11:00	2010年8月18日11:27	10	1.5	7.9	水泥浆∶水玻璃溶液=1∶1
18	113(12点)	2010年8月18日0:35	2010年8月18日1:50	15	2.25	8	水泥浆∶水玻璃溶液=1∶1
19	115(12点)	2010年8月18日6:20	2010年8月18日7:25	15	2.25	8	水泥浆∶水玻璃溶液=1∶1
20	113	2010年8月19日17:10	2010年8月19日17:41	10	1.5	8.9	水泥浆∶水玻璃溶液=1∶1
21	116	2010年8月19日10:12	2010年8月19日10:58	10	1.5	9.1	水泥浆∶水玻璃溶液=1∶1
22	117(12点)	2010年8月19日20:45	2010年8月19日21:30	10	1.5	8.0	水泥浆∶水玻璃溶液=1∶1
23	118(12点)	2010年8月20日3:00	2010年8月20日4:30	15	2.25	9.0	水泥浆:水玻璃溶液=1∶1
24	119(12点)	2010年8月20日8:47	2010年8月20日9:23	15	2.25	8.5	水泥浆∶水玻璃溶液=1∶1
25	121(12点)	2010年8月21日0:25	2010年8月21日0:53	7	1.05	6.0	水泥浆∶水玻璃溶液=1∶1
26	136(12点)	2010年9月6日7:55	2010年9月6日8:34	5	0.6	7.0	水泥浆∶水玻璃溶液=1∶1
27	137(12点)	2010年9月6日8:36	2010年9月6日9:00	5	0.6	7.0	水泥浆∶水玻璃溶液=1∶1
28	138(11点)	2010年9月6日11:00	2010年9月6日11:30	5	0.6	9.0	水泥浆∶水玻璃溶液=1∶1
29	138(2点)	2010年9月6日12:00	2010年9月6日13:50	20	2.4	10	水泥浆∶水玻璃溶液=1∶1
30	138(12点)	2010年9月6日14:15	2010年9月6日14:32	5	0.6	9.0	水泥浆∶水玻璃溶液=1∶1

续上表

序号	注浆环号	注浆起至时间		水泥用量(包)	注浆量(m^3)	注浆停止压力(bar)	备　注
		开始	结束				
31	139(10点)	2010年9月6日14:40	2010年9月6日15:20	10	1.2	6.0	被风筒挡,中途停止
32	139(2点)	2010年9月6日15:50	2010年9月6日16:40	5	0.6	5.0	挡TBM激光,中途停止
33	140(12点)	2010年9月6日17:20	2010年9月6日18:40	15	1.8	4.0	正在注……接水管,暂停
34	163	2010年9月10日20:40	2010年9月10日20:59	5	0.6	7.1	水泥浆:水玻璃溶液=1:1
35	164	2010年9月10日22:20	2010年9月10日22:48	10	1.5	7.5	水泥浆:水玻璃溶液=1:1
36	165	2010年9月11日1:30	2010年9月11日1:58	2	0.3	8.0	水泥浆:水玻璃溶液=1:1
37	167	2010年9月11日5:45	2010年9月11日5:59	5	0.6	8.1	水泥浆:水玻璃溶液=1:1

11.7　小　　结

总结以上工作,对于深圳地区的壁后回填注浆工作,可以得出以下结论:

(1)壁后回填注浆是控制既有线变形的关键工序,一定要有前期试验数据作为支撑,对注浆方式、浆液配比、注浆量及注浆设备一定要提前规划,要有方案比选。

(2)在设备功能允许的前提下,最好采用同步注水泥、水玻璃双液浆的方案,其次才选同步注可硬性浆液、二次补浆注水泥、水玻璃双液浆的方案。

(3)二次补浆设备一定要有备用系统,当注浆机器发生故障时,能够及时启用备用系统,尽快回填管片和开挖轮廓之间的间隙,减少既有线的沉降变形。

(4)对二次补浆工作进行旁站监理是必要的,可以保障补浆工作的及时性和有效性。

(5)在条件允许的前提下,应注重盾构机注浆系统功能的升级。

(6)值班办公室和现场施工人员确定好注浆工作相关技术参数是保证注浆工作实施效果的重要技术手段之一,利于及时总结经验,随时改进注浆工作,也是盾构隧道信息化施工的重要内容之一。记录参数的内容要全面,数据要真实和完备。

12　综合监控量测技术

12.1　引　　言

深圳地铁 2 号线大东区间和燕大区间穿越既有 1 号线的部位皆位于 350 m 半径的小曲线上，而且穿越部位既有线的纵坡也较大，任何过大的轨道沉降、轨道几何尺寸变化均可能造成地铁无法正常运营甚至脱轨，进而影响地铁 1 号线的正常运转，所以对其沉降控制要求非常高。这种在上软下硬地层中近距离穿越既有线工程是迄今为止深圳地铁新线施工中难度最大的风险源之一。为了保证地铁 2 号线的施工安全和 1 号线运营安全，有必要对施工影响范围内的既有线进行全面的监控量测。

对既有线结构和轨道进行监控量测是新建地铁在穿越既有线施工期间确保既有线安全运营的保证措施，也是实施隧道信息化设计和施工的根本体现。通过监测工作的实施，掌握在新建线路穿越既有线施工过程中既有线隧道结构和道床、轨道状况的改变，为建设方及运营方提供及时可靠的数据和信息，评定地铁施工对既有线结构和轨道的影响，为及时判断既有线结构安全和运营安全状况提供依据，对可能发生的事故提供及时、准确的预报，使有关各方有时间作出反应，避免恶性事故的发生，确保既有线安全运营。

依据工程实际特点，制定详实、完备且操作性较强的监测方案是一项复杂性的系统工程，需要全面统筹，重点突出，科学规划。监测范围、监测项目、监测工作频率、监测周期及监测仪器及精度、测点的布设都需要在对既有线现状情况充分掌握和对施工工艺流程充分理解的基础上作出有针对性的设计。各监测项目初始值在穿越施工前 1 周就需测定，且取两次合格观测成果均值作为初始值。

一般来说，盾构施工过程中管片脱出盾尾期间的沉降变形较大，在此过程中要增大监测频率，及时反馈变形量。另外，由于传统监测技术在高密度的行车区间内无法实施，且不能满足对大量数据采集、分析、及时准确反馈的要求，因此必须采用远程自动监测系统对既有 1 号线的隧道结构和轨道结构变形进行 24 h 实时监控量测，真正发挥监控量测为穿越施工保驾护航的作用。

由于受工期计划变动及既有线进洞安装仪器时间的限制，穿越工程的仪器分两次完成。图 12.1 为自动化监测安装仪器时的工作照片，图 12.2 为既有线洞人工监测时的工作照片。

图　12.1

图 12.1　自动化监测仪器安装工作照片

图　12.2

图 12.2　人工进洞测量工作照片

12.2　既有线变形总体监控方案

由于本书涉及的两处穿越工程，穿越方式皆为下穿，既有线的变形将以沉降变形为主，因此，监测项目、监测手段和监测方式的选择都是针对上述特点进行的。因为在穿越施工期间还必要保持既有线的正常运营，所以必须采用自动化监测和人工监测相结合的方式。自动化监测可充分发挥不受列车运营影响、无人驻守的特点，实现连续 24 h 的在线实时监测。人工监测则在既有线停运后进洞量测。两种监测方式还可以互为印证，以保证监测数据的真实和可靠。在监测项目上，主要以沉降变形监测为主，这其中包括地表沉降变形监测、既有线隧道结构沉降变形监测。另外，考虑轨道结构变形和隧道结构变形的非同步性，专门对轨道静态几何行为采用人工方式进行监测，也是在既有线列车停运后实施。另外，对于相同的监测项目，为保证数据的可靠，也采用了多家单位同时监测的方式，这样，最终可以得到的监测成果可以归纳为以下几种类型：(1)施工单位监测的地表沉降；(2)第三方监测测得的地表沉降；(3)另行委托的既有线洞内自动化监测；(4)科研机构进行的既有线洞内自动化监测；(5)施工单位既有线洞内人工量测；(6)运营部门既有线洞内人工监测；(7)运营部门轨道静态几何行为的监测。这些数据可以互为印证，以保证始终掌握既有线和地表变形的真实状态，确保工程建设的安全进行。

下文以大东区间穿越工程为例，介绍盾构施工穿越既有线工程中的综合监控量测技术的实施情况。

12.3　大东区间监测工作

大东区间的施工单位为广东水电二局，第三方监测单位为深圳长勘院，既有线洞内自动化监测单位为广州重工院，科研单位为北京交通大学，运营单位深圳地铁运营分公司。由于各家单位监测的目的不同，具体在监测频率上也有所区别。施工单位的地表沉降变形监测一般情况下一天一次，穿越既有线关键时期一天两次，施工单位既有线洞内人工监测一天一次，穿越既有线施工关键时期一天两次。既有线洞内自动化监测在预警区为 3 h 一次，在风险区和穿越区为 30 min 一次，科研单位的自动化监测则为安全储备，也执行上述标准，在现有系统故障时启用并参与现场值班。运营部门的洞内人工监测频率大致为一天一次。

在监测数据的分析上，以既有线变形数据为主，以地表沉降变形监测为辅，综合判定盾构推进和既有线变形状态的安全状况。由于受篇幅所限，下文中仅列出典型工况时的各类监测数据。

监测工作于 2010 年 6 月 28 日至 2010 年 8 月 8 日期间，共完成 407 期自动化实时监测报告，有效地保障了大东区间右线穿越工程安全。同样，深圳地铁 2 号线大东区间左线盾构下穿 1 号线现场值班于 2010 年 8 月 8 日至 2010 年 8 月 21 日期间，共完成 149 期自动化实时监测报告，有效地保障了大东区间左线穿越工程安全。测点部分监测数据见表 12.1～表 12.5。

12.3.1　隧道结构变形监测

1. 自动化监测

(1)全站仪自动化监测系统

深圳地铁 2 号线大东区间右线盾构下穿 1 号线大科区间现场值班期间，原则上每 0.5 h 发布一次既有线变形自动化监测报告。考虑到不同观测点数据采集和传速需要花费一定的时间，数据采集的对象主要集中在盾构机头前后的 3～5 个断面上的关键测点上。另外，每天至少对所有测点的数据进行一次全面的扫描，发现异常及时汇报。2010 年 6 月 18 日至 2010 年 6 月 29 日现场值班期间，深圳地铁 2 号线大东区间右线盾构下穿 1 号线国老区间共完成 147 次监测报告（首次监测日期为 2010 年 5 月 8 日），有效保障了穿越工程的安全。2010 年 8 月 14 日至 2010 年 8 月 21 日现场值班期间，深圳地铁 2 号线大东区间左线盾构下穿 1 号线国老区间共完成 186 次监测报告（首次监测日期为 2010 年 5 月 8 日），有效保障了穿越工程的施工安全。

由表 12.1 可知，截止 2010 年 8 月 22 日，既有线测得最大沉降为 9 mm，最大横向位移为 2.01 mm，最大纵向位移为 1.26 mm。各断面同一点号的沉降曲线见图 12.3 所示。由表 12.2 可知，截止 2010 年 8 月 28 日，既有线测得最大沉降为 8.65 mm，最大横向位移为 2.72 mm，最大纵向位移为 1.51 mm。各断面同一点号的沉降曲线见图 12.4 所示。由表 12.3 可知，截止 2010 年 8 月 30 日，既有线测得最大沉降为 8.57 mm，最大横向位移为 2.75 mm，最大纵向位移为 1.45 mm。各断面同一点号的沉降曲线见图 12.5 所示。由表 12.4 可知，截止 2010 年 9 月 2 日，既有线测得最大沉降为 8.45 mm，最大横向位移为 2.8 mm，最大纵向位移为 1.47 mm。各断面同一点号的沉降曲线见图 12.6 所示。由表 12.5 可知，截止 2010 年 9 月 6 日，既有线测得最大沉降为 8.66 mm，最大横向位移为 2.81 mm，最大纵向位移为 1.48 mm。各断面同一点号的沉降曲线见图 12.7 所示。

终上所述，既有 1 号线测到的最大沉降值约为 8.5 mm，既有线的变形在控制标准允许的范围之内。

表 12.1　大东区间穿越工程既有线自动化监测数据(08/22/2010)

监测项目		点号	右线影响（至 8 月 14 日）累计值(mm)	总累计变形值(mm)	左线影响（8 月 14 日起）累计值(mm)	本次变形(mm)	是否超出警戒值	备　注
上行线（下洞）高程位移	总累计最大	DM8－7	－1.91	－9.00	－7.09	－0.47		
	左线影响累计最大	DM8－7	－1.91	－9.00	－7.09	－0.47	否	设计值：±20 mm；行动值：±15 mm；报警值 ±10 mm
	左线影响本次最大	DM3－4	－2.46	－5.46	－3.00	－1.53		
上行线（下洞）横向位移	总累计最大	DM7－2	0.17	2.01	1.83	0.99		
	左线影响累计最大	DM7－2	0.17	2.01	1.83	0.99	否	
	左线影响本次最大	DM10－4	0.07	0.79	0.72	－1.72		
上行线（下洞）纵向位移	总累计最大	DM9－4	0.58	1.26	0.67	0.02		
	左线影响累计最大	DM10－4	－0.16	0.73	0.90	－0.01	否	
	左线影响本次最大	DM2－2	0.09	0.92	0.83	0.30		

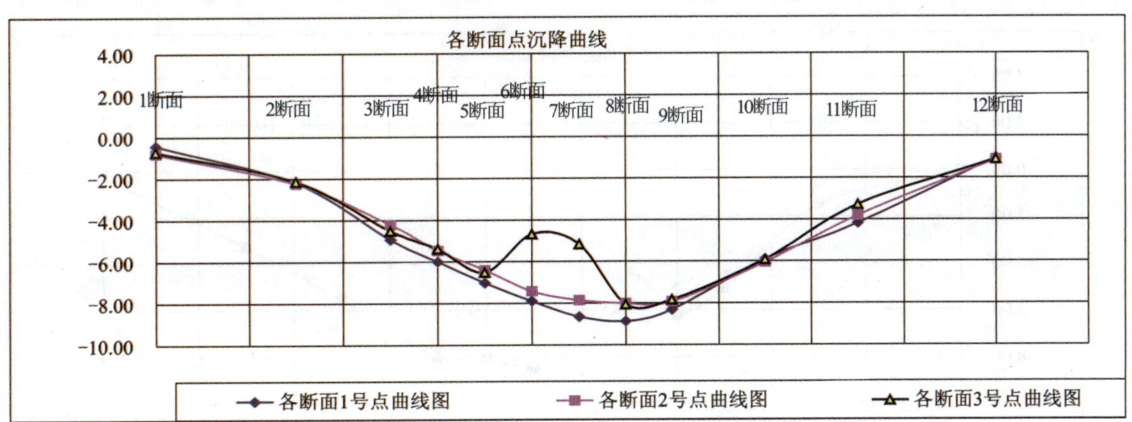

图　12.3

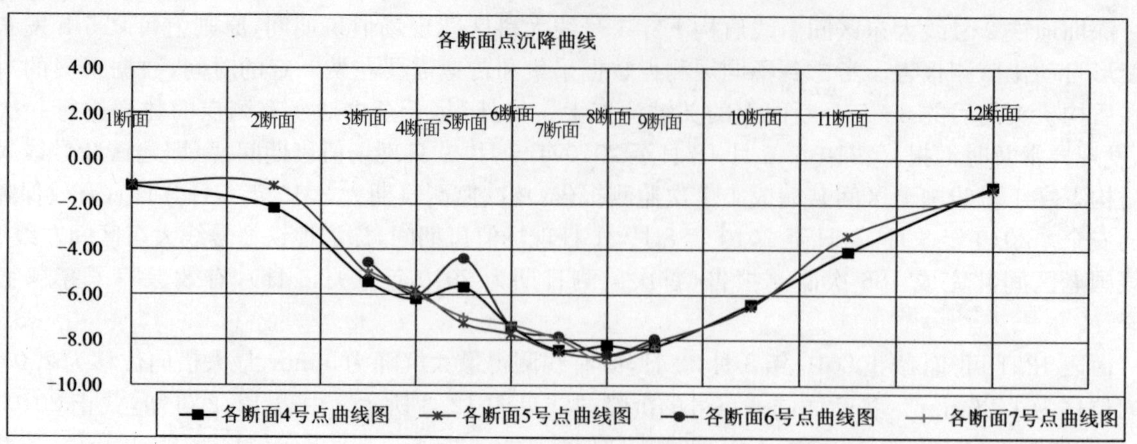

图 12.3　各断面在 2010－8－22 08:00 时同一点号的沉降曲线

表 12.2　大东区间穿越工程既有线自动化监测数据(08/28/2010)

监测项目		点号	右线影响(至 8 月 14 日)累计值(mm)	总累计变形值(mm)	左线影响(8 月 14 日起)累计值(mm)	本次变形(mm)	是否超出警戒值	备注
上行线(下洞)高程位移	总累计最大	DM8－7	－1.91	－8.65	－6.74	－0.15	否	设计值:±20 mm;行动值:±15 mm;报警值±10 mm
	左线影响累计最大	DM8－7	－1.91	－8.65	－6.74	－0.15		
	左线影响本次最大	DM1－4	－1.36	－0.01	1.35	－0.22		
上行线(下洞)横向位移	总累计最大	DM6－2	0.13	2.72	2.59	0.00	否	
	左线影响累计最大	DM5－2	－0.04	2.56	2.60	－0.04		
	左线影响本次最大	DM2－4	0.34	1.37	1.03	－0.28		
上行线(下洞)纵向位移	总累计最大	DM9－4	0.58	1.51	0.92	0.07	否	
	左线影响累计最大	DM3－2	－0.13	1.00	1.14	0.02		
	左线影响本次最大	DM5－4	－0.33	0.24	0.58	－0.33		

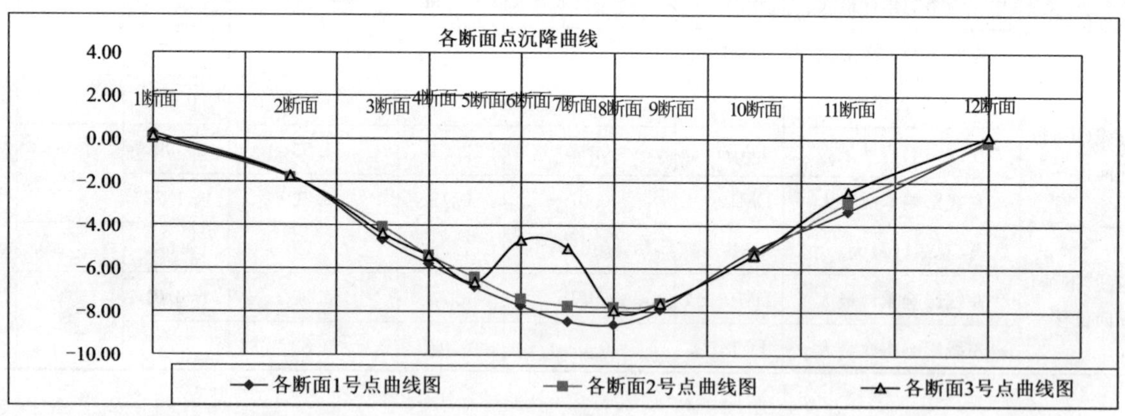

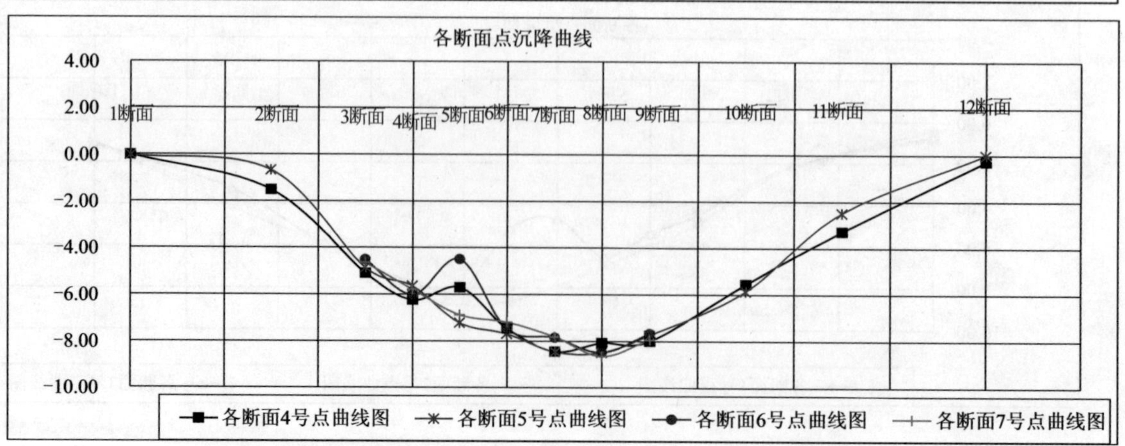

图 12.4　各断面在 2010－8－28 08:00 时同一点号的沉降曲线图

表 12.3　大东区间穿越工程既有线自动化监测数据(08/30/2010)

监 测 项 目		点号	右线影响(至8月14日)累计值(mm)	总累计变形值(mm)	左线影响(8月14日起)累计值(mm)	本次变形(mm)	是否超出警戒值	备　注
上行线(下洞)高程位移	总累计最大	DM8－7	－1.91	－8.57	－6.66	0.10		
	左线影响累计最大	DM8－7	－1.91	－8.57	－6.66	0.10	否	设计值：±20 mm；行动值：±15 mm；报警值±10 mm
	左线影响本次最大	DM1－2	－0.76	0.04	0.80	0.22		
上行线(下洞)横向位移	总累计最大	DM6－2	0.13	2.75	2.63	0.08		
	左线影响累计最大	DM5－2	－0.04	2.64	2.68	0.11	否	
	左线影响本次最大	DM12－4	0.15	0.42	0.27	0.27		
上行线(下洞)纵向位移	总累计最大	DM9－4	0.58	1.45	0.87	0.00		
	左线影响累计最大	DM4－2	0.08	1.18	1.11	－0.05	否	
	左线影响本次最大	DM1－5	0.60	1.08	0.48	－0.13		

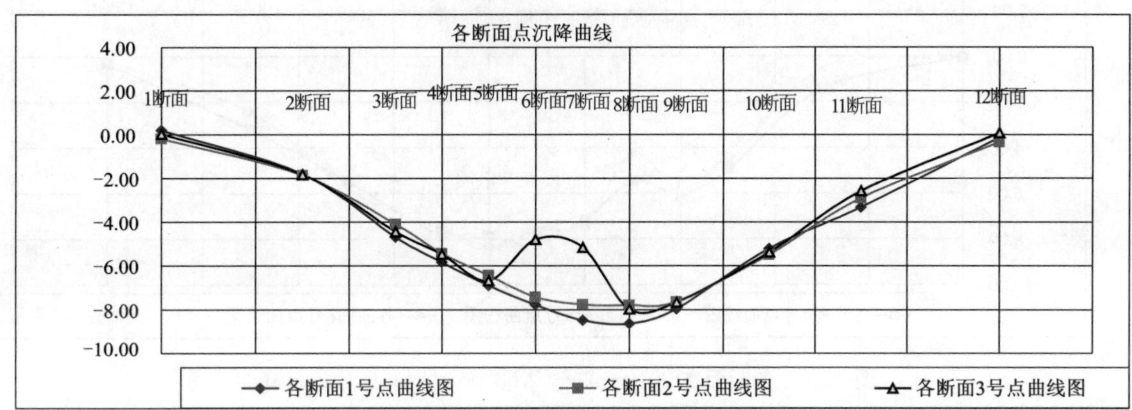

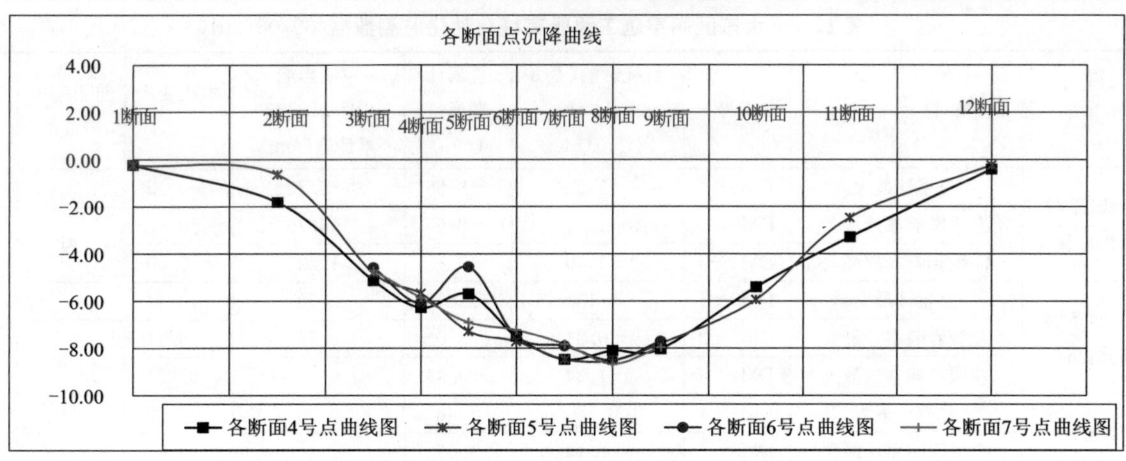

图 12.5　各断面在 2010－8－30 08:00 时同一点号的沉降曲线图

表 12.4　大东区间穿越工程既有线自动化监测数据(09/02/2010)

监 测 项 目		点号	右线影响(至8月14日)累计值(mm)	总累计变形值(mm)	左线影响(8月14日起)累计值(mm)	本次变形(mm)	是否超出警戒值	备　注
上行线(下洞)高程位移	总累计最大	DM8－7	－1.91	－8.45	－6.54	0.09		
	左线影响累计最大	DM8－7	－1.91	－8.45	－6.54	0.09	否	设计值：±20 mm；行动值：±15 mm；报警值±10 mm
	左线影响本次最大	DM2－4	－1.59	－1.42	0.16	0.24		
上行线(下洞)横向位移	总累计最大	DM6－2	0.13	2.80	2.67	0.00		
	左线影响累计最大	DM5－2	－0.04	2.71	2.75	0.03	否	
	左线影响本次最大	DM12－2	－0.12	－0.55	－0.43	－0.28		
上行线(下洞)纵向位移	总累计最大	DM9－4	0.58	1.47	0.89	0.00		
	左线影响累计最大	DM3－2	－0.13	1.02	1.15	0.03	否	
	左线影响本次最大	DM5－4	－0.33	0.53	0.86	－0.15		

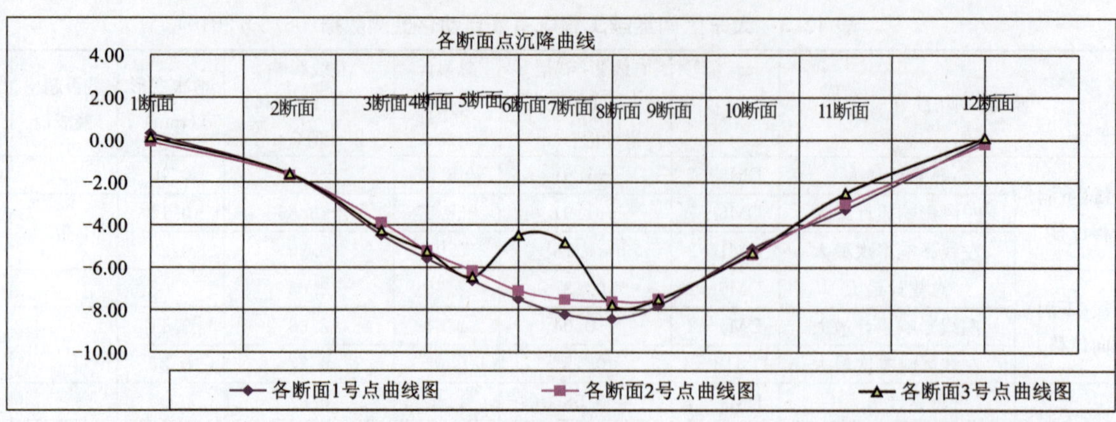

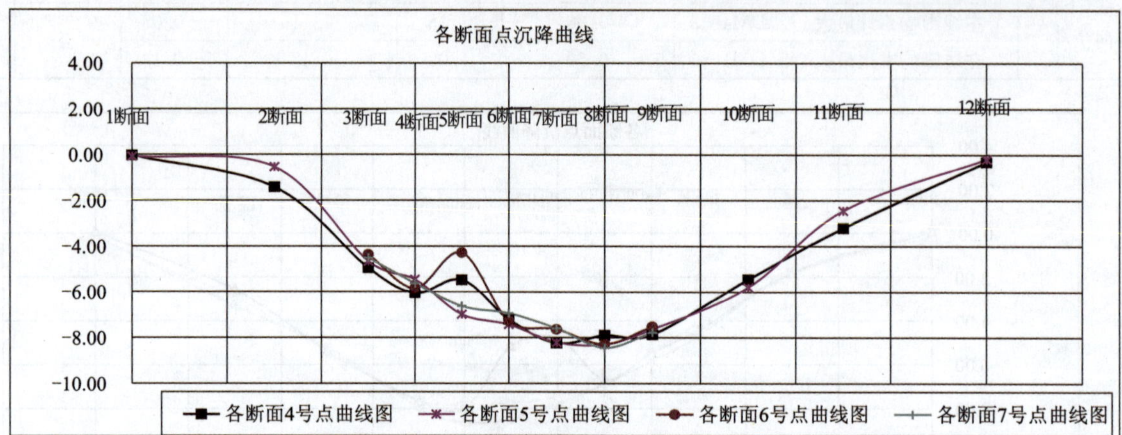

图 12.6 各断面在 2010—09—02 08:00 时同一点号的沉降曲线图

表 12.5 大东区间穿越工程既有线自动化监测数据(09/06/2010)

监测项目		点号	右线影响(至8月14日)累计值(mm)	总累计变形值(mm)	左线影响(8月14日起)累计值(mm)	本次变形(mm)	是否超出警戒值	备注
上行线(下洞)高程位移	总累计最大	DM8—7	—1.91	—8.66	—6.75	—0.02	否	设计值:±20 mm;行动值:±15 mm;报警值±10 mm
	左线影响累计最大	DM8—7	—1.91	—8.66	—6.75	—0.02		
	左线影响本次最大	DM1—5	—1.40	—0.18	1.22	—0.30		
上行线(下洞)横向位移	总累计最大	DM6—2	0.13	2.81	2.68	—0.14	否	
	左线影响累计最大	DM5—2	—0.04	2.70	2.74	—0.11		
	左线影响本次最大	DM1—4	—1.34	—0.39	0.95	0.35		
上行线(下洞)纵向位移	总累计最大	DM9—4	0.58	1.48	0.90	—0.02	否	
	左线影响累计最大	DM3—2	—0.13	1.03	1.16	—0.01		
	左线影响本次最大	DM5—4	—0.33	0.48	0.81	—0.20		

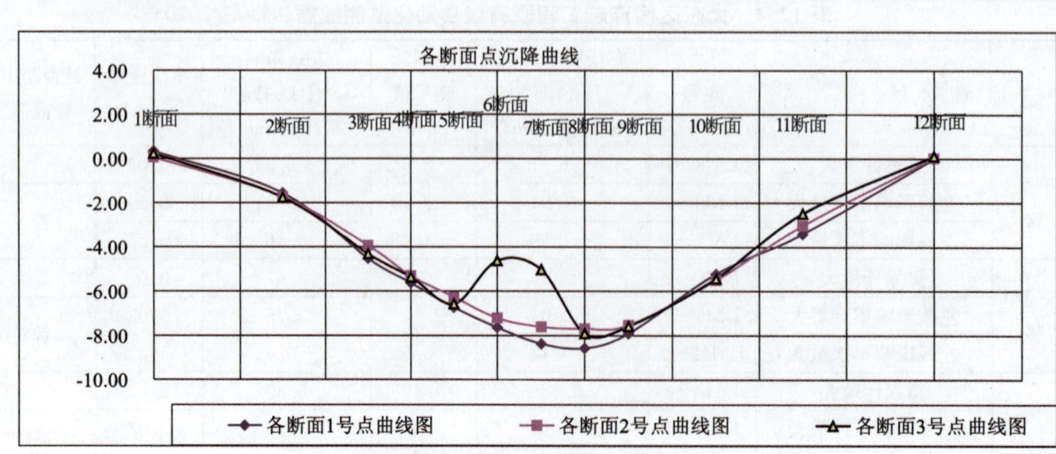

图 12.7

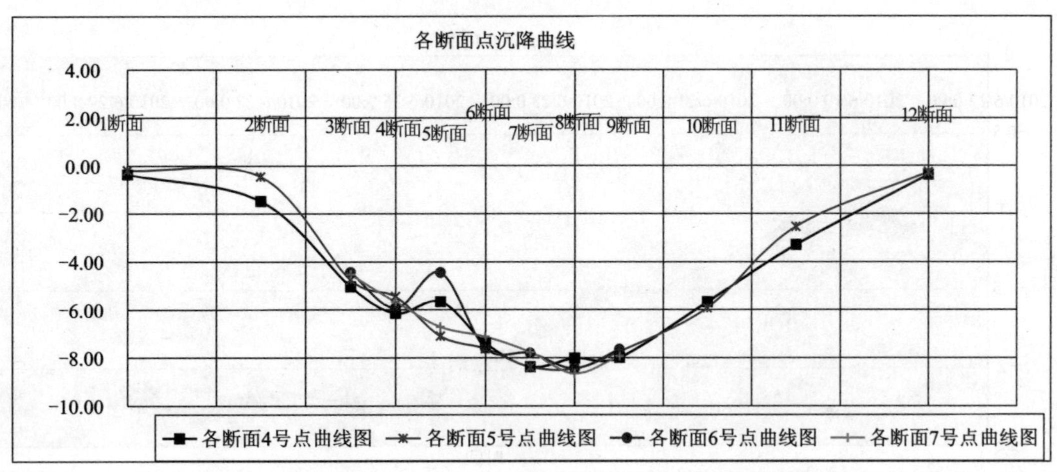

图 12.7　各断面在 2010－09－06 08:00 时同一点号的沉降曲线图

(2)静力水准自动化监测系统

穿越施工过程中，静力水准自动化监测系统作为安全储备，对关键断面上关键点位的沉降变形也进行了在线实时监测。燕大区间穿越既有线施工过程中，各静力水准测点的时程曲线见图 12.8～图 12.11。一方面，通过将静力水准测点的监测数据与全站仪自动化监测系统中对应监测点监测数据的经常对比分析，确保了自动化监测数据的真实可靠；另一方面，在全站仪自动化监测系统出现故障的情况下，启用静力水准自动化监测系统，保证了在生产过程始终掌握了既有线的变形状态，确保了穿越工程信息化施工的照常进行。

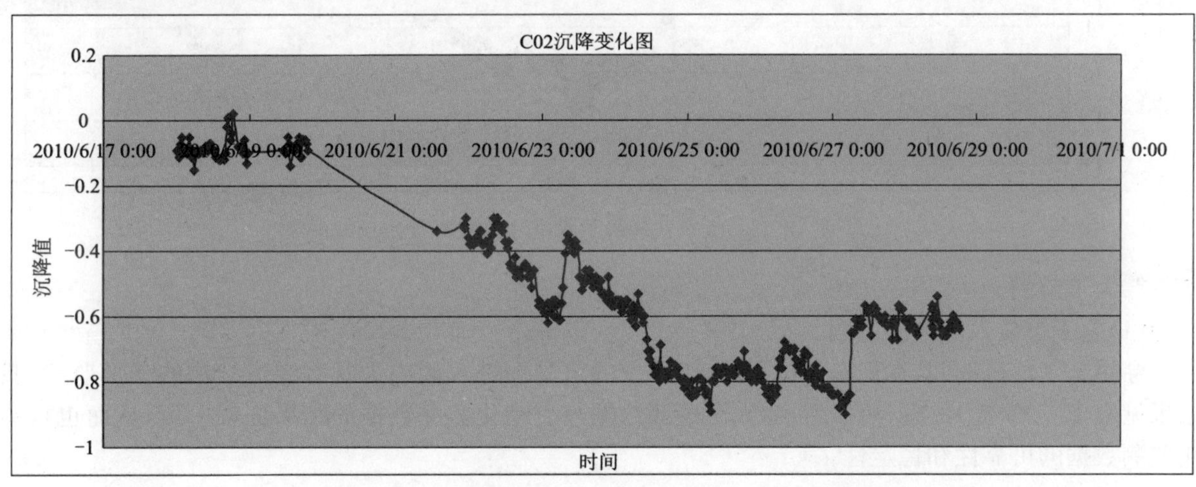

图 12.8　大东区间静力水准测点 C02 变形历时曲线

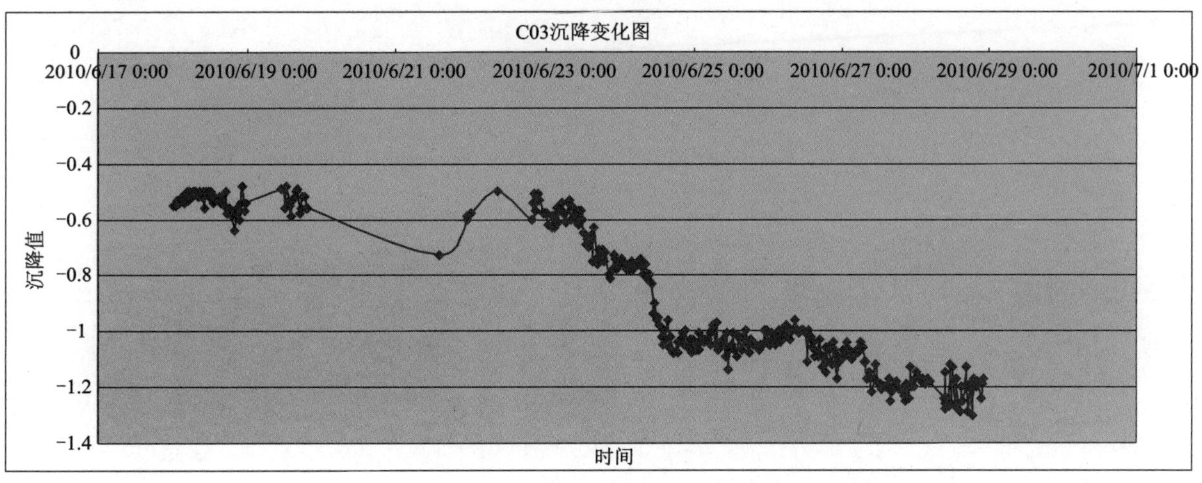

图 12.9　大东区间静力水准测点 C03 变形历时曲线

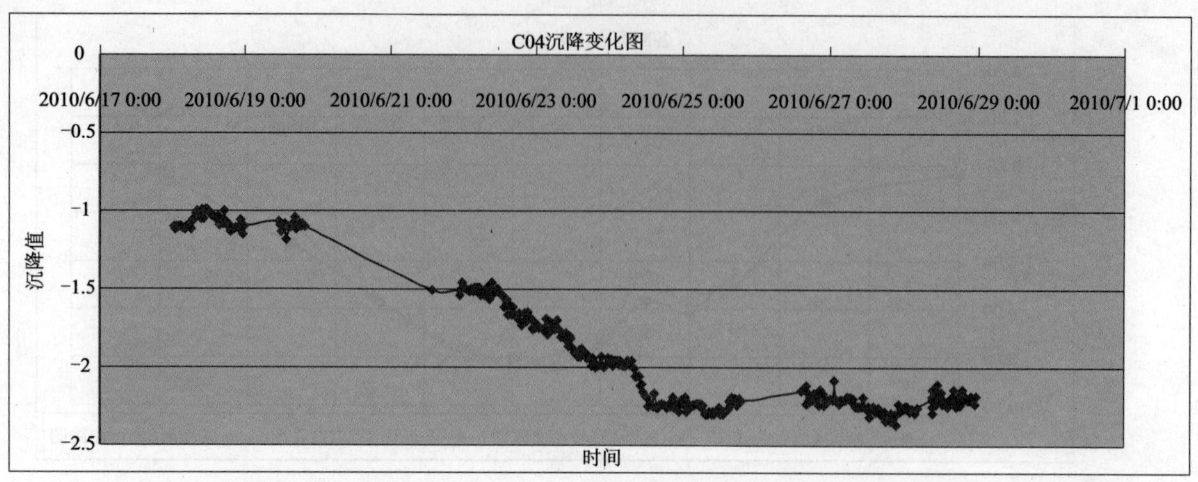

图 12.10　大东区间静力水准测点 C04 变形历时曲线

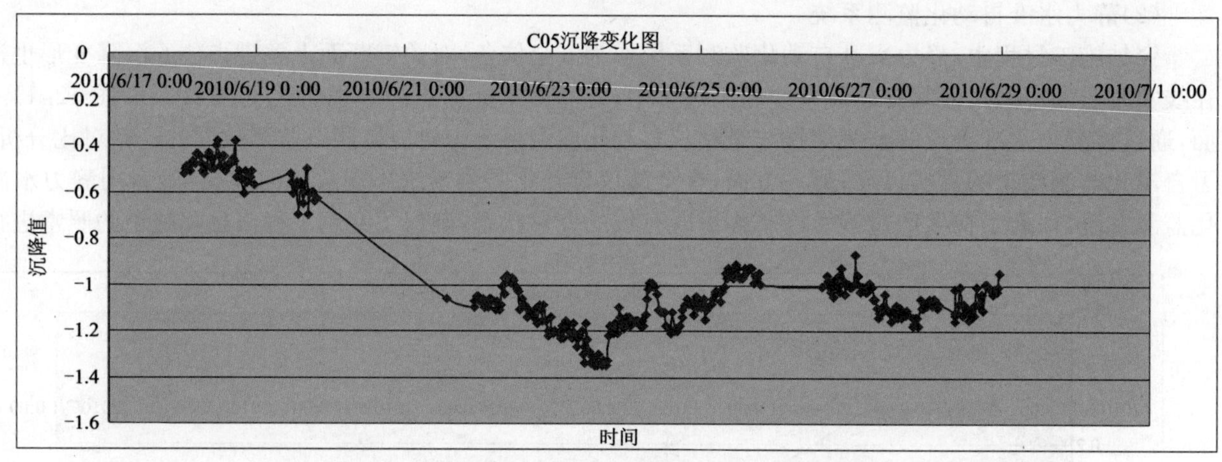

图 12.11　大东区间静力水准测点 C05 变形历时曲线

2. 人工监测

(1)施工单位人员进洞监测

穿越施工值班期间，在列车停运后，施工单位的监测也进入洞内进既有隧道结构的变形监测，具体监测结果见表 12.6～表 12.8。可以看出，人工监测数据与自动化监测数据的结果比较一致，从而也检验了自动化监测数据的可靠性和稳定性。

表 12.6 大东区间穿越工程既有线隧道结构人工测量结果

测点编号	对应里程	观测日期		2010－6－22（1次）			2010－6－22（2次）			2010－6－23（1次）			2010－6－23（2次）			2010－6－24（1次）			2010－6－24（2次）		
		初测日期	初试高程（m）	实测高程（m）	本次沉降（mm）	累计沉降（mm）	实测高程（m）	本次沉降（mm）	累计沉降（mm）	实测高程（m）	本次沉降（mm）	累计沉降（mm）	实测高程（m）	本次沉降（mm）	累计沉降（mm）	实测高程（m）	本次沉降（mm）	累计沉降（mm）	实测高程（m）	本次沉降（mm）	累计沉降（mm）
703－1	K1＋703	2010－6－10	－14.519 4	－14.519 4	0.0	0.0	－14.519 5	－0.1	－0.1	－14.519 2	0.3	0.2	－14.519 1	0.1	0.3	－14.519 2	－0.1	0.2	－14.519 1	0.1	0.3
703－2		2010－6－10	－14.375 0	－14.375 2	－0.2	－0.2	－14.375 2	－0.2	－0.2	－14.375 3	－0.1	－0.3	－14.375 1	0.2	－0.1	－14.374 3	0.8	0.7	－14.374 6	－0.3	0.4
692－1	K1＋692	2010－6－10	－14.781 9	－14.782 1	－0.2	－0.2	－14.782 0	－0.1	－0.1	－14.781 9	0.1	0.0	－14.781 7	0.2	0.2	－14.782	－0.3	－0.1	－14.782 4	－0.4	－0.5
692－2		2010－6－10	－14.671 1	－14.671 1	0.0	0.0	－14.671 0	0.1	0.1	－14.671 0	0.0	0.1	－14.670 8	0.2	0.3	－14.671 1	－0.3	0.0	－14.671 0	0.1	0.1
688－1	K1＋688	2010－6－10	－14.906 6	－14.907 2	－0.6	－0.6	－14.907 0	－0.4	－0.4	－14.907 2	－0.2	－0.6	－14.907 0	0.2	－0.4	－14.907 2	－0.2	－0.6	－14.907 0	0.2	－0.4
688－2		2010－6－10	－14.828 2	－14.828 3	－0.1	－0.1	－14.828 4	－0.2	－0.2	－14.828 5	－0.1	－0.3	－14.828 3	0.2	－0.1	－14.828 7	－0.4	－0.5	－14.828 5	0.2	－0.3
683－1	K1＋683	2010－6－10	－15.044 4	－15.045 0	－0.6	－0.6	－15.044 8	－0.4	－0.4	－15.045 4	－0.6	－1.0	－15.045 2	0.2	－0.8	－15.045 5	－0.3	－1.1	－15.046 0	－0.5	－1.6
683－2		2010－6－10	－14.986 1	－14.986 3	－0.2	－0.2	－14.986 3	－0.2	－0.2	－14.986 9	－0.6	－0.8	－14.986 7	0.2	－0.6	－14.986 7	0.0	－0.6	－14.986 7	0.0	－0.6
673－1	K1＋673	2010－6－10	－15.311 5	－15.311 8	－0.3	－0.3	－15.311 7	－0.2	－0.2	－15.312 3	－0.6	－0.8	－15.312 2	0.1	－0.7	－15.311 9	0.3	－0.4	－15.311 8	0.1	－0.3
673－2		2010－6－10	－15.211 5	－15.212 0	－0.5	－0.5	－15.212 0	－0.5	－0.5	－15.212 3	－0.3	－0.8	－15.212 0	0.3	－0.5	－15.212 1	－0.1	－0.6	－15.212 0	0.1	－0.5
667－1	K1＋667	2010－6－10	－15.433 4	－15.434 0	－0.6	－0.6	－15.433 9	－0.5	－0.5	－15.434 1	－0.2	－0.7	－15.434 0	0.1	－0.6	－15.433 8	0.2	－0.4	－15.433 6	0.2	－0.2
667－2		2010－6－10	－15.364 5	－15.364 8	－0.3	－0.3	－15.364 8	－0.3	－0.3	－15.364 9	－0.1	－0.4	－15.364 8	0.1	－0.3	－15.365 0	－0.2	－0.5	－15.364 9	0.1	－0.4
662－1	K1＋662	2010－6－10	－15.584 9	－15.585 0	－0.1	－0.1	－15.585 1	－0.2	－0.2	－15.585 4	－0.3	－0.5	－15.585 1	0.3	－0.2	－15.585 4	－0.3	－0.5	－15.585 2	0.2	－0.3
662－2		2010－6－10	－15.498 8	－15.498 6	0.2	0.2	－15.498 7	0.1	0.1	－15.499 4	－0.7	－0.6	－15.499 2	0.2	－0.4	－15.498 9	0.3	－0.1	－15.498 8	0.1	0.0
657－1	K1＋657	2010－6－10	－15.668 8	－15.669 0	－0.2	－0.2	－15.669 0	－0.2	－0.2	－15.669 2	－0.2	－0.4	－15.669 0	0.2	－0.2	－15.669 4	－0.4	－0.6	－15.669 8	－0.4	－1.0
657－2		2010－6－10	－15.575 6	－15.575 8	－0.2	－0.2	－15.575 9	－0.3	－0.3	－15.575 8	0.1	－0.2	－15.575 5	0.3	0.1	－15.575 8	－0.3	－0.2	－15.576 1	－0.3	－0.5
648－1	K1＋648	2010－6－10	－15.836 7	－15.835 9	－0.2	－0.2	－15.836 0	－0.3	－0.3	－15.836 0	0.0	－0.3	－15.835 8	0.2	－0.1	－15.836 3	－0.5	－0.6	－15.836 2	0.1	－0.5
648－2		2010－6－10	－15.753 3	－15.753 6	－0.3	－0.3	－15.753 6	－0.3	－0.3	－15.753 2	0.4	0.1	－15.753 0	0.2	－0.3	－15.753 3	－0.3	0	－15.753 6	－0.3	－0.3

表 12.7 大东区间穿越工程既有线隧道结构人工测量结果

测点编号	对应里程	观测日期		2010—8—18			2010—8—19			2010—8—20		
		初测日期	初试高程(m)	实测高程(m)	本次沉降(mm)	累计沉降(mm)	实测高程(m)	本次沉降(mm)	累计沉降(mm)	实测高程(m)	本次沉降(mm)	累计沉降(mm)
703—1	K1+703	2010—8—15	—14.519 4	—14.519 9	—0.3	—0.5	—14.511 8	—1.9	—2.4	—14.522 6	—0.8	—3.2
703—2		2010—8—15	—14.374 5	—14.375 3	—0.1	—0.8	—14.377 2	—1.9	—2.7	—14.377 8	—0.6	—3.3
692—1	K1+692	2010—8—15	—14.782 1	—14.782 1	0.9	0.0	—14.785 1	—3.0	—3.0	—14.786 4	—1.3	—4.3
692—2		2010—8—15	—14.670 9	—14.671 0	0.6	—0.1	—14.673 9	—2.9	—3.0	—14.675 3	—1.4	—4.4
688—1	K1+688	2010—8—15	—14.906 5	—14.906 8	1.0	—0.3	—14.909 9	—3.1	—3.4	—14.901 9	—2.0	—5.4
688—2		2010—8—15	—14.828 6	—14.828 2	0.8	0.4	—14.831 0	—2.8	—2.4	—14.823 1	—2.1	—4.5
683—1	K1+683	2010—8—15	—15.044 6	—15.044 5	0.9	0.1	—15.047 1	—2.6	—2.5	—15.049 7	—2.6	—5.1
683—2		2010—8—15	—14.986 7	—14.985 9	1.4	0.8	—14.988 2	—2.3	—1.5	—14.990 8	—2.5	—4.05
673—1	K1+673	2010—8—15	—15.312 4	—15.311 9	0.6	0.5	—15.313 9	—2.0	—1.5	—15.315 3	—1.4	—2.9
673—2		2010—8—15	—15.213 8	—15.211 6	1.1	2.2	—15.213 2	—1.6	0.6	—15.214 8	—1.6	—1
667—1	K1+667	2010—8—15	—15.435 9	—15.433 9	0.3	2.0	—15.435 3	—1.4	0.6	—15.436 1	—0.8	—0.2
667—2		2010—8—15	—15.366 0	—15.364 7	0.6	1.3	—15.365 7	—1.0	0.3	—15.366 6	—0.9	—0.6
662—1	K1+662	2010—8—15	—15.586 7	—15.585 1	0.9	1.6	—15.586 7	—1.6	0.0	—15.586 3	0.4	0.4
662—2		2010—8—15	—15.499 8	—15.498 7	0.8	1.1	—15.500 0	—1.3	—0.2	—15.499 7	0.3	0.1
657—1	K1+657	2010—8—15	—15.669 9	—15.668 5	1.8	1.4	—15.670 1	—1.6	—0.2	—15.669 4	0.7	0.5
657—2		2010—8—15	—15.577 2	—15.575 4	1.2	1.8	—15.577 2	—1.8	0.0	—15.576 1	1.1	1.1
648—1	K1+648	2010—8—15	—15.837 1	—15.835 0	1.9	2.1	—15.836 9	—1.9	0.2	—15.835 2	1.7	1.9
648—2		2010—8—15	—15.755 3	—15.752 6	1.7	2.7	—15.755 0	—2.4	0.3	—15.752 8	2.2	2.5

表 12.8　大东区间穿越工程既有线隧道结构人工测量结果

测点编号	观测日期		2010—8—18			2010—8—19			2010—8—20		
	初测日期	初试高程(m)	实测高程(m)	本次沉降(mm)	累计沉降(mm)	实测高程(m)	本次沉降(mm)	累计沉降(mm)	实测高程(m)	本次沉降(mm)	累计沉降(mm)
1	2010—8—15	7.3944	7.3948	0.4	0.4	7.3945	−0.3	0.1	7.3959	1.4	1.5
2	2010—8—15	7.570 3	7.570 7	0.4	0.4	7.569 8	−0.9	−0.5	7.570 0	0.2	−0.3
3	2010—8—15	7.758 0	7.758 5	0.5	0.5	7.757 2	−1.3	−0.8	7.756 8	−0.4	−1.2
4	2010—8—15	7.859 2	7.860 0	0.8	0.8	7.858 8	−1.2	−0.4	7.857 7	−1.1	−1.5
5	2010—8—15	7.958 3	7.958 9	0.6	0.6	7.957 4	−1.5	−0.9	7.955 8	−1.6	−2.5
6	2010—8—15	8.093 3	8.094 2	0.9	0.9	8.090 9	−3.3	−2.4	8.090 0	−0.9	−3.3
7	2010—8—15	8.201 4	8.201 9	0.5	0.5	8.197 4	−4.5	−4.0	8.196 7	−0.7	−4.7
8	2010—8—15	8.346 0	8.346 2	0.2	0.2	8.341 1	−5.1	−4.9	8.340 8	−0.3	−5.2
9	2010—8—15	8.455 3	8.455 2	−0.1	−0.1	8.451 6	−3.6	−3.7	8.450 1	−1.5	−5.2
10	2010—8—15	8.710 0	8.718 6	−1.4	−1.4	8.705 9	−2.7	−4.1	8.715 1	−0.8	−4.9
11	2010—8—15	8.957 0	8.956 7	−0.3	−0.3	8.955 4	−1.3	−1.6	8.954 7	−0.7	−2.3
12	2010—8—15	9.343 5	9.343 2	−0.3	−0.3	9.342 6	−0.6	−0.9	9.342 6	0.0	−0.9

(2)运营部门人员进洞监测

值班期间，列车停运后，运营部门也派对既有线隧道结构变形进行监测。部分监测结果见图 12.12 和图 12.13。与自动化监测结果和施工单位人工量测结果对比可以发现，三者比较一致。

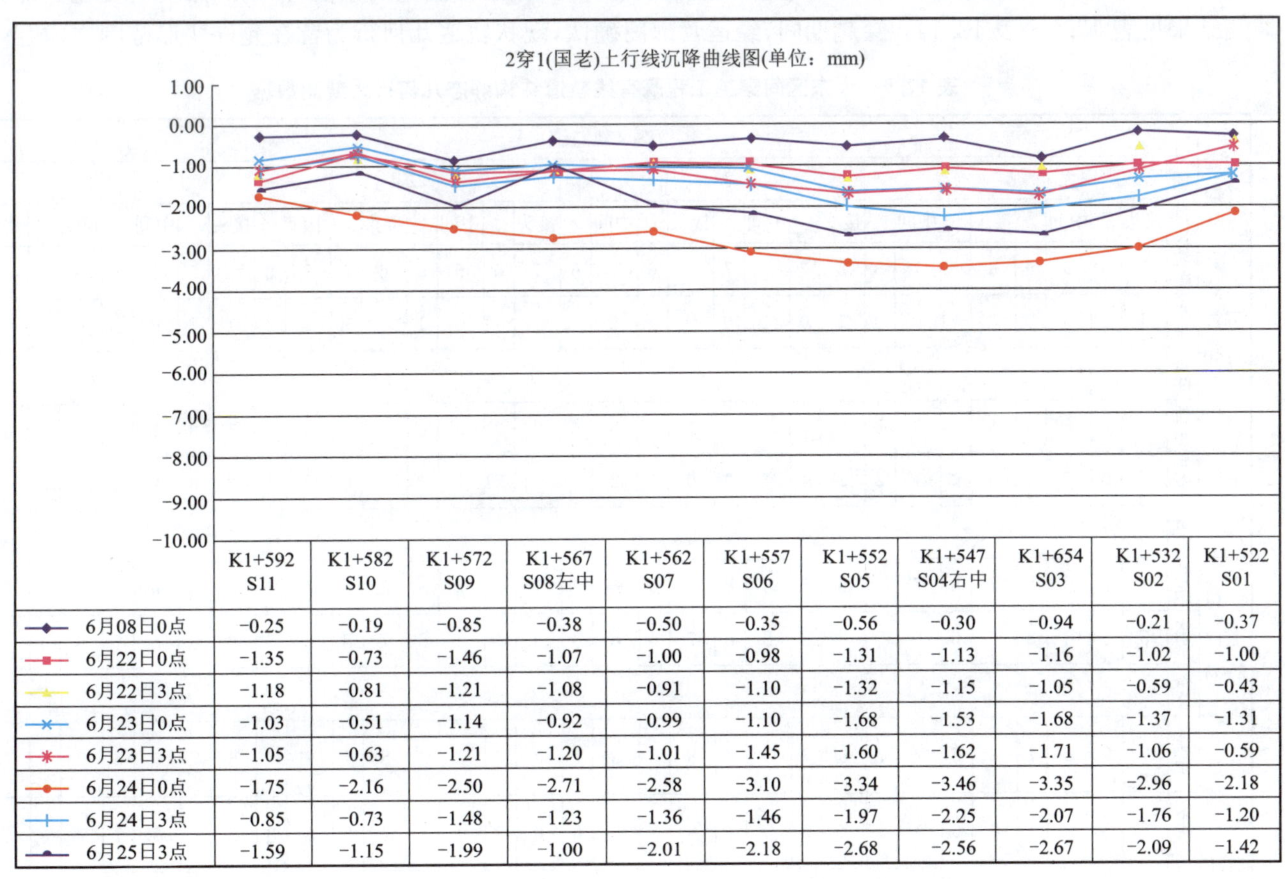

	K1+592 S11	K1+582 S10	K1+572 S09	K1+567 S08左中	K1+562 S07	K1+557 S06	K1+552 S05	K1+547 S04右中	K1+654 S03	K1+532 S02	K1+522 S01
6月08日0点	-0.25	-0.19	-0.85	-0.38	-0.50	-0.35	-0.56	-0.30	-0.94	-0.21	-0.37
6月22日0点	-1.35	-0.73	-1.46	-1.07	-1.00	-0.98	-1.31	-1.13	-1.16	-1.02	-1.00
6月22日3点	-1.18	-0.81	-1.21	-1.08	-0.91	-1.10	-1.32	-1.15	-1.05	-0.59	-0.43
6月23日0点	-1.03	-0.51	-1.14	-0.92	-0.99	-1.10	-1.68	-1.53	-1.68	-1.37	-1.31
6月23日3点	-1.05	-0.63	-1.21	-1.20	-1.01	-1.45	-1.60	-1.62	-1.71	-1.06	-0.59
6月24日0点	-1.75	-2.16	-2.50	-2.71	-2.58	-3.10	-3.34	-3.46	-3.35	-2.96	-2.18
6月24日3点	-0.85	-0.73	-1.48	-1.23	-1.36	-1.46	-1.97	-2.25	-2.07	-1.76	-1.20
6月25日3点	-1.59	-1.15	-1.99	-1.00	-2.01	-2.18	-2.68	-2.56	-2.67	-2.09	-1.42

图 12.12　大东区间下穿工程运营部门人工量测隧道变形

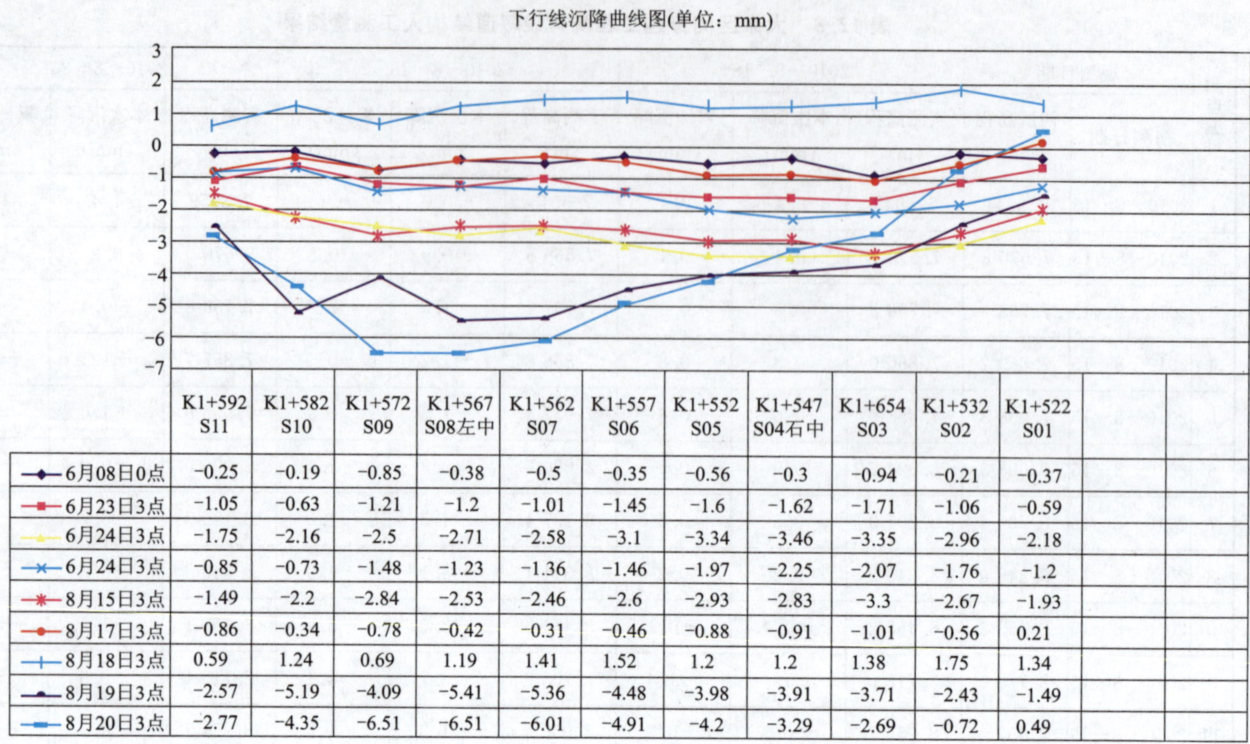

	K1+592 S11	K1+582 S10	K1+572 S09	K1+567 S08左中	K1+562 S07	K1+557 S06	K1+552 S05	K1+547 S04石中	K1+654 S03	K1+532 S02	K1+522 S01
6月08日0点	-0.25	-0.19	-0.85	-0.38	-0.5	-0.35	-0.56	-0.3	-0.94	-0.21	-0.37
6月23日3点	-1.05	-0.63	-1.21	-1.2	-1.01	-1.45	-1.6	-1.62	-1.71	-1.06	-0.59
6月24日3点	-1.75	-2.16	-2.5	-2.71	-2.58	-3.1	-3.34	-3.46	-3.35	-2.96	-2.18
6月24日3点	-0.85	-0.73	-1.48	-1.23	-1.36	-1.46	-1.97	-2.25	-2.07	-1.76	-1.2
8月15日3点	-1.49	-2.2	-2.84	-2.53	-2.46	-2.6	-2.93	-2.83	-3.3	-2.67	-1.93
8月17日3点	-0.86	-0.34	-0.78	-0.42	-0.31	-0.46	-0.88	-0.91	-1.01	-0.56	0.21
8月18日3点	0.59	1.24	0.69	1.19	1.41	1.52	1.2	1.2	1.38	1.75	1.34
8月19日3点	-2.57	-5.19	-4.09	-5.41	-5.36	-4.48	-3.98	-3.91	-3.71	-2.43	-1.49
8月20日3点	-2.77	-4.35	-6.51	-6.51	-6.01	-4.91	-4.2	-3.29	-2.69	-0.72	0.49

图 12.13　大东区间下穿工程运营部门人工量测隧道变形

12.3.2　轨道结构变形监测

值班期间，列车停运后，运营部门也派对既有线轨道结构静态几何行为进行监测，以保证穿越施工期间既有列车的运营安全。监测项目主要包括轨矩和水平，并根据水平测量的数值，推断三角坑的变化。部分监测结果见表 12.9～表 12.14。穿越期间，经运营部门确认，现状轨道几何行为皆在允许变形范围之内。

表 12.9　大东区间穿越工程既有线轨道结构静态几何行为量测数据

检查日期	项目	钢轨编号																															
		深大				24#				23#								22#								21#							罗湖
		接头		中间		接头		中间		接头		中间		接头		中间		接头		中间		接头		中间		接头		中间		接头		中间	
8/18 下行 1:40	轨距	7	5	6	6	6	6	7	5	5	7	7	7	7	6	6	6	7	6	5	6	6	5	7	6	5	7	7	8	6	5	6	5
	水平	1	0	0	0	0	−1	0	0	1	0	1	0	0	1	2	−1	−2	−1	0	1	0	3	1	0	1	2	0	−1	0	0	−1	0
	备注																																
8/18 下行 2:40	轨距	7	5	6	6	6	6	7	5	5	7	7	7	7	6	6	6	7	7	5	6	6	5	7	7	5	8	7	8	6	6	6	6
	水平	2	0	1	0	0	0	1	2	2	1	1	0	0	1	2	−1	−1	−1	1	1	0	0	2	1	2	3	2	0	0	2	1	0
	备注																																
8/18 上行 2:05	轨距	7	7	8	6	7	8	7	7	6	7	8	8	7	6	8	7	7	7	7	8	8	7	7	7	6	7	6	6	7	6	7	8
	水平	5	8	8	8	6	6	6	5	3	6	8	8	7	8	8	8	8	7	8	8	7	8	8	8	8	6	6	7	6	6	6	5
	备注																																
8/18 上行 2:20	轨距	7	7	8	7	8	8	7	7	6	7	8	8	8	6	8	7	8	7	7	8	8	7	7	7	6	7	6	5	7	7	7	8
	水平	6	8	8	7	6	6	5	5	4	5	8	7	6	8	8	8	8	8	8	8	7	8	8	8	8	8	7	7	7	6	6	5
	备注	轨距尺型号：TGL−2　编号：76611																															

表 12.10 大东区间穿越工程既有线轨道结构静态几何行为量测数据

检查日期	项目	钢轨编号																															
		深大 24#								23#								22#								21#							罗湖
		接头		中间		接头		中间		接头		中间		接头		中间		接头		中间		接头		中间		接头		中间		接头		中间	
8/17 下行 2:02	轨距	6	7	7	6	7	6	6	7	5	6	6	6	6	7	6	5	7	7	7	7	7	6	6	7	6	5	6	6	5	7	7	6
	水平	2	1	2	1	1	2	1	2	0	-1	0	1	0	0	2	2	1	1	1	0	1	2	-1	-1	-1	1	1	0	0	1	1	1
8/17 上行 2:19	轨距	6	7	6	7	8	7	7		7	6	8	6	7	7	7	7	6	6	8	7	7	5	7	7	7	7	7	8	8	7	7	7
	水平	4	5	5	6	5	4	5		4	6	7	7	5	5	4	4	3	5	6	7	6	6	7	7	7	6	7	7	6	7	7	8
	备注	轨距尺型号:TGL—2　编号:76611																															

表 12.11 大东区间穿越工程既有线轨道结构静态几何行为量测数据

检查日期	行别	项目	钢轨编号																														
			21#								22#								23#								24#							
			接头		中间		接头		中间		接头		中间		接头		中间		接头		中间		接头		中间		接头		中间		接头		中间	
6/22 1:00	上行	轨距	7	7	7	7	8	8	7	7	8	7	8	5	7	8	9	6	6	7	7	7	7	6	9	7	7	7	6	7	6	6	7	6
		水平	7	10	6	10	9	9	9	9	9	8	8	8	7	9	8	6	4	5	6	6	7	7	9	7	5	7	6	6	7	6	6	7
		备注	道尺编号:TGL—2y—82038																															
6/22 1:30	下行	轨距	5	6	7	5	6	6	5	6	7	6		6	7	7	7	7	5	5	7	6	6	6	6	5	7	5	6	7	6	7	7	6
		水平	1	1	1	0	1	1	1	-1	-2	-1		1	0	0	1	0	2	1	1	0	0	0	0	0	2	1	3	1	0	2	1	3
6/22 3:00	上行	轨距	7	7	7	7	8	8	7	7	8	7	8	5	7	8	9	6	6	7	7	7	7	6	9	7	7	7	6	7	6	6	7	6
		水平	7	10	6	10	9	9	9	9	9	8	8	8	7	9	8	6	4	5	6	6	7	7	9	7	5	7	6	6	7	6	6	7
6/22 3:30	下行	轨距	5	6	7	5	6	6	5	6	7	6		6	7	7	7	7	5	5	7	6	6	6	6	5	7	5	6	7	6	7	7	6
		水平	1	1	1	0	1	1	1	-1	-2	-1		1	0	0	1	0	2	1	1	0	0	0	0	0	2	1	3	1	0	2	1	3
		备注																																

表 12.12 大东区间穿越工程既有线轨道结构静态几何行为量测数据

检查日期	行别	项目	钢轨编号																														
			21#								22#								23#								24#							
			接头		中间		接头		中间		接头		中间		接头		中间		接头		中间		接头		中间		接头		中间		接头		中间	
6/23 0:08	上行	轨距	6	7	7	7	8	8	8	7	8	7	8	6	7	7	8	7	6	7	7	7	7	6	9	7	7	7	6	7	6	6	7	6
		水平	8	9	9	10	9	9	9	10	9	9	9	9	7	8	8	6	4	5	5	6	6	8	9	8	6	7	6	7	7	7	6	7
		备注																																
6/23 3:00	上行	轨距	6	7	7	7	8	8	7	7	8	7	8	6	7	7	9	7	6	7	7	8	7	6	9	7	7	7	6	7	6	6	7	6
		水平	7	9	9	10	9	9	9	9	9	8	8	8	8	8	8	6	4	5	6	6	6	8	9	8	6	7	6	6	7	6	6	7
		备注																																
6/23 1:16	下行	轨距	5	6	7	5	6	6	5	6	7	6	6	6	7	7	7	6	5	5	7	6	6	6	6	5	6	5	6	6	6	7	7	6
		水平	2	1	1	0	0	1	2	0	-1	0	2	1	0	0	1	0	2	2	1	0	1	1	0	0	2	1	3	2	1	1	2	3
		备注																																
6/23 3:16	下行	轨距	5	6	7	5	6	6	5	6	7	6	6	6	7	7	7	6	5	5	7	6	6	6	6	5	6	5	6	6	6	7	7	6
		水平	2	1	1	0	0	1	2	0	-1	0	2	1	1	0	1	0	2	2	1	0	1	1	0	0	2	1	3	2	1	1	2	3
		备注	轨距尺规格 TGL—2y　编号 82038																															

表 12.13　大东区间穿越工程既有线轨道结构静态几何行为量测数据

检查日期	行别	项目	钢轨编号																															
			21#								22#								23#								24#							
			接头		中间		接头		中间		接头		中间		接头		中间		接头		中间		接头		中间		接头		中间		接头		中间	
2010 6/4 1:00	上行	轨距	6	7	7	7	8	8	7	7	7	7	8	5	7	8	9	6	6	7	7	8	7	6	9	7	7	7	6	7	6	6	7	6
		水平	2	4	4	3	4	3	4	4	3	4	3	3	2	3	3	0	−1	−1	0	1	1	2	4	3	1	1	1	0	1	1	1	1
		备注	道尺编号:TGL−2y−82038 H:78 上行原超高 H:72 先超																															
2010 6/24 1:30	下行	轨距	6	6	7	5	6	6	5	6	7	6	6	6	7	7	7	7	5	5	7	6	6	6	6	5	7	6	6	6	6	7	7	6
		水平	2	2	2	1	1	2	2	0	0	0	3	2	2	2	2	1	3	3	1	2	2	1	1	1	2	2	4	2	2	3	3	4
		备注																																
2010 6/24 3:00	上行	轨距	6	7	7	7	8	8	7	7	8	7	8	5	7	8	8	6	6	7	7	7	7	6	9	7	7	7	7	7	6	6	7	6
		水平	2	4	4	5	4	3	4	4	3	3	2	3	2	3	2	1	−2	0	0	1	1	3	4	3	0	2	1	1	2	1	0	2
		备注																																
2010 6/24 3:30	下行	轨距	8	7	7	5	6	6	8	6	7	6	7	6	7	7	7	7	5	5	7	6	6	6	6	6	7	6	6	6	6	7	7	6
		水平	2	2	2	1	1	2	2	0	0	0	4	1	1	1	2	2	3	2	2	2	2	1	2	2	3	2	4	3	2	3	3	4
		备注	上行原超高为 72 mm,后经轨道专业技术组及 2 班核实,现有超高为 78 mm,比原有超高高 6 mm 下行超高还是原有超高,轨距是由于曲线线路半径小,钢轨磨耗大																															

表 12.14　东区间穿越工程既有线轨道结构静态几何行为量测数据

检查日期	项目	钢轨编号																															
		深大 24#								23#								22#								21# 罗湖							
		接头		中间		接头		中间		接头		中间		接头		中间		接头		中间		接头		中间		接头		中间		接头		中间	
8/19 上行 0:37	轨距	6	7	8	6	8	8	7	7	6	7	8	8	8	6	8	7	8	7	7	8	8	7	7	7	6	7	6	6	8	7	7	8
	水平	6	8	8	8	6	6	6	5	4	7	8	8	7	8	8	8	8	7	8	8	7	8	8	8	8	7	7	7	6	6	6	5
	备注																																
8/19 上行 2:20	轨距	7	7	8	7	8	8	7	7	6	7	8	8	8	6	8	7	8	7	7	8	8	7	7	7	6	7	6	5	7	7	7	8
	水平	6	8	8	7	6	6	6	5	4	6	8	7	6	8	8	8	8	8	7	8	7	8	8	8	8	8	7	7	7	7	6	5
	备注																																
8/19 下行 0:51	轨距	7	6	6	6	6	6	7	5	5	7	7	7	7	7	6	6	7	6	5	6	6	5	7	7	6	8	7	8	6	5	6	5
	水平	2	0	1	0	1	0	1	2	3	1	2	1	0	0	2	0	−1	0	0	0	0	1	1	0	2	2	1	0	1	1	−1	0
	备注																																
8/19 下行 2:35	轨距	7	5	6	6	6	6	7	5	5	7	7	7	7	7	6	6	7	5	6	6	6	5	7	7	5	8	8	7	6	6	6	6
	水平	2	0	1	0	1	0	1	2	3	1	2	0	0	1	1	0	−1	1	1	0	0	0	2	1	2	2	0	0	2	1	0	0
	备注	轨距尺型号:TGL−2　编号:76611																															

12.3.3　地表变形监测

穿越施工期间,施工对地表沉降变形加密了监测。部分监测结果见表 12.15～表 12.22。可以看出,穿越施工期间,地表变形基本稳定,无坍塌和较大变形出现,间接反映了既有线的变形较小,应该处于基本稳定状态。

表 12.15 大东区间穿越工程地表变形人工测量数据

项目:大东区间报表(第 289 次) 20:00 观测时间:2010 年 6 月 21 日

点 号	本次高程(m)	本次沉降			累计沉降		
		沉降量(mm)	时间间隔(d)	沉降速率(mm/d)	沉降量(mm)	时间间隔(d)	沉降速率(mm/d)
460－2	4.637 32	－1.70	2	－0.85	－0.74	34	－0.02
470－2	4.647 72	－0.19	2	－0.10	－1.56	14	－0.11
480－2	4.693 64	－0.35	2	－0.18	－0.24	34	－0.01
JZ120A	5.284 21	－2.00	2	－1.00	－0.95	14	－0.07
LSN31A	4.653 02	－1.53	2	－0.77	－0.13	14	－0.01
LAN31B	4.544 78	－0.47	14	－0.03	－0.47	14	－0.03
LAN31C	4.532 52	－0.27	14	－0.02	－0.27	14	－0.02

表 12.16 大东区间穿越工程地表变形人工测量数据

项目:大东区间报表(第 290 次) 23:50 观测时间:2010 年 6 月 21 日

点 号	本次高程(m)	本次沉降			累计沉降		
		沉降量(mm)	时间间隔(d)	沉降速率(mm/d)	沉降量(mm)	时间间隔(d)	沉降速率(mm/d)
460－2	4.637 62	＋0.30	0		－0.44	34	－0.01
470－2	4.647 41	－0.31	0		－1.87	14	－0.13
480－2	4.693 66	＋0.02	0		－0.22	34	－0.01
JZ120A	5.284 61	＋0.40	0		－0.55	14	－0.04
LAN31B	4.544 53	－0.25	0		－0.72	14	－0.05
LAN31C	4.532 85	＋0.33	0		＋0.06	14	＋0.00
LSN31A	4.653 07	＋0.05	0		－0.08	14	－0.01

表 12.17 大东区间穿越工程地表变形人工测量数据

项目:大东区间报表(第 291 次) 8:00 观测时间:2010 年 6 月 22 日

点 号	本次高程(m)	本次沉降			累计沉降		
		沉降量(mm)	时间间隔(d)	沉降速率(mm/d)	沉降量(mm)	时间间隔(d)	沉降速率(mm/d)
460－2	4.636 08	－1.54	1	－1.54	－1.98	35	－0.06
470－2	4.647 48	＋0.07	1	＋0.07	－1.80	15	－0.12
480－2	4.693 00	－0.66	1	－0.66	－0.88	35	－0.03
JZ120A	5.283 78	－0.83	1	－0.83	－1.38	15	－0.09
LSN31A	4.651 67	－1.40	1	－1.40	－1.48	15	－0.10
LAN31B	4.544 73	＋0.20	1	＋0.20	－0.52	15	－0.03
LAN31C	4.532 46	－0.39	1	－0.39	－0.33	15	－0.02

表 12.18 大东区间穿越工程地表变形人工测量数据

项目:大东区间报表(第 292 次) 12:00 观测时间:2010 年 6 月 22 日

点 号	本次高程(m)	本次沉降			累计沉降		
		沉降量(mm)	时间间隔(d)	沉降速率(mm/d)	沉降量(mm)	时间间隔(d)	沉降速率(mm/d)
460－2	4.635 62	－0.46	0		－2.44	35	－0.07
470－2	4.647 84	＋0.36	0		－1.44	15	－0.10
480－2	4.692 72	－0.28	0		－1.16	35	－0.03
JZ120A	5.283 69	－0.09	0		－1.47	15	－0.10
LSN31A	4.652 41	＋0.74	0		－0.74	15	－0.05
LAN31B	4.544 25	－0.48	0		－1.00	15	－0.07
LAN31C	4.531 69	－0.77	0		－1.10	15	－0.07

表 12.19 大东区间穿越工程地表变形人工测量数据

项目:大东区间报表(第 293 次) 15:00 观测时间:2010 年 6 月 22 日

点 号	本次高程(m)	本次沉降			累计沉降		
		沉降量(mm)	时间间隔(d)	沉降速率(mm/d)	沉降量(mm)	时间间隔(d)	沉降速率(mm/d)
460−2	4.635 44	−0.18	0		−2.62	35	−0.07
470−2	4.648 43	+0.59	0		−0.85	15	−0.06
480−2	4.693 02	+0.30	0		−0.86	35	−0.02
JZ120A	5.284 66	+0.97	0		−0.50	15	−0.03
LAN31B	4.543 66	−0.59	0		−1.59	15	−0.11
LAN31C	4.531 36	−0.33	0		−1.43	15	−0.10
LSN31A	4.652 87	+0.46	0		−0.28	15	−0.02

表 12.20 大东区间穿越工程地表变形人工测量数据

项目:大东区间报表(第 294 次) 20:00 观测时间:2010 年 6 月 22 日

点 号	本次高程(m)	本次沉降			累计沉降		
		沉降量(mm)	时间间隔(d)	沉降速率(mm/d)	沉降量(mm)	时间间隔(d)	沉降速率(mm/d)
460−2	4.635 06	−0.38	0		−3.00	35	−0.09
470−2	4.647 39	−1.04	0		−1.89	15	−0.13
480−2	4.693 23	+0.21	0		−0.65	35	−0.02
JZ120A	5.283 22	−1.44	0		−1.94	15	−0.13
LAN31B	4.542 48	−1.18	0		−2.77	15	−0.18
LAN31C	4.530 78	−0.58	0		−2.01	15	−0.13
LSN31A	4.652 30	−0.57	0		−0.85	15	−0.06

表 12.21 大东区间穿越工程地表变形人工测量数据

项目:大东区间报表(第 295 次) 23:30 观测时间:2010 年 6 月 22 日

点 号	本次高程(m)	本次沉降			累计沉降		
		沉降量(mm)	时间间隔(d)	沉降速率(mm/d)	沉降量(mm)	时间间隔(d)	沉降速率(mm/d)
460−2	4.634 51	−0.55	0		−3.55	35	−0.10
470−2	4.646 75	−0.64	0		−2.53	15	−0.17
480−2	4.692 46	−0.77	0		−1.42	35	−0.04
JZ120A	5.283 36	+0.14	0		−1.80	15	−0.12
LAN31B	4.542 17	−0.31	0		−3.08	15	−0.21
LAN31C	4.530 65	−0.13	0		−2.14	15	−0.14
LSN31A	4.651 27	−1.03	0		−1.88	15	−0.13

表 12.22 大东区间穿越工程地表变形人工测量数据

点 号	6.23 日前累计	6.22 日前累计	6.22 日累计沉降	6.22 日沉降速率
460−2	−3.55	−0.44	−3.11	−3.11
470−2	−2.53	−1.87	−0.66	−0.66
480−2	−1.42	−0.22	−1.20	−1.20
JZ120A	−1.80	−0.55	−1.25	−1.25
LSN31A	−3.08	−0.08	−3.00	−3.00
LAN31B	−2.14	−0.72	−1.42	−1.42
LAN31C	−1.88	+0.06	−1.94	−1.94

12.3.4　既有线裂缝现状监测

穿越施工期间，运营部门派专人对既有线内裂缝的状况进行检查。部分监测结果见表 12.23 和表 12.24。可以看出，穿越施工期间，既有线的裂缝状况没有变化，间接反映了既有线的变形较小，应该处于基本稳定状态。

表 12.23　大东区间穿越工程既有线裂缝现状调查表

序　号	线别	位置	裂缝长度	标志长度	发展情况	检查日期
1	上行	SK1＋643	裂缝长度 0.4 m	99	无发展	2010 年 8 月 20 日
2	上行	SK1＋645	裂缝长度 0.5 m	99	无发展	2010 年 8 月 20 日
3	上行	SK1＋647.6	裂缝长度 1.7 m	100	无发展	2010 年 8 月 20 日
4	上行	SK1＋651	裂缝长度 0.8 m	100	无发展	2010 年 8 月 20 日
5	上行	SK1＋651.5	裂缝长度 0.4 m	100	无发展	2010 年 8 月 20 日
6	上行	SK1＋644	裂缝长度 4.5 m	97	无发展	2010 年 8 月 20 日
7	上行	SK1＋647.6	裂缝长度 0.3 m	100	无发展	2010 年 8 月 20 日
8	上行	SK1＋650	裂缝长度 2.3 m	99	无发展	2010 年 8 月 20 日
9	上行	SK1＋655	裂缝长度 1.9 m	100	无发展	2010 年 8 月 20 日
10	上行	SK1＋663	裂缝长度 4.5 m	98	无发展	2010 年 8 月 20 日
11	上行	SK1＋664	裂缝长度 2.0 m	99	无发展	2010 年 8 月 20 日
12	上行	SK1＋666	裂缝长度 3.5 m	100	无发展	2010 年 8 月 20 日
13	上行	SK1＋668	裂缝长度 4.5 m	98	无发展	2010 年 8 月 20 日
14	上行	SK1＋671.5	裂缝长度 1.7 m	100	无发展	2010 年 8 月 20 日
15	上行	SK1＋671.5	施工缝，渗少量机油	/	无发展	2010 年 8 月 20 日
16	上行	SK1＋653	裂缝长度 2.2 m	100	无发展	2010 年 8 月 20 日
17	上行	SK1＋658	裂缝长度 4.5 m	98	无发展	2010 年 8 月 20 日
18	上行	SK1＋662	裂缝长度 2.0 m	97	无发展	2010 年 8 月 20 日
19	上行	SK1＋665	裂缝长度 4.5 m	100	无发展	2010 年 8 月 20 日
20	上行	SK1＋668	裂缝长度 4.0 m	99	无发展	2010 年 8 月 20 日
21	上行	SK1＋673	裂缝长度 2.0 m	100	无发展	2010 年 8 月 20 日
22	上行	SK1＋676	施工缝，留有干机油	/	无发展	2010 年 8 月 20 日
23	上行	SK1＋678	裂缝长度 1.9 m	99	无发展	2010 年 8 月 20 日
24	上行	SK1＋680	裂缝长度 4.0 m	99	无发展	2010 年 8 月 20 日
25	上行	SK1＋685	裂缝长度 3.5 m	100	无发展	2010 年 8 月 20 日
26	上行	SK1＋678	裂缝长度 3.0 m	99	无发展	2010 年 8 月 20 日
27	上行	SK1＋680	裂缝长度 4.5 m	100	无发展	2010 年 8 月 20 日
28	上行	SK1＋685	裂缝长度 4.5 m	100	无发展	2010 年 8 月 20 日
29	上行	SK1＋686.7	裂缝长度 3.5 m	100	无发展	2010 年 8 月 20 日
30	上行	SK1＋687.5	裂缝长度 2.1 m	99	无发展	2010 年 8 月 20 日
31	上行	SK1＋691	裂缝长度 0.1 m	98	无发展	2010 年 8 月 20 日
32	上行	SK1＋692	裂缝长度 2.2 m	100	无发展	2010 年 8 月 20 日
33	上行	SK1＋695.5	裂缝长度 4.5 m	99	无发展	2010 年 8 月 20 日
34	上行	SK1＋695.5	裂缝长度 4 m	100	无发展	2010 年 8 月 20 日
35	上行	SK1＋671.5	裂缝长度 1.7 m	98	无发展	2010 年 8 月 20 日
36	上行	SK1＋686.7	施工缝	98	无发展	2010 年 8 月 20 日
37	上行	SK1＋688.5	施工缝	100	无发展	2010 年 8 月 20 日
38	上行	SK1＋691	裂缝长度 4.5 m	99	无发展	2010 年 8 月 20 日

续上表

序　号	线别	位置	裂缝长度	标志长度	发展情况	检查日期
39	上行	SK1＋692	裂缝长度 4.0 m	100	无发展	2010 年 8 月 20 日
40	上行	SK1＋703	裂缝长度 3.0 m	99	无发展	2010 年 8 月 20 日
41	上行	SK1＋704	裂缝长度 2.5 m	99	无发展	2010 年 8 月 20 日
42	上行	SK1＋714	裂缝长度 3.0 m	101	无发展	2010 年 8 月 20 日
43	上行	SK1＋748	裂缝长度 4.0 m	98	无发展	2010 年 8 月 20 日
44	上行	SK1＋753	裂缝长度 4.5 m	100	无发展	2010 年 8 月 20 日
45	上行	SK1＋756	裂缝长度 3.5 m	99	无发展	2010 年 8 月 20 日
46	上行	SK1＋705	裂缝长度 2.0 m	100	无发展	2010 年 8 月 20 日
47	上行	SK1＋707	施工缝	100	无发展	2010 年 8 月 20 日
48	上行	SK1＋713	裂缝长度 3.0 m	100	无发展	2010 年 8 月 20 日
49	上行	SK1＋714	施工缝	100	无发展	2010 年 8 月 20 日

表 12.24　大东区间穿越工程既有线裂缝现状调查表

序　号	线　别	位　置	裂缝长度	标志长度	发展情况	检查日期
1	下行	SK1＋631	施工缝	100	无发展	2010 年 8 月 20 日
2	下行	SK1＋647	裂缝长度 3.0 m	99	无发展	2010 年 8 月 20 日
3	下行	SK1＋650	裂缝长度 1.8 m	100	无发展	2010 年 8 月 20 日
4	下行	SK1＋652	裂缝长度 2.5 m	99	无发展	2010 年 8 月 20 日
5	下行	SK1＋656	裂缝长度 4.0 m	98	无发展	2010 年 8 月 20 日
6	下行	SK1＋658.5	裂缝长度 2.0 m	100	无发展	2010 年 8 月 20 日
7	下行	SK1＋660	裂缝长度 2.5 m	99	无发展	2010 年 8 月 20 日
8	下行	SK1＋661	裂缝长度 1.6 m	99	无发展	2010 年 8 月 20 日
9	下行	SK1＋663	裂缝长度 2.1 m	100	无发展	2010 年 8 月 20 日
10	下行	SK1＋666	裂缝长度 2.3 m	98	无发展	2010 年 8 月 20 日
11	下行	SK1＋668	裂缝长度 2.0 m	99	无发展	2010 年 8 月 20 日
12	下行	SK1＋668	裂缝长度 1.0 m	100	无发展	2010 年 8 月 20 日
13	下行	SK1＋670	裂缝长度 1.7 m	99	无发展	2010 年 8 月 20 日
14	下行	SK1＋670.6	裂缝长度 2.1 m	99	无发展	2010 年 8 月 20 日
15	下行	SK1＋673	裂缝长度 3.2 m	99	无发展	2010 年 8 月 20 日
16	下行	SK1＋673.4	裂缝长度 1.5 m	101	无发展	2010 年 8 月 20 日
17	下行	SK1＋673.9	施工缝，裂缝长度 4.0 m	99	无发展	2010 年 8 月 20 日
18	下行	SK1＋675.6	裂缝长度 1.7 m	100	无发展	2010 年 8 月 20 日
19	下行	SK1＋677	裂缝长度 1.8 m	100	无发展	2010 年 8 月 20 日
20	下行	SK1＋678.5	裂缝长度 3.3 m	99	无发展	2010 年 8 月 20 日
21	下行	SK1＋680	裂缝长度 3.0 m	99	无发展	2010 年 8 月 20 日
22	下行	SK1＋684	施工缝，裂缝长度 4.0 m	100	无发展	2010 年 8 月 20 日
23	下行	SK1＋688	裂缝长度 3.6 m	99	无发展	2010 年 8 月 20 日
24	下行	SK1＋688.5	裂缝长度 3.4 m	99	无发展	2010 年 8 月 20 日
25	下行	SK1＋690	裂缝长度 3.5 m	98	无发展	2010 年 8 月 20 日
26	下行	SK1＋692	施工缝，裂缝长度 4.0 m	100	无发展	2010 年 8 月 20 日
27	下行	SK1＋692.6	裂缝长度 2.0 m	99	无发展	2010 年 8 月 20 日
28	下行	SK1＋695	裂缝长度 4.0 m	99	无发展	2010 年 8 月 20 日
29	下行	SK1＋697.5	裂缝长度 2.0 m	99	无发展	2010 年 8 月 20 日

续上表

序号	线别	位置	裂缝长度	标志长度	发展情况	检查日期
30	下行	SK1+698	裂缝长度 2.5 m	100	无发展	2010 年 8 月 20 日
31	下行	SK1+709	裂缝长度 1.5 m	99	无发展	2010 年 8 月 20 日
32	下行	SK1+712.5	裂缝长度 1.9 m	99	无发展	2010 年 8 月 20 日
33	下行	SK1+711	裂缝长度 1.8 m	99	无发展	2010 年 8 月 20 日
34	下行	SK1+709	裂缝长度 2.1 m	99	无发展	2010 年 8 月 20 日
35	下行	SK1+707	裂缝长度 1.7 m	99	无发展	2010 年 8 月 20 日
36	下行	SK1+703.5	裂缝长度 1.7 m	98	无发展	2010 年 8 月 20 日
37	下行	SK1+700	裂缝长度 2.0 m	100	无发展	2010 年 8 月 20 日
38	下行	SK1+700	裂缝长度 2.0 m	98	无发展	2010 年 8 月 20 日
39	下行	SK1+695.5	裂缝长度 1.6 m	97	无发展	2010 年 8 月 20 日
40	下行	SK1+687	裂缝长度 3.5 m	99	无发展	2010 年 8 月 20 日
41	下行	SK1+683	裂缝长度 2.1 m	99	无发展	2010 年 8 月 20 日
42	下行	SK1+680	裂缝长度 3.0 m	99	无发展	2010 年 8 月 20 日
43	下行	SK1+678.5	裂缝长度 3.8 m	100	无发展	2010 年 8 月 20 日
44	下行	SK1+674	裂缝长度 3.0 m	98	无发展	2010 年 8 月 20 日
45	下行	SK1+672	裂缝长度 3.2 m	99	无发展	2010 年 8 月 20 日
46	下行	SK1+670	裂缝长度 3.1 m	98	无发展	2010 年 8 月 20 日
47	下行	SK1+664	裂缝长度 1.5 m	98	无发展	2010 年 8 月 20 日
48	下行	SK1+662.5	裂缝长度 3.2 m	99	无发展	2010 年 8 月 20 日
49	下行	SK1+656	施工缝，裂缝长度 4.0 m	98	无发展	2010 年 8 月 20 日
50	下行	SK1+654	裂缝长度 3.0 m	99	无发展	2010 年 8 月 20 日
51	下行	SK1+671.5	裂缝长度 2.5 m	100	无发展	2010 年 8 月 20 日

12.4 小　结

通过对既有线隧道结构、轨道结构、地表变形和隧道内裂缝情况的监测可以得出以下结论：

(1)大东区间穿越既有线施工引起的既有线隧道结构变形最大沉降值约为 8.5 mm，在在既有线允许变形标准要求的范围之内。

(2)穿越工程施工期间，第三方监测单位的自动化监测系统曾经发生两次采集不到数据的情况，随即启用了科研单位的自动化监测系统来监测既有线的变形情况，这同时也说明在现有自动化监测技术条件下，有必要同时安装两套系统以备紧急之需，但为节省费用，备用系统可仅在少数关键断面的关键部位布点。

(3)从监测实施的过程，应该说第三方监测布置了足够多的监测断面，在每一监测断面上又布置了足够多的监测点，由于自动化监测数据采集和传输都需要占用一定的时间，且全站仪搜索监测点还要受到列车通过的影响，30 min 内监测得到的数据有限，在快速掘进情况下，仅能满足刀盘前后 3～5 断面关键点位的监测的需要。同时，由于既有线结构的整体性，且下穿越既有线施工所特有的变形由下向上传递的特点，在每个断面上仅布置 2～3 个测点就可以满足实际工程的需要。

(4)由于穿越方式为下穿施工，既有线的变形主要以沉降变形为主，测得的纵向变形和水平变形的数值皆比较小。可见，在今后类似下穿工程施工中，可以仅监测沉降变形。

(5)从新线与既有线交叉点对应监测断面测点 DM4-4 和 DM8-7 的监测数据可以发现，在 2 号线右线穿越施工完成后 DM4－4 的沉降变形为 2.83 mm，而在 2 号线左线穿越施工完成后 DM4－4 的沉降变形增加为 6.16 mm。DM8－7 测点在 2 号线右线穿越施工完成后的沉降变形为 1.91 mm，左线穿越施工完成后其沉降变形增加到 8.66 mm。上述数据表明在 2 号线左、右线现有线间距的条件下，左右两条线的施工存在着叠加影响。当然这种影响因新线距既有线的距离和地层条件的不同而有所变化。2 号线左线距既有线近些，加之地层条件较差，这种影响更为明显。

(6)测试数据表明，穿越施工期间隧道结构的变形和轨道静态几何行为的变化并不同步，既有线的隧道结构虽然最大发生了约 8.5 mm 的沉降，但轨道的静态几何行为并没有较大的变化，穿越施工期间既有线的运营是安全的。

(7)人工监测和自动化监测的数据比较吻和，一方面说明了自动化监测系统是可靠的，同时也可以分析列车通过及振动等环境因素对自动化监测系统的影响，从实际监测数据来看，这个影响大约是 2 mm。

(8)从实际监测数据来看，穿越施工期间地表沉降监测的数据较既有线沉降数值较大，主要原因可能是穿越施工期间降雨较多和盾构施工地层失水引起的。

(9)从新线左右线施工对既有线存在交叉影响的实际来看，有必要对既有线的变形控制标准进行分解，以更服合工程穿越施工方案。也就是在第一次穿越施工时的控制标准应该更为严格，为第二次穿越施工可能的影响留下余地。

(10)既有线的下穿部位位于 350 m 的小曲线半径上，同时既有线也存在着较大的纵坡，但轨道静态几何行为变形标准仍然执行直线段的控制标准，这方面的工作有待改进。同时，穿越前没有对穿越部分轨道的现状静态几何行为进行测试也是此次穿越工程的不足之处。

(11)从穿越施工期间既有线裂缝的发展状况来看，既有线叠线隧道完全可以可承受最大 9 mm 左右的沉降变形。

(12)从掘进过程来看，在管片脱出盾尾的期间，沉降变形较大，现场实践表明采用同步注水泥、水玻璃双液浆的方案可以较好地控制既有线的变形。

(13)从本次监测工作来看，提前进行仪器的安装、调试和初始数据的三方确认，对于后期监测工作的顺利开展、真实掌握既有线的变形状态比较重要。

(14)从整个监测工作的执行过程来看，由于穿越工程中涉及的信息量较大、数据较多，在数据管理和信息管理上存在一定的混乱，因此，有必要在今后类似的穿越工程建立专门的信息平台进行标准化管理，这部分工作可结合盾构掘进参数收集进行统一管理。

(15)从整个穿越施工来看，由于较好执行了匀速、快速的掘进原则，既有线的变形控制较好。因此，在穿越工程中，应尽量不停机，匀速、快速掘进通过既有线。

(16)在制定监测方案中，由于没有对穿越完成后继续的监测时间进行约定，所以判定既有线何时变形稳定就显得尤其重要。既有线变形变形稳定的标准可按《建筑变形测量规范》(JGJ 8—2007)中建筑沉降观测稳定状态的判定来执行，由沉降量与时间关系曲线确定。当最后 100 d 的沉降速率小于 0.01～0.04 mm/d 时可认为既有线变形已进入稳定阶段。

13 地质雷达扫描既有线及下方土体技术

13.1 引 言

由于燕大区间穿越施工距离较长，加之前期盾构推进困难加之较多设备故障，为确保既有线的运营安全，防止较大事故的出现，施工中决定聘请专业从事地质雷达探测的单位进行地铁1号线洞内探测，对既有线及下方土体进行地质雷达扫描探测，目的是探测既有线下伏地层存在空洞及软弱疏松带等不良地质情况的可能性，为地铁盾构施工推进提供参考。本次探测配合盾构施工进度全程、定期进行，并及时反馈勘测结果，以便科学、动态地指导2号线和1号线交叉部分盾构施工安全、顺利进行。

本场地位于深圳市红岭路和深圳路交叉口附近，拟进行探测的区域为深圳市地铁2号线盾构始发井—大剧院站局部风险区域（下穿地铁1号线部分）范围，根据施工进度安排，其中左线最大探测范围为ZDK31＋94～ZDK31＋230段，右线最大探测范围YDK31＋52～YDK31＋188，对应1号线范围为右线隧道SK3＋77～SK3＋205和左线隧道SK3＋48～SK3＋176区间，左右线累计总长度约260 m。

13.2 探测方法原理、仪器及方案

1. 原理

地下空洞、土洞及软弱疏松等不良地质现象探测的方法较多，包括瑞雷面波、地质雷达、直流电法和红外辐射法等多种物探技术方法，目前最常用的是瑞雷面波法和电磁波法，它们具有探测精度高、抗干扰能力强、应用范围广、工作方式灵活、效率高等优点。考虑到场地条件及各方面的影响因素，本次探测拟采用的地质雷达法属于电磁波法。

地质雷达是一种宽带高频电磁波信号勘探介质分布的非破坏性的勘探仪器，它通过天线连续拖动的方式获得断面的扫描图像。雷达利用向地下发射高频电磁波，电磁波信号在物体内部传播时遇到不同介质的界面时，就会反射、透射和折射。介质的介电常数差异越大，反射的电磁波能量也越大。反射的电磁波被与发射天线同步移动的接收天线接收后，通过雷达主机精确记录反射回的电磁波的运动特征，再通过数据的技术处理，形成断面扫描图，通过对图像的判读判断出地下目标物的实际情况。雷达天线向物体内部发射电磁波，由于物体内部的物理特性差异，它们的介电常数与雷达波传播速度不同，使电磁波在不同介质的界面处发生反射，并由雷达的接收天线接收，根据发射电磁波至反射波返回的时间差和物体中电磁波的速度来确定反射体距表面的距离，从而分析出介质内部的目标体的位置、深度等。地质雷达的工作原理及其探测方法见图13.1。

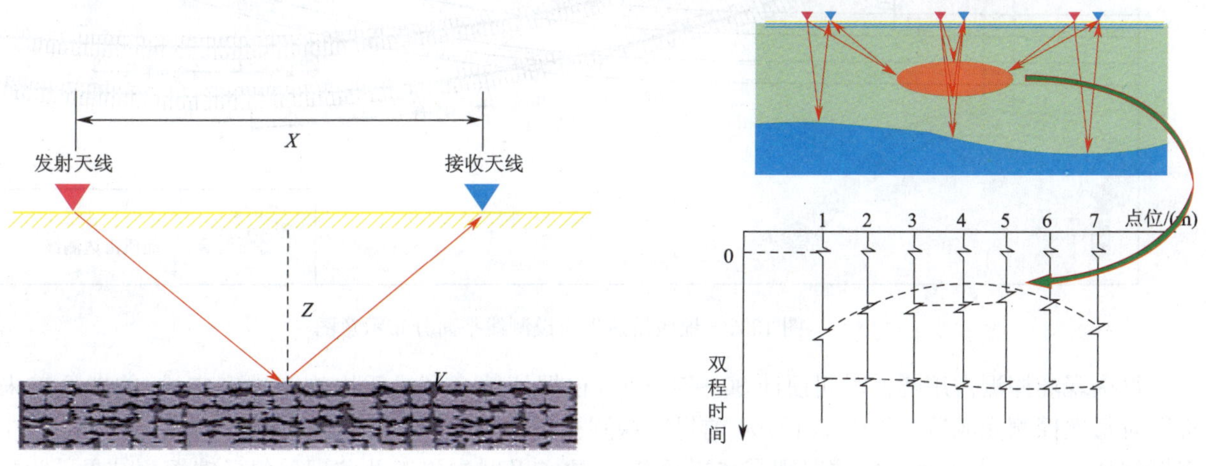

图13.1 地质雷达的工作原理及其探测方法

2. 仪器

根据本次勘探目的和勘探深度要求，地质雷达法拟采用进口 Zond-12e 型地质雷达系统，根据需要选用 100 m、500 m 和 900 m 天线，采用以连续扫描方式为主，结合点测并采用多频率重复扫描的方式进行。

根据本次勘探目的和勘探深度要求，地质雷达仪器设备采用进口 Zond －12e 型地质雷达系统，选用 500 m和 900 m 天线，采用连续扫描方式进行。仪器工作参数见表 13.1。

表 13.1　地质雷达参数

仪器型号	天线中心频率	时窗长度	采样点数	扫描方式
Zond－12e	100～500～900MHz	100～200 ns	512	连续滚动扫描

3. 探测方案

根据现场实际情况及要求，本方案拟沿已建成并正在运营的地铁 1 号线左右线隧道布设雷达测线，其中左、右线雷达测线最大长度 128 m，根据施工进度进展情况，逐步缩小探测区域范围，最小测线长度不小于 30 m，以保证每次地质雷达扫描探测测线均横跨 1 号、2 号线交叉的风险区域。

现场探测计划每天不间断进行，探测时间安排在地铁 1 号线运营结束后 0.5 h 进行，预计时间在凌晨 0 点左右，现场应保证探测技术人员和仪器设备的安全。初步测线布设参见表 13.2 及图 13.2。

表 13.2　探测区域地质雷达拟布设测线分布概况

测线编号	对应 1 号线里程范围	测线长度(m)	对应 2 号线里程范围	备　注
RD1	SK3＋77～SK3＋205	128	ZDK31 ＋ 139（左 42 m）～YDK31＋99(右 51 m)	地铁 1 号线右线隧道内，每天进行重复扫描，探测范围根据施工进度及时进行调控
RD2	SK3＋48～SK3＋176	128	ZDK31 ＋ 181（左 39 m）～YDK31＋138(右 49 m)	地铁 1 号线左线隧道内，探测范围根据施工进度及时进行调控

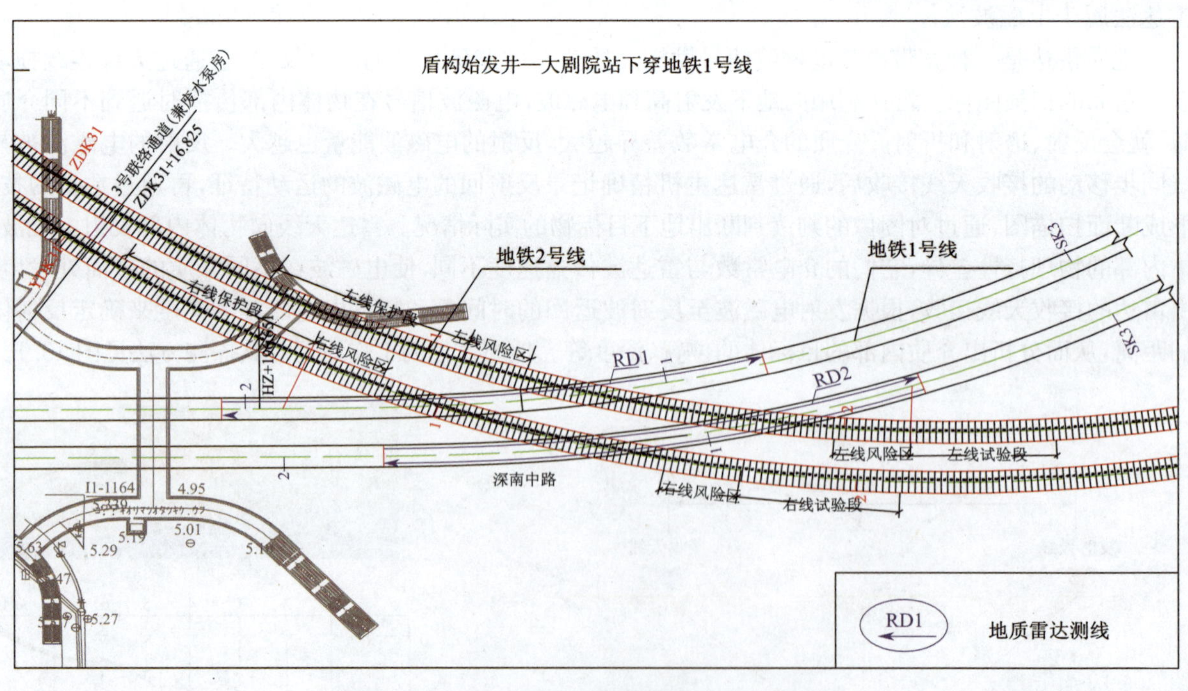

图 13.2　地质雷达拟布设测线平面分布示意图

每次现场探测占用隧道时间预计 30～50 min，根据地铁 2 号线盾构施工进度安排，前期施工未进入风险区时每次探测完成后当天中午 12:00 前提交探测初步结果，进入风险区时探测完成后当天早上 9:30 前提交探测初步结果，若发现异常情况则需在当天 8:00 之前及时向施工及监理单位反馈探测结果。为配合施工进行，地质雷达探测每天应及时提交初步结果，施工完成后应提交正式成果报告。

4. 其他说明

(1)由于探测场地位于正在营运的地铁隧道内，情况较为特殊，且地质雷达探测仪器设备较多，需要事先地铁运营单位沟通，并协助陪同现场全程探测，保证正在运营的地铁1号线相关设施的安全与妥善防护，并保证雷达扫描探测的安全顺利进行。

(2)探测前需提前测放雷达探测测线起止点坐标或里程桩号，沿测线现场每间隔5m用油漆笔做一个标记，探测区间起止点须进行明示。

(3)现场探测的工作人员必须配备安全帽、反光警示服以及警示灯等安全保护用品。严禁穿拖鞋、凉鞋以及短裤进场工作。

(4)探测过程中要对自动化监测的设备进行保护，禁止任何工具或人员碰撞测量设备。设备一旦在不小心的情况下被碰撞，必须及时上报相关单位，确保监测数据的准确。

(5)禁止在两钢轨之间用铁器连接，禁止动用任何既有设备。

13.3　工程地质雷达探测

按照前述方案要求，在燕大区间穿越施工过程中，委托专业单位采用地质雷达对既有线及下方土体进行了大范围的扫描，探测结果经过了监理和建设单位的签字确认，有效监督了既有线下方土体中是否存在大的孔洞，保证了既有线运营安全和新建隧道施工安全。为节省篇幅，下文仅选取了有代表性的几次探测结果。

1. 2010年7月4日探测结果

于2010年7月4日凌晨对深圳地铁2号线东延线工程土建2225－2标燕南站—大剧院站(下穿地铁1号线处)局部区域进行了地质雷达扫描探测，目的是探测既有线下伏地层存在空间及软弱疏松带等不良地质情况的可能性，为地铁盾构施工推进提供参考。

本次进行探测的范围为地铁1号线左线SK3＋037～SK3＋177段和右线SK3＋67～SK3＋207段，左右线累计总长度约280 m。

(1)仪器设备及侧线布设

根据本次勘探目的和勘探深度要求，地质雷达仪器设备采用进口Zond－12e型地质雷达系统，选用500 m和900 m天线，采用连续扫描方式进行。仪器工作参数见表13.3。

表13.3　地质雷达参数

仪器型号	天线中心频率	时窗长度	采样点数	扫描方式
Zond－12e	500～900MHz	100～200 ns	512	连续滚动扫描

根据现场实际情况及要求，本次探测沿已建成并正在运营的地铁1号线左右线隧道地板布设雷达测线，其中左、右线雷达测线长度均为140 m，横跨1、2号线交叉之风险区域。测线布设参见表13.4及图13.3。

表13.4　探测区域地质雷达测线分布

测线编号	探测时间	对应1号线里程范围	对应2号线里程范围	测线长度(m)	备　注
RD2	2010.7.4 1:30	SK3＋037～SK3＋177	ZDK31＋229(左17.4m)～ YDK31＋092(右17.4m)	140	布设在地铁1号线左线隧道内底板上，采用多频重复扫描
RD1	2010.7.4 2:00	SK3＋67～SK3＋207	ZDK31＋189(左19.8m)～ YDK31＋053(右21.7m)	100	地铁1号线右线隧道内底板上，采用多频重复扫描

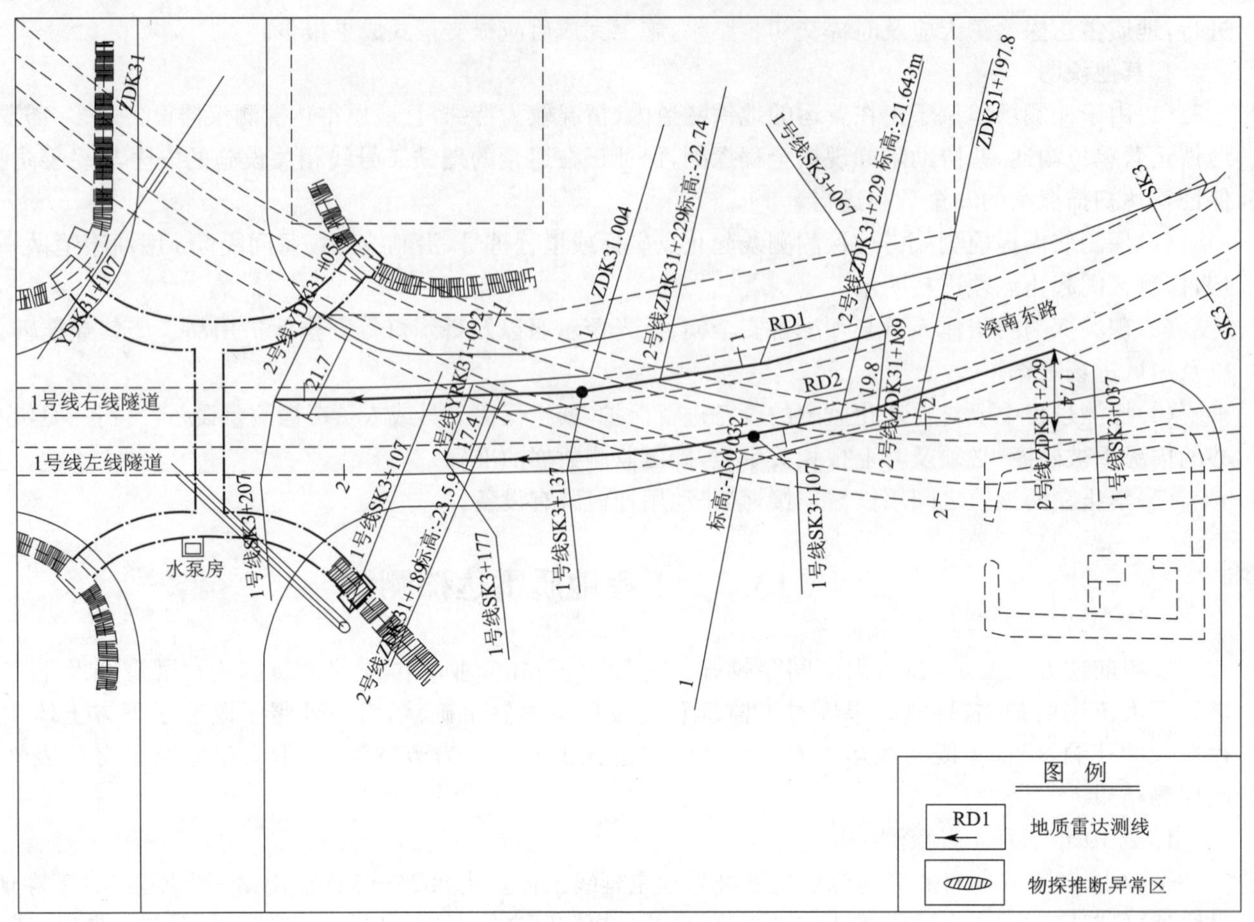

图 13.3 地质雷达测线布设及异常分布示意图

(2)探测结果

图 13.4 为雷达测线 RD1 扫描剖面，测线起点里程为地铁 1 号线右线 SK3＋067，终点里程为右线 SK3＋207，测线沿隧道中心扫描，长度为 140 m。由雷达剖面分析，地下介质反射相位清晰，浅层(0～1.6 m)强反射带，主要为隧道轨道面混凝土及隧道支护结构层反射，其中高轻度反射区内同相轴出现连续较密集的小弧形特征，为结构层内钢筋网反射信号。剖面横向 80～90 m(SK3＋147～SK3＋157)，深度 2.4～3.8 m，埋深范围内地层反射信号较强，局部位置同相轴出现突变现象(表现为反射强烈同相轴连续性较差且呈现间断性中断现象)，结合钻探勘察资料该深度范围存在土岩交界面，推断解释为地层接触面异常(1－A 区)。深层部位同相轴连续性较好，反射信号较弱，未见有明显的不良地质异常信号反映。

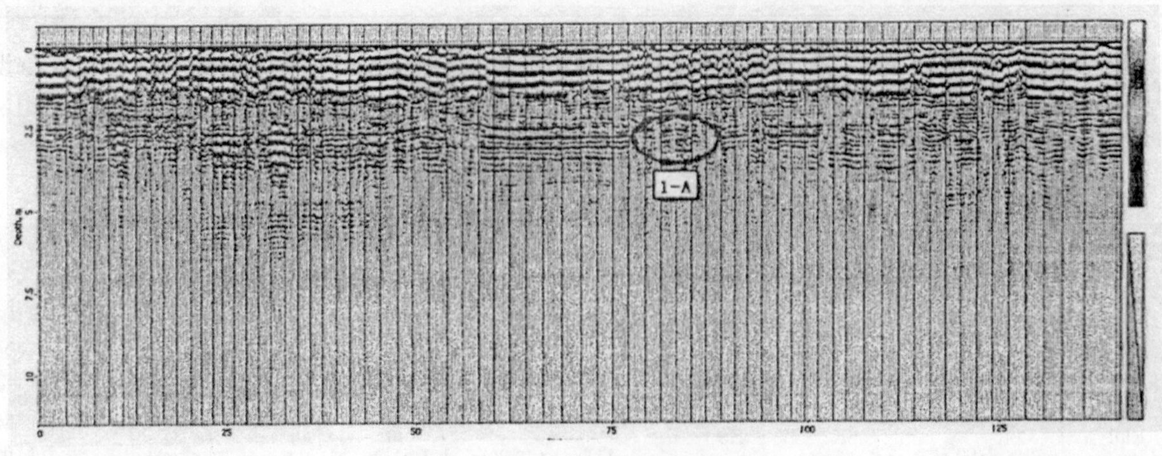

图 13.4 地质雷达勘探测线 RD1 剖面

图 13.5 为雷达测线 RD2 剖面，测线起点里程为地铁 1 号线左线 SK3＋037，终点里程为左线 SK3＋

177，测线沿隧道中心扫描，长度为140 m。由雷达剖面分析，地下介质反射相位清晰，浅层(0～1.6 m)强反射带，主要为隧道轨道面混凝土及隧道支护结构层反射，其中高强度反射区内同相轴出现连续较密集的小弧形特征，为结构层内钢筋网反射信号。强反射带2-A～2-C区主要为轨道表面敷设电缆产生的干扰信号。其余部位未见有明显的不良地质异常信号反映。

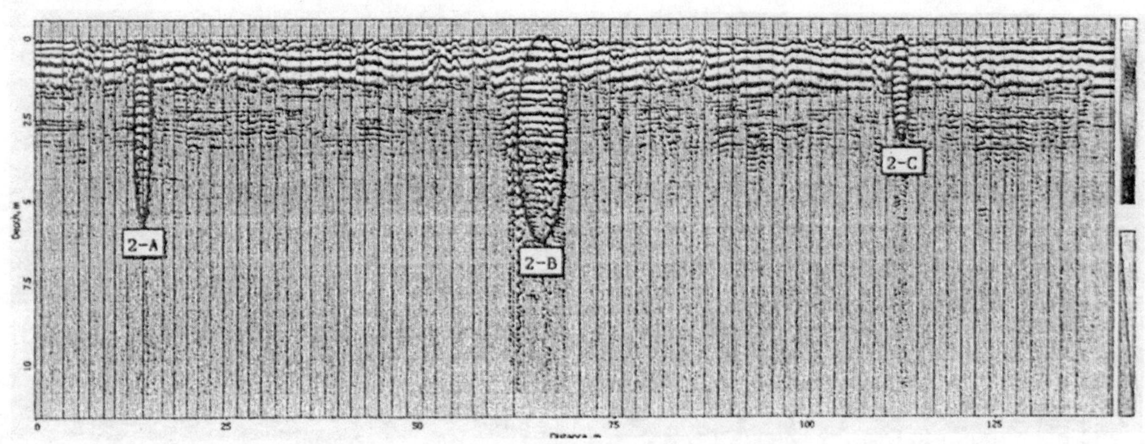

图13.5　地质雷达勘探测线RD2剖面

(3)结论和建议

本次探测现场共布置完成地质雷达测线2条，完成雷达测线总长280 m，经综合分析和推断可得如下结论：

① 所测地铁1号线左线SK3＋037～ SK3＋177段(ZDK＋229左17.4 m～YDK31＋092右17.4 m)和右线SK3＋067～ SK3＋207(ZDK＋189左19.8 m～YDK31＋053右21.7 m)段下伏地层总体情况较好，未发现空洞及软弱疏松带等明显不良地质异常反映。

② 由于探测区域场地环境较复杂，包括金属轨道、电力、通信光缆、钢筋构件材料以及管线管道等较复杂的工作环境对本次雷达探测的精度和准确度均有影响，建议对探测结果应参考使用。

2. 2010年7月20日探测结果

于2010年7月20日凌晨对深圳市地铁2号线东延线2225－2标燕南站—大剧院站(下穿地铁1号线处)局部区域进行了地质雷达扫描探测，目的是探测既有线下伏地层存在空洞及软弱疏松带等不良地质情况的可能性，为地铁盾构施工推进提供参考。

本次进行探测的范围为地铁1号线左线SK3＋037～SK3＋177段和右线SK3＋067～SK3＋207段，左右线累计总长度约280 m。

(1)仪器设备及测线布设

根据本次勘探目的和勘探深度要求，地质雷达仪器设备采用进口Zond－12e型地质雷达系统，选用500 m和900 m天线，采用连续扫描方式进行。仪器工作参数见表13.5。

表13.5　地质雷达参数

仪器型号	天线中心频率	时窗长度	采样点数	扫描方式
Zond－12e	500～900MHz	100～200 ns	512	连续滚动扫描

根据现场实际情况及要求，本次探测沿已建成并正在运营的地铁1号线左右线隧道底板布设雷达测线，其中左、右线雷达测线长度均为140 m，横跨1、2号线交叉的风险区域。测线布设参见表13.6及图13.6。

表13.6　探测区域地质雷达测线分布

测线编号	探测时间	对应1号线里程范围	对应2号线里程范围	测线长度(m)	备　注
RD4	2010.7.25 1:10	SK3＋037～SK3＋177	ZDK31＋229(左17.4 m)～ YDK31＋092(右17.4 m)	140	布设在地铁1号线左线隧道内底板上，采用多频重复扫描

续上表

测线编号	探测时间	对应 1 号线里程范围	对应 2 号线里程范围	测线长度(m)	备 注
RD3	2010.7.4 2:00	SK3+067～SK3+207	ZDK31+189(左 19.8 m)～ YDK31+053(右 21.7 m)	140	地铁 1 号线右线隧道内底板上,采用多频重复扫描

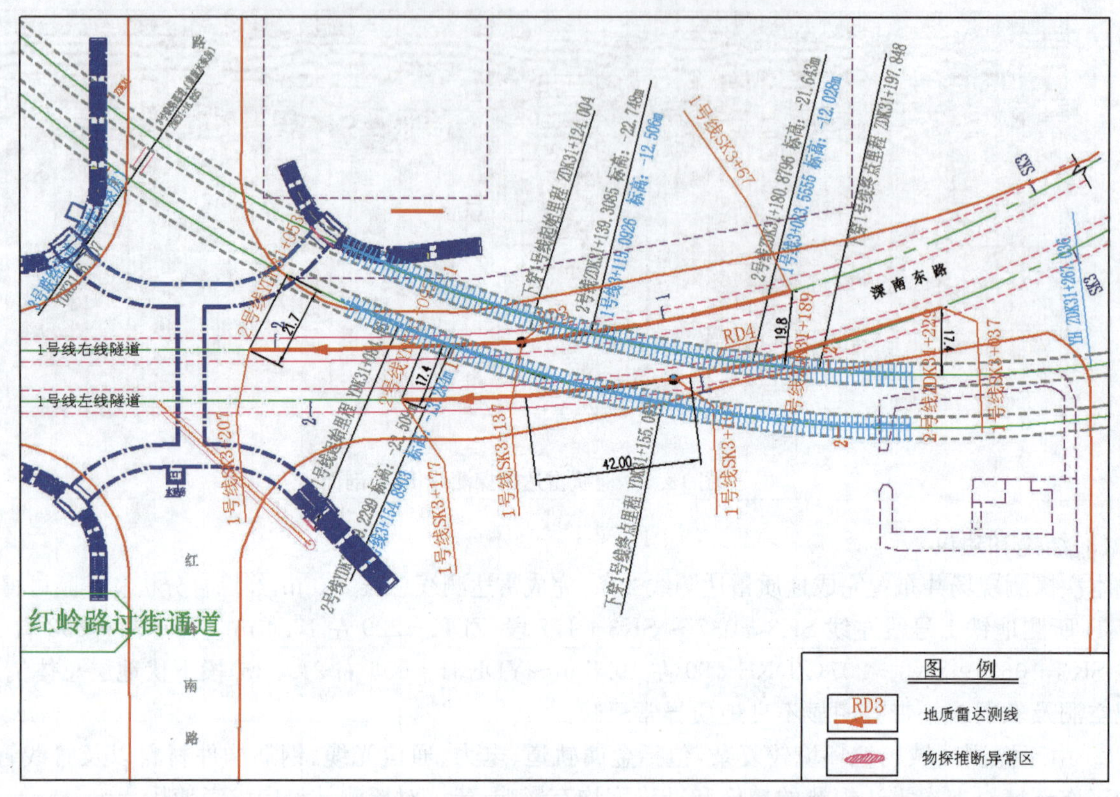

图 13.6 地质雷达测线布设及异常分布示意图

(2)探测结果

图 13.7 为雷达测线 RD3 扫描剖面。测线起点里程为地铁 1 号线右线 SK3+067,终点里程为右线 SK3+207,测线沿隧道中心扫描,长度为 140 m。由雷达剖面分析,地下介质反射相位清晰,浅层(0～1.6 m)强反射带,主要为隧道轨道面混凝土及隧道支护结构层反射,其中高度强反射区内同相轴出现连续较密集的小弧形特征,为结构层内钢筋网反射信号。剖面横向 80～90 m(SK3+147～SK3+157),深度 2.4～3.8 m,埋深范围内地层反射信号较强,局部位置同相轴出现突变现象(表现为反射强烈同相轴连续性较差且呈现间断性中断现象),结合钻探勘察资料,该深度范围存在土岩交接面,推断解释为地层接触界面异常(3－A 区)。深层部位同相轴连续性较好,反射信号较弱,未见有明显的不良地质异常信号反映。

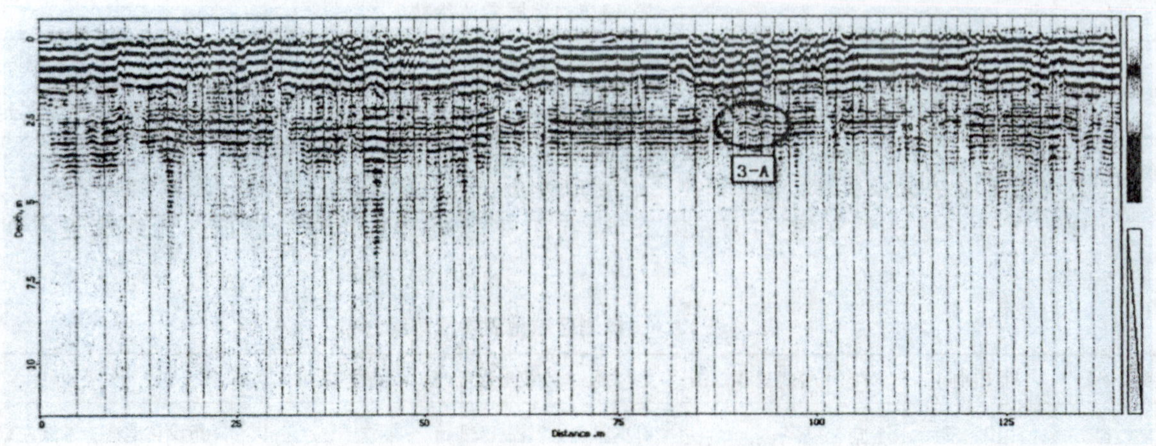

图 13.7 地质雷达勘探测线 RD3 剖面

图 13.8 为雷达测线 RD4 扫描剖面。测线起点里程为地铁 1 号线左线 SK3＋037，终点里程为左线 SK3＋177，测线沿隧道中心扫描，长度为 140 m。由雷达剖面分析，地下介质反射相位清晰，浅层（0～1.6 m）强反射带，主要为隧道轨道面混凝土及隧道支护结构层反射，其中高度强反射区内同相轴出现连续较密集的小弧形特征，为结构层内钢筋网反射信号。强反射带 4－A～4－C 区主要为轨道表层敷设电缆产生的干扰信号。其余部位未见有明显的不良地质异常信号反映。

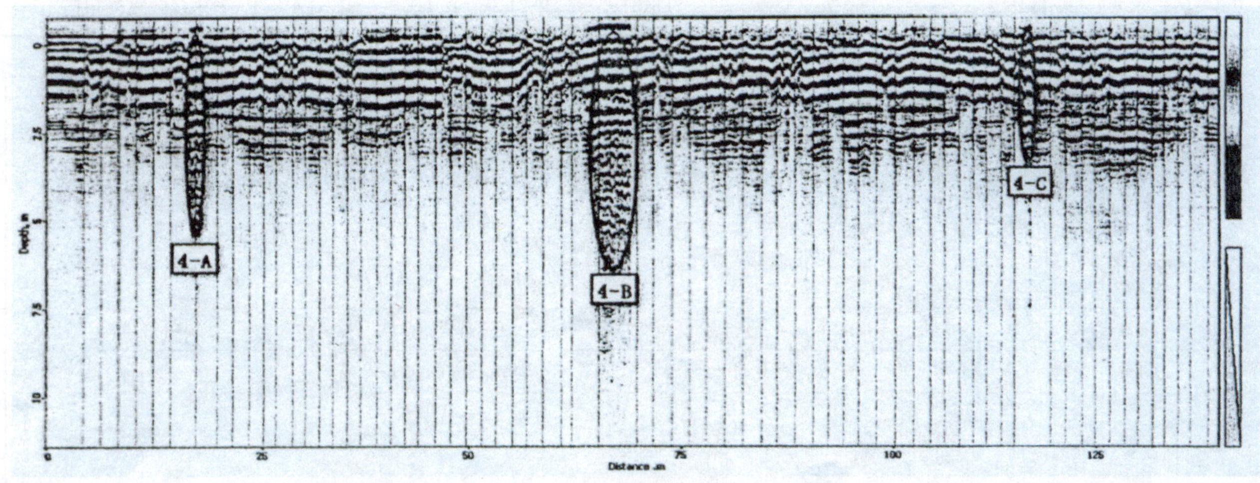

图 13.8　地质雷达勘探测线 RD4 剖面

（3）结论和建议

本次探测现场共布设完成地质雷达测线 2 条，完成雷达测线总长 280 m，经综合分析和推断可得如下结论：

① 所测地铁 1 号线左线 SK3＋037～SK3＋177 段（ZDK31＋229 左 17.4 m～YDK31＋092 右 17.4 m）和右线 SK3＋067～SK3＋207（ZDK31＋189 左 19.8 m～YDK31＋053 右 21.7 m）段下伏地层总体情况较好，未发现空洞及软弱疏松带等明显不良地质异常反映。

② 由于探测区域场地环境较复杂，包括金属轨道、电力、通信光缆、钢筋构件材料以及管线管道等较复杂的工作环境对本次雷达探测的精度和准确度均有影响，建议对探测结果应参考使用。

3. 2010 年 7 月 25 日探测结果

于 2010 年 7 月 25 日凌晨对深圳市地铁 2 号线东延线 2225－2 标燕南站—大剧院站（下穿地铁 1 号线处）局部区域进行了第 4 次地质雷达扫描探测，目的是探测既有线受下穿越施工影响区域下伏地层存在空洞及软弱疏松带等不良地质情况的可能性，为地铁盾构施工推进提供参考。

本次探测沿地铁 1 号线左线 SK3＋037～SK3＋177 段和右线 SK3＋107～SK3＋207 段进行，左右线累计总长度约 240 m。

（1）仪器设备及测线布设

根据本次勘探目的和勘探深度要求，地质雷达仪器设备采用进口 Zond －12e 型地质雷达系统，选用 500 m和 900 m 天线，采用连续扫描方式进行。仪器工作参数见表 13.7。

表 13.7　地质雷达参数

仪器型号	天线中心频率	时窗长度	采样点数	扫描方式
Zond－12e	500～900MHz	100～200 ns	512	连续滚动扫描

根据现场实际情况及要求，本次探测沿已建成并正在运营的地铁 1 号线左右线隧道底板布设雷达测线，其中左线雷达测线长度为 140 m，右线雷达测线长度为 100 m，均横跨 1、2 号线交叉的风险区域。测线布设参见表 13.8 及图 13.9。

表 13.8　探测区域地质雷达测线分布

测线编号	探测时间	对应 1 号线里程范围	对应 2 号线里程范围	测线长度(m)	备　注
RD8	2010.7.25 1:10	SK3+037～SK3+177	ZDK31+229(左 17.4 m)～YDK31+092(右 17.4 m)	140	布设在地铁 1 号线左线隧道内底板上,采用多频重复扫描
RD7	2010.7.25 1:45	SK3+107～SK3+207	ZDK31+151(左 4.9 m)～YDK31+053(右 21.7 m)	100	地铁 1 号线右线隧道内底板上,采用多频重复扫描

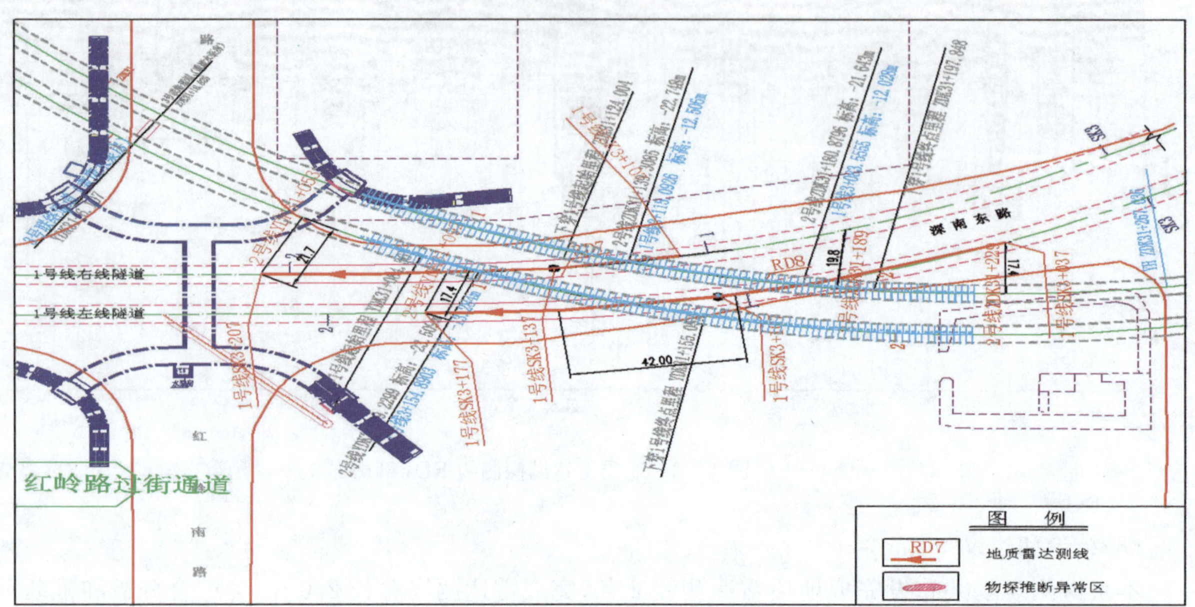

图 13.9　地质雷达测线布设及异常分布示意图

(2)探测结果

图 13.10 为雷达测线 RD7 扫描剖面。测线起点里程为地铁 1 号线右线 SK3+107,终点里程为右线 SK3+207,测线沿地铁 1 号线右线隧道底板中心布设,长度为 100 m。由雷达图像分析可见地下介质反射信号相位清晰,对比前几次雷达扫描图像,本次扫描图像特征和前两次一致性、重复性良好,未发现有明显特征变化异常,未见有明显空洞、软弱疏松地层等不良地质异常信号反映。

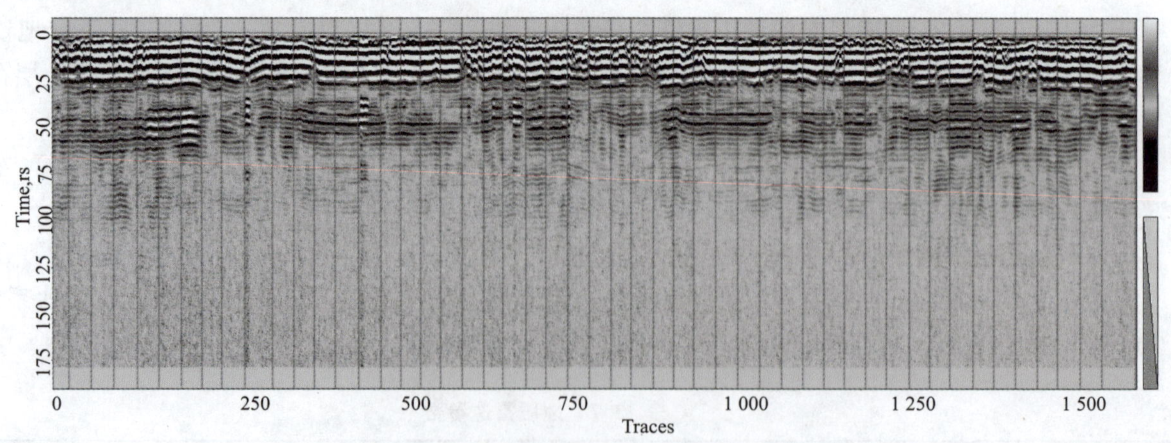

图 13.10　地质雷达勘探测线 RD7 剖面

图 13.11 为雷达测线 RD8 扫描剖面。测线起点里程为地铁 1 号线左线 SK3+037,终点里程为左线 SK3+177,测线沿地铁 1 号线左线隧道底板中心布设,长度为 140 m。由雷达图像分析可见,地下介质反射信号相位清晰,图中 3 处强反射异常带为隧道底板表层横向敷设的电缆产生的强干扰信号。对比前后几次雷达扫描图像,本次扫描图像特征和前两次一致性、重复性良好,未发现有明显特征变化异常,未见有明显空洞、软弱疏松地层等不良地质异常信号反映。

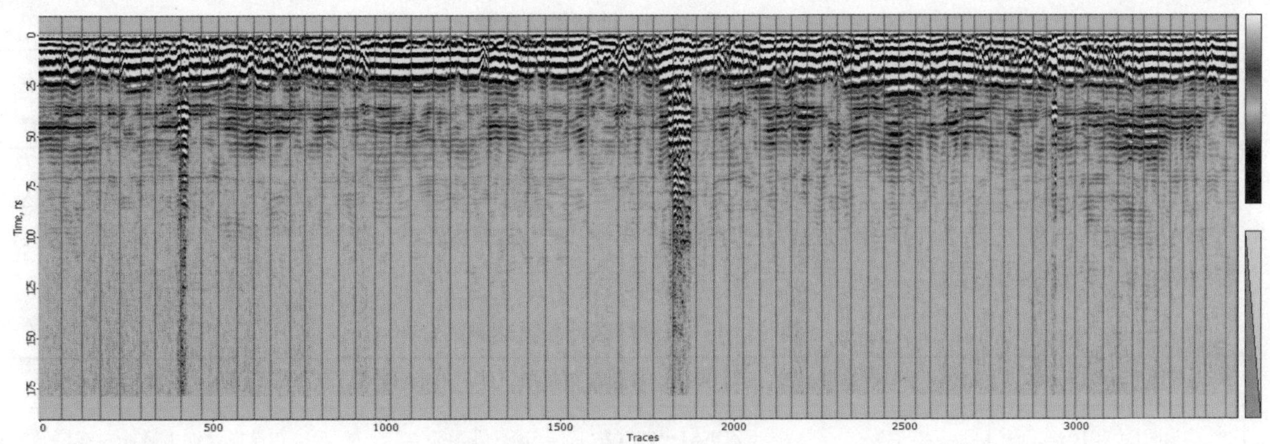

图 13.11 地质雷达勘探测线 RD8 剖面

图 13.12 为本次扫描和上次扫描图像局部对比(对应 1 号线 SK3+103～SK3+145)。

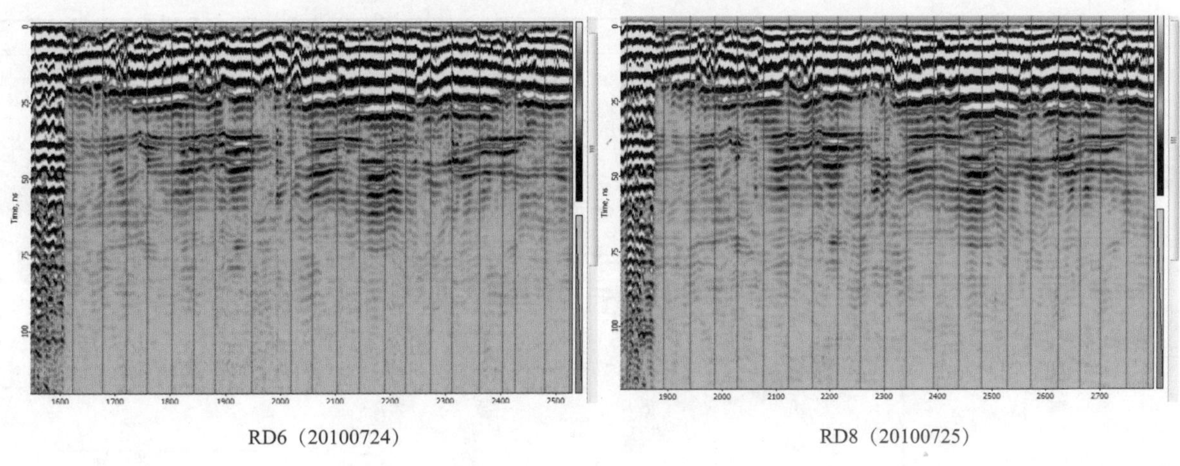

RD6 (20100724) RD8 (20100725)

图 13.12 雷达探测扫描图像局部特征对比

(3)结论和建议

本次探测现场共布设完成地质雷达测线 2 条,完成雷达测线总长 240 m,经综合分析和推断可得如下结论:

①所测地铁 1 号线左线 SK3+037～SK3+177 段(ZDK31+229 左 17.4 m～YDK31+092 右 17.4 m)和右线 SK3+107～SK3+207(ZDK31+151 左 4.9 m～YDK31+053 右 21.7 m)段下伏地层总体情况较好,未发现空洞及软弱疏松带等明显不良地质异常反映。

②由于探测区域场地环境较复杂,包括金属轨道、电力、通信光缆、钢筋构件材料以及管线管道等较复杂的工作环境对本次雷达探测的精度和准确度均有影响,建议对探测结果应参考使用。

③建议施工单位应及时通报施工现场进展情况,便于及时调整雷达探测施工参数和扫描数据分析,采取动态化、信息化的施工管理控制措施,保证探测数据的真实可靠、科学客观。

4. 2010 年 7 月 26 日探测结果

于 2010 年 7 月 26 日凌晨对深圳市地铁 2 号线东延线 2225－2 标燕南站—大剧院站(下穿地铁 1 号线处)局部区域进行了第 5 次地质雷达扫描探测,目的是探测既有线下伏地层存在空洞及软弱疏松带等不良地质情况的可能性,为地铁盾构施工推进提供参考。

本次探测沿地铁 1 号线左线 SK3+037～SK3+177 段和右线 SK3+107～SK3+207 段进行,左右线累计总长度约 240 m。

(1)仪器设备及测线布设

根据本次勘探目的和勘探深度要求,地质雷达仪器设备采用进口 Zond－12e 型地质雷达系统,选用 500 m和 900 m 天线,采用连续扫描方式进行。仪器工作参数见表 13.9 所示。

表 13.9　地质雷达参数

仪器型号	天线中心频率	时窗长度	采样点数	扫描方式
Zond－12e	500～900MHz	100～200 ns	512	连续滚动扫描

根据现场实际情况及要求，本次探测沿已建成并正在运营的地铁 1 号线左右线隧道底板布设雷达测线，其中左线雷达测线长度为 140 m，右线雷达测线长度为 100 m，均横跨 1，2 号线交叉的风险区域。测线布设参见表 13.10 及图 13.13。

表 13.10　探测区域地质雷达测线分布

测线编号	探测时间	对应 1 号线里程范围	对应 2 号线里程范围	测线长度(m)	备　注
RD10	2010.7.26 1:40	SK3＋037～SK3＋177	ZDK31＋229(左 17.4 m)～YDK31＋092(右 17.4 m)	140	布设在地铁 1 号线左线隧道内底板上，采用多频重复扫描
RD9	2010.7.26 1:20	SK3＋107～SK3＋207	ZDK31＋151(左 4.9 m)～YDK31＋053(右 21.7 m)	100	地铁 1 号线右线隧道内底板上，采用多频重复扫描

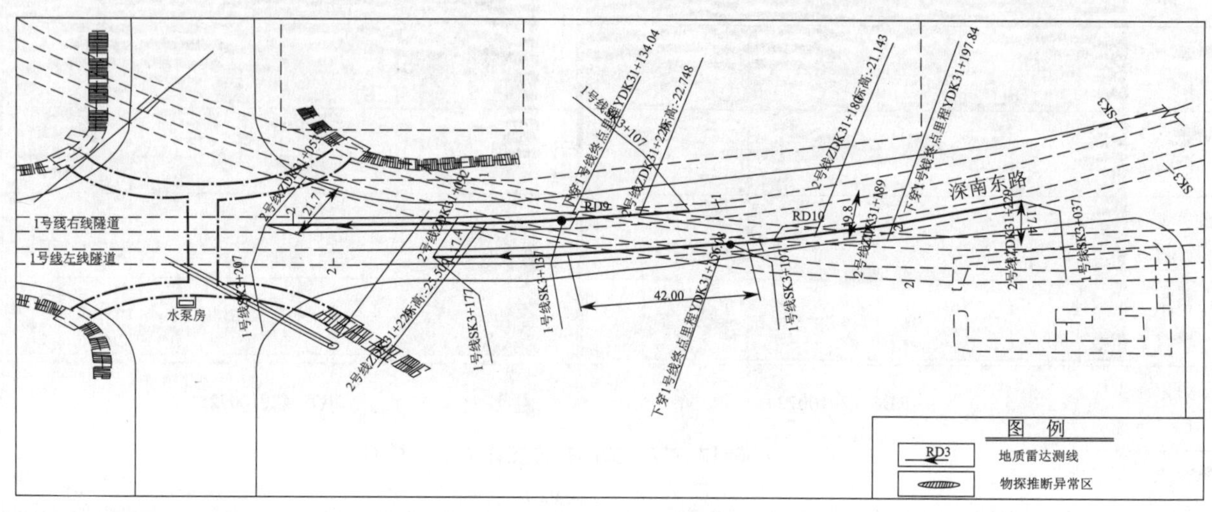

图 13.13　地质雷达测线布设及异常分布示意图

(2)探测结果

图 13.14 为雷达测线 RD9 扫描剖面。测线起点里程为地铁 1 号线右线 SK3＋107，终点里程为右线 SK3＋207，测线沿地铁 1 号线右线隧道底板中心布设，长度为 100 m。由雷达图像分析可见地下介质反射信号相位清晰，对比前几次雷达扫描图像，本次扫描图像特征和前两次一致性、重复性良好，未发现有明显特征变化异常，未见有明显空洞、软弱疏松地层等不良地质异常信号反映。

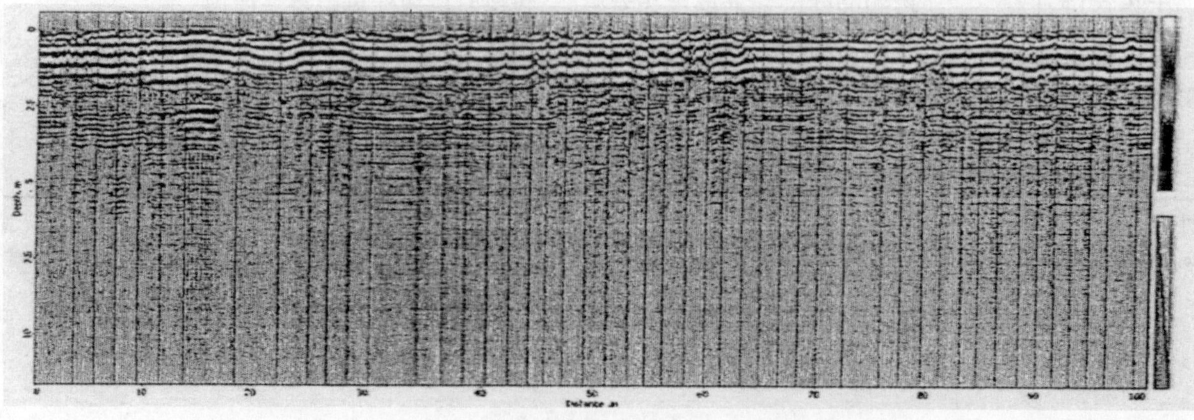

图 13.14　地质雷达勘探测线 RD9 剖面

图 13.15 为雷达测线 RD10 扫描剖面。测线起点里程为地铁 1 号线左线 SK3＋037，终点里程为左线 SK3＋177，测线沿地铁 1 号线左线隧道中心布设，长度为 140 m。由雷达图像分析可见，地下介质反射信号相位清晰，图中 3 处强反射异常带为隧道底板表层横向敷设的电缆产生的强干扰信号。对比前后几次雷达扫描图像，本次扫描图像浅层 1～4 m 特征和前几次一致性、重复性良好，1 号线隧道底板和底板下至 2 号线洞顶之间岩(土)层介质未发现有明显特征变化异常，未见有明显空洞、软弱疏松地层等不良地质异常信号反映。

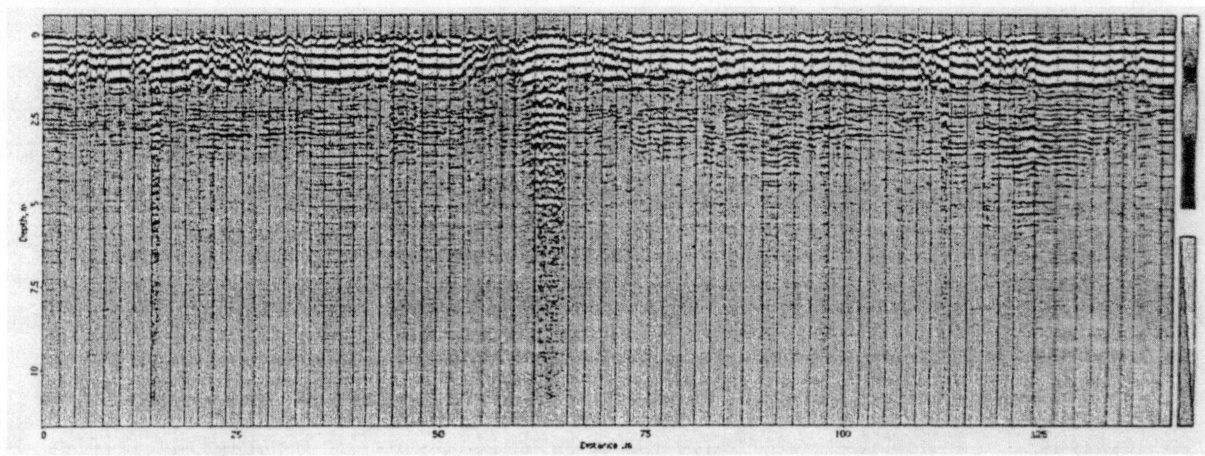

图 13.15　地质雷达勘探测线 RD10 剖面

(3)结论和建议

本次探测现场共布设完成地质雷达测线 2 条，完成雷达测线总长 240 m，经综合分析和推断可得如下结论：

① 所测地铁 1 号线左线 SK3＋037～SK3＋177 段(ZDK31＋229 左 17.4 m～YDK31＋092 右 17.4 m)和右线 SK3＋107～SK3＋207(ZDK31＋151 左 4.9 m～YDK31＋053 右 21.7 m)段 1 号线隧道至下穿 2 号线隧洞之间下伏地层总体情况较好，未发现空洞及软弱疏松带等明显不良地质异常反映。

② 由于探测区域场地环境较复杂，包括金属轨道、电力、通信光缆、钢筋构件材料以及管线管道等较复杂的工作环境对本次雷达探测的精度和准确度均有影响，建议对探测结果应参考使用。

13.4　小　　结

在燕大区间下穿既有 1 号线施工过程中，采用地质雷达扫描既有线及下方土体是一项重要的安全保证措施，可以及时发现既有线下方土体中可能出现的大的孔洞，对于预防大坍塌、保证既有线的安全运营意义重大。总结此次穿越工程地质雷达扫描的实践，可以得出以下结论：

(1)由于此次穿越工程盾构施工控制技术总体较好，既有线的变形控制在允许范围之内，既有线的隧道结构变形和轨道结构静态几何行为皆在允许范围之内，既有线下方没有出现大的孔洞，这与地质雷达的探测结果一致。

(2)地质雷达探测既有线及下方土体，作为一项重要的安全控制技术手段，对预防大坍塌事故的出现起到了积极作用，是穿越工程安全控制的重要技术参考。

(3)在实际应用中，还应加强对地质雷达分辨率的重视，以便在工程更早“防患于未然”。本工程探测地质雷达的分辨率是在 3 m 之内可识别 0.5 m^3 孔洞。显然，地质雷达的分辨率越高，规避地层坍塌风险的能力愈强。

14 进仓和换刀技术

14.1 引　　言

随着盾构技术在复合地层、富水砂卵石地层等复杂城市地质环境条件下的推广应用，由于开挖刀具的磨耗非常严重，必须定期进行刀具检查与更换，如何采取行之有效的加固措施保证快速顺利地进行刀具更换已经成为盾构隧道快速施工亟需解决的关键技术难题。在城市环境中，由于建(构)筑物密集、管网密布，已经形成复杂的城市建筑环境，在地面"开膛破肚"，在刀盘前方开挖竖井，直达刀盘进行刀具检查和更换的方式往往没有操作的空间，所花费的代价也难以被工程接受。无论是在"上软下硬"的复合地层，还是在自稳能力较差的富水砂卵石地层，常压换刀的前期加固准备工作时间长，非常影响工程的进度。因此，探索带压模式进行盾构刀具的更换，是换刀技术的发展方向。

燕大区间盾构始发井—大剧院站区段将以 20°～23°的平面夹角下穿运营中的地铁 1 号线，重叠区域超过 70m，盾构施工穿越距离长，1、2 号线结构轮廓最小净距仅 2.6 m，且下穿范围内地质条件为上软下硬花岗岩地层，刀具磨损问题比较严重，施工难度极高、风险极大。右线盾构推进完成第 91 环时，按照区段划分已进入下穿 1 号线风险区。上一次成功开仓换刀至今已在上软下硬地层中推进 15 环，且施工参数显示刀盘及土仓已经有泥饼形成。先前曾于 2010 年 7 月 1 日推进完成第 89 环后带压开仓进行检查，由于地质条件较差，未能进行刀具检查与泥饼清理。根据 2010 年 7 月 3 日召开的专家咨询会议精神，为确保右线盾构顺利安全下穿 1 号线，有必要开仓检查更换刀具并清除泥饼。在本次进仓中，采用了砂浆置换加固前方地层的进仓换刀技术。

当盾构掘进至 DK31＋127(推进环号:124 环，拼装环号 120 环)，掘进平均速度为 8 mm/min，根据渣样分析，地质主要以〈9－2－2〉(块状强风化花岗岩)为主，顶部为全风化花岗岩，底部为中风化花岗岩，属于典型的上软下硬地层。前期施工过程中每环的出土量均正常，注浆量及注浆压力均满足要求，二次注浆同步跟进，1 号线结构的沉降量均在可控范围内。上一次成功开仓换刀至今已在上软下硬地层中推进 29 环，且施工参数显示目前已掘进遇到有中风化岩层，可能对刀具特别是边刀有所损害，经穿越工程参建各方讨论，为确保右线盾构顺利安全下穿剩下的 1 号线右线，有必要在掘进环 128 环开仓检查更换刀具。另外，选择 128 环开仓还基于以下考虑:(1)盾构已经进入既有线左、右两线之间，如遇开仓风险，地面有处理条件;(2)为保证再次穿越的一次成功，有必要对刀具进行全面检查和必要的更换;(3)目前地层全风化土质地层在洞身范围内比例较小，强风化地层比例较高，对带压开仓有利;(4)如带压开仓失败，有向前掘进条件，可在下穿一号线右线之前再另行选择开仓位置。在本次进仓中，采用了带压进仓换刀技术。

14.2 砂浆置换进仓换刀技术

1. 开仓地段工程概况

目前盾构停机位置切口里程为 YDK31＋169.01，刀盘处于深南大道南侧人行道下方。地面埋有市政电缆、通信电缆、自来水管、消防水管、路灯线等众多管线。平面位置如图 14.1 所示。

根据地质补勘报告及第 89 环开仓观察情况，该地段隧顶埋深 19.2 m，洞顶至地面地层分别为＜1－1＞素填土 4.5 m，＜5－1－1＞淤泥质粉质黏土 2.0 m，＜5－2－3＞中砂 2.3 m，＜8－1＞砾质黏性土土层6.3 m，＜9－1＞全风化花岗岩 4.2 m，＜9－2－1＞强风化花岗岩 2.7 m。洞身范围为全断面＜9－2－1＞强风化花岗岩。地质纵断面图如 14.2 所示，开仓作业工艺流程如图 14.3 所示。

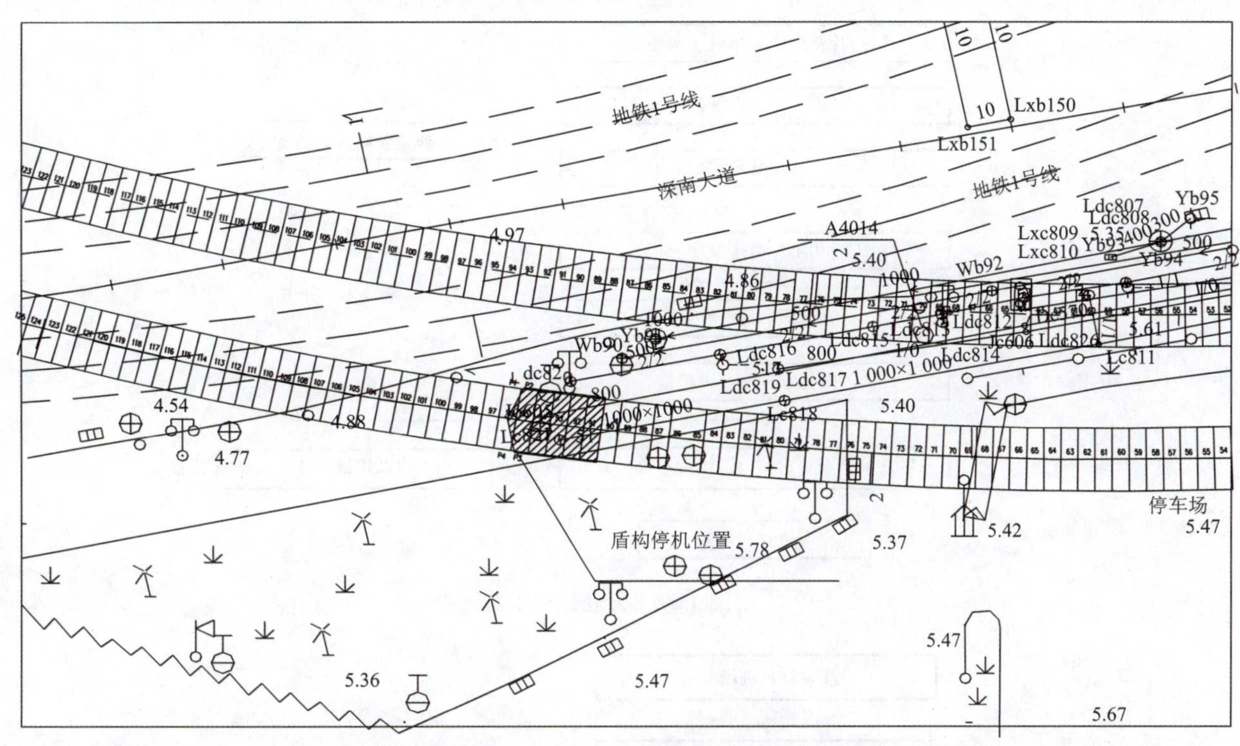

图 14.1　燕大区间穿越工程进仓平面位置

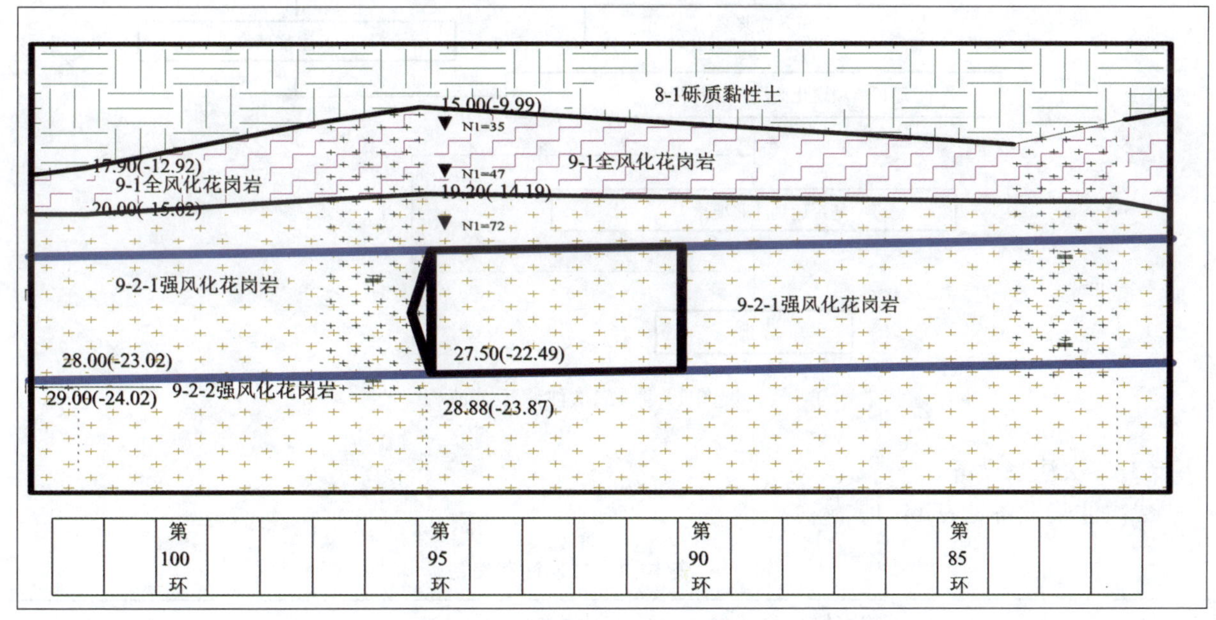

图 14.2　地质纵断面

2. 施工准备

由于目前掘进线路处于下坡阶段，为避免成环管片背后来水涌入土仓造成砂浆置换失败，需在管片背后进行整环双液注浆形成止水环，截断管片背后来水。注浆环号选定在 84 环～87 环，即脱出盾尾 4 环之后进行连续 4 环二次注浆。

(1)工艺流程

二次注浆工艺流程见图 14.4。

(2)二次注浆配比

二次注浆采用水玻璃＋纯水泥浆的方式。浆液配比及其相关参数指标如下：水泥浆水灰比为 0.8～1.0；水玻璃与水按 1∶1.5 进行稀释；注入时浆液与水玻璃体积比为：水泥浆∶水玻璃＝4∶1。

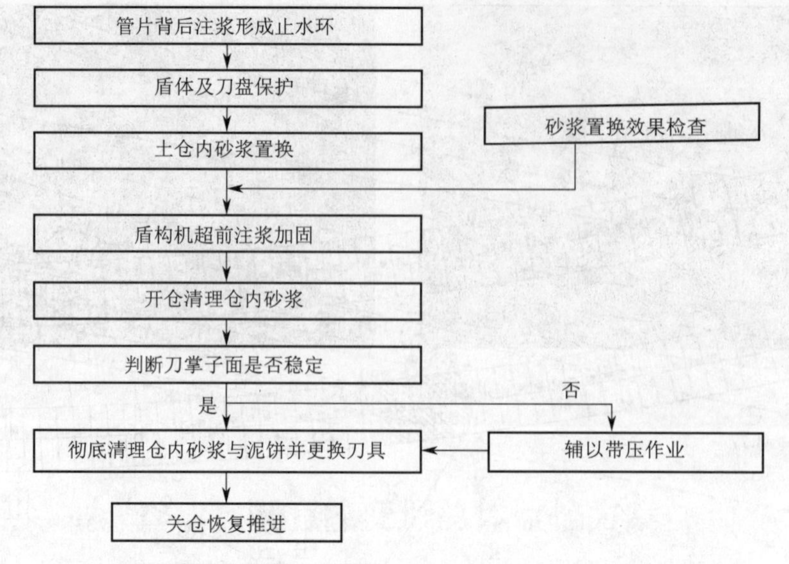

图 14.3　开仓作业工艺流程

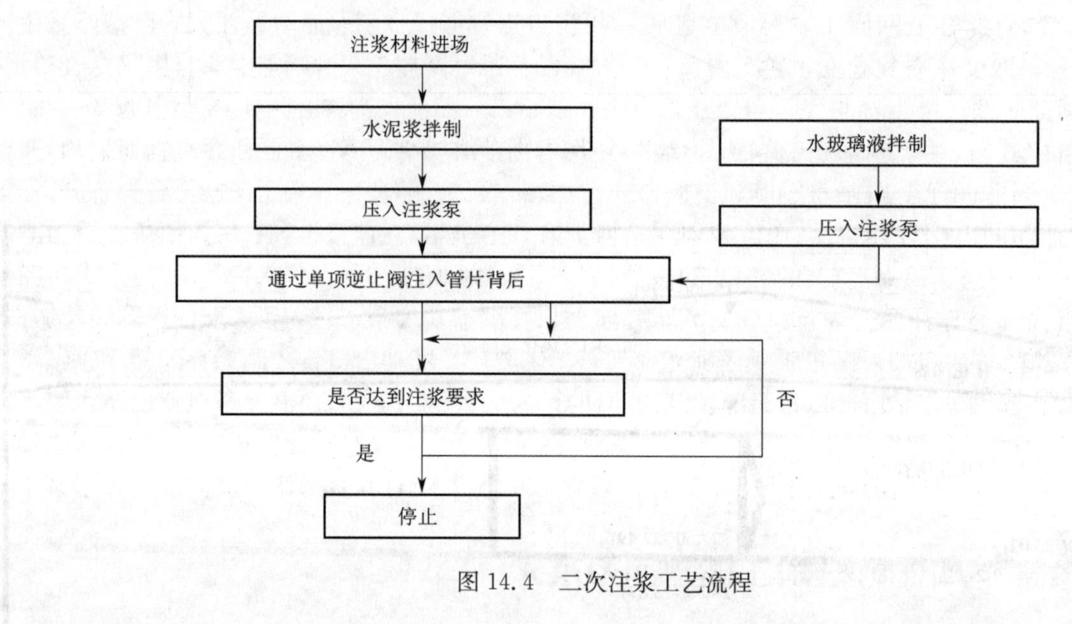

图 14.4　二次注浆工艺流程

(3)二次注浆设备

二次注浆设备见表 14.1。

表 14.1　二次注浆设备

序　号	设备名称	设备数量	备　注
1	气动双液注浆泵	1 台	
2	电动水泥浆液拌和桶	1 个	
3	注浆球阀及配套直通	6 套	
4	50 mϕ32 注浆软管	3 条	1 条备用
5	三通	1 个	带压力表
6	混合器	1 个	

(4)泥浆加注

由于仓内渣土较多且可能有泥饼形成，为保证顺利置换，应在砂浆置换之前向土仓内注入膨润土泥浆，提高仓内积土的流塑性。泥浆采用钙基膨润土：水＝1：3 的比例搅拌均匀，黏度要求达到 70″～80″，通过同步注浆管从承压墙 3、9 点处球阀注入。

(5)土仓内砂浆灌注

1)注浆

为了确保开仓安全,通过砂浆置换渣土的方式将土仓填充固结。砂浆置换以等量、恒压的原则进行,一边通过螺旋输送机出土,一边通过同步注浆管从承压墙 2、10 点球阀位置注入砂浆。为达到仓内充分填充,同时人工易于清理的目的,砂浆置换过程分为三个阶段:

①第一阶段

采用配比为水泥 50 kg、砂 420 kg、粉煤灰 375 kg、膨润土 100 kg、水 500 kg 的砂浆,加注至土仓压力达到 1.8 bar,该阶段以 0.8 r/min 的转速连续转动刀盘,注入量不少于 35 m^3,出土量不超过 30m^3。

②第二阶段

采用配比为水泥 80 kg、砂 420 kg、粉煤灰 375 kg、膨润土 100 kg、水 500 kg 的砂浆,加注至土仓压力达到 2.0～2.5 bar,该阶段以 0.8 r/min 的转速每间隔 1 min 转动 1 次刀盘,该阶段不出土。

③第三阶段

采用配比为水泥 100 kg、砂 420 kg、粉煤灰 375 kg、膨润土 100 kg、水 500 kg 的砂浆,加注至土仓压力达到 3.0～3.5 bar,该阶段以 0.5 r/min 的转速每间隔 10 min 转动 1 次刀盘,该阶段不出土。

砂浆灌注量不应小于 60 m^3,在保证足够注浆量的原则下以土仓压力控制注浆压力,当土仓压力达到设定值后暂停注浆,待压力回落后恢复注浆,直至顶部压力达到设定值并恒定不变。注浆过程中需详细记录各阶段不同配比砂浆的注入量。

2)检查仓内注浆质量

在注浆过程中应随时通过承压墙各个位置的球阀检查置换效果,同时随时检查螺旋机出土渣样中的砂浆含量。当注浆量达到要求、螺旋输送机出土砂浆含量达到 90%以上、顶部压力达到设定值并保持稳定后,再次打开承压墙上所有球阀及盾构中体的径向注浆孔进行检查,并将空心管通过球阀插入土仓内取样进行分析。若确定仓内砂浆置换已经彻底完成,等强 12h 进行下一步超前注浆工作;若砂浆置换未能达到要求,则继续进行置换。

(6)盾构超前注浆

S240 盾构机设置有 6 个外插角为 11°的超前地质钻孔,其中底部 2 个,中部 2 个,顶部 2 个。本次超前注浆通过上部 2 个超前注浆孔,采用气腿式地质钻机向刀盘斜上方钻孔,成孔后插打超前注浆管。超前注浆管为 6 m 长 ϕ40 钢花管,出浆孔径 8 mm,以 10 cm 间距呈梅花形布置。超前注浆插入深度 5.5 m,可到达刀盘前方 1.0 m。导管埋设如图 14.5 所示。

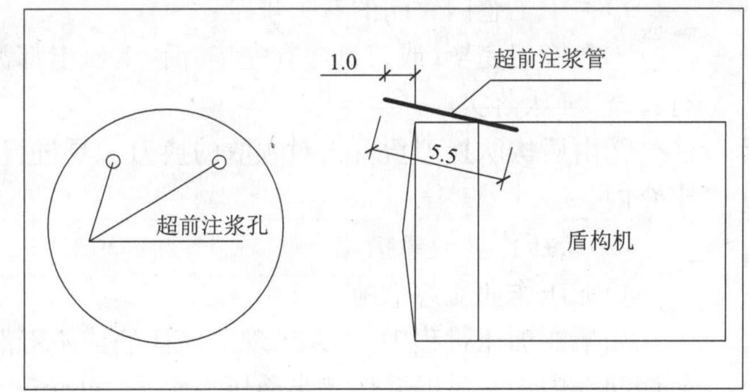

图 14.5 超前注浆孔布置示意

超前注浆采用水灰比为 1:0.4 的纯水泥浆,通过 7.5 kW 电动注浆机注入刀盘前方土体,注浆控制压力为 5 bar。注浆过程中需观察土仓压力是否变化,若土仓压力随超前注浆有所升高,则说明水泥浆液已窜入土仓内,必须加大注浆量。

(7)注浆效果检查

检查注浆效果分为三步走:

①首先检查仓内浆液凝固情况,判断能否开仓。方法如下:先打开土仓壁上上的两个球阀,利用直径 10 mm左右的钢筋向土仓内砸入,根据砸入的情况判断凝固的情况。然后再打开土仓门上方的球阀,用同样的方法检查仓内凝固的情况,看是否还有水流出。如两个条件均满足,则可进行开仓工作。

②检查前盾侧壁注浆情况。方法如下:打开盾体上两侧的球阀,与上诉方法相同,检查注浆后侧壁土体情况,看是否还有未凝固的砂层,是否还有地下水流出。如两个条件均满足,表明侧壁加固效果也比较好。

③盾构机刀盘前方加固效果,待土仓门打开后,先进行土仓清理。待清理到刀盘开口后,利用风钻进行打孔,检查注浆后刀盘前方土体的固结情况和渗水情况。如两个条件均比较好,则清仓工作可以继续。做好刀盘开口的防护工作,能保证开仓的安全。

3. 清仓和检查更换刀具

清仓利用扬镐、铁锹，采用编织袋装土，人工送上皮带机，再由皮带机送往渣土车。清仓顺序由上至下，先在仓内开出一个"V"形槽并将螺旋机前闸门清理出来，剩余渣土利用螺旋机出土。清仓过程中原则上应保留切口环及开口处水泥浆。

如凿除过程中部分地方过凿，立即采用快硬水泥封堵。清仓过程中严禁转动刀盘，若发现刀盘开口处掌子面失稳，需立即用木板封闭。清仓过程中不应急于更换刀具，应将仓内渣土与泥饼完全清理干净后再逐一凿出刀厢内浆液，再进行刀具检查更换工作。清理刀厢时应凿出一把，更换一把，每更换一把刀具要对刀具周边空隙采用纱布封堵，若拆刀过程中掌子面不稳有渣土流出，应立即封闭刀厢并插管注入水泥浆。

4. 带压作业辅助

若常压开仓后发现掌子面不够稳定，则应辅以带压作业的方式进仓。带压开仓作业方案详见下文带压换刀方案。启动带压开仓具体条件如下：

(1)开仓后发现刀盘开口及切口环处没有彻底封闭，掌子面及切口以上土体仍然存在坍塌可能；

(2)注浆加固没有达到预期效果；

(3)清仓过程中发现掌子面因渗水带动土体掉落。

5. 安全质量措施

(1)洞内措施

1)仓门打开后人员不能急于进仓，待有经验技术人员明确掌子面和切口处地层稳定后方可进仓进行刀具检查。

2)检查刀具时每次进去一个人。搬运换刀时，选择合理的吊装方法和合适的吊点位置，禁止在推进油缸和铰接油缸活塞杆上捆绑钢丝绳作为吊点。严禁刀具碰撞仪表、接线盒、油缸活塞杆等。

3)在进入土仓作业时应注意土仓内的通风和排水，确保换刀作业人员的安全。在进行换刀作业时，严禁猛敲狠打、野蛮作业，造成设备和工具的损坏。

4)换刀工作必须由身体健康、反应灵活的人员担任。

5)换刀前，严格检查导链及钢丝绳的完好性。

6)严格按照换刀规程进行作业，严禁违章操作。

7)关于土仓门关闭的有关规定：

①在换刀完毕(或刀盘检查完毕)后，由机电部派人按照刀具更换和刀盘修复表的要求栏对落实情况进行检查，确认落实；

②由盾构队换刀负责人对领取的换刀工具进行清点，确保无工具和其他杂物(尤其是金属物件)遗留在土仓内。

(2)带压作业应急措施

1)加压作业应急措施

如果在加压过程中，有人出现任何疾病或不舒服的症兆(如耳痛等)，加压过程必须立即停止，闸操作人员询问仓内人员情况并保持当前压力水平，如有需要把压力调低 0.05bar 左右，直至症状已经消失。再次缓慢加压，如果不适症状再次出现，此时必须结束加压让不适人员出仓。

2)减压作业应急措施

①尽管采取了所有的预防措施，入闸人员还是会在闸内或出闸后表现出患病症状。如果出现这样的情况，在出闸前必须先咨询当班医师协调下一步骤。

②在出闸过程中，如果有人出现任何疾病或不舒服的症兆，出闸过程必须立即停止。应保持当前压力水平，直至症状已经消失。如果在数分钟之后情况不适继续，人闸孔的压力必须提高到先前的压力水平。

③闸操作人员必须确保立即通知当值医师，并负责让受影响人员特别小心和缓慢出闸。

④如在作业过程中遇到人员受伤出现大出血，必须对其进行压迫止血，并使其处于头低脚高的姿势。与负责压缩空气问题的医生协调后，可将压力迅速降至大气压力出仓送往医院抢救。

⑤医师决定有关降压速度。之后，必须立即启动以下应对措施：a. 急救、监护患病人员；b. 处理闸室(再加压)。

3)换刀作业应急措施

①如果发现土体有塌方现象，人员必须立即返回人闸关闭闸门。进行 0.5 h 的观察后根据情况作出下

一步安排。

②如果土仓内着火,用喷淋系统灭火。如果火势太大,人员返回人闸关闭闸门,向土仓内注入浆液灭火。

③如仓内气压出现不稳或泄漏量超过预警值,人员立即退回人闸。等待观察结果进行下一步安排。

④如有人出现不适症状,仓内人员立即通知操闸人员。不适人员通过前仓减压出仓。

(3)地面措施

①在换刀里程对应地面位置 10 m 范围内设置警戒线,派专人 24 h 巡视。

②在换刀里程位置增设 3 个监测断面,监测断面范围为刀盘位置左右两侧各外放 6 m,监测断面间隔 5 m,同一断面监测点间隔 3 m。

③准备好注浆材料及设备,当地表监测出现异常沉降时,马上进行地面注浆,防止地面出现塌陷。

④当发现地面土体有坍塌的现象,作业人员应立即撤离土仓,关闭仓门,马上进行砂浆回填,建立土仓压力,同时加强地表监测。

6. 应急预案

为保证开仓换刀过程中的安全,应制定相应的应急预案,及时对监测数据进行分析,并及时提供给设计单位,针对施工提出更加合理的理论支持,有效形成信息动态共享、设计动态指导的良性循环。

换刀过程中成立的应急领导组织机构如图 14.6所示。

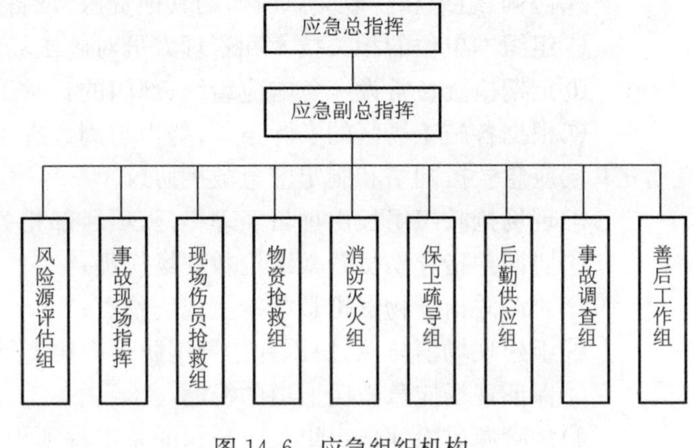

图 14.6 应急组织机构

(1)预测与预警机制的建立

生产过程中可能发生的环境、安全事故和突发紧急事件有:

①生产过程中可能出现的环境、安全事故(触电、坠落、机械伤害、物体打击、交通事故、中毒、疾病等);

②生产过程中可能出现的安全控制装置失灵和损坏;

③气候影响引起的突发紧急事件(台风、地震、暴雨和洪水等);

④爆炸事故;

⑤易爆气体泄漏;

⑥职业病危害。

(2)预测与预警系统

针对生产中可能发生的环境、安全事故和突发紧急事件,结合项目部的实际情况,进行风险分析和安全评价工作,完善预测预警监测系统和信息传递通道,做到早发现、早报告、早处置。项目部应根据实际情况选择建立下列预测与预警系统:

①施工中安全事故(隆起、触电、机械伤害、物体打击等)预测与预警系统;

②火灾预测与预警系统;

③暴雨、洪水预测与预警系统;

④隆起预测与预警系统;

⑤易燃易爆气体泄漏预测与预警系统;

⑥中毒预测与预警系统;

⑦传染病、职业病预测与预警系统。

(3)应急响应组织机构的建立

应急响应机制是为了便于在事故发生后迅速有效地作出应急响应,并能有组织、有计划地开展应急救援而建立起来的应急响应体系。应急响应组织机构在应急总指挥的领导下由公司的职能科室、项目部的相关人员分别兼职构成。

1)应急总指挥由公司的应急领导小组组长担任,主要职能及职责:

①分析紧急状态确定相应报警级别,根据相关危险类型、潜在后果、现有资源控制紧急情况的行动类型;

②指挥、协调应急响应行动；

③与企业外应急响应人员、部门、组织和机构进行联络；

④直接监察应急操作人员行动；

⑤最大限度地保证现场人员和外援人员及相关人员的安全；

⑥协调后勤方面以支援应急响应组织；

⑦应急响应组织的启动；

⑧应急评估，确定升高或降低应急警报级别；

⑨通报外部机构，决定请求外部援助；

⑩决定应急撤离，决定事故现场外影响区域的安全性。

2)应急副总指挥由项目部的应急领导小组组长担任，主要职能及职责：

①协助应急总指挥组织和指挥应急操作任务；

②向应急总指挥提出采取的减缓事故后果行动的应急响应对策；

③保持与事故现场各应急响应组组长的直接联系；

④协调、组织和获取应急所需的其他资源、设备以支援现场的应急操作；

⑤组织本单位的相关技术和管理人员对施工场区、生产过程各危险源进行风险评估；

⑥定期检查各常设应急响应组织、部门的日常工作和应急响应准备状态；

⑦根据各施工场区的实际条件，努力与周边有条件的企业为在事故应急处理中共享资源、相互帮助，建立共同应急救援网络和制定应急救援协议。

3)现场抢救组组长由项目经理担任，项目部相关人员为成员，主要职能及职责：

①协调并指导伤员营救组抢救现场伤员；

②协调并指导物资抢救组抢救现场物资；

③组建现场消防队，协调并指导消防灭火组开展灭火工作；

④保证现场应急救援通道的畅通。

4)危险源风险评估组组长由公司的总工程师担任，项目部相关人员为成员，主要职能及职责：

①对各施工现场以及生产过程的危险源进行科学的风险评估；

②指导生产安全部门安全措施落实和监控工作，减少和避免危险源的事故发生；

③完善危险源的风险评估资料信息，为应急响应的评估提供科学、合理、准确的依据；

④落实周边协议应急响应共享资源及应急响应最快捷有效的社会公共资源的报警联络方式，为应急响应提供及时的应急响应支援措施；

⑤确定各种可能发生事故的应急响应现场指挥中心位置，以使应急响应及时启用；

⑥科学合理地制定应急响应物资器材、人力计划。

5)技术处理组组长由项目部的工程部部长担任，科室人员及项目部相关人员为成员，主要职能及职责：

①根据项目部的施工生产内容及特点，制订其可能出现而必须运用建筑物工程技术解决的应急响应方案，整理归档，为事故现场提供有效的工程技术服务作好技术储备；

②应急预案启动后，根据事故现场的特点，及时向应急总指挥提供科学的工程技术方案和技术支持，有效地指导应急响应行动中的工程技术工作。

6)善后工作组组长由公司的工会、综合部负责人担任，科室人员及项目部相关人员为成员，主要职能及职责：

①做好伤亡人员及家属的抚恤工作，确保事故发生后伤亡人员及家属思想能够稳定，大灾之后不发生大乱；

②做好受伤人员医疗救护的跟踪工作，协调处理医疗救护单位的相关矛盾；

③与保险单位一起做好伤亡人员及财产损失的理赔工作。

④慰问伤员及家属。

7)后勤供应组组长由公司的财务部门、设备管理部门、物业管理部门负责人担任，施工现场后勤人员、各作业班组抽调人员为成员，主要职能及职责：

①协助制订施工项目应急响应物资资源的储备计划，按已制订的应急响应物资储备计划，检查、监督、落实应急响应物资的储备；

②定期检查、监督、落实应急响应物资资源管理人员的到位和变更情况，及时调整应急响应物资资源的

更新和达标；

③定期收集和整理各项目经理部施工场区的应急响应物资资源信息，建立档案并归档，为应急响应行动的启动作好物资资源数据储备；

④应急预案启动后，按应急总指挥的部署，有效地组织应急响应物资资源到施工现场，并及时对事故现场进行增援，同时提供后勤服务。

8)事故调查组组长由公司主管安全生产的领导担任，安环部人员及项目部相关人员为成员，主要职能及职责：

①保护事故现场；

②对现场的有关实物资料进行取样封存；

③调查了解事故发生的主要原因及相关人员的责任；

④按“四不放过”的原则对相关人员进行处罚、教育，总结。

9)伤员营救组由项目部副经理担任组长，施工员、各作业班组抽调人员为成员，主要职能及职责是进行事故现场伤员的营救、转运等工作。

10)物资抢救组由项目部物资部长担任组长，材料员、各作业班组抽调人员为成员，主要职能及职责是进行事故现场物资的抢救工作。

11)消防灭火组由公安分处负责人担任组长，施工现场电工、义务消防人员及各班组协调人员为成员，主要职能及职责是进行事故现场的灭火工作。

(4)应急响应方案的制定

项目部在制定和识别应急响应方案时，主要考虑因素有：

1)各单位环境因素和危险源辨识控制的结果；

2)安全事故和突发紧急事件的类型，以及编制好的与事故有关的应急预案；

3)有关的法律、法规和其他要求；

4)事故现场的实际情况和应急响应准备情况；

5)本单位以往事故、事件处理的经验及做法或类似企业以往事故、事件处理经验及做法。

(5)应急保障

项目部要做好应对安全事故和突发紧急事件的人力、财力、物资、通信、医疗卫生、交通运输等应急保障工作。

1)人力保障

项目部全面负责应急救援的人力保障，对本工程安全事故和突发紧急事件应急工作基本人员力量进行摸底检查，监督落实应急救援人员的配备并确保应急人员数量充足。

2)资金保障

项目部财务部门全面负责保障应急救援所需的资金，根据本单位安全事故和突发紧急事件的实际情况，对应急所需资金储备进行统一规划。监督落实应急救援所需的资金储备。

3)物资、设备、交通运输保障

应急所需的物资、设备、交通运输保障由公司和项目部财务、物设管理等部门共同负责，相关部门组织落实。项目根据本单位施工生产的性质、特点以及应急救援工作的实际需要有针对性、有选择地配备应急救援物资、设备，并对应急救援物资、设备进行经常性维护、保养。启动应急救援预案后，项目部的机械设备、运输车辆统一纳入应急救援工作之中。

4)医疗卫生保障

项目部可根据实际情况与当地医疗卫生部门签定协议，建立应急救援医疗卫生保障体系，配备常用的应急救援药品及救援器材等。

5)应急人员安全

应急响应人员自身的安全是安全事故和突发紧急事件应急预案应予考虑的一个重要因素，在应急功能中应明确保护应急人员安全所做的准备和规定：

①应急队伍或应急人员进入和离开现场的程序，包括向现场总指挥报告、有关培训确认等；

②根据事故的性质，确定个体防护等级，合理配备个人防护装备，并在收集到事故现场更多的信息后，重新评估所需的个人防护装备，以确保选配和使用的是正确的个人防护装备；

③应急人员的消毒设施及程序；

④对应急人员有关保证自身安全的培训安排，包括各种情况下的自救和互救措施，正确使用个人防护装备等。

⑤事故报告与事故处置

a. 事故报告

(a)报告原则

应遵循“迅速、准确”的原则，在第一时间上报建设工程安全事故或突发紧急事件情况。

(b)报告程序

发生建设工程安全事故或突发紧急事件后，现场人员应立即向所在项目部领导报告，项目部应立即将事故情况按集团公司《职业健康安全监督管理办法(试行)》的有关规定组织上报。

(c)报告内容

发生建设工程安全事故或突发紧急事件报告的内容包括：

(Ⅰ) 事故或突发紧急事件发生的时间、地点、事故类别、人员伤亡情况；

(Ⅱ)建设工程事故中的建设、勘察、设计、施工、监理等单位名称、资质等级情况，施工单位负责人、项目部经理、监理单位有关人员的姓名及执业资格等情况；

(Ⅲ)事故的基本情况和简要经过，紧急抢险救援情况，伤亡人数，直接经济损失等；

(Ⅳ)原因的初步分析；

(Ⅴ)采取的措施情况；

(Ⅵ)事故报告单位、报告人及报告时间。

b. 事故处置

一旦发生安全事故或突发紧急事件，项目部应急领导小组在接到报告后，应迅速组织应急人员赶赴现场，在第一时间内项目部应急领导小组负责事故现场的指挥，组织人员、物资设备、车辆、通讯系统使用、调度工作，按应急预案组织抢救，启用应急响应和紧急疏散措施，并及时向上级单位报告。另外可直接向社会救助系统请求援助。

根据救援预案，按不同的受伤原因、伤害部位、伤害程度，对受伤者采取相应的救护措施，并及时做好伤员的转送工作。

在救护伤员的同时，应注意保护事故现场，及时组织人员疏散、撤离危险区域，防止事故进一步扩大。凡与事故、突发事件有关的物件、痕迹、残留物等应保持原样，如抢救伤员需要移动某些物件，改变状态时必须作出标识和记录。

(6)善后处置与事故的调查处理

1)善后处置

善后处置工作由善后处理组负责，积极稳妥深入细致地做好善后处理工作。包括：稳定员工、受伤者及其家属的情绪；对安全事故或突发紧急事件中的伤亡人员、应急处置工作人员按规定给予抚恤或赔偿；与保险单位一起做好伤亡人员及财产损失的理赔工作等。

2)事故调查与处理

应急状态终止后，事故调查组负责组织事故的调查与处理工作，各有关单位应及时做出书面报告。书面报告的基本内容是：事故发生及抢险救援经过；事故原因；事故造成的后果，包括伤亡人员情况及经济损失等；预防事故采取的措施；应急预案的效果及评估情况；应吸取的经验教训以及对事故责任单位、责任人的处理情况等。

事故、事件调查的处理权限及程序按集团公司《职业健康安全监督管理办法(试行)》，在实事求是、尊重科学的原则下，及时、准确地查明事故原因、性质和责任，对事故责任者按“四不放过”的原则严肃处理，总结并吸取事故教训。

(7)监督管理

1)在发生紧急或突发事故时，任何发现险情的人员必须向有关部门报警，提供事故的所有信息，并采取适当的应急行动。

2)有项目领导及办公室电话号码、其他部门管理人员手机号码，手机 24 小时不关机，以保证应急救援系统的各个机构之间保持联系。

3)发生事故时，安全员要安全有序地疏散现场人员。

4)当事故现场应急行动结束以后，应该立即使在事故中一切被破坏后耽搁的人、物和事得到恢复，进入正常动作状态。

(8)应急物资

现场备齐木材、钢材、砂袋、止水材料和一定数量的备用支撑以备抢险急用。应急小汽车 2 辆、移动电话 8 部、担架 2 个、常备药品 2 箱、止血带等。具体见表 14.2。

表 14.2　具加固应急物资及设备清单

序　号	物　资	单　位	数　量	序　号	物　资	单　位	数　量
1	防火沙(池)	m^3	2	4	小 桶	个	5
2	干粉灭火器	个	20	5	通讯设备	部	2
3	铁 锹	把	30	6	常用急救药品	箱	1

(9)管线沉降的预防及处理

1)施工前组织专门的管线调查小组，配备管线探测仪进行地下管线调查工作，查清各类管线的允许变形量，与有关单位协商确定，并报监理工程师备案。

2)对距离开挖面较近、变形反应敏感的管线应为重点，进行相应的保护。

3)对横跨隧道的管线，能改移的改移，不能改移的进行悬吊保护。

4)以监测为指导，监测值一旦出现异常，立即采取措施对管线进行有效的保护。

(10)停水、停电预防措施

为防停水、停电影响施工，共配置 2 台 100 kW 发电机组；一个 150 m^3 贮水池，供生活、施工用水。一旦停水、停电，立即启动备用系统，把对施工的影响降低到最小，并立即对线路、管路进行检查维修，尽快恢复水电供应。

14.3　带压进仓换刀技术

1. 开仓地段概况

计划盾构停机位置切口里程为 YDK31＋120.607，即刀盘在第 128 环的位置(拼装环 124 环)。刀盘处于深南大道车行道中间隔离栏下方，为 1 号线左线与右线之间的位置，地面下无管线。

根据地质补勘报告第 128 环情况，该地段隧顶埋深 21.87 m，洞顶至地面地层分别为＜1-1＞素填土 4.13 m，＜5-2-3＞中砂 5.81 m，＜8-1＞砾质黏性土土层 11.93 m，＜9-1＞全风化花岗岩 0.42 m。洞身范围为＜9-1＞全风化花岗岩 1.82 m，＜9-2-1＞强风化花岗岩 4.18 m。地质纵断面如图 14.7 所示。

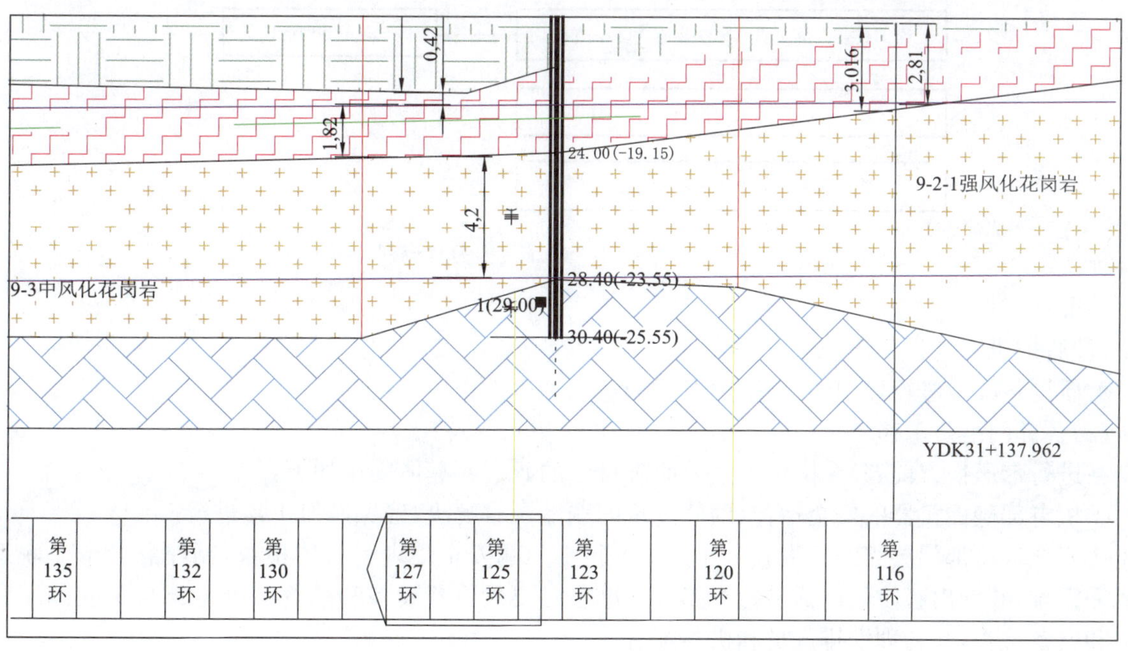

图 14.7　燕大区间右线 128 环带压进仓地质纵断面

2. 带压换刀总体安排

在以往实践的基础上，带压作业总体安排如下：

(1)人员的身体检查及培训：进仓作业人员必须体检合格，并且通过理论知识、操作技能、心理等方面的作业培训。

(2)设备的检查准备：人闸系统、压缩空气系统，以及照明、通信、供水、供电、供气等系统，换刀工具的准备。

(3)到达指定地点前盾构机掘进准备。

(4)土仓内建立气压空间，待其稳定后，人员分班进行带压进仓作业。

(5)恢复掘进。

气压更换刀具流程见图 14.8。

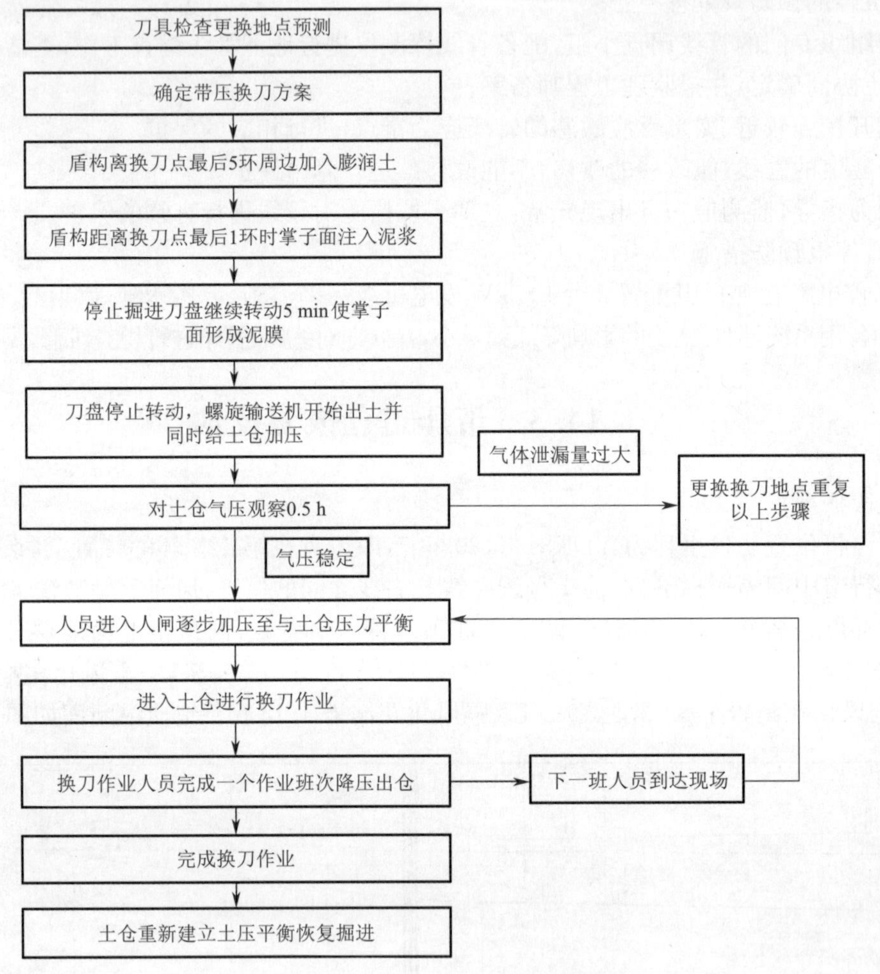

图 14.8 气压更换刀具流程

3. 准备工作

(1)盾构机的准备工作

对盾构各部位进行详细的检修，确保盾构顺利到达检查换刀点。

(2)各部门准备工作

在进行带压换刀前，各个岗位人员要明确自己的职责。具体安排如下：

①机电部确保机器的安全运作，即使发现问题能及时解决，确保换刀正常进行。

②安全环境部门要组织压力仓工作人员进行专门的安全培训和身体检查，制作急救卡。联系好抢救伤员所需医院，并列出医院的电话和行车路线。准备必要的医疗设备和药物。机电部与工程部配合进行技术培训和设备检查，并合理安排人员和机器配置。

③工程部精确计算所有添加剂的配合比，检查换刀点所在地层需要建立的压力值，并监督其他准备工作是否按规定完成。并根据人员的培训情况，建立带压作业人员档案。根据档案显示，把适应能力相近的人员

分为一组,以提高工作效率。制作带压作业的记录表和施工日志,并按实际情况详细填写。

④物资部保持与其他部门的通信及时,为各种准备工作做物质保障。

⑤厨房要在换刀前后保证进仓作业人员的良好饮食,保证每人每天 4 000 kcal 的热量供应。

(3)带压作业人员体检和培训

①作业人员体检

首先参加带压作业的人员必须经过二级以上医院的严格体检,体检项目包括五官、呼吸系统、心血系统等,经过体检合格的人员才可能作为带压作业的人选。凡是患有心脏、呼吸系统、耳喉鼻疾病者均不得进仓。

其次,尽量选定有换刀经验且头脑灵活的工人。

②带压作业人员培训

经过体检合格的人员还须进行专业的高压作业培训。

带压作业的人员培训分为三个部分:理论知识培训;操作技能培训;心理培训。

理论知识培训:基本的医学常识和急救方法。其培训的效果要达到:作业人员通过培训要知道整个加压和降压对身体的影响,以及整个过程中各自应该遵循的规定和平衡外部气压和人体空腔内气压所要作出的鼓气动作。熟悉在加减压过程中,什么情况属于正常,什么情况属于异常,并能在出现异常情况下作出正确的第一反应。知道基本的减压病的发病症状,并能根据自身情况作出判断。

技能培训:对从事带压换刀人员进行详细的带压环境下的技能培训。带压环境下的技能培训顾名思义就是要在真正的带压环境下进行培训其相关技能。要求:在培训过程中被培训人员要熟练掌握各种气阀的使用方法以及理解各种仪表显示的内容代表什么情况,并可根据仪表的显示对各种气阀进行正确操作。在仓内人员还要清楚加热系统的操作方法。另外还要清楚紧急逃生系统的各种功能和逃生步骤。

心理培训:最后讲心理培训不是说它不重要,恰好相反,所有的培训成功与否都是以成功的心里培训作为基础。本工程大多数人员在加压仓内作业的经验不足,肯定会造成心情紧张。心理紧张会造成在降压过程中氮气置换效果不佳,加大降压病的患病率。在施工过程中紧张造成操作失误,对人员和施工安全造成危害。而要达到良好的心理培训效果又必须依赖理论知识培训和技能培训的效果。只要人员有良好理论和技能素质,心理培训效果将会成倍增加。要求通过心理培训,作业人员在仓内能基本保持平稳的心理状态。

人员培训是个系统的工程,是整个施工能够正常实施的前提。工程技术人员要认真对待,不能走形式,要对自己肩负的培训任务认真负责,为带压换刀的成功实施奠定坚实的基础。

(4)盾构掘进准备

①盾构机到达检查换刀点前的操作

如图 14.9 所示,经过预测和压气试验后确定检查换刀点 A。最后 5 环,在盾构周边注入钠基膨润土,并且要保证发酵时间。此时盾构机掘进速度调整为 30～50 mm/min,刀盘转速调整为 1～2 rpm。膨润土泥水配合比为 120 kg/1 000 kg。持续此动作到达距 A 点 1 环(1.5m)处,盾构掘进速度调整为 10 mm/min,刀盘转速调整为 0.8～1.5 rpm,最多不能超过 1.5 rpm。同时用盾构刀盘前方 8 个注浆中位于盾体上方的 4 个注浆孔注入膨润土,设定压力 1.1 倍掌子面的压力,泥水配合比不变。在到达 A 点前要求注入 25 m^3 泥浆,在掌子面上形成泥膜。

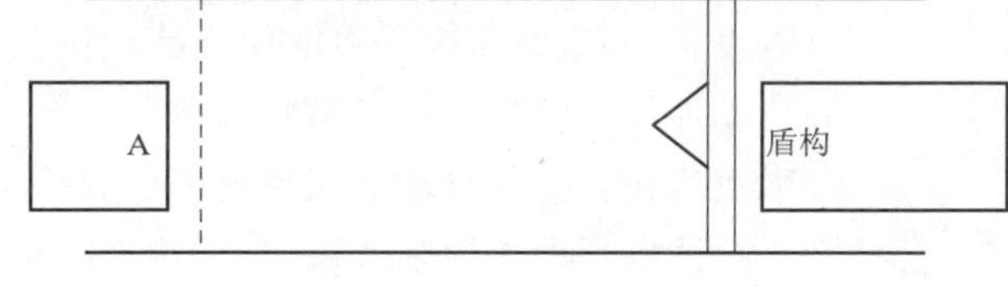

图 14.9 换刀位置

②盾构到达后操作

盾构机到达 A 点后,盾构停止掘进,刀盘转动和注入膨润土和聚合物两个动作继续。持续以上操作 5 min后停止刀盘转动,打开螺旋输送机排出土仓土体到半仓为止。加压操作采用分阶段排土、分阶段加压的方式进行。在设定工作面最终压力时,要求比计算得出的土水压力值高 0.1～0.2 bar 左右。在开仓作业过程中,应尽量维持此压力,并通过进气阀的操作使气压的变化值控制在可控范围之内。当土仓土体排空至一号传感器时,如果传感器有读数接近排土前压力,说明土仓加压成功,当排至二号传感器时,其读数与一号传感器读数基本一样并且压力稳定,说明土仓密闭性达到进仓作业要求。

4.带压作业

(1)人员和设备准备

1)人员进仓前准备

①入闸人员应在进闸作业前 1 h 用餐完毕。应避免暴食或吃不易消化和产气的食物(如豆类、葱、蒜等),以避免在消化过程中产生大量气体,减压时发生胀气、腹痛等不适感觉。作业前禁止饮酒,也不要吃得太饱。不能饮用碳酸饮料。

②作业人员应多饮水,缺水可能导致气压疾病症状加快出现。

③带食物进入闸内,为长期逗留作准备。

④人员穿戴好干爽洁净的衣服。

⑤入闸人员主动向气压医师或兼职卫生员如实报告身体情况、主观感觉。经体检合格后立即解好大、小便,更换工作服,并随身携带保暖衣物(纯棉)。收交火种(火柴、打火机)和打火机。提前 10 min 左右集体下闸。

⑥未经医师或兼职卫生员许可,不得擅自进闸。

⑦只能在气阀操作顺利的情况下工作,否则通知轮班的工程师或者气阀管理员。

2)设备准备

通过压力表,检查前仓、主仓、作业仓的密闭性能。对空气压缩机和储气罐进行检查,观察其工作压力是否正常。在加压前,检查压缩空气系统的封签和功能。进仓作业所需各种起重工具和切割工具要进行进仓前的检查,避免工作时所需工具不能正常使用,导致作业人员工作时间延长和压缩空气的计划外使用。

在作业前必须确认的项目:

①设备验收(见表 14.3)并定期检查所有设备的功能性(显示设备、记录仪、加热系统、时钟、温度计、封签、门阀)。

②急救站必须运转正常。

③准备基本的设备,以应对因压缩空气作业引起的症状。

④定期各系统的正常功能使用:

照明设备:检查仓内照明是否正常;检查外接工作灯是否能正常工作;检查带入土仓的手电筒是否能正常工作。

通信设备:检查仓内外拨号电话是否能正常工作;检查仓内外手摇式电话是否能正常工作。

供水设备:检查仓内外接水管是否能正常工作。

供气设备:检查空压机是否能正常工作;检查外接工作气管是否畅通;检查人仓供气是否正常;检查各个进出气阀是否完好;检查各气压表是否能正常工作。

供电设备:检查高压电是否能保证持续供应;检查仓内供电是否能持续。

3)自动加气系统的使用与参数调整

海瑞克盾构机空气自动加气系统用于保持土仓内空气压力接近恒定值,是一种压力自动控制系统。要使控制系统达到预期的控制效果,必须对影响系统动态性能的 PI(比例积分)调节器参数进行正确设定。同时盾构机工作在恶劣的环境中,加气系统的弹簧疲劳、膜片老化等将引起调节器参数的变化,导致系统控制失常,因此在使用中要经常调整调节器的参数。

①自动加气系统工作原理

压力变送器 1 将土仓内实际的空气压力转换成标准的气压信号 X(0.02～0.1 MPa)送往调节器 4。

调节器把变送器送来的测量值 X 与设定值 W(0.02～0.1 MPa)进行比较得出偏差,根据偏差大小及变化趋势,按 P1 调节器控制规律进行运算后,输出相应的控制信号 Y 给定位器 3。

定位器将从调节器送来的调节信号 Y(0.02～0.1 MPa)与从调节阀送来的阀门位置信号相比较,判断它们是否与预期的关系相匹配。如果匹配,则定位器将使调节阀开度保持不变,否则将通过定位器内部放大器的作用,使通往调节阀 2 的气压发生大的变化,以克服阀杆的摩擦并消除调节阀不平衡力的影响,使调节阀动作直至两个信号相匹配,从而保证阀门位置按调节器发出的信号正确定位。

表 14.3　带压作业设备验收

序　号	项　目	内　容	验收值	验收人	复核人
1	240 空压机	一号工作压力			
		一号工作温度			
		二号工作压力			
		二号工作温度			
		三号工作压力			
		三号工作温度			
		小循环水压力			
		小循环水温度			
2	呼吸气滤芯	活性炭滤芯是否更换			
3	输气气管	气管是否漏气			
4	Samson 系统	工作气路是否漏气			
		控制阀类是否灵活			
5	人闸系统	抽水管路是否安装			
		主仓加压球阀是否灵活			
		主仓泄压球阀是否灵活			
		主仓底部球阀是否灵活			
		主仓照明是否安装到位			
		主仓气压表是否准确			
		主仓门是否密封良好			
		主仓应急灯是否安装到位			
		主仓内为土仓串接照明安装是否到位			
		主仓内工业气管安装是否到位			
		主仓内工业水管安装是否到位			
		副仓加压球阀是否灵活			
		副仓泄压球阀是否灵活			
		副仓底部球阀是否灵活			
		副仓照明是否安装到位			
		副仓应急灯是否安装到位			
		副仓气压表是否准确			
		副仓门密封是否良好			
		通往土仓 24 V 安全电接口是否正常			
		通往土仓电焊机口是否正常			
		通往土仓工业用气是否畅通			
		通往土仓工业用水是否畅通			
6	换刀工具	对照清单点查			
7	手电筒	2 支			
8	木板	20 块(对照刀盘开口性状加工)			

②使用方法

自动加气系统控制模块包括显示面板和手动操作站等。手动操作站、调节器等使用的是德国(Samson Type422,Type 423)产品。手动操作站和调节器之间的管路连接见图 14.10,显示面板上的 X、W 值和调节器上的 X、W 值是不同的,调节器上的 X、W 值是标准气压信号(0.02～0.1MPa),而面板上的 X、W 值分别是调节器上的 X、W 值经过波纹管和杠杆机械转换后显示出的土仓实际压力值和期望的土仓压力设定值。使用步骤可归纳为:

a. 打开相关气路，检查图 14.11 中减压阀 5 和气动三联件 6 出口压力是否分别为 0.14 MPa±0.01 MPa 和 0.4 MPa±0.01 MPa，确保管路无泄漏、堵塞现象。

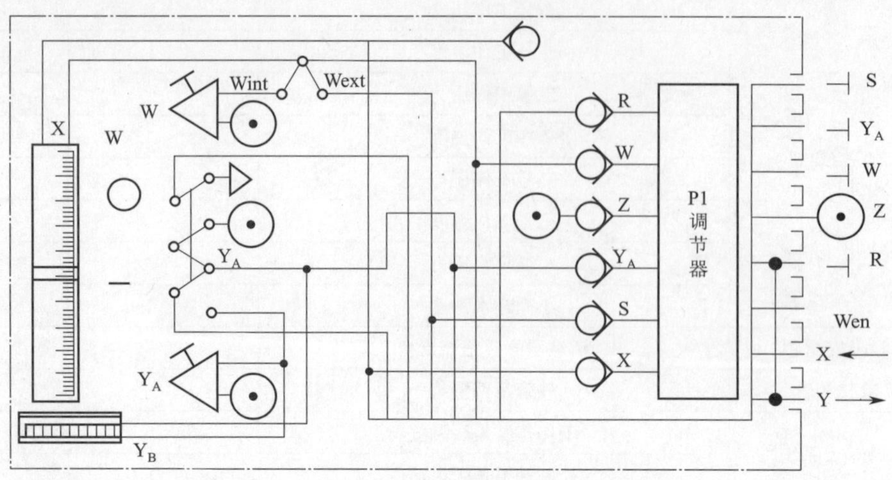

图 14.10 手动操作站和调节器工作原理

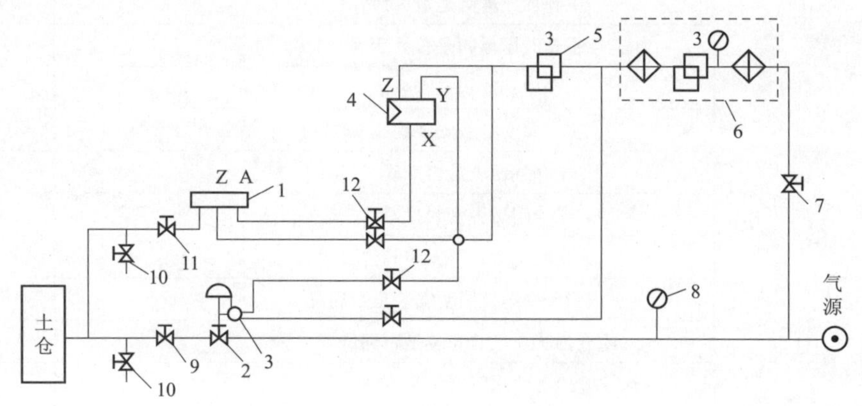

图 14.11 自动加气系统工作原理

1—压力变送器；2—调节阀；3—阀门定位器；4—调节器；5—减压阀；
6—气动三联件；7、9、10、11、12—球阀；8—压力表

b. 检查 Wint/Weat 选择开关是否处在 Wint 位。如果是，表明调节器的设定值 W 由图 14.12 中的旋钮调定；处在 W 位则表明调节器的设定值 W 由操作站外部给定。本系统中设定值 W 由旋钮 5 调定。

c. 将手动/自动开关打到手动操作位。

d. 调整图 14.12 中旋钮 7，使控制系统开始工作，调整 Y_H 值直至实际值指示针(红色)慢慢靠近设定值(绿针)。

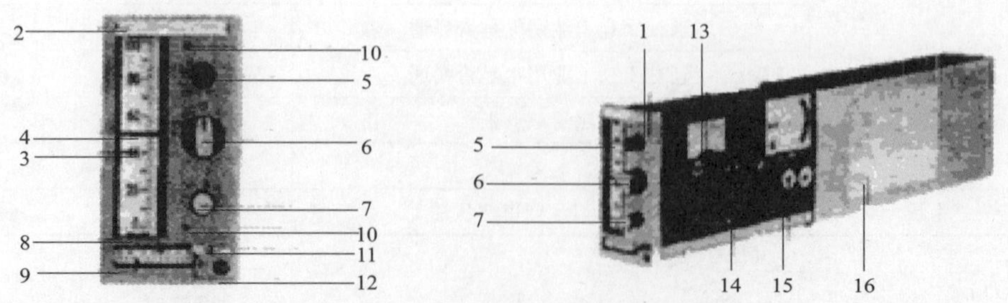

1—手动操作站；2—标签；3—土仓压力显示值；4—设定值；5—设定值调节旋钮；6—手动/自动控制转换开关
7—手动控制设定旋钮；8—自动控制设定值显示(Y_A)；9—手动控制设定值显示(Y_H)；10—指示灯
11—铰紧单元；12—调节阀作用方向指示；13—W_{int}/W_{eat}选择开关；14—插件单元；15—调节器；16—外壳

图 14.12 自动加气系统显示面板和手动操作站

e. 在调整 Y_H 过程中，自动操作输出信号 Y_A 也在慢慢上升，当 $Y_A = Y_H$ 时，将手动/自动开关打到自动操作位，这样可减少系统冲击。

f. 观察系统动态响应特性，如果实际值是在设定值的范围内波动，则表明系统已处在正常的工作状态，否则需要重新调整 PI 调节器的控制参数。

③参数调整方法

自动加气系统控制目标是保持土仓压力恒定，同时要求系统对扰动的抑制能力较高，因此没有采用微分控制，仅采用 PI(比例积分)控制方式。调节器参数调整，是指在控制规律已经确定为 PI 形式时，通过调整 PI 调节器的参数，使得控制回路的动态特性满足期望的指标要求，达到理想的控制目标。

可以使用试凑法调定 PI 参数。根据经验公式和自动加气系统的特性对参数实行下述先比例后积分的调定步骤。

首先调定比例部分，即先将积分时间 Tn 设为最大(20 min)，然后由小变大逐步改变比例系数 Kp，同时观察调节器输出信号和被调整参数的变化情况。如果调节过程是衰减振荡的，则应使 Kp 续减小；如果调节过程是增幅振荡的，则应使 Kp 增大，直至调节过程成为等幅振荡为止。由于此时系统仍有静差，且静差仍在一个较大的范围内，所以单用比例调节器还不能达到控制目的，应进入下一步积分调节。

调定积分系统。首先设 Tn 为一个较小的值，并将第一步调整得到的 Kp 略微缩小，如缩小为原值的0.8倍。然后逐步增大 Tn，观察系统响应曲线，使系统在保持良好动态性能的情况下，静差得到消除。在此过程中，可根据响应曲线的好坏反复改变 Kp 和 Tn，以期得到反应快、超调小的响应曲线。

(2)建立土仓内气压及带压进仓检查

从图 14.13 可以看出，盾构机土仓内需要平衡的压力包括所在地层的水压力和土压力。通过计算可以得出土仓中需要建立的气压，但根据以往施工经验和资料得出工作面最终压力要求比设定土压力高 0.1～0.2 bar 左右。确定土仓压力后，开始对土仓进行加压操作。

气压值的理论计算如下：

下限值：$\sigma_{下} = K_{主}(\gamma_{土} h_{土} - \gamma_{水} h_{水})$

正常值：$\sigma_{正} = K_{静}(\gamma_{土} h_{土} - \gamma_{水} h_{水}) + \gamma_{水} h_{水} + (10\sim20)$

上限值：$\sigma_{上} = K_{被}(\gamma_{土} h_{土} - \gamma_{水} h_{水}) + \gamma_{水} h_{水}$

式中 σ——压力值；

K——侧压力系数；

γ——容重；

h——高度。

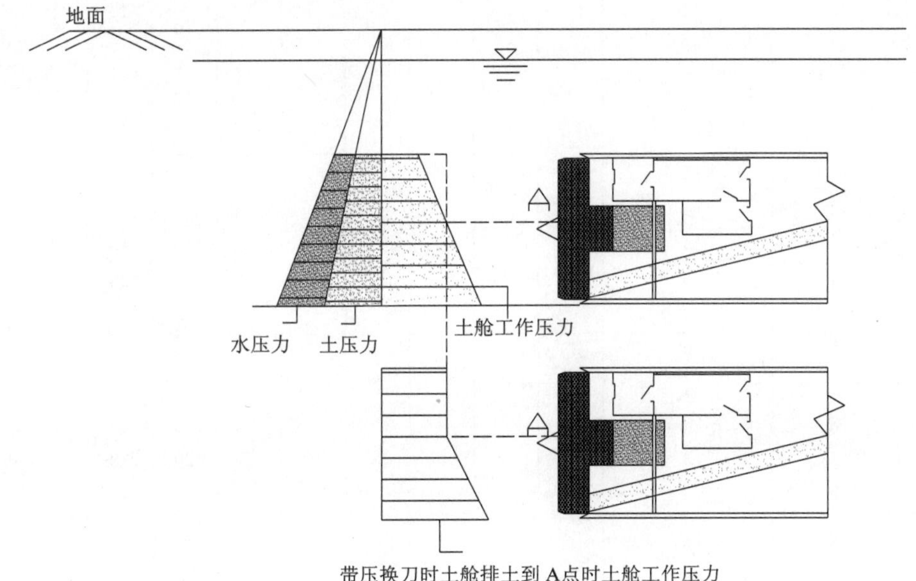

图 14.13 带压工作土仓内外压力平衡

如图 14.14 所示，加压过程采用分阶段排土、分阶段加压的方式进行，出土量按照所换刀具位置确定。将土仓中的渣土输出约 1/3，观察土仓压力值的变化，同时安排人员观察地面上漏气是否严重。若土仓压力无法保持，则重新推进；若土仓压力保持 2 h 没有变化，则继续出土至 1/2 略偏下处，观察土仓压力值的变化。若土仓压力保持 2 h 没有变化或不发生大的波动时（压力变化值＜0.05 bar），则表明土仓压气试验合格。

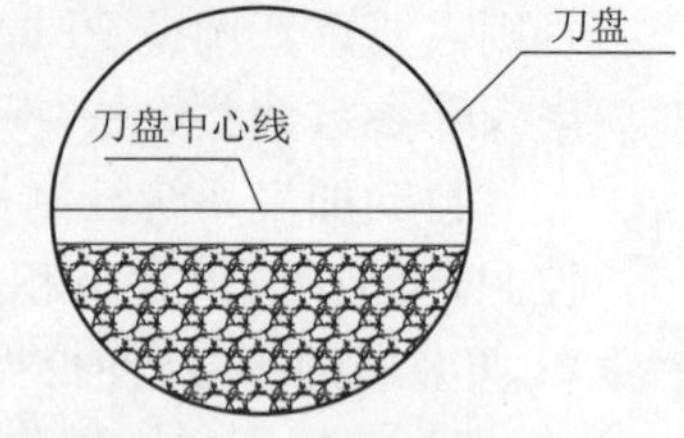

图 14.14　土仓内渣土高度

(3)带压进仓检查

为了进一步判断掌子面的地质情况和刀盘刀具磨损情况，首先要由专业工程技术人员带压进仓对掌子面的地质情况和稳定性（掌子面地质情况素描、地层加固效果验证、掌子面出露水情况、地层取样，并综合以上因素对掌子面稳定性进行判定，同时拍摄工程照片）进行检查、确认。

同时，对刀盘、刀具磨损情况（测各种刀具的磨损量、刀盘面板的磨损量，拍摄细部照片等，并根据检查结果制定下一步工作方案）进行检查，确定换刀方案和带压换刀前的各项准备工作。

(4)加减压控制

工程部根据前期培训情况给作业人员建立档案，把身体情况相近的人员尽量分配在一个工作组，每个工作组必须分配一名心理素质过硬的作业人员作为组长。

在带压作业前根据每组人员的实际情况和所需建立的土仓压力设计编写加减压方案。方案中需列出需要建立的压力值、降压的步骤、每个步骤需要的时间以及在一个停留平台需要停留的时间和总的加压时间，具体编写数据参见表 14.4，计算出从加压到减压结束各种环节所需要总的压缩空气用量，检查储备压缩空气是否能满足用气量。储备压缩空气必须要留有足够的富余量，如果不能满足，必须加以解决才能进行带压作业。

当作业压力为 1.4 bar 时，可以通过 10 min 时间匀速把压力从 0 加到 1.4 bar。如果有第一次进仓作业人员，可以在加压到第一站 0.3 bar 时停留 3 min。工作压力在 1.4 bar 时的减压计划如图 14.15 所示，人员进入土仓流程如图 14.16 所示。

表 14.4　我国 0.6～3.0 kgf/cm² 隧道高气压作业减压

压力(kgf/cm²)	高压下暴露时间(h)	上升到第 1 站停留时间(min)	各停留站时间(kgf/cm²)停留时间(min)								减压总时间(min)	高压暴露总时
			2.4	2.1	1.8	1.5	1.2	0.9	0.6	0.3		
0.6～1.2	6										6～12	6 h6 min～6 h12 min
1.2～1.5	1										12～15	1 h 12 min～1 h15 min
	2	4								10	17	2 h17 min
	3	4								15	22	3 h22 min
	4	3							10	10	29	4 h29 min
	5	3							10	15	34	5 h34 min
	6	3							10	20	39	6 h39 min
1.5～1.8	1	5								10	18	1 h 18 min
	2	4							5	10	25	2 h25 min
	3	4							10	15	35	3 h35 min
	4	3						10	10	20	52	4 h52 min
	5	3						10	15	25	62	6 h2 min
1.8～2.1	1	6								15	24	1 h24 min
	2	4						5	10	20	48	2 h48 min
	3	3					5	10	15	25	70	3 h10 min
	4	3					10	15	20	30	90	4 h30 min
	5	3					10	15	30	40	110	6 h50 min
2.1～2.4	1	6							10	15	37	1 h37 min
	2	5						10	20	25	69	3 h9 min
	3	3				5	10	15	25	40	113	4 h53 min
	4	3				5	15	25	30	45	138	6 h18 min

续上表

压力(kgf/cm²)	高压下暴露时间(h)	上升到第1站停留时间(min)	各停留站时间(kgf/ cm²)停留时间(min)								减压总时间(min)	高压暴露总时
			2.4	2.1	1.8	1.5	1.2	0.9	0.6	0.3		
2.4～2.7	1	6						5	10	15	45	1 h45 min
	2	5				5	10	15	25	30	104	2 h44 min
	3	3				10	15	20	35	45	144	5 h24 min
		3										
2.7～3.0	1	7						5	15	25	61	2 h1 min
	2	5				5	10	20	30	45	130	4 h10 min
	3	4			5	15	20	30	40	60	192	6 h12 min

注：各停留站间的移行时间为 3 min，已计入减压总时间内，如无第 1 停留站时的上升速率为每分钟 0.1 kgf/cm²。

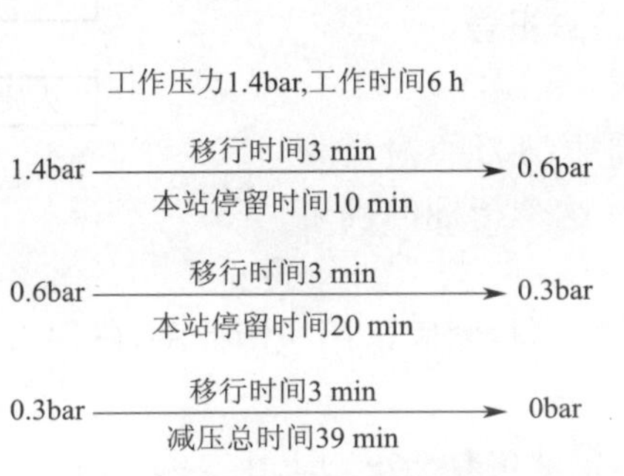

图 14.15 工作压力在 1.4 bar 时的减压计划

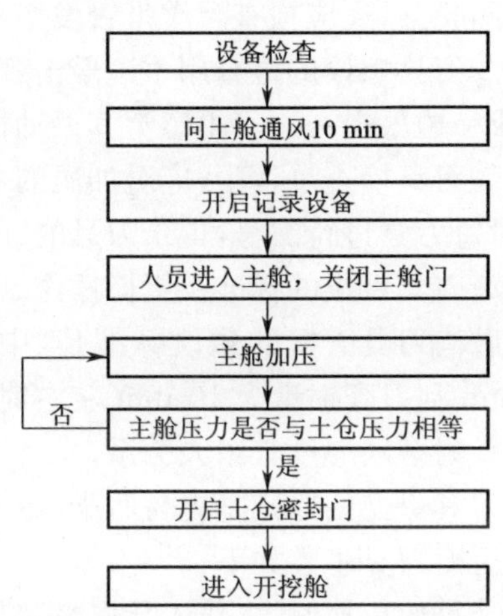

图 14.16 人员进入土仓流程

(5)入闸

1)入闸人体变化

压力越高，吸入气体就越多。尤其是氮气，首先溶解在身体血液里，然后进入组织里，其饱和度取决于压力、持续时间以及组织吸收氮气的能力，脂肪组织尤其能吸收。从正常压力到高压的沉淀物转变，会产生强烈的症状(压缩空气疾病)，比如耳痛、头痛、平衡性减弱和牙痛。如果空腔部分(例如鼻窦、耳膜、肠管、无效填充物)的空气补偿受阻(如感冒和鼻炎、咽炎等)，可能导致紊乱。

2)入闸步骤

①检查所有显示设备和纸带记录器，加热、时钟、温度计、电话、应急电话和阀等。检查闸门密封件的清洁。

②入闸人员进入主仓。

③主仓内打开双层带状纸记录器，并检查其功能完好以及纸量供应。

④关闭主仓和前仓之间的闸门，并确保其正确关闭。

⑤确保闸操作员和闸内人员之间的电话联系。

⑥缓慢打开"VENTILATION MAIN CHAMBER ON(向主仓通风)"球阀，向主仓内增压，直至达到操作压力。

⑦主仓内的加热根据我国国家规定实施。

⑧主仓内的压力等于作业仓内的压力后(比较"PRESSURE MAIN CHAMBER(主仓压力)"和"PRESSURE WORKING CHAMBER(作业仓压力)"的压力计显示)，作业仓与主仓之间的"PRESSURE EQUALISATION WORKING CHAMBER(作业仓压力均衡)"球阀可以小心地打开。完成作业仓与主仓之间的压力均衡后，球阀必须关闭。

⑨打开通向作业仓的闸门。

⑩闸操作员停止双层带状纸记录器。

⑪在作业仓内作业时，通向作业仓的闸门必须保持打开状态。

3)后续入闸(通过前仓入闸)

如图 14.17 所示，通过前仓入闸的过程与主仓操作类似。唯一不同点在于所使用的阀和显示设备，相应的显示为："VENTILATION PRE-CHAMBER(前仓通风)"闸门、"BLEEDING PRE-CHAMBER(前仓放气)"闸门、"EXHAUST AIR PRE-CHAMBER(前仓排气)"流量计和"PRESSURE PRE-CHAMBER(前仓压力)"压力计。

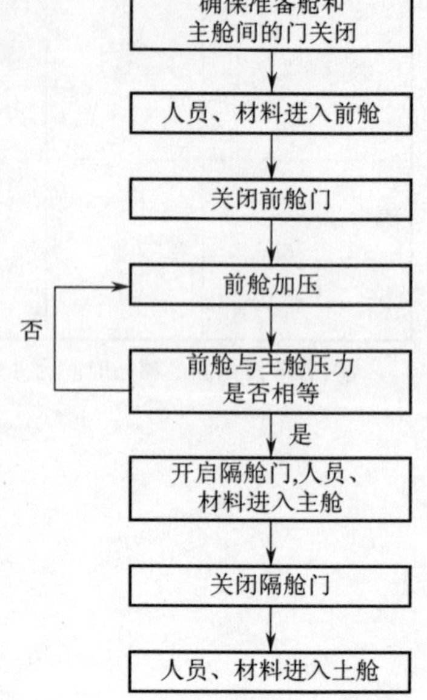

图 14.17 人员及材料后续入闸流程

(6)刀具检查和更换

1)刀具检查进仓后对刀具检查的步骤如下：

①刀具外观检查检查刀盘上所有刀具螺栓是否有脱落现象；刀圈是否完好，有无断裂及弦磨现象；刀体是否有漏油现象；挡圈是否断裂或脱落，若挡圈脱落，还应检查刀圈是否发生移位。

②刀具螺栓的检查用手锤敲击螺栓垫，听其声音来辨别螺栓的紧固程度，或一边敲击一边用手感觉其振动情况来辨别螺栓的紧固程度。

③刀具检查过程中，应对加压的全过程压力进行记录。刀具检查的同时，对每刀具进行编号，记录刀具的磨损量，并提供刀具检查报告。

2)刀具更换的标准及更换操作

盾构刀具磨损的建议标准是：中间滚刀 20 mm、周边滚刀磨损量为 10 mm、刮刀磨损量为 10 mm 左右时就必须进行更换。这个指标的确定和刀具耐磨层厚度有很大关系。

刀具更换的原则是先易后难，螺栓拆除采用风动扳手，螺栓紧固采用扭矩扳手，确保刀具安装质量。

更换刀具步骤如下：

①每次更换时，工作人员先将刀具周围的泥土清掉，保证留有一定的工作空间。

②由刀盘外侧向内逐个检查刀具的磨损情况，确定需要更换时，用相应标号的刀具进行替换。

③用套筒及加力杆卸下固定螺栓，将拆下的螺栓及附件放入随身携带的工具袋内，以防丢失。

④将换下的刀具递到人闸内，同时将固定螺栓和固定座用水清洗干净，并检查一下是否有裂纹，如有裂纹必须更换新螺栓，以确保新装刀具有足够的固定强度。

⑤将新的刀具按原来的位置安装好，并将固定螺栓拧紧。

⑥每次带一批刀具和螺栓进仓，每批刀具换完后，把废刀具和没有安装的新刀放进料闸内。

⑦同时操作手转动刀盘。工作人员通过料闸把下一批刀具送入土仓内，再继续更换下一组刀具。

⑧每换完一批刀具后，由值班机械工程师检查一遍安装质量，并检查是否有漏掉的或者没有固定好的。机械工程师确认无误后方可继续作业。

⑨更换速度按实际情况定，必须以保证安装质量为前提。

⑩换刀过程中当遇到断螺栓时，一般采用以下两种处理方案：若断口在螺孔之外，则直接拆除；若断口在螺孔里面，则要用风动手钻打孔，用取丝器取出断螺栓，严禁采用电动工具。

3)注意事项

①配置足够数量的低压空气压缩机，以保证压缩空气的供给。

②组织机构上应备有在训练有素的班组管辖下的手动气闸，以便能够进入切削仓进行修理作业，包括更换刀具和人工排除意外的困难和障碍。

③压缩空气下施工应按现行法规和条例进行，尤其是有关医疗保护和卫生保健条例，以及压缩空气中工作时间、减压时间等方面的辅助与安全方面的法规。

④加压操作采用分阶段排土、分阶段加压的方式进行。

⑤工作面最终压力要求比设定土压力高 0.1～0.2 bar 左右。

⑥在开仓作业过程中，应尽量维持此压力，并通过进气阀的操作使气压的变化值控制在可控范围之内。

⑦当需要加入添加材料以保证土体气密性时，应向仓内加注膨润土浆液，转动刀盘使仓内砂土内与膨润土能较好地混合，并能较深地渗入地层中，在开挖面形成一层比较厚的泥皮，从而达到保证气密性的

效果。

⑧土建工程师确定开挖面的稳定性,确认安全后,方可进土仓工作。当开挖面有异常情况时,应立即组织工作人员退出土仓,关好仓门。

⑨设置两条以上通讯线路,保持压力仓内仓外、地面与外界相关单位、部门联系畅通,如有异常,及时联系。

⑩在第一个作业人员进入土仓前,应持续充气 10 min,以确保土仓空间内空气新鲜。

⑪设专人对地面房屋、地下管线、地面状况进行监控和巡视,发现异常,及时请示处理。

⑫若换刀时刀具不慎掉入土仓内,而土仓内泥渣较多很难定位刀具及打捞时,则换刀人员进仓作业时带上铁锹和编织袋,将土仓内的渣土装袋即可。

⑬由于换刀需要转动刀盘时,必须听从仓内人员的指挥。当仓内人员发出转动刀盘指令时外部操作手才能启动刀盘转动。刀盘转动速度控制在 0.2 rpm 以下。

⑭若作业过程中,发生气管爆裂、空压机故障等问题时,首先要冷静,想办法稳住气压,同时尽快通知作业人员进入人闸以便及早减压出来。

⑮要做好各项人员安全措施及灾害防治措施。对工作人员要进行全面体检,体检不合格的人员禁止入内。要注意压气作业过程中因焊接、漏电、打磨等作业可能引起火灾。各种应急设备如高压氧仓、担架等应处于准备状态。

(7)出闸

人员离开土仓流程如图 14.18 所示。

1)出闸人体变化

溶解到血液和组织里的气体必须在出闸过程中释放出来。出闸时压力慢慢降低,要释放的气体可以通过循环系统和肺排出体外。降压太快会导致体液和组织产生气泡(汽水瓶效应),因此而引起的气栓病是由于正压而引发的最常见的健康损害。此外,细胞内气体的释放会造成临时性或永久性的组织损害。

从正压向正常压力的转化会造成或多或少的明显的减压病。各种症状可能会在减压时表现出来,也可能会在几个小时之后再表现出来。经研究发现, 54.7%的减压病发生在减压结束后 1 h 内,86.3%发生在减压结束后 6 h 以内。减压病的症状有:关节痛、肌肉痛;皮肤发痒和皮肤变色,出现大理石花纹状;还有其他比较严重的减压病症状。鉴于本次带压作业压力为 3 bar 以下,就不需要加以说明了。

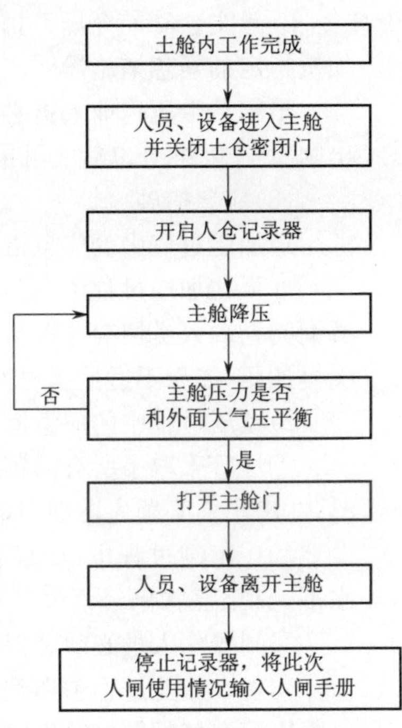

图 14.18　人员离开土仓流程图

2)出闸步骤

出闸过程中,作业人员必须遵守以下指令:

①穿上保暖的干衣服,避免受冻或颤抖。当感觉热时不要轻易减衣。因为较高的温度有利于氮气的置换,降低出现减压病的几率。

②避免浅呼吸或憋气,此类动作可能会导致身体受损。

③避免不自然的姿势。

④定期起立和活动四肢

做到以上几点可以一定程度地改善氮气的置换,减轻身体的不良反应。

出闸步骤为:

①关闭主仓与前仓之间的中心闸门。

②打开纸带记录器(闸操作员)。

③进入主闸,并关闭通向作业仓的闸门。

④确保闸操作人员与闸内人员的电话联系。

⑤通过“BLEEDING MAIN CHAMBER(主仓放气)”球阀缓慢降低主仓内的压力,同时监看“PRESSURE MAIN CHAMBER(主仓压力)”压力计。

⑥通过“VENTILATION MAIN CHAMBER(主仓通风)”球阀提供闸室通风。关于通风参考值,参阅国家规定和条例。在闸室通风之后,压力不应再次提高。

⑦使用“BLEEDING MAIN CHAMBER(主仓放气)”和“VENTILATION MAIN CHAMBER(主仓通风)球阀进行调整,直到在通风过程中产生一个明显的恒定和缓慢的压力下降为止。在这样的环境下,“VENTILATION MAIN CHAMBER(主仓通风)”流量计上的流量值必须符合国家规定。

⑧一旦达到第一个压力水平(参看“PRESSURE MAIN CHAMBER(主仓压力)”闸门和“VENTILATION MAIN CHAMBER 主仓通风”闸门),主仓内的压力会在指定时期内维持在一个恒定水平。闸操作人员必须使用“VENTILATION MAIN CHAMBER(主仓通风)”流量计,定期检查闸的通风设备。

⑨遵照指定的保压时间,必须重复程序⑤～⑧,直到达到正常的周围压力。主仓内加热要求依照国家规定进行调整。

⑩闸内人员必须打开主仓和前仓内之间的中心闸门,然后离开闸室。

⑪闸操作人员现在必须停止纸带记录器,并在闸室日志和纸带记录器上的纸带上记录闸室操作过程(日期、时间、压力、人数等)。

一旦主仓和前仓压力相同,可能会发生经由前仓的部分减压。如果在紧急情况下需要进行部分减压,必须按指定的紧急措施操作。主仓要保持正压状态不变。

出闸后带压作业人员必须遵照以下指令:避免繁重的体力工作;不要长时间和用太热的水洗浴;多喝水;出闸后至少 24 h 以后才可乘坐飞机(与压力无关);离开闸后要随身携带急救卡。

(8)应急措施

1)加压过程中的应急措施

如果在加压过程中,有人出现任何疾病或不舒服的症兆(如耳痛等),加压过程必须立即停止,闸操作人员询问仓内人员情况并保持当前压力水平。如有需要把压力调低 0.05 bar 左右,直至症状已经消失。再次缓慢加压,如果不适症状再次出现,此时必须结束加压,让不适人员出仓。

2)减压过程中的应急措施

①尽管采取了所有的预防措施,入闸人员还是会在闸内或出闸后表现出患病症状。如果出现这样的情况,在出闸前必须先咨询当班医师协调下一步骤。

②在出闸过程中,如果有人出现任何疾病或不舒服的症兆,出闸过程必须立即停止,应保持当前压力水平,直至症状已经消失。如果在数分钟之后情况不适如此,人闸孔的压力必须提高到先前的压力水平。

③闸操作人员必须确保立即通知当值医师,并负责让受影响人员特别小心和缓慢出闸。

④如在作业过程中遇到人员受伤出现大出血必须对其进行压迫止血,并使其处于头低脚高的姿势。与负责压缩空气问题的医生协调后,可将压力迅速降至大气压力出仓送往医院抢救。

⑤医师决定有关降压速度。

之后,必须立即启动以下应对措施:a. 急救、监护患病人员;b. 处理闸室(再加压)。

3)换刀过程中的应急措施

①如果发现土体有塌方现象,人员必须立即返回人闸关闭闸门,进行 0.5 h 的观察后根据情况作出下一步安排。

②如果土仓内着火,用喷淋系统灭火。如果火势太大,人员返回人闸关闭闸门,向土仓内注入浆液灭火。

③如仓内气压出现不稳或泄漏量超过预警值,人员立即退回人闸,等待观察结果进行下一步安排。

④如有人出现不适症状,仓内人员立即通知操闸人员。不适人员通过前仓减压出仓。

5. 盾构恢复掘进

换刀作业结束后,待人员与机械撤出土仓,恢复掘进。通过压力传感器可以看到仓内压力变化,此时通过土仓内排气阀排出一部分气体保持恒定的支撑压力,重复以上动作至满仓。此时土仓内重新建立了土压平衡,启动刀盘与千斤顶恢复盾构掘进。

6. 施工人员和机械设备配置

换刀作业期间根据规范要求,压缩空气在 1.2 bar 以下安排 4 个班次,实行 4 班倒作业。另外配备第一组进仓观察人员。

一个班次人员安排见表 14.5,机具设备见表 14.6,换刀工具见表 14.7。

表 14.5 一个班次人员

序 号	工种名称	人 数	备 注	序 号	工种名称	人 数	备 注
1	操闸员	1		4	医务人员	1	
2	现场技术人员	1		5	电工	1	
3	带压作业人员	4	1 名负责监控，另外 3 名进行换刀作业	6	安全员	1	

表 14.6 机 具 设 备

序 号	机具名称	单 位	规 格	数 量
1	双仓式人闸	套		1
2	呼吸气系统	套		1
3	照明系统	套		1
4	通讯设备	套		1
5	空压机	台	10 m^3/h	4(一台电空、一台柴空备用)
6	对讲机	把		4
7	减压医疗仓(医院备)	套		1

表 14.7 换 刀 工 具

序 号	材料名称	规 格	单 位	数 量	序 号	材料名称	规 格	单 位	数 量
1	重型套筒	36mm	个	2	12	钢丝绳	ϕ6 mm，长 1.5 m	根	2
2	重型套筒	46mm	个	2	13	榔头	12 磅	个	2
3	重型套筒	55mm	个	2	14	榔头	2.5 磅	个	2
4	手扳葫芦	0.75 t	个	2	15	钢丝钳		把	2
5	手扳葫芦	1.5 t	个	2	16	錾子		把	4
6	手扳葫芦	3 t	个	2	17	内六角扳手	24 mm	把	1
7	手扳葫芦	6 t	个	2	18	活动扳手	300 mm	个	2
8	链条葫芦	2 t	个	3	19	2 t 吊绳	拉力 2 t	m	8
9	小尖铲		把	2	20	工作灯	24 V	盏	4
10	小蛇型撬棍		把	2	21	手电		把	6 把
11	钢丝绳	ϕ6 mm，长 1 m	根	2	22	千斤顶	5 t	个	1

7. 周边环境的影响

场地换刀范围内主要为低压缩性的全风化、强风化和中风化花岗岩。带压换刀主要靠压缩空气对掌子面进行支撑，隧道顶端的土体气体的支撑效果比较差，容易出现坍塌，此为产生沉降的主要原因。地面沉降是本次施工对周围环境最直接的影响。

降低影响措施如下：

(1)严格按照分段式出土加压法进行施工，根据压力表变化调整出土速度。

(2)设专人对地面房屋、地下管线及地表情况进行监控和巡视，发现异常，及时请示处理。

8. 安全施工措施

(1)一般安全施工措施

①施工前组织全体施工人员进行安全技术交底，学习有关安全制度和安全操作规程。

②在选择入仓换刀人员时先检查人员的体检表是否符合带压换刀要求。联系好有专业治疗设备的医院。

③机械设备要完好，必须有可靠的安全防护装置，做到定人操作、保养和检查。电气线路或机具发生故障时，必须要电工处理，其他人员不得修理或排除故障。

④施工前必须检查所有门密封件和密封表面的清洁及破损情况。如必要，必须更换密封件。

⑤准备一个急救箱，里面要有纱布、消毒水、棉签、云南白药、创可贴等对皮外伤的应急药物，出现较大的伤口要及时送往医院。

⑥加压仓内必须定期检查电话和应急电话系统的正常功能，确保仓内通信完好。出现事故要与外面联系，第一时间做好抢救措施。

⑦认真填写人员及物料进仓记录，出仓是对照检查(见附录2)。不得有人单独暴露在压缩空气的环境里。万一发生事故，如有可能，人员必须垂直运送到隧道外面。探仓人员在外边要时刻注意仓内情况，如果外边的设备出现故障而影响仓内人员的安全时要立即把仓内人员叫出来，确保仓内人员的安全。

⑧严禁在气闸里存放可燃气体和氧气瓶。通向闸的逃生通道以及闸本身必须保持畅通，不得存放材料和工具。线缆和软管不得堵塞闸门。

⑨万一遇到异常情况，现场负责人必须要求操作人员必须马上撤出开挖仓。异常情况是指：a. 掌子面出现失稳迹象；b. 掌子面出现渗水；c. 开挖仓内空气压力损失量＞800 m^3/h；d. 作业人员受伤。

(2)升压和带压作业过程中的安全注意事项

①患有感冒或流感的人不能进入空气仓，否则可能有耳膜破裂的危险。进仓时带要些干燥的衣物，以备减压时穿，防止感冒。

②不要将可能膨胀的饮品或食物带入空气仓。

③当人员仓室在压力下工作时，由于安全原因，准备仓一般是没有压力的，准备仓的两个门都是关闭的。为了空气仓内人员的健康，必须逐渐升高空气仓的压力，将压力缓慢上升到操作压力值。

④定期检查流速计，以确保人员仓通风。随时监测空气仓人员的健康状况，一旦空气仓人员出现任何不适现象时，要立即中断压缩空气并降压，让不适人员离开空气仓。

⑤因在升压和带压作业过程中，压力仓/土仓内温度较高，因此在此期间要多饮水，否则，脱水会立即导致压缩空气病症，但加压前/加压期间禁止饮用二氧化碳饮料。

⑥仓内禁止存放可燃气体和氧气瓶。

⑦由于压力越高人体吸入的气体越多，尤其是氮气，首先就会在人体液体内溶解，然后溶解在人体组织中，其饱和程度取决于压力、维持的时间以及人体组织吸收氮气的能力，胖的人体组织特别容易吸收，因此，肥胖人员一般不允许在有压下进仓。

⑧在带压作业过程中，为确保作业人员安全，仓内压力要随时保持基本恒定，其波动值要控制在0.05 bar以内。

⑨在带压作业过程中，体能消耗要远远高于常压下作业，因此用力要适度，并注意作好自身的身体防护，尽量避免碰伤皮肤或发生身体扭伤现象。

⑩由于在带压作业地段地层稳定性较差，虽然采取了一系列封堵加固措施和通过压缩空气来平衡掌子面的水土压力，但仍存在许多不确定因素，当界面条件发生变化时，掌子面仍存在有部分失稳或出现涌、漏水的可能，所以在检查刀盘和带压作业时仍具有一定的危险性，因此在这一过程中必须一直密切关注掌子面的稳定情况和涌水量的变化，出现异常情况时，应立即停止带压作业。

(3)减压过程中的防病措施

减压期间必须释放溶解在体内的气体。减压期间必须按照减压方案减压，这样体内的气体就会通过血液循环和肺排出来。如果压力降低太快，会在人体液体和组织内形成气泡(二氧化碳—水反应)，气体栓塞就是带压作业后最容易出现的组织病症根源。另外，释放的气体会造成暂时性或者永久性组织损伤。从压力状态下到常压下的转变周期过短，就会造成严重的压缩空气病症，经常会在减压期间或者几小时后出现。压缩空气病症主要体现为：肌肉和/或关节痛；皮肤骚痒和/或红蓝颜色；中央神经系统紊乱：眩晕、耳鸣、听力僵硬、呼吸困难、视力和语言紊乱、中风/麻痹、痉挛；手指和脚趾麻木等。因此在减压过程中，应注意以下事项：

①人员仓管理员必须认真履行带压作业人员的减压程序，并作好时间记录，坚决杜绝减少减压时间的现象与跳期减压的现象。

②为保证仓内作业人员的安全，减压过程中确保仓内通风量。

③减压期间注意事项：在减压期间仓内工作人员必须穿上干燥衣服，避免因冷感冒或者发抖，避免浅/轻呼吸，禁止非自然姿势；定期站立，移动胳膊/腿关节；如果有人出现压缩空气病症或其他病症，必须立即停止减压，维持目前的压力状况，直到病症消失。几分钟以后，如果病症没有消失，就要将仓内压力升至原来的位置，同时人仓管理员必须立即通知值班医生，并仔细对病人减压。

④出仓后注意事项：工作人员减压后应禁止剧烈运动，注意多休息；禁止长时间热水浴；多饮水；加压后

至少 24 h(完全没有压力了)才能乘坐飞机;带压作业后应随身携带应急工作卡,如果出现关节痛以及其他突发病症时要及时按照应急卡片联系负责医生,及时医治。

进仓作业时,详细填写表 14.8 和表 14.9 中的内容。

表 14.8　人员及物料进仓情况

名　称	进仓时间	进仓数量	出仓时间	出仓数量	备　注
带压作业人员					
刀具					
工具					

表 14.9　进出仓加/减压时间

批次	仓内人员姓名	加/减压	开始时间	人仓内空气压力(bar)	加气压/持续时间(min)	结束时间

9.应急预案

为保证开仓换刀过程中的安全,应制定相应的应急预案,同时及时对监测数据进行分析,及时提供给设计单位,针对施工提出更加合理的理论支持,有效形成信息动态共享、设计动态指导的良性循环。

(1)组织机构

1)组织机构人员

项目部应急组织机构见图 14.19。

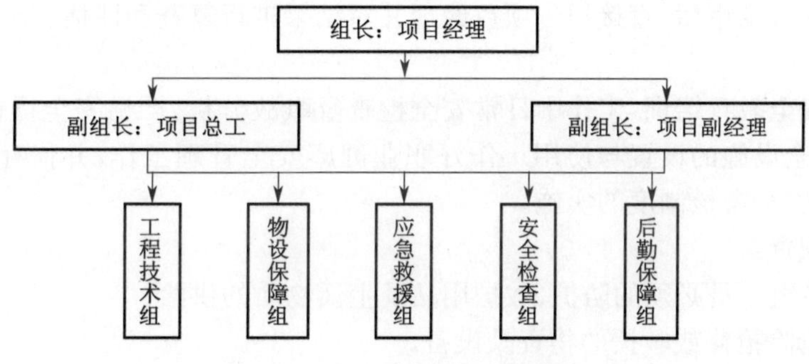

图 14.19　应急组织体系框图

2)工作职责

①组长职责:

a.分析紧急状态确定相应报警级别,根据相关危险类型、潜在后果、现有资源控制紧急情况的行动类型;

b.指挥、协调应急响应行动;

c.与项目外应急响应人员、部门、组织和机构进行联络;

d.直接监察应急操作人员行动;

e.最大限度地保证现场人员和救援人员及相关人员的安全;

f.应急响应组织的启动;

g.应急评估、确定升高或降低应急警报级别;

h.向上级部门及领导通报事故情况,决定请求外部援助;

i.决定应急撤离,决定事故现场外影响区域的安全性。

②副组长职责:

a.协助应急总指挥组织和指挥应急操作任务;

b.向应急总指挥提出采取的减缓事故后果行动的应急响应对策和建议;

c.保持与事故现场各应急救援工作小组组长的直接联系;

d.协调、组织和获取应急所需的其他资源、设备以支援现场的应急操作;

e. 组织相关技术和管理人员对施工场区、生产过程各危险源进行风险评估；

f. 协调后勤方面以支援应急响应组织。

③通信联络组职责：

a. 确保与项目经理和外部联系畅通、内外信息反馈迅速；

b. 保持通讯设施和设备处于良好状态；

c. 负责应急过程的记录与整理及对外联络。

④技术支持组职责：

a. 提出抢险及避免事故扩大的临时应急方案和措施；

b. 指导实施应急方案和措施；

c. 修补实施中的应急方案和措施存在的缺陷；

d. 绘制事故平面图，标明重点部位，向外部救援机构提供准确的抢险救援信息资料。

⑤保卫协助组职责：

a. 设置事故现场警戒线、岗，维持工地内抢险救护工作正常运行；

b. 保持抢险救援通道的畅通，引导抢险救援人员及车辆的进入；

c. 协助交警部门疏导交通；

d. 抢险救援结束后，封闭事故现场直到收到明确解除指令。

⑥应急救援组职责：

a. 实施抢险抢修的应急方案和措施，并不断加以改进；

b. 寻找受害者并转移至安全地带；

c. 在事故有可能扩大进行抢险抢修或救援时，高度注意避免意外伤害；

d. 抢险抢修或救援结束后，直接报告项目经理并对结果进行复查和评估。

⑦安全检查组

负责进行岗前安全教育培训、工作中日常安全检查及事故分析，严格安全操作程序，督促检查安全防护品的佩带和使用、安全设施的设置与使用。作好职业健康安全管理工作，并保存各种记录，保证其畅通、有序、有效运行。负责安全考核制度的实施。

⑧后勤保障组职责：

a. 保障系统内各组人员必须的防护、救护用品及生活物质的供给；

b. 提供合格的抢险抢修或救援的物资及设备。

(2)应急准备工作

1)提前在地面放点，把 127～130 环的隧道中心线标出，并埋设监测点；

2)提前准备好水电设备、围挡物资等。

3)准备好地面注浆设备，并保证其能正常工作。

4)洞内准备好 2 次注浆设备，待盾尾通过后进行洞内补浆。

(3)应急处置

1)预测及预警

在地铁公司的指导下，针对可能发生的地铁轨道沉陷，组织调查论证、分析评估，建立信息数据监测分析制度，并根据国家有关规范和标准，完善预报预警机制，做到早报告、早预防、早排查、早化解、早处置。

2)预警级别及发布与解除

根据预测分析结果，对可能发生的突发事件进行预警。预警级别依据突发事件可能造成的危害程度、紧急程度和发展态势，由高到低划分为Ⅰ级(特别严重)、Ⅱ级(严重)、Ⅲ级(较重)、Ⅳ级(一般)四个级别，并依次用红色、橙色、黄色和蓝色表示。

Ⅰ级(特别严重)：事件可能造成大量财物损毁和人员伤亡。

Ⅱ级(严重)：事件对公众生命安全构成威胁，可能造成严重财产损失。

Ⅲ级(较重)：事件可能造成较大损失以及一定社会影响。

Ⅳ级(一般)：可能导致突发事件发生，但险情尚未出现、行为尚未实施或结果尚未产生，可能造成损失或社会影响。

3)预测预警系统及处理措施

①地铁 1 号线应急针对措施

燕大区间穿越工程应急措施见表 14.10。

表 14.10 过 1 号线应急措施

预警级别	预警情况	预 警 措 施
Ⅳ级	当盾构机掘进至穿越段起始里程时	监测小组加强各项监测,应急物资准备齐全并运至现场,穿越段所处的地铁 1 号线科大区间全程限速至 15 km/h,并在深南路对应位置路面加铺钢板
Ⅲ级	当地铁 1 号线隧道结构及轨道沉降达到预警值时	及时向业主、监理、运营单位等相关人员汇报,着重加强沉降值预警段的监测,及时调整盾构施工掘进参数,并通过 2 号线管片背后向沉降预警部位注浆补强
Ⅱ级	当盾构施工出现螺旋机持续喷涌、出土超量且一切技术措施无效时	及时向业主、监理、运营单位等相关人员汇报,继续加强监测;盾构机停止掘进,采用“砂浆置换法”将土仓内灌满砂浆并达到 2.5 bar 的土仓压力,防止地层的继续坍塌,待砂浆达到强度后再作进一步处理
	当地铁 1 号线隧道结构及轨道沉降超过控制值但未发生塌陷时	及时向业主、监理、运营单位等相关人员汇报,继续加强监测,及时调整盾构施工掘进参数;配合运营单位评估地铁 1 号线运营安全情况并利用天窗时间采取调整轨道、洞内注浆等相应措施
Ⅰ级	当地铁 1 号线隧道结构发生坍塌、涌水等严重破坏时	及时通知业主、监理、运营单位等相关人员,盾构机保压后停止掘进,立即停止该段地铁运行,设立警戒区域;应急人员立即进入地铁 1 号线进行抢险作业,对坍塌处进行混凝土回填;抢险结束后,由运营公司对该段隧道进行评估,制定修复方案

②暴风雨侵袭

a. 下雨时作好隧道洞口封堵,防止雨水大量流入隧道内。

b. 在每条隧道各配备 3 台泥浆泵,用于排除隧道积水。

c. 及时获取天气信息,预先做好准备工作。

③地面沉降超过控制值

a. 当隧道附近地面沉降超标时,立即用低标号的混凝土进行灌注,并在沉降超标处及周围加密布置监测点,每 0.5 h 监测一次,直至确定地面沉降稳定才可放缓监测频率。如灌注完混凝土后地面沉降仍然显著,则要及时在地面钻孔进行注浆,同时隧道内也要加强二次注浆质量控制。在进行地面注浆时,为防止浆液凝固困住盾构机,注浆时盾构机要缓慢运动,同时还要通过盾构机超前注浆孔及盾体上的注浆孔向盾体外侧注入膨润土,使盾构机周围被膨润土包围,形成蛋糕状,确保盾构机能正常掘进。

b. 抢险人员随时观察地面情况,防止伤人。必须确保通讯畅通,并对处理情况、围岩变化情况、人员及机械设备情况等及时上报,在抢险有困难或需要救援时以便领导决策,及时提供救援。

当掘进过程中突然出现停电事件,盾构机非正常停机,螺旋输送机出口液压闸门无法关闭,容易造成地层水土长时间流失,导致地铁 1 号线出现危险。突发停电事故时应采取以下措施:

a. 盾构机操作手立刻开启蓄能系统关闭液压闸门。

b. 值班工程师用电话通知电工,将隧道照明系统与发电机连接,启动应急照明系统。

c. 盾构机张出台上配备备用污水泵,值班工程师组织电工将水泵与电瓶机车电源连接,准备好应急排水工作,随时抽水,保证隧道安全。

④人员高处坠落

a. 高处坠落事故发生后,立即把人员撤离到安全地带。

b. 初步检查伤病员,进行现场急救和监护,采取有效的止血、防止休克、包扎伤口、预防感染、止痛等措施。

c. 呼叫救护车,现场继续施救,坚持到救护人员到达现场接替为止。

⑤发生火灾

a. 要立即拨打火警电话 110 求助。

b. 立即组织义务消防队员扑救。

c. 根据扑火灾的需要,立即采取切断电源、隔离和转移可燃物资等措施,控制火势。

d. 立即组织疏散人员和物资、抢救伤员。

e. 在武警消防队未到达现场之前，组织人力疏通路障，保证人员、物资疏散畅通，车辆进出畅通无阻。

⑥发生触电事故

a. 发生触电事故后应当立即切断电源(关闭电路)，亦可用现场得到的绝缘材料等器材使触电人员脱离带电体。

b. 将伤员立即脱离危险地方，组织人员进行抢救。

c. 若发现触电者呼吸或呼吸心跳均停止，则将伤员仰卧在平地上或平板上，立即进行人工呼吸或同时进行体外心脏按压。

d. 拨打 120 向当地急救中心取得联系，应详细说明事故地点、严重程度、联系电话，并派人到路口接应。

⑦发生机械伤害事故

a. 若发现机械伤害事故，先查看受伤人员的伤情，立即采取止血措施，防止大量失血后难于救治。

b. 立即拨打 120 向当地急救中心取得联系，应详细说明事故地点、严重程度、联系电话，并派人到路口接应。

⑧发生中毒事故

a. 把人员撤离到安全地带。

b. 初步检查伤病员，进行现场急救和监护。

c. 呼叫救护车，现场继续施救，坚持到救护人员到达现场接替为止。

⑨发生传染病传播

一旦出现流行传播疾病，立即通知 120 急救中心，由急救中心医疗人员负责传染病人员的救治，并通知当地卫生部门采取防治措施。

(4)应急物资准备

应急物资的准备是应急救援工作的重要保障，项目部应根据潜在的事故性质和后果分析，配备应急资源，包括救援机械和设备、交通工具、医疗设备和必备药品、生活保障物资。应急物资及设备清单见表 14.11。

表 14.11 应急物资及设备清单

序 号	物 资	单 位	数 量	存放位置
1	河 砂(碎石)	m^3	60	工地现场
2	砂 袋	个	1 000	材料库
3	铁 锹	把	10	材料库
4	运料车	辆	2	租用
5	混泥土及泵车		现场要求	外供
6	地质钻机(MGJ－50)	台	1	工地现场
7	高压泵(XPB－90)	台	1	工地现场
8	双液注浆泵(SYB－60/5)	台	1	工地现场
9	搅拌器(SYB－300/2)	台	1	工地现场
10	玻璃液	桶	20	工地现场
11	水 泥	t	50	工地现场
12	彩条布 3 m\6m	m	200	材料库
14	50 kW 发电机	台	1	工地现场
15	水 泵	台	5	材料库
16	水 管	m	200	材料库
17	铁线 0.2 mm、1 mm、2 mm 等	m	若干	材料库
18	配电箱含开关箱	套	2	材料库
19	铁板 6 000 mm×1 200 mm×16 mm	块	5	材料库
20	安全警示含道路疏散牌等			安全环保部
21	指挥车	部	2	综合部

14.4 刀具磨损统计

由于在上软下硬地层中施工盾构刀具磨损严重，加之渣土改良效果不是十分理想，燕大区间右线穿越施工进行了多次进仓刀具检查，先后在第76环、第89环、第91环和第128环(刀头位置)进行了刀具检查和更换，并对刀具磨损情况进了统计，见表14.12。刀具磨损量的测量如图14.20所示。其中，在第76环更换了所有单刃滚刀和双刃滚刀，在第92环更换了全部的双刃滚刀和大部分单刃滚刀。第76环、第89环、第91环和第128环刀具检查和换刀时的部分照片分别见图14.21～图14.24。由表14.12和图14.21～图14.24可见，在强风化、全风化花岗岩地层中盾构刀具的偏磨问题还是十分严重的，在上述4次进仓和刀具检查中，中心部位的双刃滚刀全部偏磨，再加上绝大部分单刃滚刀偏磨的事实，说明了盾构刀盘现有刀具配置的合理性有待商榷。由于强风化、全风化花岗岩地层遇水软化，滚刀自转缺乏有效的地层反力，同时刀盘开口率不大，中心部位土渣速度低，从而易堵塞刀盘进土口，刀盘结泥饼又加剧了滚刀的偏磨，特别是中心部位双刃滚刀的偏磨。虽然盾构刀盘刀具配置和开口率要满足于整个标段工程地质、水文地质及周边环境的总体要求，但对于强风化、全风化花岗岩地层的滚刀的偏磨问题也必须给予高度的重视。

表14.12 燕大区间右线盾构滚刀磨损统计

刀 号	控制值	第76环磨损量	第92环磨损量	刀 号	控制值	第76环磨损量	第92环磨损量
1～3号	10	刀圈断裂	偏磨	23	10	2.5	5
2～4号	10	刀圈断裂	偏磨	24	10	4	5
5～7号	10	刀圈断裂	偏磨	25	10	4	5
6～8号	10	刀圈断裂	偏磨	26	10	4	5
9	10	偏磨	偏磨	27	10	6	
10	10	偏磨	偏磨	28	10	5	
11	10	偏磨	偏磨	29	10	5	7
12	10	偏磨	偏磨	30	10	4	
13	10	偏磨	偏磨	31	5	5	6
14	10	偏磨	偏磨	32	5	5	
15	10	偏磨	偏磨	33	5	4	
16	10	偏磨	偏磨	34	5	5	
17	10	偏磨	偏磨	35	5	4	
18	10	偏磨	偏磨	36	5	5	7.5
19	10	3	偏磨	37	5	6	
20	10	偏磨	10	38	5	5	7.5
21	10	6	偏磨	39	5	7	
22	10	5	5	40	5	4	10

图14.20 滚刀磨损现场测试

图 14.21　燕大区间右线第 76 环进仓和换刀照片

图 14.22　燕大区间右线第 89 环进仓换刀照片

图 14.23　燕大区间右线第 91 环进仓换刀照片

图　14.24

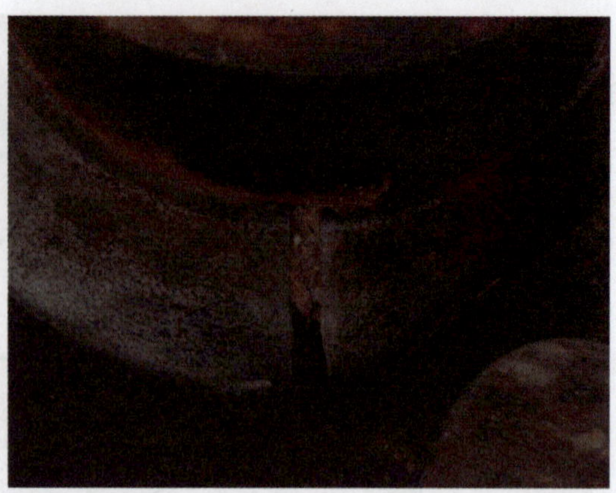

图 14.24　燕大区间右线第 128 环进仓换刀照片

从以上开仓工作和换下的刀具可以看出，中心刀具的磨损较为明显，大部分偏磨严重，反映出以下 3 个问题：一是刀盘开口率和开口形式对地层的适应性值得商榷，二是刀具的启动扭矩（刀具的选择）对地层的适应性值得分析，三是渣土改良不良造成的中心部位泥饼、土塞极易把刀糊死。

试验段数次带压进仓和砂浆置换开仓检查和换刀表明，该两项施工工法较为成熟，承包商能够较为成熟地掌握核心技术和关键工艺，对安全和质量的控制较有把握。一旦在 1 号线下遇到不得已停机处理和开仓检查及换刀，对此两种工法的掌握和运用也可很大程度上为工程降低风险。

试验段及数次带压进仓和敞开换刀表明，地面沉降和 1 号线变形对土（气）压变化、地层失水、注浆充填等反映非常明显，故进仓期间适当提高压力设定、严格控制土仓压力波动、严格实行土压平衡微扰动掘进和及时有效进行同步注浆和二次注浆是控制地面沉降和 1 号线隧道变形的关键。

14.5　小　　结

选择合适的方式加固地层后进仓进行刀具检查和换刀工作，是保证盾构快速施工的关键技术之一。通过燕大区间上软下硬地层中砂浆置换和带压进仓换刀的工作实践，可以得出以下结论：

(1)在穿越施工过程中，前期有计划、有组织地选择在适当位置实施盾构刀具检查和换刀工作，并制定相应工作方案，是保证穿越工程快速、高效实施的重大技术措施之一。

(2)在“上软下硬”全风化、中风化花岗岩地层中，由于地层遇水崩解软化，稳定性较差，必须预加固地层后才可进行刀具检查和更换工作。首选砂浆置换方式加固地层，并根据地层加固情况，配合实施带压方式进仓，以保证换刀工作过程中前方地层的稳定。

(3)在选择进仓位置时，要留有余量，并加强地层变形和既有线变形的监测，一旦发生地层稳定性不能满足进仓要求或既有线变形过大时，将盾构机向前推进一定距离后，再行加固地层后进仓。

(4)在穿越工程中，考虑到进仓工作的复杂性和高风险性，应尽可能一次将换刀工作做到位，凡是偏磨的刀具一律全部更换，不论磨损量的大小如何。

(5)在穿越工程中，盾构刀具检查和更换的工作位置应尽量安排在试验区和既有线两线之间的中间位置，且无论情况如何，在既有线两线之间的中间位置进仓检查刀具的工作是必要的。

(6)在换刀过程中，应加强相关设备验收和开仓工作程序的签字确认工作，做好相关的应急预案，确保换刀工作的万无一失。

(7)在穿越工程中，盾构刀具更换结束后，盾构恢复推进也要严格执行汇报程序，提前通知穿越工程相关单位，经正式会议验收通过后方可正式恢复盾构推进。

15 工程应急预案建设

15.1 引　　言

城市化的高速发展，使得人口和经济迅速向城市集中。由于城市是地区的政治、经济、文化和科技中心，具有人口集中、产业集中、财富集中、建筑物与构筑物集中和各种灾害集中的特点，一旦发生事故灾害，将造成巨大的经济损失和人员伤亡。在这种情况下，突发公共安全事件对人民群众的生命安全和社会经济的威胁就表现得日益突出。穿越工程涉及既有线的运营安全和新建隧道的施工安全，其安全管理制度建设方面的重要性不言而喻。深圳地铁2号线东延线是向2011年大运会的献礼工程，工程任务重，工期紧，安全生产形式不容乐观。工程建设中严格了作业程序，切实把安全生产放在各项工作的首位，认真遵循了“安全第一，预防为主，综合治理”的安全生产方针，把安全生产放在坚持不懈、重在治理的突出位置上，加大了安全生产管理和工程应急预案的建设，细化了管理责任和目标，确实保障了穿越工程的顺利竣工。

对于本书涉及的两处穿越工程，按照《中华人民共和国安全生产法》、《中华人民共和国突发事件应对法》、《中华人民共和国建筑法》、《建设工程安全生产管理条例》、《安全生产许可证条例》、《工程建设重大事故报告和调查程序规定》、《建设工程重大质量安全事故应急预案》、《国家突发公共事件总体应急预案》和《国务院关于进一步加强安全生产工作的决定》、深圳市轨道交通建设办公室文件深轨办〔2010〕28号文《关于盾构下穿既有线等危险地段施工准备工作的意见》及其他有关法律、法规、规章，并结合穿越工程的实际情况，在做好日常人员、设备、材料、运输等各项安全管理工作的同时，建立健全了各项工程应急预案建设，组织制定了生产安全事故应急救援预案，规范了安全生产事故灾难的应急管理和应急响应程序，建立了应急救援体系，依法规范应急救援工作，确保了应急预案的科学性、权威性和可操作性。对深圳地区今后类似穿越工程的安全生产管理有着重要的借鉴和参考价值。

15.2 应急预案技术体系

1.应急预案的概念

应急预案是针对具体设备、设施、场所和环境，在安全评价的基础上，为降低事故造成的人身、财产与环境损失，就事故发生后的应急救援机构和人员，应急救援的设备、设施、条件和环境，行动的步骤和纲领，控制事故发展的方法和程序等，预先作出的科学而有效的计划和安排。应急预案可以分为企业预案和政府预案。企业预案由企业根据自身情况制定，由企业负责；政府预案由政府组织制定，由相应级别的政府负责。根据事故影响范围不同可以将预案分为现场预案和场外预案。现场预案又可以分为不同等级，而场外预案按事故影响范围的不同，又可以进一步细分。

对于穿越工程的安全生产管理而言，政府主要负责总体预案的建设，协调穿越工程所涉及的相关单位进行配合；施工单位则针对总体施工控制和关键技术（如带压进仓等）建设专业和专项应急预案。总体预案是应急预案体系的总纲，明确了各类突发公共事件分级分类和预案框架体系，规定了对特别重大突发公共事件的组织体系、工作机制等内容，是指导预防和处置突发公共事件的规范性文件。然而，无论是总体预案还是专项预案，一般都应该包括以下子系统：(1)完善的应急组织管理指挥系统；(2)强有力的应急工程救援保障体系；(3)综合协调、应对自如的相互支持系统；(4)充分备灾的保障供应体系；(5)体现综合救援的应急队伍等。

2.应急预案的类型

应急预案，是指面对突发事件如自然灾害、重特大事故、环境公害及人为破坏的应急管理、指挥、救援计划等。它应建立在综合防灾规划的基础上。通常，应急预案主要有以下4类：

(1)应急行动指南或检查表

针对已辨识的危险制定应采取的特定的应急行动。指南简要描述应急行动必须遵从的基本程序，如发生情况向谁报告，报告什么信息，采取哪些应急措施。这种应急预案主要起提示作用，对相关人员要进行培训，有时将这种预案作为其他类型应急预案的补充。

(2)应急响应预案

针对现场每项设施和场所可能发生的事故情况编制的应急响应预案。应急响应预案要包括所有可能的危险状况，明确有关人员在紧急状况下的职责。这类预案仅说明处理紧急事务的必需的行动，不包括事前要求(如培训、演练等)和事后措施。

(3)互助应急预案

相邻企业为在事故应急处理中共享资源，相互帮助制定的应急预案。这类预案适合于资源有限的中、小企业以及高风险的大企业，需要高效的协调管理。

(4)应急管理预案

应急管理预案是综合性的事故应急预案，这类预案详细描述事故前、事故过程中和事故后何人做何事、什么时候做，如何做。这类预案要明确制定每一项职责的具体实施程序。应急管理预案包括事故应急的4个逻辑步骤：预防、预备、响应、恢复。

3.突发公共事件的类级

总体预案所称的突发公共事件是指突然发生，造成或者可能造成重大人员伤亡、财产损失、生态环境破坏和严重社会危害，危及公共安全的紧急事件。总体预案将突发公共事件主要分成4类：(1)自然灾害，主要包括水旱灾害、气象灾害、地震灾害、地质灾害、海洋灾害、生物灾害和森林草原火灾等。(2)事故灾难，主要包括工矿商贸等企业的各类安全事故、交通运输事故、公共设施和设备事故、环境污染和生态破坏事件等。(3)公共卫生事件，主要包括传染病疫情、群体性不明原因疾病、食品安全和职业危害、动物疫情以及其他严重影响公众健康和生命安全的事件。(4)社会安全事件，主要包括恐怖袭击事件、经济安全事件、涉外突发事件等。显然穿越工程涉及运营隧道大量乘客的安全和下方新建隧道施工工人的安全，一旦发生灾害，就很可能属于突发公共事件中的事故灾难类型。

按照各类突发公共事件的性质、严重程度、可控性和影响范围等因素，总体预案将突发公共事件分为四级，即Ⅰ级(特别重大)、Ⅱ级(重大)、Ⅲ级(较大)和Ⅳ级(一般)，依次用红色、橙色、黄色和蓝色表示。

4.应急预案主要内容

重大事故应急预案可根据2004年国务院办公厅发布的《国务院有关部门和单位制定和修订突发公共事件应急预案框架指南》进行编制。应急预案主要内容应包括：

(1)总则：说明编制预案的目的、工作原则、编制依据、适用范围等。

(2)组织指挥体系及职责：明确各组织机构的职责、权利和义务，以突发事故应急响应全过程为主线，明确事故发生、报警、响应、结束、善后处理处置等环节的主管部门与协作部门；以应急准备及保障机构为支线，明确各参与部门的职责。

(3)预警和预防机制：包括信息监测与报告、预警预防行动、预警支持系统、预警级别及发布(建议分为四级预警)。

(4)应急响应：包括分级响应程序(原则上按一般、较大、重大、特别重大四级启动相应预案)，信息共享和处理，通讯，指挥和协调，紧急处置，应急人员的安全防护，群众的安全防护，社会力量动员与参与，事故调查分析、检测与后果评估，新闻报道，应急结束11个要素。

(5)后期处置：包括善后处置、社会救助、保险、事故调查报告和经验教训总结及改进建议。

(6)保障措施：包括通信与信息保障，应急支援与装备保障，技术储备与保障，宣传、培训和演习，监督检查等。

(7)附则：包括有关术语、定义，预案管理与更新，国际沟通与协作，奖励与责任，制定与解释部门，预案实施或生效时间等。

(8)附录：包括相关的应急预案、预案总体目录、分预案目录、各种规范化格式文本以及相关机构和人员通讯录等。

5.应急预案的编制方法

应急预案的编制一般可以分为5个步骤，即组建应急预案编制队伍、开展危险与应急能力分析、预案编制、预案评审与发布和预案的实施。

(1)组建编制队伍

预案从编制、维护到实施都应该有各级各部门的广泛参与，在预案实际编制工作中往往会由编制组执笔，但是在编制过程中或编制完成之后，要征求各部门的意见，包括高层管理人员，中层管理人员，人力资源部门，工程与维修部门，安全、卫生和环境保护部门，邻近社区，市场销售部门，法律顾问，财务部门等。

(2)危险与应急能力分析

1)法律法规分析

分析国家法律、地方政府法规与规章，如安全生产与职业卫生法律、法规，环境保护法律、法规，消防法律、法规与规程，应急管理规定等。

调研现有预案内容，包括政府与本单位的预案，如疏散预案、消防预案、工厂停产关闭的规定、员工手册、危险品预案、安全评价程序、风险管理预案、资金投入方案、互助协议等。

2)风险分析

通常应考虑下列因素：

①历史情况。本单位及其他兄弟单位所在社区以往发生过的紧急情况，包括火灾、危险物质泄漏、极端天气、交通事故、地震、飓风、龙卷风等。地理因素。单位所处地理位置，如邻近洪水区域、地震断裂带和大坝；邻近危险化学品的生产、贮存、使用和运输企业；邻近重大交通干线和机场、邻近核电厂等。

②技术问题。某工艺或系统出现故障可能产生的后果，包括火灾、爆炸和危险品事故，安全系统失灵，通讯系统失灵，计算机系统失灵，电力故障，加热和冷却系统故障等。

③人的因素。人的失误可能是因为下列原因造成的：培训不足，工作没有连续性，粗心大意，错误操作，疲劳等。

④物理因素。考虑设施建设的物理条件，危险工艺和副产品，易燃品的贮存，设备的布置，照明，紧急通道与出口，避难场所邻近区域等。

⑤管制因素。彻底分析紧急情况，考虑如下情况的后果：出入禁区，电力故障，通讯电缆中断，燃气管道破裂，水害，烟害，结构受损，空气或水污染，爆炸，建筑物倒塌，化学品泄漏等。

3)应急能力分析

对每一紧急情况应考虑如下问题：

①所需要的资源与能力是否配备齐全；

②外部资源能否在需要时及时到位；

③是否还有其他可以优先利用的资源。

4)预案编制

5)预案的评审与发布

6)预案的实施

6. 应急培训与演习

(1)应急预案培训的原则和范围

应急救援培训与演习的指导思想应以加强基础、突出重点、边练边战、逐步提高为原则。

应急培训的范围应包括：①政府主管部门的培训；②社区居民的培训；③企业全员的培训；④专业应急救援队伍的培训。

(2)应急培训的基本内容

基本应急培训主要包括以下几方面：①报警；②疏散；③火灾应急培训；④不同水平应急者培训。

在具体培训中，通常将应急者分为5种水平，即：初级意识水平应急者；初级操作水平应急者；危险物质专业水平应急者；危险物质专家水平应急者；事故指挥者水平应急者。

(3)训练和演习类型

根据演习规模可以分为桌面演习、功能演习和全面演习。根据演习的基本内容不同可以分为基础训练、专业训练、战术训练和自选科目训练。

7. 三维仿真系统在应急预案中的应用

如何强化重大事故应急演习机制，以开放式演习方式代替照本宣科式的表演性演习方式，积累应急演习的经验，找出应急体系中的弱点，是目前应急体系建设中急需解决的一个问题。应急仿真演练系统通过对各类灾害数值模拟和人员行为数值模拟的仿真，在虚拟空间中仿真灾害发生、发展的过程，以及人们在灾害环境中可能作出的各种反应，并在演练平台上，在最大限度仿真实际灾害的条件下，开展应急演练。在此基础上，制定各类企事业单位的数字化应急预案。应急仿真演练系统可以用来训练各级决策与指挥人员、事故处置人员，发现应急处置过程中存在的问题，检验和评估应急预案的可操作性和实用性，提高应急能力。系统可以使企事业单位能够运用现代化手段，加强协调能力和应急能力，使应急演练科学化、智能化、虚拟化。

(1)训练模式

虚拟演练子系统主要包括两种训练模式：预案训练模式和突发事件训练模式。预案训练模式是指受训者按照预案规定的内容，各司其职，完整地按照预案执行救援的全过程。预案训练将预案变得可以执行，并形成了一个考核手段。突发事件训练模式就是在训练的过程中，由系统操作人员进行干预操作，比如：突然设置一次“爆炸”，突然改变“风向”等。突发事件的训练是对突发事件的反应和指挥能力。

(2)训练系统

虚拟演练子系统主要包括以下模块：场景任务设置模块、角色训练模块、数据查询模块、训练控制模块、记录/编辑模块、考核模块。

①场景任务设置模块

根据不同的训练目标和任务，为训练提供一个虚拟的训练场景，并在场景内设置相应的灾害或突发事故现象，形成一个逼真的虚拟演练环境。

②角色训练模块

演练系统提供针对不同角色进行训练的功能。根据登陆的不同角色，系统提供不同的能力和权限。根据在应对灾害时职责和所需能力的不同，角色主要包括以下几类：群众、社会救援力量、现场专业救援力量、指挥中心等。

③数据查询模块

在训练过程中产生大量数据，查询模块目的是方便决策者查询、观看和使用这些数据。系统提供各种工具和功能，可方便对训练的全过程进行全方位观看和数据查询。

④训练控制模块

演练环境是由“场景及任务设置模块”初始化设置确定的。但为了提高对突发事件处理能力的训练效果，需要在训练的途中添加各种突发事件，为此系统提供在训练过程中提供人为添加和改变演练环境的功能。具体功能包括天气(外部环境)状况调整、灾情状况调整、救援力量调整、新任务下达、其他突发事件等。

⑤记录/编辑模块

记录并能回放整个训练过程，包括所有的事件细节、处理过程、通讯语音录音等。该模块为训练总结、处置预案生成等提供手段。

⑥考核模块

考核分为预案演练考核和突发事件演练考核。预案演练考核是根据预案演练的结果，对比已有预案，并产生考核结果。考评结果与演练记录均可进行保存、分发和查询。突发事件演练考核是在训练过程中或结束后，可由参加演练评审专家进行实时或事后点评，提供点评和记录工具。考评结果与演练记录均可进行保存、分发和查询。

15.3　穿越工程应急预案体系

针对穿越工程的实际情况和具体特点，工程应急预案体系主要由总体预案和专业预案组成。总体预案由深圳市轨道办牵头，联合地铁运营部门、公交部位及其他政府部门共同制定。专业预案主要由施工单位负责，建设单位和监理部门作为主要配合。而对风险性较高的专项作业，如带压进仓等，由于专业性较强，主要由施工单位或聘请专业单位编制。所有方案需经建设各方汇签批准后方可进入准备实施阶段。

1. 总体预案

总体预案是应急预案体系的总纲，明确预案总体框架体系，规定了应急抢险的组织体系、工作机制等内容，协调穿越工程所涉及的相关单位进行配合。总体预案还主要规划了乘客的疏散、信息发布及相关部门协作、配合等工作。对于本书涉及的穿越工程，总体预案主要包括以下10项内容：(1)应急组织指挥机构及其职责；(2)应急组织指挥工作分工；(3)施工计划；(4)运营组织；(5)应急预警；(6)应急响应及信息报送制度；(7)新闻宣传；(8)应急运力保障；(9)客运接驳应急保障；(10)附件(应急工作组名单、告示与指引、既有隧道内应急抢险程序表)。由于其中涉及保密的内容，在此不作进一步详述。

2.燕大区间下穿越既有线施工总预案

相对于大东区间穿越工程，燕大区间穿越工程穿越距离长，工程风险大，下文以燕大区间穿越工程为例详介绍施工应急案的编制。

(1)应急预案工作流程

根据下穿地铁1号线施工的实际情况，认真组织对危险源及环境因素的识别和评价，特制定本项目发生紧急情况或事故的应急措施，开展应急教育和应急演练，提高现场操作人员应急能力，减少突发事件造成的损害和不良环境影响。其应急准备和响应工作程序见图15.1。

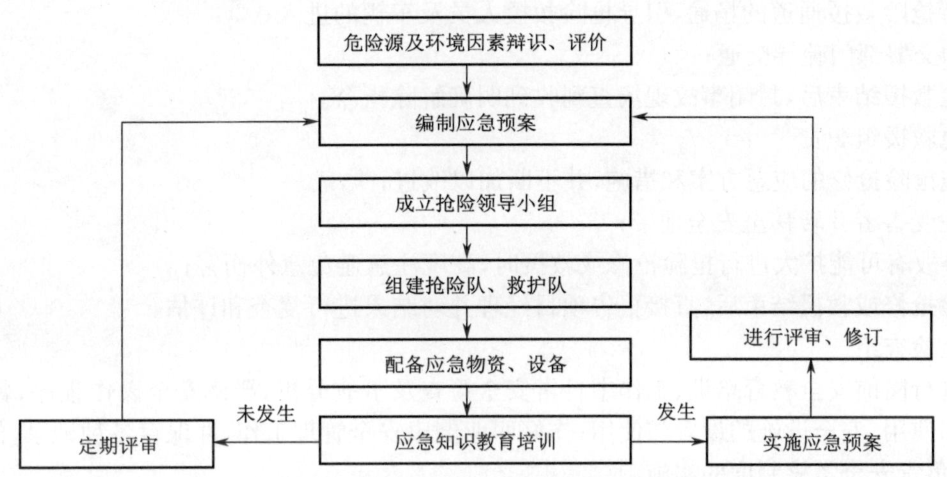

图15.1　应急准备和响应工作程序

(2)应急组织机构及职责

1)应急组织机构

下穿地铁1号线施工单位应急组织机构由组长、副组长及若干管理人员和专业技术人员组成。

2)工作职责

①组长职责

a.分析紧急状态确定相应报警级别，根据相关危险类型、潜在后果、现有资源控制紧急情况的行动类型；

b.指挥、协调应急响应行动；

c.与项目外应急响应人员、部门、组织和机构进行联络；

d.直接监察应急操作人员行动；

e.最大限度地保证现场人员和救援人员及相关人员的安全；

f.应急响应组织的启动；

g.应急评估，确定升高或降低应急警报级别；

h.向上级部门及领导通报事故情况，决定请求外部援助；

i.决定应急撤离，决定事故现场外影响区域的安全性。

②副组长职责

a.协助应急总指挥组织和指挥应急操作任务；

b.向应急总指挥提出采取的减缓事故后果行动的应急响应对策和建议；

c.保持与事故现场各应急救援工作小组组长的直接联系；

d.协调、组织和获取应急所需的其他资源、设备以支援现场的应急操作；

e.组织相关技术和管理人员对施工场区、生产过程各危险源进行风险评估；

f.协调后勤方面以支援应急响应组织。

③通信联络组职责

a.确保与项目经理和外部联系畅通，内外信息反馈迅速；

b.保持通讯设施和设备处于良好状态；

c.负责应急过程的记录与整理及对外联络。

④技术支持组职责

a.提出抢险及避免事故扩大的临时应急方案和措施；

b.指导实施应急方案和措施；

c.修补实施中的应急方案和措施存在的缺陷；

d.绘制事故平面图，标明重点部位，向外部救援机构提供准确的抢险救援信息资料。

⑤保卫协助组职责

a.设置事故现场警戒线、岗，维持工地内抢险救护工作正常运行；

b.保持抢险救援通道的畅通，引导抢险救援人员及车辆的进入；

c.协助交警部门疏导交通；

d.抢险救援结束后，封闭事故现场直到收到明确解除指令。

⑥应急救援组职责

a.实施抢险抢修的应急方案和措施，并不断加以改进；

b.寻找受害者并转移至安全地带；

c.在事故有可能扩大进行抢险抢修或救援时，高度注意避免意外伤害；

d.抢险抢修或救援结束后，直接报告项目经理并对结果进行复查和评估。

⑦安全检查组

负责进行岗前安全教育培训、工作中日常安全检查及事故分析，严格安全操作程序，督促检查安全防护品的佩带和使用、安全设施的设置与使用；作好职业健康安全管理工作，并保存各种记录，保证其畅通、有序、有效运行；负责安全考核制度的实施。

⑧后勤保障组职责

a.保障系统内各组人员必须的防护、救护用品及生活物质的供给；

b.提供合格的抢险抢修或救援的物资及设备。

(3)应急处置

1)预测及预警

在地铁公司的指导下，针对可能发生的地铁轨道沉陷，组织调查论证、分析评估，建立信息数据监测分析制度，并根据国家有关规范和标准，完善预报预警机制，做到早报告、早预防、早排查、早化解、早处置。

2)预警级别及发布与解除

根据预测分析结果，对可能发生的突发事件进行预警。预警级别依据突发事件可能造成的危害程度、紧急程度和发展态势，由高到低划分为Ⅰ级(特别严重)、Ⅱ级(严重)、Ⅲ级(较重)、Ⅳ级(一般)四个级别，并依次用红色、橙色、黄色和蓝色表示。

Ⅰ级(特别严重)：事件可能造成大量财物损毁和人员伤亡。

Ⅱ级(严重)：事件对公众生命安全构成威胁，可能造成严重财产损失。

Ⅲ级(较重)：事件可能造成较大损失以及一定社会影响。

Ⅳ级(一般)：可能导致突发事件发生，但险情尚未出现、行为尚未实施或结果尚未产生，可能造成损失或社会影响。

3)预测预警系统及处理措施

①地铁1号线应急针对措施

穿越施工期间，针对既有运营1号线各种工况及可能出现的险情，制定了应对措施，见表15.1。

②暴风雨侵袭

a.下雨时作好隧道洞口封堵，防止雨水大量流入隧道内。

b.在每条隧道各配备3台泥浆泵，用于排除隧道积水。

c.及时获取天气信息，预先做好准备工作。

表 15.1 应 急 措 施

预警级别	预警情况	预 警 措 施
Ⅳ级	当盾构机掘进至穿越段起始里程时	监测小组加强各项监测，应急物资准备齐全并运至现场，并在深南路对应位置路面铺设钢板
Ⅲ级	当地铁 1 号线隧道结构及轨道沉降达到预警值时	及时向业主、监理、运营单位等相关人员汇报，着重加强沉降值预警段的监测，及时调整盾构施工掘进参数，并通过 2 号线管片背后向沉降预警部位注浆补强
Ⅱ级	当盾构施工出现螺旋机持续喷涌、出土超量且一切技术措施无效时	及时向业主、监理、运营单位等相关人员汇报，继续加强监测；盾构机停止掘进，采用“砂浆置换法”将土仓内灌满砂浆并达到 2.5 bar 的土仓压力，防止地层的继续坍塌，待砂浆达到强度后再作进一步处理
	当地铁 1 号线隧道结构及轨道沉降超过控制值但未发生塌陷时	及时向业主、监理、运营单位等相关人员汇报，继续加强监测，及时调整盾构施工掘进参数；配合运营单位评估地铁 1 号线运营安全情况并利用天窗时间采取调整轨道、洞内注浆等相应措施
Ⅰ级	当地铁 1 号线隧道结构发生坍塌、涌水等严重破坏时	及时通知业主、监理、运营单位等相关人员，盾构机保压后停止掘进，立即停止该段地铁运行，设立警戒区域；应急人员立即进入地铁 1 号线进行抢险作业，对坍塌处进行混凝土回填；抢险结束后，由运营公司对该段隧道进行评估，制定修复方案

③地面、地下管线沉降超过控制值

a. 地面沉降超过控制值

(a)当隧道附近地面沉降超标时，立即用低标号的混凝土进行灌注，并在沉降超标处及周围加密布置监测点，每半个小时监测一次，直至确定地面沉降稳定才可放缓监测频率。如灌注完混凝土后地面沉降仍然显著，则要及时在地面钻孔进行注浆，同时隧道内也要加强二次注浆质量控制。在进行地面注浆时，为防止浆液凝固困住盾构机，注浆时盾构机要缓慢运动，同时还要通过盾构机超前注浆孔及盾体上的注浆孔向盾体外侧注入膨润土，使盾构机周围被膨润土包围，形成蛋糕状，确保盾构机能正常掘进。

(b)抢险人员随时观察地面情况，防止伤人。必须确保通讯畅通，并对处理情况、围岩变化情况、人员及机械设备情况等及时上报，在抢险有困难或需要救援时以便领导决策，及时提供救援。

b. 地下管线沉降超过控制值

(a)管线破裂后，首先进行地面交通疏导，隔离事故现场，并拨打事故管线所属管理部门的应急电话，报告事故情况。

(b)在管线对应位置进行洞内注浆，控制地层变形，从而控制管线的沉降。

(c)根据监测情况，必要时在地面对管线实施跟踪注浆。

c. 掘进过程中出现突发性停电事件

当掘进过程中突然出现停电事件，盾构机非正常停机，螺旋输送机出口液压闸门无法关闭，容易造成地层水土长时间流失，导致地铁 1 号线出现危险。突发停电事故时应采取以下措施：

(a)盾构机操作手立刻开启蓄能系统关闭液压闸门。

(b)值班工程师用电话通知电工，将隧道照明系统与发电机连接，启动应急照明系统。

(c)盾构机张出台上配备备用污水泵，值班工程师组织电工将水泵与电瓶机车电源连接，准备好应急排水工作，随时抽水，保证隧道安全。

④人员高处坠落

a. 高处坠落事故发生后，立即把人员撤离到安全地带。

b. 初步检查伤病员，进行现场急救和监护，采取有效的止血、防止休克、包扎伤口、预防感染、止痛等措施。

c. 呼叫救护车、现场继续施救，坚持到救护人员到达现场接替为止。

⑤发生火灾

a. 要立即拨打火警电话 119 求助。

b. 立即组织义务消防队员扑救。

c. 根据扑火灾的需要，立即采取切断电源、隔离和转移可燃物资等措施，控制火势。

d. 立即组织疏散人员和物资，抢救伤员。

e. 在武警消防队未到达现场之前，组织人力疏通路障，保证人员、物资疏散畅通，车辆进出畅通无阻。

⑥发生触电事故

a. 发生触电事故后应当立即切断电源(关闭电路)，亦可用现场得到的绝缘材料等器材使触电人员脱离带电体。

b. 将伤员立即脱离危险地方，组织人员进行抢救。

c. 若发现触电者呼吸或呼吸心跳均停止，则将伤员仰卧在平地上或平板上，立即进行人工呼吸或同时进行体外心脏按压。

d. 拨打 120 向当地急救中心取得联系，应详细说明事故地点、严重程度、联系电话，并派人到路口接应。

⑦发生机械伤害事故

a. 若发现机械伤害事故，先查看受伤人员的伤情，立即采取止血措施，防止大量失血后难于救治。

b. 立即拨打 120 向当地急救中心取得联系，应详细说明事故地点、严重程度、联系电话，并派人到路口接应。

⑧发生中毒事故

a. 把人员撤离到安全地带。

b. 初步检查伤病员，进行现场急救和监护。

c. 呼叫救护车、现场继续施救，坚持到救护人员到达现场接替为止。

⑨发生传染病传播

一旦出现流行传播疾病，立即通知 120 急救中心，由急救中心医疗人员负责传染病人员的救治，并通知当地卫生部门采取防治措施。

4)应急演练

为了在出现险情时处理迅速，不至于手忙脚乱，项目部对预设险情进行实地演练，由安环部部长王际尧负责组织安排，时间为 2010 年 4 月下旬，使所有人员均参与其中，并填写应急演练记录表，记录演练内容、人员分工、方案、处理程序等。

5)应急物资准备

应急物资的准备是应急救援工作的重要保障，项目部应根据潜在的事故性质和后果分析，配备应急资源，包括救援机械和设备、交通工具、医疗设备和必备越频、生活保障物资等。应急物资及设备清单见表 15.2。

表 15.2　应急物资及设备清单

序　号	物　资	单　位	数　量	存放位置
1	河砂(碎石)	m^3	60	工地现场
2	砂　袋	个	1 000	材料库
3	铁　锹	把	10	材料库
4	运料车	辆	2	租用
5	混泥土及泵车		现场要求	外供
6	地质钻机(MGJ－50)	台	1	工地现场
7	高压泵(XPB－90)	台	1	工地现场
8	双液注浆泵(SYB－60/5)	台	1	工地现场
9	搅拌器(SYB－300/2)	台	1	工地现场
10	玻璃液	桶	20	工地现场
11	水　泥	t	50	工地现场
12	彩条布 3 m\6 m	m	200	材料库
14	50 kW 发电机	台	1	工地现场
15	水　泵	台	5	材料库
16	水　管	m	200	材料库

续上表

序　号	物　资	单　位	数　量	存放位置
17	铁线 0.2 mm、1 mm、2 mm 等	m	若干	材料库
18	配电箱含开关箱	套	2	材料库
19	铁板 6 000 mm×1 200 mm×16 mm	块	5	材料库
20	安全警示含道路疏散牌等			安全环保部
21	指挥车	部	2	综合部

3. 专项应急预案

穿越既有线工程是一项复杂的系统工程，其中涉及许多技术复杂、控制难度大、风险高的专项技术作业。对于这样的专项作业，为安全生产起见，做到防患于未然，也应制定专项应急预案，从人员、材料、设备和物资供应及对外联系作好全面准备。例如《深圳地铁 2 号线下穿 1 号线大科区间设备抢修应急预案》、《深圳地铁 2 号线燕大区间下穿 1 号线工程盾构带压进仓作业应急预案》等。下文以盾构带压进仓作业检查刀具和更换作业为例，介绍专项应急预案的编制。

为保证开仓换刀过程中的安全，制定相应的应急预案，同时应及时对监测数据进行分析，并及时提供给设计单位，针对施工提出更加合理的理论支持，有效形成信息动态共享、设计动态指导的良性循环。

(1)组织机构

换刀过程中成立的应急领导组织机构如图 15.2 所示。

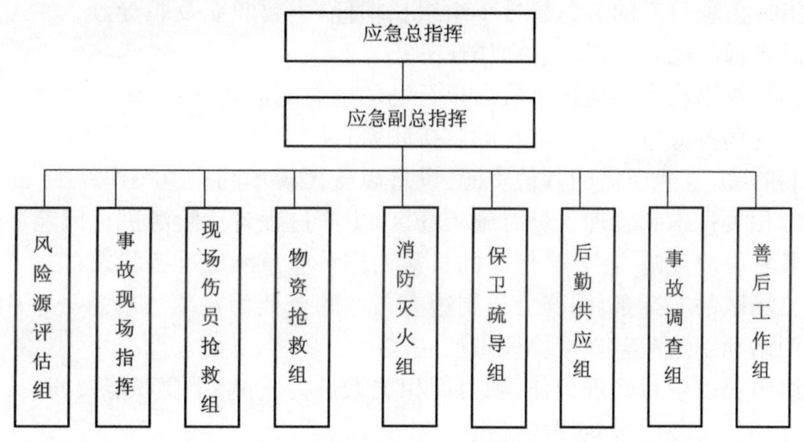

图 15.2　应急组织机构

(2)预测与预警机制的建立

1)生产过程中可能发生的环境、安全事故和突发紧急事件有：

①生产过程中可能出现的环境、安全事故(触电、坠落、机械伤害、物体打击、交通事故、中毒、疾病等)；

②生产过程中可能出现的安全控制装置失灵和损坏；

③气候影响引起的突发紧急事件(台风、地震、暴雨和洪水等)；

④爆炸事故；

⑤易爆气体泄漏；

⑥职业病危害。

2)预测与预警系统

针对生产中可能发生的环境、安全事故和突发紧急事件，结合项目部的实际情况，进行风险分析和安全评价工作，完善预测预警监测系统和信息传递通道，做到早发现、早报告、早处置。项目部应根据实际情况选择建立下列预测与预警系统：

①施工中安全事故(隆起、触电、机械伤害、物体打击等)预测与预警系统；

②火灾预测与预警系统；

③暴雨、洪水预测与预警系统；

④隆起预测与预警系统；

⑤易燃易爆气体泄漏预测与预警系统；

⑥中毒预测与预警系统；

⑦传染病、职业病预测与预警系统。

(3)应急响应组织机构的建立

应急响应机制是为了便于在事故发生后，迅速有效地作出应急响应，并能有组织、有计划地开展应急救援而建立起来的应急响应体系。应急响应组织机构在应急总指挥的领导下由公司的职能科室、项目部的相关人员分别兼职构成。

1)应急总指挥由公司的应急领导小组组长担任，主要职能及职责：

①分析紧急状态确定相应报警级别，根据相关危险类型、潜在后果、现有资源控制紧急情况的行动类型；

②指挥、协调应急响应行动；

③与企业外应急响应人员、部门、组织和机构进行联络；

④直接监察应急操作人员行动；

⑤最大限度地保证现场人员和外援人员及相关人员的安全；

⑥协调后勤方面以支援应急响应组织；

⑦应急响应组织的启动；

⑧应急评估，确定升高或降低应急警报级别；

⑨通报外部机构，决定请求外部援助；

⑩决定应急撤离，决定事故现场外影响区域的安全性。

2)应急副总指挥由项目部的应急领导小组组长担任，主要职能及职责：

①协助应急总指挥组织和指挥应急操作任务；

②向应急总指挥提出采取的减缓事故后果行动的应急响应对策；

③保持与事故现场各应急响应组组长的直接联系；

④协调、组织和获取应急所需的其他资源、设备以支援现场的应急操作；

⑤组织本单位相关技术和管理人员对施工场区、生产过程各危险源进行风险评估；

⑥定期检查各常设应急响应组织、部门的日常工作和应急响应准备状态；

⑦根据各施工场区的实际条件，努力与周边有条件的企业为在事故应急处理中共享资源、相互帮助，建立共同应急救援网络和制定应急救援协议。

3)现场抢救组组长由项目经理担任，项目部相关人员为成员，主要职能及职责：

①协调并指导伤员营救组抢救现场伤员；

②协调并指导物资抢救组抢救现场物资；

③组建现场消防队，协调并指导消防灭火组开展灭火工作；

④保证现场应急救援通道的畅通。

4)危险源风险评估组组长由公司的总工程师担任，项目部相关人员为成员，主要职能及职责：

①对各施工现场以及生产过程的危险源进行科学的风险评估；

②指导生产安全部门安全措施落实和监控工作，减少和避免危险源的事故发生；

③完善危险源的风险评估资料信息，为应急响应的评估提供科学、合理、准确的依据；

④落实周边协议应急响应共享资源及应急响应最快捷有效的社会公共资源的报警联络方式，为应急响应提供及时的应急响应支援措施；

⑤确定各种可能发生事故的应急响应现场指挥中心位置，以使应急响应及时启用；

⑥科学合理地制定应急响应物资器材、人力计划。

5)技术处理组组长由项目部的工程部部长担任，科室人员及项目部相关人员为成员，主要职能及职责：

①根据项目部的施工生产内容及特点，制订其可能出现而必须运用建筑物工程技术解决的应急响应方案，整理归档，为事故现场提供有效的工程技术服务作好技术储备；

②应急预案启动后，根据事故现场的特点，及时向应急总指挥提供科学的工程技术方案和技术支持，有效地指导应急响应行动中的工程技术工作。

6)善后工作组组长由公司的工会、综合部负责人担任，科室人员及项目部相关人员为成员，主要职能及职责：

①做好伤亡人员及家属的抚恤工作，确保事故发生后伤亡人员及家属思想能够稳定，大灾之后不发生大乱；

②做好受伤人员医疗救护的跟踪工作，协调处理医疗救护单位的相关矛盾；

③与保险单位一起做好伤亡人员及财产损失的理赔工作；

④慰问伤员及家属。

7)后勤供应组组长由公司的财务部门、设备管理部门、物业管理部门负责人担任，施工现场后勤人员、各作业班组抽调人员为成员，主要职能及职责：

①协助制订施工项目应急响应物资资源的储备计划，按已制订的应急响应物资储备计划，检查、监督、落实应急响应物资的储备；

②定期检查、监督、落实应急响应物资资源管理人员的到位和变更情况，及时调整应急响应物资资源的更新和达标；

③定期收集和整理各项目经理部施工场区的应急响应物资资源信息，建立档案并归档，为应急响应行动的启动，做好物资源数据储备；

④应急预案启动后，按应急总指挥的部署，有效地组织应急响应物资资源到施工现场，并及时对事故现场进行增援，同时提供后勤服务。

8)事故调查组组长由公司主管安全生产的领导担任，安环部人员及项目部相关人员为成员，主要职能及职责：

①保护事故现场；

②对现场的有关实物资料进行取样封存；

③调查了解事故发生的主要原因及相关人员的责任；

④按“四不放过”的原则对相关人员进行处罚、教育，总结。

9)伤员营救组由项目部副经理担任组长，施工员、各作业班组抽调人员为成员，主要职能及职责是进行事故现场伤员的营救、转运等工作。

10)物资抢救组由项目部物资部长担任组长，材料员、各作业班组抽调人员为成员，主要职能及职责是进行事故现场物资的抢救工作。

11)消防灭火组由公安分处负责人担任组长，施工现场电工、义务消防人员及各班组协调人员为成员，主要职能及职责是进行事故现场的灭火工作。

(4)应急响应方案的制定

项目部在制定和识别应急响应方案时，主要考虑因素有：

1)各单位环境因素和危险源辨识控制的结果；

2)安全事故和突发紧急事件的类型，以及编制好的与事故有关的应急预案；

3)有关的法律、法规和其他要求；

4)事故现场的实际情况和应急响应准备情况；

5)本单位以往事故、事件处理的经验及做法或类似企业以往事故、事件处理经验及做法。

(5)应急保障

项目部要做好应对安全事故和突发紧急事件的人力、财力、物资、通信、医疗卫生、交通运输等应急保障工作。

1)人力保障

项目部全面负责应急救援的人力保障，对本工程安全事故和突发紧急事件应急工作基本人员力量进行摸底检查，监督落实应急救援人员的配备并确保应急人员数量充足。

2)资金保障

项目部财务部门全面负责保障应急救援所需的资金，根据本单位安全事故和突发紧急事件实际情况，对应急所需资金储备进行统一规划。监督落实应急救援所需资金储备。

3)物资、设备、交通运输保障

应急所需的物资、设备、交通运输保障由公司和项目部财务、物设管理等部门共同负责，相关部门组织落实。项目根据本单位施工生产的性质、特点以及应急救援工作的实际需要有针对性、有选择地配备应急救援物资、设备，并对应急救援物资、设备进行经常性维护、保养。启动应急救援预案后，项目部的机械设备、运输车辆统一纳入应急救援工作之中。

4)医疗卫生保障

项目部可根据实际情况与当地医疗卫生部门签订协议，建立应急救援医疗卫生保障体系，配备常用的应急救援药品及救援器材等。

5)应急人员安全

应急响应人员自身的安全是安全事故和突发紧急事件应急预案应考虑的一个重要因素，在应急功能中应明确保护应急人员安全所作的准备和规定：

①应急队伍或应急人员进入和离开现场的程序，包括向现场总指挥报告、有关培训确认等；

②根据事故的性质，确定个体防护等级，合理配备个人防护装备，并在收集到事故现场更多的信息后，应重新评估所需的个人防护装备，以确保选配和使用的是正确的个人防护装备；

③应急人员的消毒设施及程序；

④对应急人员有关保证自身安全的培训安排，包括各种情况下的自救和互救措施，正确使用个人防护装备等。

⑤事故报告与事故处置

a. 事故报告

(a)报告原则

应遵循“迅速、准确”的原则，在第一时间上报建设工程安全事故或突发紧急事件情况。

(b)报告程序

发生建设工程安全事故或突发紧急事件后，现场人员应立即向所在项目部领导报告，项目部应立即将事故情况按集团公司《职业健康安全监督管理办法(试行)》的有关规定组织上报。

(c)报告内容

发生建设工程安全事故或突发紧急事件报告的内容包括：

(Ⅰ) 事故或突发紧急事件发生的时间、地点、事故类别、人员伤亡情况；

(Ⅱ)建设工程事故中的建设、勘察、设计、施工、监理等单位名称、资质等级情况，施工单位负责人、项目部经理、监理单位有关人员的姓名及执业资格等情况；

(Ⅲ)事故基本情况和简要经过，紧急抢险救援情况，伤亡人数、直接经济损失等；

(Ⅳ)原因的初步分析；

(Ⅴ)采取的措施情况；

(Ⅵ)事故报告单位、报告人及报告时间。

b. 事故处置

一旦发生安全事故或突发紧急事件，项目部应急领导小组在接到报告后，应迅速组织应急人员赶赴现场，在第一时间内项目部应急领导小组负责事故现场的指挥，组织人员、物资设备、车辆、通讯系统使用、调度工作，按应急预案组织抢救，启用应急响应和紧急疏散措施，并及时向上级单位报告。另外可直接向社会救助系统请求援助。

根据救援预案，按不同的受伤原因、伤害部位、伤害程度，对受伤者采取相应的救护措施，并及时做好伤员的转送工作。

在救护伤员的同时，应注意保护事故现场，及时组织人员疏散、撤离危险区域，防止事故进一步扩大。凡与事故、突发事件有关的物件、痕迹、残留物等应保持原样。如抢救伤员需要移动某些物件，改变状态时必须作出标识和记录。

(6)善后处置与事故的调查处理

1)善后处置

善后处置工作由善后处理组负责，积极稳妥深入细致地做好善后处理工作，包括：稳定员工、受伤者及其家属的情绪；对安全事故或突发紧急事件中的伤亡人员、应急处置工作人员按规定给予抚恤或赔偿；与保险单位一起做好伤亡人员及财产损失的理赔工作等。

2)事故调查与处理

应急状态终止后,事故调查组负责组织事故的调查与处理工作,各有关单位应及时作出书面报告。书面报告的基本内容是:事故发生及抢险救援经过;事故原因;事故造成的后果,包括伤亡人员情况及经济损失等;预防事故采取的措施;应急预案的效果及评估情况;应吸取的经验教训以及对事故责任单位、责任人的处理情况等。

事故、事件调查的处理权限及程序按集团公司《职业健康安全监督管理办法(试行)》,在实事求是、尊重科学的原则下,及时、准确地查明事故原因、性质和责任,对事故责任者按"四不放过"的原则严肃处理,总结并吸取事故教训。

(7)监督管理

1)在发生紧急或突发事故时,任何发现险情的人员必须向有关部门报警,提供事故的所有信息,并采取适当的应急行动。

2)有项目领导及办公室电话号码、其他部门管理人员手机号码,手机 24 小时不关机,以保证应急救援系统的各个机构之间保持联系。

3)发生事故时,安全员要安全有序地疏散现场人员。

4)当事故现场应急行动结束以后,应该立即使在事故中一切被破坏后耽搁的人、物和事得到恢复,进入正常动作状态。

(8)应急物资

现场备齐木材、钢材、砂袋、止水材料和一定数量备用支撑,以备抢险急用。包括应急小汽车 2 辆、移动电话 8 部、担架 2 个、常备药品 2 箱、止血带等。具体内容见表 15.3。

(9)停水、停电预防措施

为防停水、停电影响施工,共配置 2 台 100 kW 发电机组;一个 150 m^3 贮水池,供生活、施工用水。一旦停水、停电,立即启动备用系统,把对施工的影响降低到最小,并立即对线路、管路进行检查维修,尽快恢复水电供应。

表 15.3 加固应急物资及设备清单

序 号	物 资	单 位	数 量	序 号	物 资	单 位	数 量
1	防火沙(池)	m^3	2	4	小 桶	个	5
2	干粉灭火器	个	20	5	通讯设备	部	2
3	铁 锹	把	30	6	常用急救药品	箱	1

15.4 工程应急预案检查

为使各项工程应急预案真正落到实处,深圳市轨道办和深圳市地铁集团有限公司联合对各项应急预案中的人员、材料、设备及相关工作的准备情况开展检查,按照表 15.4 和表 15.5 涉及的内容,在听取汇报、现场查看的基础上逐一落实,为安全穿越既有线工程提供强有力的保障。

表 15.4 危险地段盾构施工现场应急准备检查表

施工标段: 检查日期:

序 号	检查项目	检查内容	责任单位	规定完成时间	是否完成	备注
1	地质勘探和环境调查	地质详勘和补勘报告(物探报告)				
		重大危险源辨识登记及管理预案				
2	盾构施工方案	专项施工方案(工法论证)				
		施工方案专家评审意见				
		建设主管部门审查备案				
		水务主管部门审查备案				
		地面、河道、建筑物预加固措施				
		遇险时隧道二次补浆方案				

续上表

序号	检查项目	检查内容	责任单位	规定完成时间	是否完成	备注
3	施工准备及实施策划	质量安全技术交底				
		设备检修及配件准备				
		材料(管片及浆液)验收及倒运方案				
		模拟段试验及盾构参数确定				
		盾构掘进详细策划(附图)				
4	监测方案	施工及第三方监测方案与各项初始值确定				
		预警机制及报警值、控制值指标确定				
		监测数据发布指导信息化施工方案				
5	应急抢险准备工作	应急抢险领导小组名单(附手机号码)				
		隧道内和地面建筑物注浆加固材料、设备、连接管线和有关转运机械				
		居民应急疏散方案(安置地点、疏散线路、责任人)				
6	全天候值班安排	汇总各责任单位24小时值班人员(姓名、职务、电话、邮箱等联系方式)				

表 15.5 危险地段盾构施工运营应急准备检查表

区间名称： 检查日期：

序号	检查项目	检查内容	责任单位	规定完成时间	完成情况	备注
1	地铁运营应急预案	应急管理组织机构				
		现场值班安排				
		维修抢险队伍准备				
		变形修复预案(备件)				
2	公交接驳方案和信息联系	公交巴士运力配备				
		转运线路安排				
		地铁停运接驳方案				
3	乘客疏导分流	地铁车站乘客疏导指引标识				
		地铁停运公开致歉信				
4	媒体宣传新闻准备	运管部门新闻统稿				
		交通电台、PIS广播短讯范例				
5	地铁治安管理联络	地铁车站治安管理人员到位				

15.5 小 结

两处穿越工程由于进行了精心组织和精心施工，既有线的变形都控制在事先设定的变形控制标准要求之内，各种抢险计划皆未启动。但两处穿越工程的实践证明，各种工程应急预案的建设和演练，对提高参建各方的认识、调动各方积极性起到了很好的督促作用。同时，工程应急预案建设也使得相关关键技术得到进一步凝练和完善，为穿越工程的实施打下良好的基础。而且，各类工程应急预案从人员保障、物资供应、设备维护等方面为穿越工程的进行作了良好铺垫。两处穿越工程的成功实践为深圳地区今后类似穿越工程应急预案的建设树立了良好的典范，同时也提供了大量可供借鉴的内容。

由于两处穿越工程工期紧、任务重，工程应急预案还存在有待改进和完善的地方，可充分利用三维仿真系统在应急预案建设中的作用，进行查缺补漏，这方面的工作可在今后的穿越工程实施中进一步补充和提高。

16　工程体会、结论和建议

16.1　工 程 体 会

随着我国城市地下空间开发的延伸，盾构法的应用仍将得到进一步发展，深圳地区穿越特殊地段、软硬不均地质条件的盾构法隧道也会不断遇到，以上穿越工程的经验可供进一步借鉴应用。从以上两个盾构穿越工程实践可以体会到，对盾构法施工而言，软硬不均地层条件下穿越既有运营隧道的确是盾构法施工中的重大难题，施工风险高，控制难度大。但就目前所具有的技术水平来看，这个难题是可以克服的，其施工风险也是可控的，主要应做好以下几点：

(1) 在全国20多个城市多条线路同时建设的情况下，对于复杂环境条件下的盾构施工问题，必须以业主为主导制定和实施工程安全风险综合控制措施，以避免各方技术和管理力量摊薄带来的设计、施组和现场实施脱节甚至不能落实而出现事故的局面。

(2)对工程本身的特点、难点、重点，如工程地质、水文地质及其对工程的影响，内外环境的影响，工程风险等，对其全面、深刻的认识和理解是克服施工难题、控制施工风险的前提。

(3)选型设计制造合适的盾构机，确保其功能、技术性能的适应性和可靠性，保证盾构机能够适应工程的地质和环境条件，是克服施工难题、控制施工风险的基础。

(4)完善的监测手段、合理的监测频率、及时的信息反馈和动态调整是确保工程安全的关键，也是实现“人一盾构一环境”复杂系统自我调节、自我完善的保证。

(5)精心策划、科学组织、规范施工、严格过程管理控制是克服施工难题、控制施工风险的保证。

(6)充分估计困难和风险，采取必要的辅助措施，并充分准备应急预案，做到有备无患，是克服施工难题、控制施工风险的必要手段。

(7)由于盾构隧道穿越既有线工程的复杂性，针对具体工程加强技术研究与攻关，积极运用新技术、新设备和新装备，对安全顺利地穿越既有线施工仍然是很有必要的。

16.2　结论和建议

两处穿越工程，从前期技术方案准备到盾构穿越完成后监测工作的基本结束，工程历时9个多月。结合穿越工程实施前的准备、实施中的信息收集和反馈、工程穿越过后的系统总结，在综合配套措施体系、穿越工程管理组织制度建设、专项方案的制定和完善、系列关键技术方面可以得出以下结论和建议。

16.2.1　穿越工程综合配套措施体系

通过对地铁新线盾构隧道穿越既有线工程系统构成

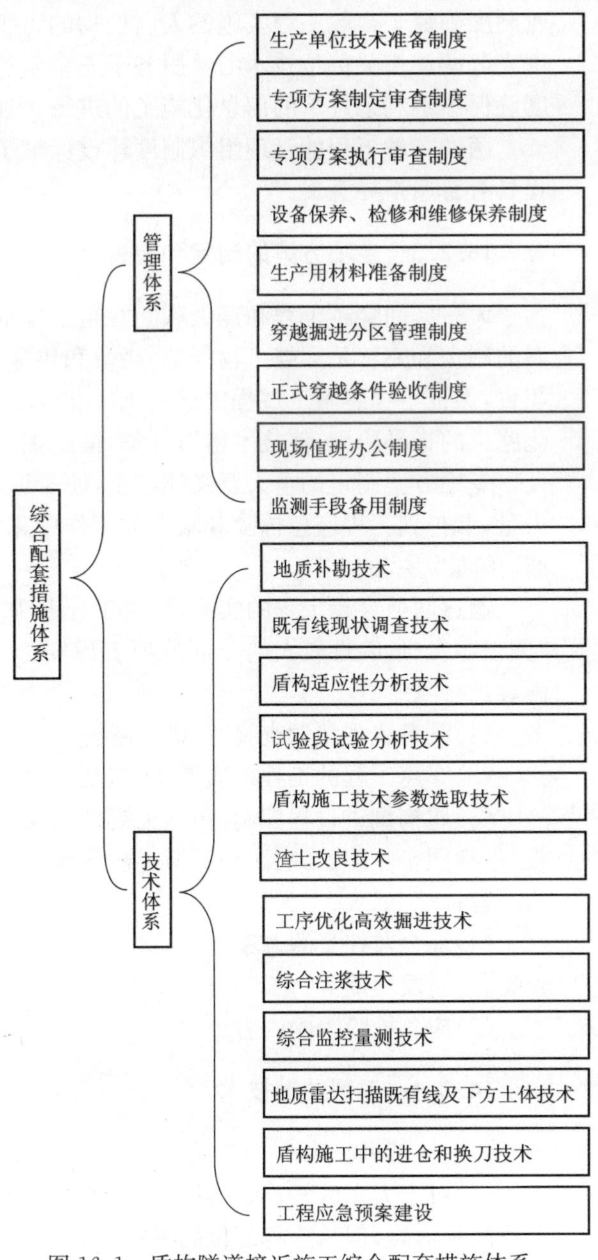

图16.1　盾构隧道接近施工综合配套措施体系

和穿越工程特点的分析，并结合盾构法施工特点和技术要素，可以构建以下盾构隧道接近施工综合配套措施体系，见图 16.1。

16.2.2 穿越工程管理组织制度建设

两处穿越工程的实践，深深印证了“管理高于技术”的结论，各项组织管理制度建设是穿越工程得以安全、顺利、快速进行的保证。

隧道施工穿越既有地铁线路问题涉及既有线的正常运营和新建隧道的施工安全，影响面较大，重要性不言而喻。而且在穿越工程的安全控制过程中牵扯单位较多，需要地铁运营部门、新建隧道设计、施工和监理等单位的密切配合，必须形成一整套完善的安全生产技术管理体系和流程。穿越既有线工程，安全生产制度建设是重中之重。

两处穿越工程的成功实施，各项组织管理制度建设功不可没。生产单位技术准备制度是穿越工程成功实施的起点，借此构建起盾构施工穿越既有线工程的总体技术框架；专项方案制定审查和执行审查制度可邀请相关单位技术力量和社会力量参与到穿越工程的技术深化当中；设备检修、维修和保养制度是成功实施穿越工程的基础，是连续、顺利实施穿越的保证；生产材料准备制度确保了生产材料的物资供应，保证了穿越施工的有序进行；穿越掘进分区管理制度深化盾构掘进管理，突出强调了既有线的安全控制；正式穿越条件验收制度确保了穿越工程实施的人、材、物的组织、计划和安排，保证了各项技术方案的落实；现场值班办公制度充分调动相关单位技术力量服务于安全生产，真正体现了“安全生产，预防第一”的方针；监测手段备用制度确保了不利条件下的信息化施工的进行，可时刻掌握既有线的变形状态。

两处穿越工程的管理组织制度建设保障了新建隧道施工穿越既有地铁线路工程的顺利实施，对类似工程具有普遍指导意义。

16.2.3 专项方案的制定和完善

大东区间穿越工程和燕大区间穿越工程都制定和完善了专项方案。两处穿越工程的实践说明，专项方案的制定和完善是穿越工程安全、高效和快速实施地有效保证。通过专项方案前期规划和组织，明确了人员职责，保证了穿越施工过程中材料供应和设备维护；通过穿越施工中专项方案的动态调整，全面落实了信息化施工的指导原则，使技术得以升华，措施更加有效，保证了既有线的安全和新建隧道的施工安全。

专项方案制定的重大意义还在于，便于形成高效、统一的安全管理组织体系，必要时可以充分调动社会力量，参与到工程应急抢险和救援的工作中来，使工程安全控制的落实得到有效保障，真正体现了“安全生产、预防为主”的方针。

通过两处穿越工程的实践，穿越工程专项方案的内容除满足中华人民共和国住建部建质〔2009〕87 号文“关于印发《危险性较大的分部分项工程安全管理办法》的通知”中规定的要求外，还应重点突出强调以下内容：

(1)既有线现状调查，包括既有线隧道结构和轨道结构的现状调查；

(2)穿越工程的工程地质勘察，包括初勘、详勘、补勘甚至二次补勘；

(3)盾构掘进过程控制，包括关键推进参数(推力、扭矩、掘进速度、刀盘转速、土仓压力的参考值等)、注浆(包括同步注浆、二次注浆甚至多次注浆的方案)、渣土改良方案(加泡沫、泥浆等的方案)以及姿态控制等的内容；

(4)综合监控量测方案(包括自动化监测和人工监测方案的仪器、人员、项目、监测频率、周期以及信息的收集、传递及反馈等)；

(5)应急抢险等的内容。

16.2.4 系列关键技术

1. 地质补勘技术

(1)对于大东区间，从详勘和补勘的相关资料来看，虽然新建隧道经过地层存在中等风化、微风化花岗岩或花岗片麻岩，但从穿越部位的勘察钻孔来看，岩体的节理、裂隙较为发育，有利于盾构刀具破岩和渣土改良，但也给上部既有线增加了沉降较大的风险。

(2)对于燕大区间，新建隧道洞身主要经过强风化和全风化花岗岩地层，局部存在中风化花岗岩，从钻孔柱状岩芯照片并结合盾构机刀盘刀具配置来看，隧道穿越地层对盾构快速掘进不利，易于裹刀，造成结泥饼，堵塞刀盘进土口，造成刀具偏磨和盾构推进困难。必须注重渣土的塑流化改造，通过刀盘上的注入口，向前方地层加水、加泡沫和其他土性改良材料。由于本穿越工程穿越距离较长，必须对盾构机的换刀工作要提前有所规划。

在深圳地区，由于地质变异性较强，为确保穿越工程的安全，结合两处穿越工程实践，对勘探钻孔的位置和间距提出如下建议：

(1)应尽可能在距离新线与既有线交叉点近的地方布置钻孔，且以靠近线路的走向为宜。

(2)对于"上软下硬"地层中的穿越工程，地质补勘时的钻孔间距宜控制在 10～15 m。

(3)考虑到线路调坡的可能性，钻孔的深度宜超出新建隧道 2～3 m。

2.既有线现状调查技术

通过资料调研和现场查看，摸清了既有线的隧道结构形式、断面尺寸和配筋情况，确认了左、右线下穿位置和监测范围，对隧道结构的表观进行了详细查看，掌握了穿越范围内的裂缝分布情况，具体结论如下：

(1)对既有线现状进行全面调查是制定过既有线施工控制标准及技术措施，保证既有线运营安全和新建隧道工程施工安全可靠的必须工作。

(2)对既有线进行现状调查，除调查既有线的线路条件、隧道结构的形式和尺寸、轨道结构的类型和尺寸外，还应对既有线隧道内的供电设备、信号调备等受环境变形敏感性的设备进行调查和分析。

(3)通过隧道结构现状调查可以确定，2 号线东延线穿越 1 号线施工过程中，隧道结构变形监测和控制标准中的项目必须包括：1)隧道结构沉降(隆起)；2)施工缝处差异沉降；3)隧道结构水平位移；4)现状裂缝张开度监测。既有线监控量测的范围也可随之确定。其中，隧道结构沉降(隆起)和变形缝处差异沉降应予以特别关注。

(4)根据既有线隧道现状调查结果，可以认为当前结构承载力较建成之初没有降低，在下一步计算分析中，既有线结构的各种力学参数，如弹模、泊松比等，可按设计值选取。

(5)轨道结构变形控制标准主要应满足既有线路运营养护的要求，建议取经常保养轨道变形允许差值的 50%作为现场监护时的控制指标。由于施工缝的存在，除轨距、高低、水平外，还应关注三角坑的变化。建议增加隧道结构与轨道道床结构脱开变形的监测。

(6)根据调查的 1 号线结构配筋情况，并结合设定的既有线结构变形控制标准，有必要对既有线结构受力的不利状态进行验算。根据既有线每延米土方量及结构的初支、二衬情况，可对穿越施工区域的掘进参数进一步优化。

(7)隧道结构、轨道变形的分级防护，根据既有线隧道结构、轨道结构变形特点，确定隧道结构、轨道结构日变形允许值和累积变形允许值，并采用预警值、报警值和控制值三级防护制度。穿越施工之前，既有线实施线路预防和调整措施。

(8)为防患于未然，穿越施工前应向线路维护部门充分了解接触网的养护维修状况，掌握接触网的工作状态，特别是要了解支柱与既有线隧道结构的连接状况，一旦发现有螺栓松动或连接不牢靠的地方，及时采取加固措施，确保穿越施工过程中接触网的正常工作。

(9)穿越施工时，为确保工程安全和运营安全，建议既有线线路受施工影响部分限速 15 km/h 运营。

对既有线隧道结构和轨道结构现状进行全面调查是制定既有线施工控制标准及技术措施，保证既有线运营安全和新建隧道工程施工安全可靠的必须工作。结合两处穿越工程的实践提出如下建议：

(1)对既有线进行现状调查，除调查既有线的线路条件、隧道结构的形式和尺寸、轨道结构的类型和尺寸外，还应对既有线隧道内的供电设备、信号调备等受环境变形敏感性的设备进行调查和分析。

(2)应结合隧道结构现状调查结果和穿越施工特点，确定穿越工程中的关键监测项目和控制指标。

(3)现状调查除掌握现状隧道结构情况外，还应对轨道现状静态几何行为进行详细测量，以便更加切合实际地确定轨道变形允许的变形控制标准。

(4)工程施工控制标准应充分考虑隧道结构和轨道结构的现状承载能力及线路特点，并经过校核或检算。

(5)既有线现状关键技术参数，如裂缝的位置和分布、轨道水平、轨距等，在穿越施工前需经生产单位、监理、运营部门和建设单位的 4 方现场确认。

3. 盾构适应性分析技术

通过前文的阐述，对于穿越工程中盾构机的适应性分析，可以归结如下：

(1)总体来看，两处穿越工程采用的两类盾构机(海瑞克盾构机和维尔特盾构机)的性能参数，是依据复合地层的特点量身定做的，除大东区间的维尔特盾构机为新造盾构机外，其余 3 台下盾构机都已经在广州和深圳的地铁工程建设中有过使用，总体是适应于复合地层特点的。然而，两处穿越工程虽然都有“上软下硬”的特点，但“上软下硬”的类型又有所区别，大东区间穿越工程地层主要为中风化、微风化花岗片麻岩，燕大区间穿越工程地层主要为强风化和全风化花岗岩，且两处穿越工程地层条件在线路纵向上的变化程度也有所区别，因而盾构机的适应性也就有所区别。

(2)从两处穿越工程采用的 4 台盾构机来看，燕大区间左线采用的 S463 盾构机和大东区间右线采用的海瑞克盾构机正值“青壮年”时期，成色较好，系统稳定性较好，故障率较低，是快速、高效穿越 1 号线的基础条件和可靠保证。燕大区间右线采用的 S240 盾构机使用年限较长，已经推进了约七八公里，已经处于“老年”时期，功能上不尽完善，系统的稳定性和可靠性较低，在正式穿越之前，不得不对盾构功能进行升级，不得不对盾构进行深入检查和维护。虽然也算顺利完成了穿越 1 号线的工程施工，但盾构机的故障率较高，养护维修的工作量较大，在渣土改良和刀具磨损方面付出了相当代价后，才完成了穿越工程，其中的教训，值得沉思，必须牢记。

结合两处穿越工程的实践，提出如下建议：

(1)对于深圳地区的穿越工程，盾构机的适应性分析工作是必须也是重要的，是“工欲善其事，必先利其其器”思想的集中体现。

(2)从大的方面来讲，盾构适应性分析主要包括两个方面的内容：其一为盾构机功能适应性分析；其二为盾构机成色适应性分析。这两个方面缺一不可，互相支持。

(3)盾构机在功能上必须满足深圳地区不同类型“上软下硬”地层和全断面硬岩地层快速、高效掘进的需要，必须有完善的渣土改良系统、土仓压力控制系统及注浆系统，最好具有主动铰接功能，以便更好地适应于小曲线半径条件下盾构掘进姿态控制工作。

(4)盾构机在成色上必须正处于“青壮年”时期，以求盾构机系统工作性能稳定，养护维修工作量较小，各项工序高效运转。太旧、太新的盾构皆不适宜于穿越工程的施工。

(5)虽然从大的方面来讲，盾构机选型主要服从于整个标段工程地质和工期的需要，但在盾构机选型时，也必须结合标段中存在的穿越地段的地层条件作适当调整，尽量为穿越工程的实施创造良好的基础条件。

4. 试验段分析技术

两次穿越工程的成功实践证明，在正式穿越之间设立试验段，并在试验段进行相关技术的试验工作，可为安全、快速和高效穿越既有 1 号线提供强有力地技术支持和技术保障，是穿越工程技术体系中必要不可的重要一环。通过试验段的系列试验和技术分析，可在以下技术方面有所总结，有所准备：

(1)可以检验盾构设备的功能是否完备，为盾构机设备性能的完善提供最直接的证据。通过相似地层条件的盾构掘进，可以分析盾构的推进系统、渣土改良系统、注浆系统等的功能是否满足穿越施工段的地质要求，从而提出改进的方向。在燕大区间右线穿越 1 号线试验段及之前的盾构井—燕南站左线施工段试验中，发现 S240 盾构机现有渣土改良系统不能满足全风化和强风化花岗岩“上软下硬”地层中的掘进，继而装备一套全自动的渣土改良系统，进行了盾构机功能的完善。

(2)可以不断修正、完善盾构掘进参数的取值。盾构机的各项掘进参数，如扭矩、推力、刀盘转速、推进速度、土仓压力、螺旋机转速、渣土温度、泡沫参数等在不同类型地层中，需满足不同的匹配关系。通过相近或类似地层条件的盾构掘进，可以将逐渐掌握这种匹配关系并不断深化，以求盾构施工对周围环境的影响最低。两处穿越工程在正式下穿 1 号线之间，皆对盾构机掘进参数的取值进行了较为广泛的试验研究，使正式穿越施工时掘进参数取值的合理性和科学性有了很好的保证。

(3)可以优化人员组织和工序安排。试验段(区)系列工作的开展，对正式穿越工程的实施进行了较为全面的预演，对正式穿越施工时可能出现的问题有了较为真实的显现，各项应对措施的合理性和科学性也就随之得到有效保障。通过工程实施的预演，人员岗位责任大为明确，各项工序衔接有序，工作施工可以做到高效运转，是安全、快速和高效穿越既有 1 号线目标实现的必要条件。

(4)可以检验材料贮备、运输及设备维护。由于是在现有施工段开展的掘进试验,试验的正常运转离不开材料的贮备、及时运输及设备维护,这些工作在实践中无疑也得到了相应的检验,同样可以及时发现存在的问题与不足,及时改进,以保证易损件备用充分,常用件有所贮备,管片和渣土运输流畅,设备维护人尽其责,检修工作快速、高效,相关岗位人员责任明确,责任心得到加强,以形成一支敢打硬仗、善打硬仗的施工队伍。

(5)通过试验段系列试验工作的开展,可以使穿越施工相关单位职责明确,为建立快速、高效的信息共享和交流通道预先提供了一个实践检验的平台。地铁新线穿越既有线工程是一项复杂的系统工程,牵扯单位较多,需要地铁运营部门,新建隧道设计、施工和监理等单位,建设单位及相关政府部门的密切配合,必须形成流畅、快捷的信息共享和交流通道,以便最大限度地保证新建隧道的施工安全和既有线运营安全。特别是通过实验区的广泛工作,这个信息交流通道提前建立并得以明确,保证了穿越工程的安全。

(6)在穿越前期进行大量的试验工作,是穿越工程成功实施的重要基础,必须超前规划,超前实施,并对试验可能出现的不利情况有应对措施。

5.盾构施工技术参数优化技术

盾构施工技术参数优化是盾构下穿既有1号线安全控制技术的重要内容,总结两处穿越工程的实践,可以得出以下结论:

(1)盾构施工技术参数优化是一个过程,贯穿于穿越施工准备、盾构掘进试验(包括穿越前的试验段试验和试验区的试验)和正式穿越施工的全过程,是盾构隧道信息化施工的核心内容之一,也是穿越工程的关键技术之一,必须得到有效落实和执行。

(2)盾构施工技术参数优化,可充分利用在线实时监测系统,动态实时掌握盾构施工各项技术参数、既有线变形监测数据,并结合前期地质勘探资料,经跨部门联合值班人员讨论并给出建议。盾构机手依据对盾构机性能的掌握,在借鉴上述建议的基础上给出切合实际的盾构施工参数值。

(3)对盾构施工参数详细记录是盾构施工技术参数优化的重要内容之一,联合值班办公室主要着重于记录各参数的平均值,以备每天的生产值班例会分析讨论时采用。盾构施工现场人员则需要对各生产参数进行较为详细的记录,主要为竣工验收时采用,生产出现较大变化时也是分析问题、查找原因的基础数据之一。

结合两处穿越工程的实践,提出如下建议:

(1)各主要技术参数选取原则:①在“上软下硬”地层中,盾构机尽量接近满仓掘进,但仓内要留有一定的空隙。②盾构机停机时,尽量保持较高的土压。③盾构机在推进过程中,尽量保持匀速和较快的速度,整体上维持在20 mm/min的掘进速度是适宜的。④密切关注盾构机的推力和扭矩,要与盾构机的装备能力相适应。⑤通过渣土状态的实时监控,可动态调整加水、加泡沫、加泥浆的用量,力求渣土达到较好的流塑性状态。当不能满足上述要求时,执行“宁稀勿稠”的原则,坚决避免盾构机结泥饼问题的出现。⑥同步注浆尽量采用注水泥、水玻璃双液浆的方案,注浆量要饱满,尽量控制在每环8 m^3 以上。

(2)对于深圳富水地区,出土量控制尤其重要。设计专门表格对出土量进行专门的详细记录和审慎控制,是控制地层和既有线变形的重要技术措施,也是防止地层出现较大变形、防止出现地层坍塌的根本措施。

(3)盾构机的功能和性能对于盾构施工技术参数的选择至关重要,为给各项技术参数选择创造有利的前提条件,一定要预先做好盾构机适应性分析的技术工作。

6.渣土改良技术

实践证明,在深圳地区,向刀盘前方地层中注入泡沫和适宜水量,是一种适用性较广、效果较好的土体改良方式,不仅适用于风化残积土地层的改良,而且在岩石地层的效果也十分明显,盾构掘进速度可以得到较大提高。总结两处的工程实践,可以归纳结论和建议如下:

(1)渣土改良必须在设备上有所保障,在盾构刀盘上应设有各种添加口,不同类型添加剂管路最好独立。水或肥皂水及各类添加剂在加入土仓的同时,也向前方地层注入。刀盘前方注入添加剂的改良方式是最为关键的,直接影响到盾构的推进、刀具的磨损以及刀盘进土口的堵塞。

(2)实践证明,在强风化、全风化花岗岩地层中,仅向刀盘前方注水的方式可以基本满足盾构快速掘进的需要,但存在加水量不易控制、喷涌及渣土清理等问题,影响到盾构施工的效率。在中风化花岗岩地层,会遇到盾构推进困难和刀具磨损等问题,应当慎用。

(3)实践证明,在微风化花岗片麻岩和中风化花岗片麻岩地层中,通过刀盘上的添加口向前方地层注入泡沫和适量水，并适宜控制泡沫用量、泡沫发泡率和注入率，地层改良可以达到很好效果，盾构机的推进速度可以得到保障，刀具磨损也大大降低。

(4)实践证明，对渣土改良添加剂，特别是对泡沫的用量进行旁站和监管是必要的，对于保证渣土改良的效果是必须的。

(5)在深圳地区，向前方地层中注入泡沫是土体改良的有效方式之一，应该大力提倡。

7.盾构施工工序优化组合技术

实践证明，进行盾构施工工序的优化组合对于快速、高效穿越既有线是必要的，也是成功的，有助于使人员的调配、材料的运输、设备维护等工作提高效率，有助于工序衔接紧凑，工序转换流畅，在盾构掘进速度和管片拼装速度基本稳定的前提下，最大限度地提高盾构施工的工效。总结起来，可以归纳出以下几点：

(1)合理的材料运输方式和列车编组形式，对于缩短工程施工时间是十分必要的。条件允许的前提下，穿越工程应采用高效运输系统，这其中包括了提升系统、水平运输系统以及渣土外运系统。

(2)在设备条件确定的前提下，优化岗位配置和班组人员组合，以尽快做好交接班、技术交底和盾构施工系统控制工作，对于提高施工效率的效果也是明显的，应该大力提倡。

(3)设备的及时维修和定期维护是盾构施工工序优化中的重要内容，应当引起高度重视。要备足易损件，关键设备系统要有备用机器，一旦出现故障，可以在最短时间内恢复工作。设备的维护尽量和其他工序平行作业，尽量不影响总的施工时间。

(4)良好的渣土改良对于缩短渣土清理时间是十分关键的。若掘进施工中确实需要进行渣土清理，尽量和其他工序平行作业。

(5)轨道运输中渣车掉道是经常出现的事故，对此应提前做好对策，将影响时间控制到最小。

(6)做好各种不利情况下的预防措施是工序优化的基础工作，一定要提前规划，力求不打无准备之仗。

8.综合注浆技术

总结以上工作，对于深圳地区的综合注浆工作，可以得出如下结论和建议：

(1)壁后回填注浆是控制既有线变形的关键工序，一定要有前期试验数据作为支撑，对注浆方式、浆液配比、注浆量及注浆设备一定要提前规划，要有方案比选。

(2)在设备功能允许的前提下，最好采用同步注水泥、水玻璃双液浆的方案，其次才选同步注可硬性浆液、二次补浆注水泥、水玻璃双液浆的方案。

(3)二次补浆一定要有备用设备，以做到故障发生时能够及时启用，及时回填管片和开挖轮廓之间的间隙，减少既有线的沉降变形。

(4)对二次补浆工作进行旁站监理工作是必要的，可以保障补浆工作的及时性和有效性。

(5)条件允许的前提下，应注重对盾构注浆系统功能的升级。

(6)在穿越工程值班办公室和施工现场作好注浆工作相关技术参数的记录是保证注浆工作实施效果的重要技术手段，有利于及时总结经验，随时改进注浆工作，也是盾构隧道信息化施工的重要内容。参数的记录内容要全面，数据要真实、完备。

9.综合监控量测技术

总结两处穿越工程的自动化监测和人工监测，可以得出以下结论和建议：

(1)燕大区间穿越既有线施工引起的既有线隧道结构最大沉降值约为 14 mm，大东区间穿越既有线施工引起的既有线隧道结构最大沉降值约为 8.5 mm，皆在既有线允许变形标准要求的范围之内，两处穿越工程都取得了成功。

(2)穿越工程施工期间，自动化监测系统曾经发生过采集不到数据的情况，随即启用了备用自动化监测系统来监测既有线的变形情况。因而，在现有自动化监测技术条件下，有必要同时安装两套系统以备紧急之需，但为节省费用，备用系统可以仅在少数关键断面的关键部位布点。

(3)从监测过程来看，监测断面和监测点都足够多，由于自动化监测数据采集和传输都需要占用一定的时间，且全站仪搜索监测点还受到列车通过的影响，监测工作在 30 min 内采集到的数据有限，在快速掘进情况下，仅能满足刀盘前后 3～5 个断面关键点位变形监测的需要。同时，考虑到既有线结构的整体性，且下穿越既有线施工所特有的变形由下向上传递的特点，在每个断面上仅布置 2～3 个测点就可以满足实际工程的需要。

(4)由于穿越方式为下穿施工,既有线主要以沉降变形为主,这在监测数据中也得到有效反映。因而,在今后类似下穿工程施工中,可以仅监测沉降变形。

(5)在2号线左、右线现有线间距的条件下,2号线两条线的施工存在着叠加影响,影响的大小与二者之间的距离、地层类型都有关系。

(6)测试数据表明,穿越施工期间隧道结构的变形和轨道静态几何行为的变化并不同步,既有线的隧道结构虽然发生了较大沉降变形,但轨道的静态几何行为并没有较大的变化,穿越施工期间既有线的运营是安全的。

(7)人工监测和自动化监测的数据比较吻合,这一方面说明了自动化监测系统是可靠的,同时也可以分析列车通过及振动等环境因素对自动化监测系统的影响,从实际监测数据来看,这个影响大约是2 mm。

(8)从实际监测数据来看,穿越施工期间地表沉降监测的数据较既有线沉降数值较大,主要原因可能是穿越施工期间降雨较多和盾构施工引起的地层失水。

(9)从新线左右线施工对既有线存在交叉影响的实际来看,有必要对既有线的变形控制标准进行分解,更加符合实际工程穿越施工方案。也就是说,第一次穿越施工时的控制标准应该更为严格,从而为第二次穿越施工时可能的叠加影响留有余量。

(10)既有线的下穿部位位于350 m的小曲线半径上,同时既有线也存在着较大的纵坡,但工程施工中轨道静态几何行为变形标准仍然执行直线段的控制标准,这方面的工作有待改进。同时,穿越前没有对穿越部分轨道的现状静态几何行为进行测试,也是此次穿越工程的不足之处。

(11)从穿越施工期间既有线裂缝的发展状况来看,对于深圳地铁1号线,既有双洞双线隧道可承受14 mm的沉降变形,单洞叠线隧道可承受9 mm左右的沉降变形。

(12)从两处穿越工程的实践来看,采用同步注水泥、水玻璃双液浆的方案可较好控制既有线的变形。当然,配备相适应的注浆设备系统是关键。

(13)从本次监测工作来看,提前进行仪器的安装、调试和初始数据的三方确认,对于后期监测工作的顺利开展、真实掌握既有线的变形状态是十分重要的。

(14)从整个监测工作的执行过程来看,由于穿越工程中涉及的信息量较大、数据较多,在数据管理和信息管理上存在一定的混乱,因此,有必要在今后类似的穿越工程建立专门的信息平台进行标准化管理,这部分工作可结合盾构掘进参数收集进行统一管理。

(15)从燕大区间右线穿越施工过程来看,由于进行刀具检查和进仓工作,盾构在89环、91环和128环停机时间较长,这期间既有线变形发展较快。因此,在穿越工程中,应尽量减少停机,保持匀速、快速的掘进过程。

(16)在制定监测方案中,由于没有对穿越完成后继续监测时间进行约定,所以判定既有线何时变形稳定就显得尤其重要。既有线变形稳定的标准可按《建筑变形测量规范》(JGJ 8—2007)来执行,由沉降量与时间关系曲线确定。当最后100 d的沉降速率小于0.01~0.04 mm/d时可认为既有线变形已进入稳定阶段。

10.地质雷达扫描既有线及下方土体技术

在燕大区间下穿既有1号线施工过程中,采用地质雷达扫描既有线及下方土体是一项重要的安全保证措施,可以及时发现既有线下方土体中的可能出现的大的孔洞,对于预防地层坍塌、保证既有线的安全运营意义重大。总结此次穿越工程地质雷达的扫描实践,可以得出以下结论:

(1)由于此次穿越工程盾构施工控制总体较好,既有线的最终变形控制在允许范围之内,既有线隧道结构沉降变形和轨道结构几何行为皆在允许范围之内,既有线下方没有出现大的孔洞,这与地质雷达的探测结果一致。

(2)地质雷达探测既有线及下方土体,作为一项重要安全控制技术手段,对预防坍塌事故的出现起到积极作用。

(3)在实际应用中,还应加强对地质雷达分辨率技术参数的重视,以便在工程更早"防患于未然"。本工程探测地质雷达的分辨率是以3 m之内可识别0.5 m^3 孔洞。显然,地质雷达的分辨率越高,规避地层坍塌风险的能力愈强。

11.盾构施工中进仓和换刀技术

选择合适的方式加固地层,进仓进行刀具检查和换刀工作,是保证盾构快速施工的关键技术之一。通过燕大区间上软下硬地层中砂浆置换和带压进仓换刀的工程实践，可以得出以下结论：

(1)在穿越施工过程中，前期有计划、有组织地选择在适当位置规划盾构刀具检查和换刀工作，并制定相应工作方案，是保证穿越工程快速、高效实施的重大技术措施。

(2)在“上软下硬”的全风化、中风化花岗岩地层中，由于地层遇水崩解软化，稳定性较差，必须预加固地层才可进行刀具检查和更换工作。首选砂浆置换方式加固地层，并根据地层加固情况，配合实施带压方式进仓，保证换刀工作过程中前方地层的稳定。

(3)在选择进仓位置时，要留有余地，并加强地层变形和既有线变形的监测，一旦发生地层稳定性不能满足进仓加固要求或既有线变形过大时，将盾构向前推进一定距离后，再行加固地层后进仓。

(4)在穿越工程中，考虑到进仓工作的复杂性和高风险性，应尽可能一次将换刀工作做到位，凡是偏磨的刀具一律全部更换，不论磨损量的大小如何。

(5)在穿越工程中，盾构刀具检查和更换工作应尽量安排在试验区和既有线两线之间的中间位置，且无论情况如何，在既有线两线之间的中间位置进仓检查刀具的工作是必要的。

(6)在换刀过程中，应加强相关设备验收和开仓工作程序的签字确认工作，做好相关工作的应急预案，确保换刀工作的万无一失。

(7)在穿越工程中，盾构刀具更换工作结束后，盾构恢复推进也要严格工作汇报程序，提前通知穿越工程相关单位，经正式会议验收通过后盾构才可恢复正式推进。

12. 工程应急预案建设

由于在穿越既有线过程中进行了精心组织和精心施工，既有线的变形都控制在事先设定的变形控制标准之内，各种抢险计划皆未启动。但两处穿越工程的实践证明，各种工程应急预案的建设和演练，对提高参建各方的认识，对于调动各方积极性起到了很好的督促作用。同时，工程应急预案建设也使得相关关键技术得到进一步凝练和完善，为穿越工程的实施打下良好的基础。同时，各类工程应急预案从人员保障、物资供应、设备维护等方面为穿越工程的进行作了良好铺垫。两处穿越工程的成功实践为深圳地区今后类似穿越工程应急预案的建设树立了良好的典范，同时也提供了大量可供借鉴的内容。

由于本书涉及的两处穿越工程工期紧、任务重，工程应急预案一定还有一些有待改进和完善的地方，可充分利用三维仿真系统在应急预案建设中的作用进行查缺补漏，这方面工作可在今后的穿越工程实施中进一步补充和提高。

参 考 文 献

[1] 施仲衡，等. 地下铁道设计与施工. 西安：陕西科学技术出版社，2006.

[2] 王梦恕，等. 中国隧道及地下工程修建技术. 北京：人民交通出版社，2010.

[3] Maidl，Bernhard，et al. Mechanised shield tunnelling. Berlin ：Ernst &Sohn，1996.

[4] Vittorio Guglielmetti et al. Mechanized tunnelling in urban areas ：design methodology and construction control. London：Taylor & Francis，2008.

[5] 地下铁道、轻轨交通岩土工程勘察规范(GB 50307—1999). 北京：中国计划出版社，1999.

[6] 鲍晓东. 深圳地区花岗岩残积土工程特性. 铁道勘察，2004，30(2)，72－74.

[7] 杨乃刚. 泡沫在土压平衡式盾构施工中的应用. 建筑机械，2005(8)，103－105.

[8] 王大海，等. 泡沫在土压平衡盾构施工中的应用. http：//www. studa. net/Constructs/081223/15144825－2. htm，http：//www. studa. net/Constructs/081223/15144825－1. htm.

[9]张凤祥，等. 盾构隧道施工手册 . 北京：人民交通出版社，2005.